# 资本、权份
## 与经济社会的演化

邓建平 著

九州出版社
JIUZHOUPRESS

**图书在版编目（CIP）数据**

资本、权份与经济社会的演化 / 邓建平著. -- 北京:
九州出版社，2015.4
ISBN 978-7-5108-3625-1

Ⅰ. ①资… Ⅱ. ①邓… Ⅲ. ①经济社会学－研究
Ⅳ. ①F069.9

中国版本图书馆CIP数据核字(2015)第075980号

**资本、权份与经济社会的演化**

| | |
|---|---|
| 作　　者 | 邓建平　著 |
| 出版发行 | 九州出版社 |
| 出 版 人 | 黄宪华 |
| 地　　址 | 北京市西城区阜外大街甲35号（100037） |
| 发行电话 | （010）68992190/3/5/6 |
| 网　　址 | www.jiuzhoupress.com |
| 电子信箱 | jiuzhou@jiuzhoupress.com |
| 印　　刷 | 北京华忠兴业印刷有限公司 |
| 开　　本 | 787毫米×1092毫米　16开 |
| 印　　张 | 15 |
| 字　　数 | 217千字 |
| 版　　次 | 2015年6月第1版 |
| 印　　次 | 2015年6月第1次印刷 |
| 书　　号 | ISBN 978-7-5108-3625-1 |
| 定　　价 | 28.00元 |

# 引言

近代经济社会以来，随着社会生产力的发展，人们创造了前所未有的物质财富。与此同时，为了维持这种繁荣景象，人们也努力建立各种经济模型与经济理论。相关资料与书籍如果用“汗牛充栋”一词来形容，我想也绝不为过。其中具有里程碑意义的三大经济理论分别是：发表于公元 1776 年亚当·斯密的《国富论》、发表于公元 1867 年马克思的《资本论》以及发表于公元 1936 年凯恩斯的《就业、利息和货币通论》，其间时间间隔都未过百年。时至今日，各国社会经济的发展依然深受其影响。然而值得思考的是，由于受历史限制，这些经济理论及其相关理论体系大都是主要围绕着市场经济与资本主义经济社会展开讨论的，个人认为似乎远未对有史以来的人类经济社会产生普遍性意义。

事实上世界各国已有的研究，无论是宏观经济学还是微观经济学，大多是从商品经济的视角对历史上尤其是资本主义经济社会形成以来某一时段的经济形式与发展状态进行考证、发现与披露，较少系统地对人类经济社会有史以来的经济形式与生产生活方式持续性地发展与演变进行详细探讨，并且似乎更缺乏深入探求围绕其中并推动人类经济社会演进的促发主线的思考与研究。而本书所述理论正是致力于此的尝试，作者提出了一个全新的概念——权份，并试图结合“资本”这一概念从与众不同的角度看待并阐述人类经济社会的发展。“资本、权份与经济社会的演化”，顾名思义。

作者希冀与相信本书所述理论的重要意义在于，当人们从历史中发现并掌握了人类经济社会发展的主线与基本决定要素并在当今时代获得些许印证时，人们能够对未来的人类社会经济生活更有信心！

# 引言

# 目　录

# 绪论

毫无疑问，是人类创造了人类物质生活，并进而创造了人类经济社会。传统中人们常说“上天创造了世间万物”，可是现在大家心里很清楚，事实并非如此。不过人们依然会这么说，无意中似乎确实体现了一种历史文化的延续。

其实有史以来，人们便常常以比较情感化的方式表达对自身经济利益的重视。在近代社会以前，上帝与自诩为其在人世间的代表——皇帝共同主宰了一切，任何事情以上帝的名义起事必定是自然合法的，行事也必定是正当合理的。这与上帝头顶上曾经闪耀着的拥有神秘自然力量的光环密切相关。因为人类为了延续生存，似乎必然需要经历一个匍匐于上帝光环之下的阶段。然而随着人类社会生产力的发展，商品经济的不断丰富，人们掌控经济生活的领域不断扩大，人们认识自然与社会、社会与个人、个人与个人、个人与自然之间关系的能力越来越强，人类把握自身的欲望与能力也越来越强。这便表现为人们逐渐对自己的经济利益与身份地位愈加重视，并且在一代又一代的延续生存中不愿再采取匍匐的姿态。于是，在自然力量由于科学的发展被人类逐渐捕获的同时，上帝头顶上神秘的光环也被慢慢击碎。上帝代表的神权不断褪色，依傍神权的封建皇权也不断被质疑，被牵制，被弱化，直至被瓦解而旁落于民间。与之相随，人们创造经济生活的形式与内容在不同的时代便体现出不同的范围与特征，同时人们的权益及身份地位亦体现出不同的状态。

在这些过程中，人们想方设法利用各种人力、物力发展经济，努力获取延续生存的资本，并依靠种种资本竭力争取属于自己的经济权益与身份地位。在获得一定的经济权益与身份地位后又努力维护并发展更多的资本，凭借更多的资本再追求更多的经济权益与身份地位。因此，不同的社会历史阶段便会有不同的经济发展形式与生产关系与之对应，同时正是资源占有模式与生产组织形式的相互协调，体现出了一定的资本与相应的权益身份之间的关系，于是，资本与经济权利便在如此的循环中像 DNA 与 RNA 一样交缠前进，不但使得社会经济渐进发展，人类社会日益壮大，而且具有普遍意义上的人之形象亦因其权益的获取而得以不断丰满高大起来。

传统社会经济学理论常常习惯把人类社会经济形态放在某个特定时空中静态考量，以视角的大小分为宏观经济与微观经济两种形态，似乎较少历史地动态探究经济形式与经济社会形态之间是通过什么得以相互依存以及互相之间如何促进演变的过程。这使得人们难以捕捉人类经济发展的内在连续性、关联性与规律性，即人类社会经济自身发展的内生性。很大程度上可能是源于对人类社会经济发展割裂式的无机认识，因而导致难以把握其有机脉搏，更难以看清与抓住其过往历史的主线并借此合理推导与预见人类经济社会发展的未来。而在本书看来，“资本”与“权份”便是其中的脉搏与主线。“资本”，众所周知而又众说纷纭，本书将试图给出自己的解释；“权份”，简言之，即是权利身份、权益份额之意。

在中国古代，既有“资本”内涵又有“权份”之意的汉字可以说是“分”。这个“分”字是个多音字，有两种读音，做动词用时念第一声，做名词用时大都念第四声。有意思的是，当具“分离”“分类”“分配”“分享”等意时是动词形态，当具“名分”“分（份）额”“本分”“天分”等意时便是名词形态。物质世界是先“分离”后“分类”，人类经济社会则是先“分配”后“分享”。既然宇宙大爆炸引发宇宙的分裂与演变源起于一宇宙奇点，那么试问，引发人类社会经济繁衍与发展的奇点又在哪里呢？

斗转星移，人类经济社会演化之图景漫漫，宇宙却依然在以光速膨胀。人类经济社会过去的历程如星河般纷纭闪烁，本书理论却试图努力发现其中简洁而又无比清晰明亮的经济历史演化之年轮，其中的轮轴似乎已是历历在目。凭此试问：在世界倏忽进入 21 世纪之际，人类经济社会的未来又将展现怎样的情景呢？千里之行始于足下，让我们从本书所述理论之基本概念开始吧！

# 第一部分

# 资本与权份的起源定义、形态内涵与相关理论概述

# 第一章
# 初见“权份”

——小荷才露尖尖角，早有蜻蜓立上头。(杨万里《小池》)

近代社会以来，有关于资本与权益、人的身份与人性等等的文章和书籍比比皆是，数不胜数，可以说正是如此丰富细腻的资源，滋养了本书理论。假如将有关于资本之理论比作泥土，有关于权益、人性等理论比作湖水，那么本书理论或许就是扎根在这一汪知识碧湖之中的亭亭荷花，清新而又美丽。

与已有的书籍不同的是，本书创造了一个新的词汇——权份。在本书理论中，权份即权利身份、权益份额之意，是指在人类经济社会中，比如在某个国家的某个历史时期里，一个阶层的人为了反抗（或压榨）另一个阶层的人通过包括劳动、战争、政治、宗教和商品经济活动在内的各种活动与相关制度，使自身（或他人）成为其附属物或避免遭受不同程度物化、商品化等的过程中，产生的首先是理论与道德然后才是法律范畴内的社会身份地位、经济利益及其占有份额所呈现出的状态。历史地看，权份与人们的社会生活如影随形，在社会中每个人都有一定的社会角色与身份地位，并依靠这种身份地位进行相应的包括生产劳动等经济活动在内的各种社会活动，同时从中获取相关的经济利益与权利份额。权份虽然古已有之，但在人类经济社会发展的历史长河中却是被人们不断地慢慢发现的，它往往在社会变革中通过脍炙人口的宣传口号暴露出一丝半点。正是由于权份显现于理论甚至是口号式的道德教化，比如中国古代社会的“王侯将相宁有种乎”、英国近代社会的“私有财产神圣不可侵犯”等等，这些通过口号体现出的观念经过社会发展不断为大众所理解接受并为法律所采纳，才使得原来仅由某个人或某个阶层的人独享某种权份到逐渐被更多人广泛性地享有，进而推动人类经济社会进一步演变发展。而由于权份是随着一国的历史发展而发展的，并且是逐步由法律给予确认的，尤其是到了近代社会以后，因此权份必然就具有了一个国家民族的历史与文化特色。

事实也的确如此，从古至今，每个人都有权份，每个人的权份都决定了他在一个社会中的地位与基本生存状态，并很大程度上反映了他在社会经济活动中的角色与主要内容。譬如在中国古代，最早可能从唐朝开始，不同的封建王朝对农民的迁徙自由便有了不同的法律规定，各朝各代的农民或深或浅的被土地所束缚，靠租种地主的土地，成为“佃农”，依附或半依附于封建地主家族。而从近现代社会以降，在一个国家中，法律提供了权份内涵的活动场所，经济权份等都需要法律的认可与限定。同时现代经济社会中的人的权份是在取得公民身份后，与法律发生关系，与社会产生联系并得以成为各种经济活动主体的。现代社会的农民便不再只是从事农业活动并居住于农村地区的人口，农民也因具备了该国的公民权份而具有了法律赋予的其他政治经济利益。

然而权份是从何时开始发生并发展的呢？有关于人的权份，可以说从人类经济社会诞生以来便已有之，只不过在不同历史阶段存在的形态不一样而已。按照本书的观点，站在居于劳动主体的广大民众视角来看，历史上的权份形态经历了从原始社会的无知混沌形态，到奴隶制社会的物化态，到封建制社会的依附态，再到资本主义经济社会的商品化与消费者化态的漫长历程（相关内容以后章节将具体叙述）。比如法国近代资产阶级革命推翻封建君权并取消奴隶制，即是结束了权份的依附态与物化态开始了自由人的商品态，这便为资产阶级国家组织社会化大生产提供了大量的人身独立的廉价劳动力，从而有助于构建不同于封建劳役与租佃制的新的生产关系与经济形式。

虽然在西方思想体系中，曾有自然主义认为权利的存在不依赖于法律的授权与政府的认可，在人类社会早期，人人都享有自然权利。因为人是自然的一分子，人就是人，与老虎、蚂蚁、桂花、榕树一样都是自然的一分子，没有其他更多的意义与特性。但现实情况是，从石器时代开始人类经济社会逐渐形成之后，人被其他人从自然与社会中掳掠俘获而来并使其成为他人的财物，人便开始了被物化，进而附属化，进而商品化，消费者化，同时通过近现代法律不断被赋予权利的历史过程。与之相随，人与权份的概念亦从无到有，从简单到复杂，从个体到群体，从少数到多数，发生与发展，并总是想象着能够从自然界中完全独立出来以便驾驭其上。

因此本书认为，权份是伴随着人类经济社会的产生发展而产生发展的。权份的历史形态亦从最早的原始无知态至物化态至附属依附态至商品消费态再至未来社会的新状态，经历着不断价值化、普遍化、均等化、共享化甚至生态化的过程。而在这个过程中唯一不变的是：社会生产的基本组织形式与资源的占有模式，共同决定了权份的历史状态与具体内涵。比如在奴隶制社会，奴隶是奴隶主的私人物品与劳动工具，毫无权益可言，便必然形成物态的权份。而正是这种物态权份，导致世世代代的奴隶没有独立身份，更没有独立人格，只能给奴隶主做牛做马，甚至像牲口一样被买卖杀害。由奴隶们生产出来的劳动成果却由奴隶主进行分配，而奴隶主给予奴隶的利益份额，可能连维持正常的基本生存都不够；到了封建时代，土地归以皇族为代表的大地主阶级所有，租佃农因租佃地主土地与封建劳役，自耕农因耕种皇族土地与封建劳役，必然使得农民只能享有部分的耕种权与土地收益权，导致农民阶级与大地主阶级形成依附与半依附的权份关系。而在这种依附与半依附的权份关系中，农民的身份地位依然未获得独立，使得农民世世代代被束缚在土地上，并在农业经济价值分配的链条中处于非常不利的地位，仅仅获得能够勉强维持生产与再生产的份额。

再从人类社会历史进程来看，权份的内涵具有不断自我发现与自我创造的过程。它从无到有，经历了从无知无识的混沌态到“神赋权份”再到“国赋权份”等各种时期。在原始社会，人类初始时对人性、权份都是无知无欲的，随着人类意识的不断萌发，对自然与对自身有了些许认识并慢慢进入阶级社会后产生了神灵崇拜，才逐渐认为是“神赋权份”或说“天赋权份”，但即使那时人们也并未普遍意识到权份的存在。只有少数人逐步意识到了并努力对之进行掌控，比如巫师、部落首领和帝王，其中“天命君子”与“君权神授”等说法即是对此的清晰表达。这些人努力使人们相信并普遍认为正是神或上帝赋予了代表他们的人的权份。于是，经过这种角色资本的塑造，资本所有者通过人们创造的自然之神或祖先神灵获得权力。并且主动引导人们在丰收或祭祀时节等各种场合通过特定的宗教仪式来感谢神的恩赐，以强化这种观念与角色权份占有，从而把握权力巩固统治。不过随着文明的发展与人类认识的进步，从中世纪以来人类经济社会开始进入了“国赋权份”的历史阶段。人们逐渐普遍意识到了权份的存在，并认为它并不是某些人的独享物。权份必须通过努力争取甚至革命才能得到。而资本正是最终获取与保障权份的有效工具与手段，因此资本所有者也更多凭借人们制定的一国法律享有权份。从此权份便刻上了民族国家法律的烙印。

当今人类社会正处于“国赋权份”的时期。并且每个国家由于自身的历史与现状不同，在社会发展各个阶段时期都有着不同的权份状态，可能既有本国经济结构决定的权份形态，又有他国资本影响下的权份特点。而不同民族国家之间普遍民众权份状态的落差，便会导致经济财富及资源的大转移。尤其在现代世界经济越发一体化的过程中，发达国家中的财富增长因其国内的消费态权份可以依靠跨国经营、金融体制、知识产权制度、技术革新甚至战争手段维持，而发展中国家的经济增长则因大众的商品态权份主要便是依靠国内民众廉价的辛勤劳动与遗存的丰富自然资源。

而若谈到权份的特点，本书则以为，人的权份具有阶段性和群体性。首先来看权份的阶段性，由于人具有自然属性与社会属性，即人首先必须生存，必须满足衣食住行等的基本温饱，才能追求安全、教育、娱乐、归属、传播等等更高层次的需求，很大程度上，这是与马斯洛的人本需求理论相适应的。在一定的历史时期中，人们每一次自然与社会需求的阶段性递进，都需要对应权份状态的配合支撑。当人们尚在普遍为生计温饱发愁时，促进农业生产与小商品流通必然要求赋予人们相应的耕种收益与商品交易流通权份；而当人们萌发了文化娱乐需求时，传播与创造的经济权份便必不可少。因此只有了解了权份享有的阶段层次性，才可以有助于了解一国的权份状况，经济水平、乃至社会所处状态，并据此制定相应的政策以促进社会经济发展。

其次权份亦具有群体性。这是由于人具有社会性，即一定的人群集体享有的特色权份具有共性，亦即有区别于其他群体的权份状态。在阶级社会中，不同的阶级因不同的身份地位与在经济活动中不同的利益份额相差悬殊，便会产生权份迥然对立的阶级。比如近代社会的资产阶级与工人阶级。而在现代社会，法律赋予公民的平等待遇打造了具有普遍性的权份平台，在开放与多元性的文化及经济发展的共同作用下，不同的权份群体较易相互转换，易于促进不同社会群体的进一步融合。

因此本书以为，权份的阶段性与群体性反映了一个国家社会发展状态与经济结构状况。只有了解了权份的阶段性，才能较好地掌握定位一个国家的经济发展水平与人们生活状况。而脱离了权份的群体性来谈权份则是空泛的、片面的、形而上的，必定意义非常有限。具有共性权份的人们群体中，利益与发展才会有一致的内涵与外延。犹如印度学者阿马蒂亚·森在评价发展时曾说，聚焦于经济自由并不意味着存在一个唯一的而且精确的关于发展的标准，并且按此标准总是可以对各种不同的发展经验进行比较与排序。

以上内容大致介绍了权份的基本概念与一些内涵特点。由于在经济社会的发展中，本书认为权份与资本相辅相成，因此有关于权份与资本的论述将会贯穿全书。为了更好地阐述权份，下面不妨来阐释一番资本。

# 第二章
# 再识“资本”

| ——横看成岭侧成峰，远近高低各不同。（苏轼 《题西林壁》）|

什么是资本？在已有的人类社会文明发展史上历来有两种主流说法：一是物质说，认为资本是社会财富的一部分，是实实在在的物质实体，是看得见摸得着的。这种理论的代表人物是亚当·斯密、大卫·李嘉图以及庞巴维克。另一种则是非物质说，其中具有代表性并最重要的一种说法认为资本不是具体的可见物，而是某种特定的社会关系，即社会关系说，代表人物是卡尔·马克思。马克思在《资本论》第一卷中即明确表示“资本不是一种物，而是一种以物为媒介的人和人之间的社会关系”。他还进一步阐述说“黑人就是黑人，只有在一定关系下他才成为奴隶。纺纱机是纺棉花的机器，只有在一定的关系下它才成为资本……资本是一种社会生产关系”。（《资本论》，人民出版社，1975 年版，第 834 页）

而如果从词源学的角度来看，追根溯源，据奥地利经济学家庞巴维克的考证，资本 Capital 一词最早起源于希腊字 Caput，表示贷款的本金，和利息相对，即是用来生息获取利息的货币。这是关于资本最早的含义。随着历史的发展，资本的内涵也不断丰富衍变，从物质论的“生息本金”到“储存的财货”再到“生产手段的集合体”、“可产生收入的财货”以及非物质论的“生产性的物质价值的集合体”（《资本实证论》，庞巴维克，商务印书馆，1981 年版，第 60 至 70 页）和“历史的生产关系”（《资本论》，同上）等等，有关于资本的定义内涵，完全可以说是众说纷纭、不一而足。

从这些关于资本的起源与含义的复杂变迁中可见，一方面随着人类经济社会的发展，人类物质世界与思想世界都在不断地丰富演化，另一方面则表明人类对事物本质的认识之路是漫长而修远的。透过历史宫殿的层层帷帐我们可以看到，对资本概念解释的差别是如此之大。物质性与非物质性，货币与物质价值储存的财货、与可产生收入的财货，作为生产手段的中间产品与反映生产关系的剥削手段等等，各种观点形异且对立、矛盾却又紧密关联。诚如庞巴维克所言，许多定义本质上的差别并非由于各人以不同的眼光来对同一事物下定义，而是因为各人对完全不同的东西下定义却包括在同一个概念里了。庞巴维克因之隐约感觉到资本这个概念“似乎预示着争论的内容可能是非常特殊的。”（《资本实证论》第 71 页）可惜庞巴维克仅仅限于感觉，并未对此进入更深层次的探究。

确实，资本能够千变万化，形态各异，无论从经济学、社会学，还是历史学的角度看其意义都是不同的。从经济学角度看，资本确如庞巴维克所言是“作为获得财货手段的产品”，是物质的；而从社会学的角度看，资本指一切可凭以获取更多权益的资源与手段，即包括物质的土地、工具、货币、矿产、机器、产品、厂房等，也包括非物质的文化、创意、品牌、发明、技术、角色甚至宗教、战争、权力等等；从历史学的角度看，资本是神话传说与历史渊源，是出于原始人对神秘现象的敬畏，使原始社会巫师和部落首领获得了代表神的唯一的巫权与神权；资本是宗教思想神学理论，使宗教领袖获得了崇高的教皇权；资本是上天之子的角色定义，使封建皇帝获得了正统的皇权。而这些所谓的巫权、神权、教皇权、皇权不仅给相关的人们在社会活动中带来了特有的角色荣誉、身份地位和享受待遇，并且收获了丰厚的经济物质利益。

由是观之，资本既有经济学属性又有社会学属性和历史学属性。资本的历史学属性毋庸讳言，其内含是随着历史的发展而不断发展丰富的。资本的社会学属性则是必须依附在其经济学属性之上的，依赖其经济学属性从而获取最终的物质利益。而资本的经济学属性又必须以其物质性的实现为基础，因此准确而全面地说，在本书理论看来，能够给所有者带来更多经济学和社会学意义上权份的一切物质与非物质的单独个体或其集合体，甚至人的权益水平及身份地位本身，皆可以称之为资本。

在社会生活中，能够成为资本的单独个体或其集合体自然有许多种，其中最为典型的集合体就是，融合了物质性的劳力与非物质性的技术方法和思想文化的人力资本。虽然产业资本有时与劳动力会有不同的权份诉求，但其本质上是由于劳动力处于买方市场，从价值增值的角度看没有更多的经济学意义上的价值造成的。倘若是掌握了特殊技能或具有特殊创造力的劳动力个体，依然会具有经济学意义上的资本性质，资本与劳动力就会实现共赢。毕竟，在所有资本形式中，只有人力资本才具有完全独立的生产力，比如摘果、比如徒手狩猎，比如管理，尤其是技术创新。

所以资本是什么？简言之，资本就是人们借以获取与保障权份，成就自我并延续存在的一切资源。从人类步入有物质生产与交换的社会开始，资本就成为一种前所未有的能对人类经济活动与社会生产生活产生重大影响的主要力量之一。它不仅是使用和交易中的各种资产与货币，也是可以调动的用来掌握并发展相应所有者权份以及创造更多价值增值的一切资源与方式方法。并且资本具有所有权属性，这是获得法律保障的交易前提。同时资本在价值衡量的角度上是可分割的，可评估的，可计量的，从而便于流通与交易。资本的标的物可以是有形的，也可以是无形的如商誉、制度、个人的学识技巧或潜能。总之资本的社会本性除了能够创造剩余价值，从宽泛的意义上来讲，资本更是为了保障所有权者相关权份并借此获取更多更广泛权益而存在的。

而谈到资本的表现性状，可以将资本分为有形资本与无形资本两种。有形资本自然毋庸讳言，无形资本除了知识资本即管理制度、信息技术、创意广告等外，还有一种比较特殊的资本我们可以称之为角色资本。它包括商誉形象、道德信用、文化宗教、角色品牌等。比如古代的皇帝自诩为天子即天命之子，即是为自己塑造了一个很好的角色资本。利用民众对上天的顶礼膜拜，帝王使自身充分与民众认可的传统文化思想心理结合，便容易使其拥有权力，进而拥有土地，拥有臣民，成为皇家家族资本的合理合法代表，使国家成为家天下。也正是基于此，在古代社会，角色资本常常与权力相联系。比如中国古代著名的和氏璧，虽然从有形资本的角度看它只是一块玉石，但与“得玉璧者乃王者正统”这一普遍社会价值信仰结合起来便立即形成了“王之为王”的角色资本。也就是说，具有社会学属性的角色资本可以通过和氏璧的经济学属性，获得超越实物本身的社会价值。这种价值在当时就是皇帝获得统治天下权份的超额价值。而它能够创造秦国十五座城池的额外有形资产的潜在经济价值也就更不难理解了。

事实上，角色资本归根结底是人们的信仰比如宗教，或仰慕比如明星，或信赖比如有较高正面形象的人或企业，而能产生价值的资本，因此也可以说是一种信仰资本。这种资本之所以比较独特，是因为它难以度量却能产生很大的社会效益与有形资本效益，其负面例子便包括经济诈骗与邪教等。比如诈骗者冒充官员身份行骗以获取各种经济利益，这是无形的角色资本转为有形资本的实例。因此对个人来说，正确适当的角色定位与塑造能够形成积极正面的伦理意识与道德品质，促使人的潜能得以挖掘并获得人格认可与品德尊重，从而形成个人角色资本即俗称人格魅力，进而引发个人社会财富的有效流动与增长；对企业组织来说，正确积极的角色定位与宣传广告有利于企业品牌的打造，商誉的形成与提高，促进企业与消费者及潜在消费者的沟通互动，引导社会财富与消费力的关注及正面评价，从而有利于企业无形及有形资产的增长与发展；对国家来说，不同的角色定位可以直接影响一国不同的社会经济发展的特色与效率、政府政策制度的制定、公共道德水平及公众价值观标准。当然，在现代社会中，这种角色定位应该在本国的经济发展水平及文化传统的基础上，提出较高的国际化目标，以利于国家形象地位的塑造与宣扬，促进国家角色资本的扩张与壮大，从而积极影响国际各种资源向本国流动与积聚。

而与角色资本相近的文化资本，作为无形资本之一，其有一项特殊的社会功能，即能够表现出现有社会秩序的合理性与习俗性，亦即一个社会的文化资本有助于维持该社会现有的社会权份状态。因此似乎可以说，资本在极大丰富以前，作为社会稀缺资源的排他性占有，总是反映着社会成员之间某种程度上不平等的社会经济关系，并意味着一定程度上社会资源的不平等分配。因为资本占有者在社会空间的等级秩序中，可以占据有利的位置和获得支配他人及其劳动的权份。不同类型的资本分配结构体现着一定社会的经济权份结构。这在奴隶制社会及封建制社会中体现尤其明显。因此任何社会变革首先都是文化观念的变革，文化观念的改变会带来新的角色资本的形成。譬如18世纪的法国资产阶级革命便肇起于启蒙运动甚至是文艺复兴。

如此看来，当今世界上我们称之为文化的诸多存在与现象，在其刚出现时亦只不过是体现了某种权份状态的资本的一种喜闻乐见的外在表现形式。比如法国沙特尔大教堂，它曾经是欧洲哥特式建筑的代表，其大面积彩色玻璃的装饰显得教堂十分神秘庄严与富丽辉煌。每年都会有超过100万的游览者来此参观朝圣。它是中世纪时期雷诺主教在法国国王的支持下建成的，体现了封建社会教权与皇权极欲展示的权份的至高无上。拿破仑便曾说：“沙特尔大教堂会让无神论者感到不安！”

下面来简略说说资本是如何产生的。

从传统经济学的角度来看，有形资本是由于生产力的提高导致传统的消费品有剩余为前提而产生的，所以资本是从经济学意义上的有形资本开始的；从社会学的角度来看，资本是由于一个人或社会群体以某种方式比如权力或战争，掠夺剥削另一个人或社会群体的劳动产品或劳动力本身而产生的，因此资本发端于社会学意义上的无形资本。虽然似乎起点不同，但资本的根本目的都是为了资本所有者实现财富的增长与权份的扩张。而无论是原始社会的部落战争对劳动成果和奴隶的掠夺，还是封建社会和资本主义社会对农民与工人的劳动生产的剥削，以及对他国发动战争进行掠取，都只是以转移财富的形式形成资本。唯一能够创造新资本形式的，是科学技术，通过效率的提高与形成新的方式，一方面加速了经济学意义上资本的积累并开发了财富新领域，另一方面使价值增值的手段更多样、更有效率，同时也能够使得资本支持下的权份享有的形式更加丰富。

因而资本可以来源于财富转移与财富增值，也可以来源于创新。按照熊彼得的理解，所谓创新就是建立一种新的生产函数，即企业家对生产要素与生产条件进行一种新组合。显然新技术的出现便属于创新。而技术又是什么？本书认为，技术就是人类在生产与生活过程中，发现与发明并利用自然及劳动对象的特点规律后，达到自身目的的方式与方法。这些方式与方法有益于解决生产生活中的实际问题，并创造新认识与新事物。简言之，就是为了满足人类在包括经济活动的所有活动中不断增长的减少成本、方便交流、提高效益的目的而采取的各种物质及非物质手段。萨缪尔森曾说，当一次成功的创新出现时，一个暂时性的垄断集团就形成了。以本书理论视角来阐释就是，由于新技术或创新的实现，导致当一种新的资本形式形成时，与之相对应，一种新的权份内涵也便随之形成了，并且会在一段时间内为少数人所独享。

新技术或创新能够产生新资本，于是在众多资本形态中技术资本便成为极其重要的一类。由于技术资本是人类种种知识信息在生产经营活动与人们生活中得到运用，并通过产品或服务销售实现其经济价值的，超过该产品或服务社会平均利润的那部分价值形成的资本。所以技术资本要实现其经济价值就必须时刻处于生产交易活动之中。在新技术新产品出现初期，生产率逐步上升是由于利润率较高及增加的投资逐步到位引起的。随着产量增长产品边际利润降低及生产规模化后，积累进入平稳期。当产品利润率到达社会产品平均利润率时，积累仍在进行，但生产率则逐步下滑。于是社会新财富的出现与增长又有待于新技术资本的产生，并进入一个新的积累进程。显然从这个意义上说，新技术或创新便是社会经济发展的一种直接推动力。

在本书看来，人类的技术资本或说创新性事件的发生概率主要受三大因素影响。一是时间，二是人口数量，三便是社会文化氛围。在人类社会发展初期人口数量严重不足，那么主要是时间决定了创新性事件发生的概率；随着历史发展，当人类的人口数量越来越多后，创新性事件的发生将越来越频繁。因此，一定历史条件下，同样的社会文化氛围中，更大的人口基数意味着更可能多的社会演变机会的产生；并且在一定的历史时期，同样的人口基数中，更宽松的社会文化氛围将引发更多的创新性事件的发生。由是，本书以为，现代经济社会中的人口红利概念绝不应仅仅是意指人口数量增长带来的劳动力成本的降低与消费人口基数的增长，同时更应该包含了公民权份的层次性扩张而引发的社会创造力的迸发，并且这种因人们被赋予了权份红利而带来的社会经济财富的增加亦将是难以估量的。

除此之外，如果说理性的内涵是，人们以包括经济成本等的各种代价与可以获得的效益及权份为思维决策标准并由此采取相应措施的人类一切行动的基础，那么从这个意义上讲，资本就是一种理性对包括社会的、自然的、物质的与非物质的各种资源、技术、观念甚至是能力的定义。因此，在传统经济学中，虽然自然、劳动与社会资本被并列为三大生产手段，个人资产、地租、劳动工资与资本利息被并列为个人获得经济财货的四大来源，而在本书中，这些生产手段与经济财货都可以视为不同形式的资本。总之，相对于传统经济学意义上较为狭义的资本，本书理论所言的资本是更具广泛意义上的资本。它不仅包括政治的、经济的，还包括社会的、军事的、法律的、道德的以及自然的等等一切可以用来保障权份的资源、方法、观念、技能与力量。

# 第三章
# 资本与权份的关系

——山高人为峰

众所周知，在《资本论》中，卡尔·马克思为我们展示了他的资本总公式：M—C—M*。其中，货币资本 M 意味着流动性、灵活性和选择的自由；商品资本 C 表示投资在特定投入——产出组合以取得利润的资本；M* 表示扩大了的流动性、灵活性和选择的自由。

事实上参考这个公式，可以发现，资本与权份之间也有类似的关系。如果我们以 Q 表示权份，仍旧以 C 表示资本，那么资本与权份的关系可以有两种表达公式。第一种是 C——Q——C*，这意味着通过资本可以获得权份，而获得的权份又有助于获得扩大后的资本。举个例子，发明者以专利权投资入股获得更多的经济利益，其中发明者即为人力资本 C，通过其拥有的专利权 Q 获得了经济利益的增值资本 C*。类似地，第二种表达公式便是 Q——C——Q*，这意味着通过权份可以获得资本，而获得的资本又有助于获得扩大后的权份。同样举个例子，受到基础教育的人通过发明创造获得更多的权利，其中公民由于享有基础教育权即Q从而使自身形成潜在的人力资本C，通过发明创造后获得了诸如专利权、著作版权等更多权利即Q*。如果说马克思的资本总公式可以称为纯粹经济学意义上的资本增值公式的话，那么对于以上两种公式，本书便欲将之称为“资本权份增值转化公式”。

资本与权份之间这种相互增值转化的关系，可以通过各种途径实现，比如说经济的、非经济的等等，而其中最有效最公正最持续的当然应该是科学技术。倘若说权份属于精神范畴，资本属于物质范畴，那么科学技术就是精神与物质的联系纽带，并且能够极大地扩展精神与物质的内容。因为对人的思想发明创造权的尊重，必将带来新理念与新技术的发现与发明。而资本又是新技术发展壮大的催化剂，一旦新技术成熟，其提供的产品与服务必定会实现更多权份形式的需求。当人相应的权份欲望得到满足后，资本亦必将获得新一轮的增长与壮大，由此经济社会亦得以更加繁荣。

既然技术创新可以获得新资本，新资本能够获取并保障新权份，新权份又促进更多资本的拥有，反之亦然。于是，通过人的创新，新形式的权份与资本得以循环促进。而从更普遍的意义上来讲，任何资本都可以使资本所有者获得相应的权份，同时此权份又有助于资本所有者占有更多的资本。同理，任何权份都可以使权份享有者获得相应的资本，同时此资本又有助于权份享有者享有更多的权份。权份与资本之间这种相互促进相互支撑转化的关系，在现代股份制公司及证券市场中体现得尤其明显。

在现代社会经济中，如果说证券市场是资本与权份得以量化的平台，那么通过这个平台，原始资本能够得到增值，更多的人们则能够得到权份。从原始股的少数人拥有到流通股的多数人拥有，证券市场既是资本的扩增器，同时也是权份的扩散器。个人通过持有一个公司的股票，占有该公司的资本，股东占有的资本越多，意味着股东享有的权份越大；而股东享有的权份越大，就越能对公司的发展施加自身的力量，影响公司经营向有利于自身资本的增值方向发展。资本与权份的这种相互关系在证券市场中得到了简单、清晰而有效的体现。并且，原始资本上市后的大幅度增值，即是在流通市场上人们为了取得部分原始资本而为之付出的溢价。因此，原始资本就是种子资本，它具有极大的繁殖潜力。而借助近代社会出现的证券市场这个公共平台，在较大程度上使得资本得以广泛化，权份亦得以大众化。

然而资本与权份之间的这种关系又是从何时开始产生的呢？！

要回答这个问题，让我们先从财产谈起。可以通俗地说，资本包括财产，财产是资本最实在的形式。在人类社会早期的采集狩猎生活时代，当可供采集狩猎的食物过分消耗后，人类必定通过迁徙寻找下一个可供采集与狩猎的区域。这种高度流动性的生产生活方式，导致人的种群无法与所在土地的拥有权之间建立稳定的联系。但从较大的区域来讲，人类应该已经有了模糊的领地意识。当耕种技术出现后，这种情况逐渐发生了改变，人们发现，在某个特定的相对水土丰饶地区长期居住后，虽然有了更多的食物及生活资料可以储存，但总体来讲各种生产生活资料还是十分有限的，并且还必须时刻提防其他族群的掠夺。这便逐渐明确并提高了人们进一步耕种并守护土地和生活必需品的意识。同时，亦激发了人们采取行动不断投入新的生活生产要素以加强土地的产出及巩固领域的防卫以达到延续生存的目的。正是这种出于保护领土及生活生产要素的意识，引发了原始的所有权与产权的思想行为体系，而这一体系在促进生产与生活等各种资本形式得以保存与发展的同时，更进一步通过各种保全规则制度的建立得到了实施与捍卫。其中法令法律的最初形式在每一个生产与生活的循环过程中都如影随形，以确保循环的安全与顺畅。杰里米·边沁曾言“财产与法律同时产生也同时灭亡。在法律产生之前不存在财产，没有了法律，财产也就无从谈起”。

于是从中可见，资源的有限性是权份之所有权意识产生的必要前提。其中对土地的初占权，就是在这种意识下最早出现的所有权形式之一。因此人类社会中资本与权份之间这种相互支撑转化的关系，至少从人类有了领地意识后便开始产生了。事实上，即使在同一部落种群内，因部落首领与其他部落成员的地位职能的差异，资本与权份之间的这种相互作用已然萌发。然而在历史中，围绕着资本与权份之间的这种关系又发生了什么呢？！

哲学家黑格尔曾说财产既是产生分裂和仇恨的原因，也是一切为了争取相互承认和接受所进行斗争的手段与目的。

的确，作为资本最直接的现实形态，财产的私人占有是一切社会斗争的根源，因为社会斗争归根结底无非是为了各自的资本，以至于权份，而消除财产的私人占有似乎就成为解决社会斗争的根本途径。柏拉图的《理想国》可能是最早对财产进行理论批判的，而其学生亚里士多德秉承了柏拉图关于财富分配上的极端不平等导致社会矛盾冲突的理论，但同时也认为财产制度是无法消灭的，因为这最终取决于其是一种推动社会发展的积极的力量。两千五百多年前这两位西方哲学圣贤之间的分歧，正是源于对财产进行道德角度研究与实证目的研究之间的对立。而这种对立，清楚地预示了以后理论界关于资本“在伦理学的理想主义和功利性的现实主义之间所发生的持续不断的争论”。（《财产论》，理查德·派普斯著，蒋琳琦译，张军校，经济科学出版社，2003 年版第 7 页）这种争论正体现了资本与权份之间既相互促进又相互独享的扭结内涵。而恰恰是这种内涵，充斥于人类的各种活动，并推动了经济社会的不断演变与发展。但仅仅是财产的私人占有才是一切社会斗争的根源吗？如果不是因为财产的欠缺，如果社会财富极大丰富，同时大众化的权份支持资本的广泛化的享有，随着人类文明的发展，财产的私人占有又能在多大程度上引发社会斗争呢？也许随着本书的深入阐述，答案或许会或明晰或大致地在每一位尊敬的读者脑海中呈现出来。

因此，资本与权份的关系密不可分，有了资本必然追求权份，有了权份必然寻求更多资本的支撑。权份不是由于历史的偶然性产生的，是随着资本出现与发展到一定阶段的必然产物，这突出表现于权份总是和具体的权益主张联系在一起。事实上，权份的内涵从有史以来，便实实在在地体现了资本的意志。譬如，当人作为法律与现实生活的主体日益被冠以消费者之名衔时，消费资本就获得了空前的发展。人消费产品，资本就通过法律赋予人们权份的方式“消费”人，进而从中获得裂变式增长。而资本的广泛增长反过来又能为权份的全面行使提供有力的物质与技术平台。比如美国于公元 1967 年颁布的堕胎法中规定，在某种情况下女人拥有合法流产的权利。然而事实上，医疗服务设备及相关技术的齐全与一定的家庭经济条件都是女性充分享有此项权利的必要条件。因此，任何具有一定时代特征的权份享有都是有赖于相应的物质基础与技术保证的。这就是为权份服务的由资本提供的保障平台。

如果没有了资本的支持，仅仅想通过他人认可来实现权份的同一性，即使在权份表面上成立和法律条文意志似乎成功的场合中，结果也可能会失败。

资本保障权份，这从国家资本对公共权益的作用方面也可体现出来。国家资本是保障国家作为一个整体的存在及社会公共普遍性基本权益的。一个国家的国民因国家赋予国籍而拥有的权份，使得他能够享有该国的国民待遇及由此引发的一切公共服务。

而金钱作为资本的最直接形式与重要来源，自然成为了支撑权份保障的重要基础。因此通过金钱等形式的资本为手段与途径获取权份，现实社会生活中就出现了很多实例。比如通过投资或购房移民跨国享有不同国家主权下的权份，以及通过交纳保释金获得假释或释放后引起个人权份转变的法律规定，等等。

另外，资本与权份的密切关系，就像生物体中的DNA与RNA一样，紧紧缠绕相互支持。这从它们所遵循的极为相似的基本原则中也能可见一斑。在本书看来，资本与权份，存在五项基本原则，其中以资本为研究对象的有两项，以权份为研究对象的亦是有两项，以资本与权份为共同研究对象的一项。其一，对于资本所有者主体来说，资本总是希望以最小的成本获取最大的权份，亦即资本具有效率原则；其二，对于他者来说，他者资本也总是希望以同样的成本获取同样的权份，亦即资本具有同一原则；与此相似，权份主体总是希望以最少的受众获取最多的资本，亦即权份具有专属原则，此为其三；同时，他者也总是希望至少以同样的受众以同样的代价获取同样的资本，亦即权份具有同一原则，此便为其四。而从经济社会发展的历史总趋势来看，资本与权份一样都经历着从简单到丰富，从少数人拥有到多数人拥有这一渐进式、广泛化、大众化的过程，亦即资本与权份都具有广泛化原则，此便为其五。因此，从以往历史经验来看，正是由于资本与权份这五项原则的存在，长期的经济社会发展围绕着广泛化与同一化原则的大趋势，短期社会进步又遵循着专属原则与效率原则，这便使得人类社会发展的长河呈现出在越来越繁荣浩荡的大潮流下不断涌出激烈搏击的风浪与汹涌澎湃的旋流的景象。

# 第四章
# 人类经济社会演化的决定因素

——历史的两个根本问题是：第一，何为力量？第二，是什么力量推动着国家运转？（托尔斯泰）

俄国大文豪托尔斯泰在其著作《战争与和平》中曾提出两个简单而深奥的问题：“历史的两个根本问题是：第一，何为力量？第二，是什么力量推动着国家运转？”要回答这两个问题，本书以为，首先就要找到建立国家动机的相对最好答案。

有理论认为，人类经济社会从人际关系都是个人亲缘关系为主的社会向以地域关系为主的社会转变时，国家即具有强制力的政治组织就逐步产生了。这种理论的代表人物包括亨利·梅因爵士和刘易斯·摩根等。不过这只是国家产生的特征。有更多人类学家赞同马克思主义的相关解释。该解释认为具有强制力的政治组织是随着私有财产的出现而出现的。为了保护私有财产，财产所有者必须拥有政治权力并建立相应的法规制度与机构组织，这就逐步产生了国家。这是国家得以产生的本质。另外道格拉斯·诺思认为："国家是一种由于获得了收入（税收）而回报性地对其公民的财产以及权利施加保护的组织。"（《财产论》第116页）这也不过是国家产生的部分功能，而且严格来说封建家族社会以前的国家几乎是不存在这种权益交换性功能的，因为统治者与被统治者之间财产与地位关系的极度不平衡，即权份状态差异悬殊。而只有在资本主义社会以后形成了代表国家的政府与公民之间较为平等且有共同遵守的契约时，才真正开始具备此种功能。

综合以上分析，本书以为对于国家得以建立的或许是更好的答案应该是：人们为了保护及努力扩大一定地域内权份及资本享有者的权份与资本，国家便产生了。在该地域内，人们制定规则建立各种机构，遵守一定的社会秩序，展开各种社会活动，一方面努力维护各自的权份，一方面极力获取更多的资本，这其中当然也包括财产，而其共同活动的舞台便是国家。在这个舞台上，社会生活便得以展开。由此可见，国家之所以得以建立，必须满足两个条件：一是国家建立，必须在一定的地域内，这是各种社会生活产生的物质基础；二是国家建立，必须由享有不同的资本与权份的人们参与其中，这是各种社会生活产生的动力所在。而国家建立的目的，便是为了维护并扩张人们已有的资本与权份。一旦离开了这两个条件，比如没有地域限制，意味着国界消失了，那么要么是国家极大地扩大化了，要么国家消失了；又比如倘若人们所拥有的权份与资本都毫无差异了，各种维护权份与资本现有存在结构状态的制度及机构便没有存在的必要了，国家也随之消失了。综上分析，既然国家得以建立的动机与基础找到了，那么能够推动国家运转与社会历史演进背后的力量也就显而易见了。但我们仍然需要更深入地探讨一番。

或许我们可以说，权份最基本的含义就是相对于自然界，由人自己定义并享有的生存发展等诸身份与权利，这的确有一个由无意识的求生本能到有意识的延续生存再到有目的的法律界定的过程。权份就是相对于自然与他人而产生的独立存在，从根本上说其本身就是一种力量，与代表了外在物质资源及内在精神能力的资本一起推动着国家社会的运转。因此，从原始社会的族群部落到奴隶社会的村寨领地，再到封建社会的村镇围城以及近现代资本主义社会的城市国家，其目的都是如此。

而人类社会中的争斗甚至战争作为最直接手段之一，可以掠夺财富、扩大疆域、推动改朝换代，也可以引发社会制度根本革新式的权份获取。于是，国家功能的确立决定了它永远只能代表一部分群体人的利益，这个一部分群体人在人类社会不同的历史时期有不同的内涵，可以是一个国家内部的一部分人，也可以是一个国家的全体相对于另一个国家而言的一部分人，甚至在某段或某个特定时期只是某个人的利益而不是其他人的利益代表。无论是个人，少数人，还是多数人，国家的存在目的就是为了政权建立者或其所代表者的资本与权份。但从掌握国家权力的是由个人到少数人再到多数人这一事实上的历程来看，历史确实已经为我们展现了一幅人类社会演进的可靠而清晰的图景。从这幅图景似乎可以看到，人类社会是如何演化过来的以及它还将如何演化下去。

既然谈到战争，自然又会引出一个新问题，那就是究竟什么是人类经济社会的革命？本书认为，革命就是推翻旧的资源占有模式与生产经营方式建立新的资源占有模式与生产经营方式的过程，就是改变旧的社会资本结构与权份状态从而实现新的社会资本结构与权份状态的过程。而改革不过是相对于革命来说，是更为温和与渐进的过程。因此封建社会的改朝换代不能称作革命，原因便在于其家族资本的资源占有模式与以家庭或家族为主，组织生产经营的生产方式没有发生根本性变化，其土地为大地主阶级所有及人们普遍的依附态权份也没有发生变化。

事实上在人类经济社会发展的任何历史阶段，该社会的资源占有模式必然“在结构上与具有自己运行逻辑和工具理性的其他制度联系在一起”（《资本主义的发展阶段——繁荣危机和全球化》第 336 页），以体现该历史阶段的资本性质；该社会的生产组织方式也必然“与附着于具体制度的多种社会关系、实体、利益和价值形成的‘生命世界’联系在一起”（《资本主义的发展阶段——繁荣危机和全球化》第 336 页），以体现该历史阶段的权份状态。

那么，究竟什么是人类经济社会演化的决定因素呢？是资本与权份吗？

众所周知，资本这个概念在欧洲中世纪末期以前还仅仅是财产的含义，意指生产性的土地货币及私人排他性消费使用的住房、衣服、武器等等。到了 17 世纪，宽泛的财产含义甚至包括了生命和自由，这从某种角度上看表明了财产所有权与自由的人身权份之间内在的联系。可以肯定的是，推动资本产生的原始动力是对劳动成果与财富的需求和占有欲望，这种占有欲望离不开对由此而派生的增值收益从而获得更多权益的所有权及对身份地位的认定。从以往的历史来看，财产所有权与劳动的分离加速了社会阶层的形成，一旦资本与权份成为少数人的专利，便愈加激发了剥削与掠夺的欲望。在剥削与被剥削，掠夺与被掠夺，压迫与被压迫的过程中，阶级社会得以形成。而彼时权份理念的光耀还十分稀弱。只是到了近现代，雇佣劳动才逐渐成为市场经济条件下最普遍的劳动组织形式与资本形成方式，使得产业结构性资本与商品态权份相辅相依，相互共存。

故而本书以为，正是资本的极大不丰富与资本的私人占有导致了阶层的产生。因为资本结构决定了阶层结构，拥有不同资本的阶层其拥有的权份也不一样；未拥有资本的阶层与拥有资本的阶层之间必然存在因资本缺位而引发的矛盾。而权份保障状态的差异便决定了阶层斗争的激烈程度与手段方式。同时，不同的社会阶段一定会有与其对应的不同阶段的资本的广泛化与权份的大众化，这便体现了资本与权份获取的阶段性与层次性，以及该社会所处阶段之社会形态的特点。

当然，任何经济社会中的个人的自我发展与完善也许在于异于他人的权份主张和权份获取，从而圆满自身以实现自我。而权份差异性的产生便是原则上具有同一性的权份与资本在现实中不平衡造成的，它是等级制产生的前提与基础。但正是因为权份与资本在人类经济社会中具有同一性原则，长期来看它必然驱使着社会阶层的鸿沟不断缩小甚至消弭，社会也因之将不断呈现纤维交织态的扁平化。

而权份语言具有改造世界和塑造自我的功能，并且不得不说权份是不同地域、不同文化传统、不同种族、不同历史的人们所能共同认可与享有的，具有兼收并蓄式的普遍而又宏伟的想象力的精粹语言。

其实创世的自由权份是否来源于原始部落的自然权利不得而知，也许尚待商榷。但社会革命者道德伦理意义上的精神力量起源于潜意识中朴素的平等与自由之权份意念，却是有历史印证。无论是封建时代中国农民的口号“王侯将相宁有种乎”，还是近代资产阶级的呐喊“人人生而平等”，即使是在不同国度、不同语言、不同身份与不同历史状态下，人们都有着异曲同工的高唱。

于是，当马克思在《共产党宣言》的扉页中写下“全世界无产者联合起来”的口号时，当在《资本论》中揭示资本的阶级本质及“生产资料私人占有与社会化大生产的基本矛盾”时，隐隐之中似乎暗示着，人类社会真正永久地推翻有产阶级剥削的唯一有效方式就是人人都有机会成为有产阶级，而当所有人都成为有产阶级时，剥削也就消失了。于是本书认为，这最终将有赖于资本的丰富与广泛化以及权份的普遍与大众化。

一言以蔽之，无论是西方还是东方，在世界历史上对阶级与剥削、经济与发展、国家与民众、法律与权益等等在哲学上、思想上、实践上曾经的流派争辩及学术讨论都会使人气喘如牛甚至挥汗如雨，但其本质淬炼到一点，似乎都能够体现于财产与权益即资本与权份这两个最根本的词汇中来。

故而本书认定，资本与权份就是一切社会变革的终极力量，即是人类社会经济形态的根本决定因素，亦是所有形态经济社会发展的唯一决定性主线。如果说经济社会形态是一个函数的话，那么资本与权份就是它的终极变量，是两个正相关的终极变量。并且根据资本与权份的广泛化原则，资本越丰盛权份越广大，社会形态就越高级，人类就越接近更高级的文明。倘若说从神话传说中人们看到的是人类社会的起源与开端，那么资本与权份一起纽结伸展向未来，或许就可以让我们预测到人类社会极有可能的目的与结果。犹如只要掌握了生物体中 DNA 与 RNA 的遗传基因密码，就掌握了任何生物体后代基本性状的方法一样。

# 第五章
# 相关理论概述

中国有句古话，是“天下熙熙，皆为利来；天下攘攘，皆为利往”。意思就是说天下人的交往无非都是为了各自相应的经济社会利益。既然在人类社会中充满了各种经济学与社会学事件，那么，我们理应从这两个角度运用哲学的思维，科学的方法，摘枝去叶把握经脉提纲挈领精练要义地阐述历史与人类经济社会发展的根本规律和来龙去脉，进而承续历史以眺望未来。而在本书看来，资本与权份即是其中阐释经济与社会发展的终极基础和最精粹语言。于是本书将围绕资本与权份这两条主线，努力阐述包括资源占有方式与生产组织形式等人类社会经济发展过程与存在形态的演变。

首先，本书以为，资本与权份作为决定人类经济社会形态的两条主线，本身的内涵是随着经济的发展与社会历史的演变不断进化般地进行层次性的发展演变的。换句话说，随着经济与社会的发展，资本与权份是不断增加与逐步完备的。比如土地产权，农民由奴隶社会的助耕制只有极少部分收益权甚至毫无收益权，到封建社会的租佃制拥有了部分或者大部分收益权，再到近现代社会的较为完整产权，是随着历史发展而缓慢却逐步递增的，其权益身份也随之实现了由农奴到佃农再到农民的转变。

其次，本书认为，人类经济社会的历史是不同时期代表不同阶层利益的资本与权份相互斗争，不断演化的历史。这种斗争与演化的状态即体现了国家社会经济存在与发展的状态。我们可以从不同历史阶段的社会经济状态来看权份内涵，进而对资本性质与经济形式得出相应的论断。比如在资本主义社会以前，市场经济的形式是简单的商品经济，劳动力因物态或依附态权份被隔离于市场之外，尚未形成自身的商品价值。资本主义社会形成以后，劳动力从物化及等级压迫的社会关系中脱离出来，以完全独立的姿态参与商品经济，成为广泛的商品经济中最为重要的一部分，在完善市场价值链条的同时实现了自身劳动力的商品价值，从而获得商品态权份，并进而在此基础上获得消费者态权份。广泛的商品经济从此成为市场经济，市场经济亦因劳动力市场的普遍形成而最终得以完全。

而同样是商品经济，普遍的依附态权份决定了封建家族社会的主仆式雇佣，超经济强制是维护生产秩序的主要手段。普遍的商品态权份则决定了资本主义社会的商品式雇佣，经济强制是维护生产秩序的主要手段。只有当自由的个体人大量出现后，劳动力才可以自主地成为待价而沽的商品。货币持有者在流通领域购买到具有人身自由的劳动力后，在扩大再生产的条件下通过榨取他们的剩余劳动才能实现资本的价值增值。而此时由于具有自由价值的个体人的不断大量加入，商品经济已经升级称为市场经济。如果说商品经济是物品以商品形式自由进行的价值交换，那么市场经济除了物的自由交换即商品经济外，则还包含普遍可行的人力与信用的自由交换。因此包括经济组织模式的各类管理技术、生产技术之革新与市场价值规律才能够在其间不断发挥作用，并在极短的历史时期内创造出极其丰富的社会物质财富。而这在拥有商品态权份以前的社会中，是绝对不可想象的。

其实无论是贵族奴隶制经济还是封建地主制经济或是近现代社团法人制经济形式，其在发展初期都能促进经济发展与社会繁荣。然而到了中后期，因代表该经济形式的典型资本因专属性原则即其垄断性与极权性欲望，而致经济发展停滞、社会关系僵化以至于社会陷入动乱。这在奴隶社会和封建社会表现为改朝换代，在近现代则表现为政权更替。而资本主义社会因资本发展的结构性特征体现出结构性发展与结构性危机，以及由此导致的频繁的权力让渡，从某种角度上说离不开资本发展的广泛化原则所要求。因此，在不断发现新资本形式并平衡资本结构的同时，努力促进资本与权份的协调发展才是人类社会发展的主体目的。这也是本书中有关于"发展"的观点。

再次，倘若将人类社会视为一个有机体，本书认为，如果说原始社会人们合作互助的劳动或共同举行巫术活动仅仅是因事而起的即时行为的话，那么进入文明社会后人们自愿联系在一起，制订规则组成一个社会团体，为达到一定共同的个人目标或实现一定的社会职能而一致行动，成为一个稳定而持久的共同体，这个共同体已经构成了社会的重要组织形式之一。就好比在生物体中，细胞不是简单的聚集，而是通过一定内部联系达到足够的相似性后，形成组织以获得一定的生理功能。在不同组织的基础上形成器官，再在不同的器官基础上形成系统，最后不同的系统有机结合成生命体。由不同的人组成的行为共同体不但体现了人的社会性，并且在共同体的不断行动中实现了自我目标与群体目标甚至或许会促进社会的更大进步。而这种共同体在一定的社会阶段完全有可能成为该阶段社会的功能活动主体。

更进一步说，如果个人是组成人类经济社会的细胞的话，那么家庭就是最基础的组织。在原始社会，人们只是为了生存而简单松散地聚集在一起，就像生理功能原始而简单的多细胞生物。到了奴隶社会，家庭固定成型，人们开始有组织地建设城邦开采矿藏，并制造出由多种材料构建的大型的生活与生产用具，能够独立于自然界的人类社会于是逐渐成型。既然个人是细胞，那么家庭便是组织，社团便是器官，行业便是系统。它们共同组成的社会便是完整的生命体。在原始社会时期，由于人的社会尚未成型，个人与群体也无法分离，没有足够有效而清晰的社会功能活动主体；到了奴隶社会，社会因不同地域的人们的交往增加而逐渐形成，并因权份的出现人们被划分为不同的阶层，于是奴隶主个人成为社会功能活动主体；随着社会的发展，在封建社会则以家族为社会功能活动主体；而进入资本主义社会后，便是以社团为社会功能活动主体。从中可以看到一条清晰的脉络，即社会活动功能主体随着社会的发展与人口的增加不断扩大化，从尚未形成整体人类社会形态的原始社会到进入奴隶社会的个人，接着到封建社会的家族，再到资本主义社会的社团，遵循着与资本的广泛化与权份的大众化原则相匹配的轨迹。

人们构建经济社会并实现经济活动主体功能的自组织便是在生产力进步的推动下，在人认识自我、认识社会、认识自然不断深入的促进下，本书认为归根结底是在社会财富与人们经济权份不断丰富与普遍化的基础上得以提升并获得进步的，这种进步既是层级式扩展又是螺旋式升级。

而生产经营的组织形式与资源占有模式在决定了权份状态与资本性质的同时，也决定了实现社会经济活动功能主体的性质。比如，正是因为奴隶作为劳动工具与土地一起为奴隶主完全所有，生产也由奴隶集体完成，所以形成了奴隶制社会奴隶集体自然经济下的物态权份；正是因为土地为皇帝代表的大地主阶级所有，农民阶级只能以家庭为单位租佃耕种生产，所以形成了封建家族社会家庭小商品经济下的依附物态权份；也正是因为劳动力为劳动者自己所有与财产为财产所有者所有，商品生产需要资本雇佣，所以形成了资本主义市场经济下的商品与消费者态权份。而从原始社会到奴隶制社会到家族封建社会再到资本主义社会以及未来的新社会，社会越发展分工越细致，本书以为，每一次社会分工都会产生一次新的价值增值，而每一次价值增值也都会形成一种新的资本形式与权份内容，于是导致资本性质与权份种类就越众多。但越往后的社会形态越能包容更多的资本与权份种类，就像基因的记忆与存储。譬如在资本主义社会，便既有社团资本也有家族资本还有个人资本。也就是说资本形态在一定经济社会状态下是向下兼容的，也即越原始产生得越早的形态存在的时间也越长，它甚至可能会贯穿人类经济社会的各个阶段。但同时，在资本主义社会，一定是结构性社团资本与商品消费态权份为主流，即在一定历史阶段的经济社会中，标志性的资本与权份形态对应典型的相应的社会形态，没有相应的社会形态，对应的资本与权份形态无法发展壮大；没有相应的资本与权份形态，对应的社会形态无法形成并巩固发展。经济社会形态不会跨越式地形成，即使有，也必定是不稳定的，易发生社会动乱，最终会较大程度上回到对应的状态中去，以获得资本与权份形态和社会形态的相互协调对应，并相互促进平衡发展。

既然在经济社会中，资源占有模式与生产经营组织方式反映的是生产关系与权份状态，那么，一定的权份状态能够代表并决定一定的经济形式，而一定的经济形式也会反映并影响一定的权份内涵。这体现在封建时代，便是包括赋税劳役的经济形式的任何变化都会相应影响农民的权份，进而影响社会经济的发展。正是垄断的土地资本保障了大地主阶层的封建剥削地位，而以徭役为重要特征的依附态权份则又极大地束缚了广大庶民的经济权份申张。在封建家族社会，农民没有彻底的产权而只有占有权与部分耕种收益权，这显然对私有财产以及其他社会权份的保护是不利的。由于一切所有权归于皇家大地主阶层，其他人只有占有权与部分收益权，独立的仲裁和法律机构就无存在之现实必要。但反过来每一次广泛的权份的申张，即使是一小步，都会带来整个经济与社会较大的发展。事实上在人类社会的发展中，历史上任何一次关于人与自然，人与社会之间的关系，以及人本身的权份升级，都带来了人类社会的巨大进步。这不但体现在经济形式与社会财富的积累上，也体现在人们社会生活的具体方式上。比如近代社会一夫一妻制的建立，不但有利于男女之间的身份平等，更影响了社会组织单元由家族向家庭形式的转变，而且奠定了社会活动与政治经济活动中的功能主体即自由个体人产生的广泛基础，进一步促进了资本主义社会中社团和新的生产组织形式的形成。

因此综上所述，本书认为，随着人类经济社会中的人所经历的普遍身份从原始部落人到奴隶，从奴隶到臣民，从臣民到国民，从国民到公民，与之相对应，权份状态亦从原始的无意识态到物态，到依附物态，到商品与消费者态，到公民态。人类社会经济则是在资本与权份的引领下，在生产科技与社会变革的推动下不断发展前进的。人类社会经济形态与历史阶段的对应关系及相应社会人们的权份状态可以列表如下：

| 社会阶态 | 典型经济资源占有与资本所有形式 | 典型生产组织方式与经济形态 | 主流权份状态 | 普遍人的身份称谓 |
|---|---|---|---|---|
| 原始社会 | 能用者即享有 | 种群内部合作式狩猎、采集等觅食活动 | 无知混沌态 | 部落族人 |
| 奴隶社会 | 包括奴隶等一切资源为奴隶主所有 | 奴隶集体劳动的自然经济 | 物态 | 奴隶 |
| 封建社会 | 土地为皇家所代表的大地主阶级所有 | 以土地租佃为主的家庭自给自足的小商品经济 | 依附物态 | 臣民 |
| 资本主义社会 | 劳动力为劳动者自身所有及财产为财产所有者所有 | 以雇佣和消费为主的积累一般社会财富的市场经济 | 商品与消费者态 | 国民 |

| | | | | |
|---|---|---|---|---|
| 社会主义社会 | 个人财产为个人所有及基础性资产为公共权益所有 | 以生产创新为主的积累技术财富的科技产品信息化经济 | 公民态 | 公民 |

其中，原始社会即是大部分生产生活资料为族人享有，普遍的权份状态是无知混沌态的人类阶段性社会，其经济形态为原始的觅食活动。而无知混沌态权份，即是在原始社会中人们对其毫无意识并且形式简单、基本无差别的一种权份状态。

奴隶制经济社会即是以奴隶为财产代表的大部分生产生活资料为奴隶主所有，占人口多数的奴隶作为劳动者处于物态权份状态下的人类阶段性社会，其经济形态为简单的自然经济。而物态权份，即是在包括经济活动在内的基本社会活动中，居于生产劳动主体的人们几乎难以享有自身劳动力价值，并且像一般财物一样受到任意处置的一种权份状态。

封建经济社会即是以土地为财产代表的大部分生产生活资料为皇家大地主所有，占人口多数的农民等劳动者作为臣民处于依附物态权份状态下的人类阶段性社会，其经济形态为家庭自给自足的小商品经济。而依附态权份，即是在包括经济活动在内的基本社会活动中，人们不能够以完全独立自主的身份进行生产劳动，只能享有部分自身劳动收益，并且人身依附隶属于封建权力秩序的一种权份状态。

资本主义经济社会即是以各种有形的或无形的社团资产为财产代表的生产资料为社团法人所有，生活资料与个体劳动力为个人所有，占人口多数的劳动者作为国民处于商品与消费者态权份状态下的人类阶段性社会，其经济形态为市场经济。而商品与消费态权份，即是在包括经济活动在内的基本社会活动中，人们以独立自主的身份出售自身劳动力价值，并享有相应消费保障的一种权份状态。

社会主义经济社会即是以各种社会基础性资产为公众权益所有，个人财产为个人所有，普遍的劳动者作为公民或处于公民态权份状态下的人类阶段性社会，其经济形态为信息化经济。而公民态权份，即是人们普遍享有社会基本的公共服务与保障，劳动者倾向于以一种更积极与更环保的理念参与并创造各种经济社会活动的权份状态。

本书以为，在任一社会时期中，资本所有制形式即产权状态与社会权份关系即生产组织形式都是构建社会经济发展模式的两大主导因素。那么以占人口多数的大众为研究主体，在奴隶制经济社会中，是奴隶形式的人力资本与绝大多数物化的权份状态，社会生产着重依赖于人的体力；随着人口的增长，可耕种土地的相对减少，在封建家族社会中便是以土地为代表的农牧业资本与依附态的权份，社会生产着重依赖于人的既包括体力也包括农牧业经验的劳动力；到了资本主义经济社会，则是各种技术包括工业技术、金融财经技术为代表的工商业资本与商品态及基于商品态的消费态权份，由于机器化大生产使得社会生产着重依赖于基于积极个性的人的技巧性的劳动力以及人的消费力；而在社会主义社会，则是通信交通技术，网络与空间技术为典型的信息一体化资本与公民态的权份，“吃穿住行娱”等一般社会财富的丰富使得要形成新的社会财富，社会生产就必须着重依赖于人的创造力。从奴隶社会人的体力到封建社会富于农牧业经验的劳动力，到资本主义社会偏重工商技巧的劳动力，再到社会主义社会依赖创新与创造的劳动力，我们能够看到，人类经济社会发展的过程，可以说本身也是如何有效利用人的内在能力的发展与进化过程。

与此同时，人类经济社会在任何时候都离不开自然生态。如果说人类从狩猎采集转变成耕种饲养，是人类主动缩短食物链环节以节约食物链中的能量消耗并增加自身能量有效供给，从而促进人类自身繁衍并促发人类文明产生第一次飞跃的标志的话，那么从开采燃烧化石能源生物质能源到捕捉利用太阳能风能等，就是人类积极缩短能源形成环节以节约能源消耗增加能源有效供给并有利于保护生态环境，从而促进人类延续繁衍并促发人类文明再一次产生飞跃的标志。故而，本书认为，自然资源作为人类赖以生存的资本之一，不同的自然资源利用与能量生成方式不仅体现了不同经济社会发展的物理性动力特征，同时也许便决定了人类文明的不同阶段。文明的进化其实就是人类的经济生活在不同历史时期的表现，而文明的进化历程便是人类依赖于一定的自然生态进行生存延续的过程。

本书认为，人类利用并改造自然，以寻求生存的资本与权份。随着人类社会及生产力的发展，最终人类必将利用并改造自身，以寻求人类存在之完善与和谐。

故而，我们或许需要以东方哲学的融合思维结合西方思想的工具理性以一种新的方式去看待社会经济的发展，以及经济社会的演变。为了更好地了解人类经济社会的演化历程，本书以为，离不开对人的内涵本质与存在目的进行深入探讨。下一部分内容便将从对人的内涵与本质探究开始展开阐述。

# 第二部分

# 人的内涵本质、存在意义与人类经济社会的形成并阐述人类经济社会已有的四个阶段

# 第六章
# “人”之新论

——世界上最难写的字就是“人”字，最难懂的知识就是关于人的知识。
（《人论》，恩斯特·卡西尔著，李琛译，光明日报出版社，2009 年版）

“认识你自己”——是一句刻在古希腊德尔菲神庙石柱上的名言。古往今来，世界上对人的认识理论基本有三种：一种是功能性的，即从人能干什么、具有什么与其他动植物不同的特殊能力，来表明人与自然界万事万物的功能区别；一种是关系性的，即体现人的社会性及与自然界之间关系如何；第三种则是介于第一种与第二种之间的理论，是功能性与关系性的综合。

古希腊哲学家苏格拉底认为人之为人，在于人拥有理性即人具备理性思维的能力，这是一种功能性的解释。类似这种功能性的解释也包括弗洛伊德强调的人具备原始的性本能理论。另外，对人的阐释还有一种是关系性的。比如我们常听到的“人是万物之灵长”，体现了人与万物之间的关系，是基于进化论的。尼采则强调了人的权力意志。由于权力施行离不开社会，离不开其施行的对象，因此虽然权力本身是一种功能性的名词，但权力意志理论却更多地暗含了其关系性。不过，从关系性角度深刻揭示人的阶级本质的哲学家却非卡尔·马克思莫属。马克思曾明确地指出，人是一切社会关系的总和。著有《人论》的哲学家恩斯特·卡西尔则认为，人是能够创建符号的动物，无论从语言、神话、宗教、艺术、科学和历史来讲，都是人创造的各种符号及其活动，人类活动本质上也就是一种“符号”化的活动。这种理论也更多地是从功能性来阐述什么是人。无论从功能性还是从关系性角度来解释人到底是什么，似乎都有失偏颇，无法全面准确地揭示人的本质。而只有同时从关系属性与功能属性两方面着力，才能像汉字中一撇一捺一样支撑起一个“人”字来。

因此以本书的观点，对人的定义应该属于第三种，即所谓人，就是居于万物进化顶端，在自然与社会中通过创建各种符号，努力获取资本、权份以利延续生存并实现自我的动物。人从自然与人的社会中来，是万物进化的最高阶段，体现了其关系性。而通过认知与掌握各种技术手段即创建符号，人又能够从自然与社会中获取自身得以存在与发展的资本与权份，并进而实现自我欲望，即体现了其功能性。关系性与功能性，两者相辅相成，缺一不可，共同塑造出人的概念。

事实上，地球上万物衍化，每一种生物在适应环境的过程中，都发展并继承了自己独有的信息接收系统和功能操控系统以保障生存。而人类作为万物之灵长，在这些基础上还掌握了一种恩斯特·卡西尔称为的符号系统。正是这种系统，使得人类在应对外界刺激时具有了不同的反应。对于一般有机体而言，对外界刺激的反应必定是直接而迅速的，但也是被动而机械的。这是它们求得在激烈竞争的自然现实境况下得以生存的本能。而对人类来说，不但拥有机械反应的本能，同时由于符号系统的参与，积极思维导致的对外界刺激的延迟反馈，更成为影响未来持续生存的有意选择。“我们更多地是生活在对未来的疑虑和恐惧、焦虑和希望之中，而不是生活在过去的回忆或当下的经历之中。”（《人论》第 47 页）可以说这种反馈是主动而有效的，这形成了一般有机体即时性生存手段与人类延续性生存策略的区别，是有机生物缓慢而持续进化的结果。而人类思维中的延迟反馈恰恰是通过人类自己创建的各种符号系统进行运作的。

正是得益于这些具有功能性价值的符号系统，“人不再生活在一个单纯的物理世界中，而且生活在一个符号的世界里。语言、神话、艺术和宗教组成了这个世界。它们共同编织了人类经验的符号之网。”（《人论》第 24 页）人们可以不再直接地面对外在世界。比如语言中关于事物命名的词语不仅仅是一种简单的信号指示，更是一种有力的思想工具。“在某种程度上，人是在不断地与自身对话而不是直接应对事物本身”。（《人论》第25页）因此各种符号系统的建立使人能够独立于自然，形成更广泛更丰富的人类自我的世界。并借助于符号思维，人类获得了一种全新的可以不断改善社会改造自然的能力。缺乏这些符号系统，“人的生活就会像柏拉图洞穴比喻中的囚徒，就会被限定在生物需求和实际利益的范围内，就会找不到通往‘理念世界’的路——一个通过宗教、艺术、哲学、科学向人类展现的世界。”（《人论》第35页）而这个世界无处不彰显着人所孜孜以求的资本与权份。

然而人不只是符号的动物。因为人存在的意义与根本特征不可能是各种符号。符号是人类生存与发展的手段，是技术，是平台，是人类享有的对象，甚至是借以彰显独立于他人与自然的工具或标志。一切科学的、艺术的、文化的、语言的、历史的符号等，都是人们资本与权份、财富与利益获取的过程与结果、技术与方式，都是人突出反映与自我、与他人、与社会、与自然界一种独立自由却又相对相生关系的人的创造物。

譬如，作为用来发现自然与客观实在的一种工具，现代认识论认为，数是对各种自然或非自然实体关系和关系类型的研究。那么对人的定义，也离不开从与自然界的关系中去寻找答案。四川卧龙自然保护区的大熊猫在领地边缘撒尿或在树干上磨蹭身体留下体味，以散发体味的方式告诉同类，这是自己的领地不能擅闯。人类也有类似的行为。女性会在异性伴侣的身上通过判明气味来源的方式来发现是否有别的同性染指男女性关系的专属领地。亚里士多德认为，人是社会动物，然而蜜蜂与蚂蚁也具有一定的社会性。无论是符号的还是社会的，仅仅从功能性角度去定义什么是人，永远是片面而只是带有功能性的。只有同时从关系性角度去定义，对人才能获得更全面而贴切的认识。如果论符号性，动物也具备相当的能力。比如蜜蜂，当一只个体发现了花源并需要向其他蜜蜂通风报信时，它会通过一种特殊的舞蹈传递信息。这种舞蹈是以有规律的飞翔方式实现的，其中包含了花源所在方位、规模大小、距离远近等等信息。而黑猩猩也会利用树枝作为工具探入蚁穴来沾取蚂蚁获取食物。北美落基山脉的一种鸟类通过贮存松果并在几百个贮存地做出相应标记，以保藏过冬食物。人类的生理与行为很大程度上是动物们亿万年进化的渐进结果。

因此任何功能性的特征都能在其他动物身上找到映射的源头。于是看来似乎必须加上“人是万物之灵”等等这种关系性定义，才能更准确而全面地说明什么是人，同时又不失人的内涵特征。

不过如果说到人与动物的区别，从非生物界的反映到生物界的反应，从生物界的反应到高等生物的意识，从高等生物的意识到人类的思维，人们将会发现，越加微观具体细分的研究就越会进入连续而难以严格分离区分的情势之中。这便如微积分，难以找到一个能够彻底进行分隔的连续点。但是既然人是生物进化的最高形式，那么依循人自身往前追溯，或许就可以看见自然进化较为完整的历程。正是大自然中的生物进化经过无数阶段后才形成了人。因而从某种角度上，人即自然，自然即人，人或许是宇宙的全息态。

但是仅仅这些就够了吗？人又是怎样被自然与人自身及其社会所造就的呢？

古代中国称人为“丁”，十分象形：农民需要弯腰耕种，官员需要弯腰行文办公，皇帝需要弯腰审批奏折，这些都是劳动的姿势形象。而《说文解字》说“丁”是挺拔高大的树的形象，并以此来代表人。现代人类学认为，直立行走是导致古人猿向人进化的重要原因，因此表达两腿迈开直立形走的汉字“人”便代表了人。可是除了直立行走与弯腰劳动外，还有其他因素吗？中国古语有云：“人，天地之性最贵者也。”在本书看来，也许另外几个很重要的因素也有待于我们加深思考。

其一便是合适的体形。众所周知，过于庞大的体形不仅难以找到足够的食物，而且正是因为体形的庞大受到的攻击性威胁少，导致取食手段与防御手段的简单单一，比如已消失的恐龙，这显然不利于身体机能与大脑的进化；而过于弱小的体形又极易遭到攻击，比如野兔；抑或对占据领域范围要求不高而导致行动与视野区域有限，比如蚂蚁。无论是过于庞大的体形还是过于弱小的体形，其物种都会有一个共同点，那就是生命周期较短。这在生物进化过程中是极其重要的一个因素。因为只有较长的生命周期，才会有较多的传承内容与较高的发现和创新概率。这在后面还会论及。故而可以说大自然赋予的古人猿合适的形体，是地球选择其作为地球精灵的原因之一。

其二是多种环境的适应能力。无论是高山之巅还是河海之滨，无论是莽莽草原森林还是茫茫大地荒漠，无论是气候炎热还是地球处于冰川时期，古人猿在演化过程中都进化出了足够的适应能力。而不同环境适应能力的高低决定了种群存活可选择空间范围及相关生存能力的大小。因此适应能力便成为必选项之二。

其三则是更关键的所在，乃是包括对熟食的混食能力。正是这种对熟食的混食能力让古人猿战胜了动物们对火本能的恐惧，并进而善用火烤煮食物、防御野兽、抵御严寒甚至制造工具。参考人类的原始遗迹，从某种程度上说，正是从用火制作熟食时起，人类才真正开始了自己的文明史。因为恰恰是这种对熟食的混食能力，让古人猿有了更加卫生健康并易消化的食物以延长寿命，有了更广泛的食物能量以强健体格，而且有了更丰富的食物营养以培育大脑智力。同时由于熟食大大减少了人在消化吸收食物营养时的能量消耗，在人类的进化过程中，当人的消化系统逐渐变小时，大脑获得了更多的能量，便为大脑容量的变大创造了条件。也恰恰是火，让古人猿尝到了熟肉食的美味从而发展了混食能力，并克服了对火的恐惧，而这是其他动物所难以做到的。因此如果说对石器的制造使用还仅仅是生存智慧的发展与进步的话，那么我们可以说从有意识主动使用火的那一刻起，人类的文明便真正开始了。

并且，倘若说人类在发现并尝试被火烤熟的肉食时为突发选择，那么努力克服对火的恐惧，主动地小心翼翼地多次使用火，那便一定是创新积累。再到火被广泛普遍地经年累月一代又一代地有意储存和使用，那更成为经验传播甚至是遗传记忆了。从这些意义来讲，人与机器人的根本区别之一便是，机器人不能有目的地安全地使用火，更没有人类特有的使用过火的遗传记忆。因为从某种角度来看，人类的历史就是不断发现与使用新能源的历史，火是人类发现的第一种能源，生火是人类掌握的第一种制造能源的技术。

而人类任何阶段的文明都建构在相应的能源基础之上：青铜文明离不开火，工业文明离不开煤与石油，信息文明离不开电能，即使是现代社会人们依旧在使用火，在制造并使用各种能源。因此机器人不是人，更无法取代人，现代社会的人们不能被这种拟人化称谓所迷惑而不知所措。

毋庸置疑，是火带来了人类文明，进而人类文明延长了人的生命，人的生命又创造了更多的人类文明。正是因为有了更长的生命周期，人类才会面临更多的突发选择；也正是有了更长的生命周期，人类才会有更多的尝试体验与创新累积。比如原始人才会琢磨着去制造工具，结绳记事，刻磨岩画以传承知识并记载历史，在这样的过程中人类的智慧才可能得到更多的发展。不可想象，当生命体的基因记忆里生命周期只能够繁殖生育以传宗接代时，它还会有其他可选择行为的神经冲动。相对而言，人类更长的寿命引发了人类更多的欲望，更多的欲望促使人类去掌握更多的资本与权份以延长寿命并优化生命以实现价值。正因如此，人才成为人。

而另一方面，源于知识的传播与继承，人类的遗传记忆都能够向下兼容，其以原始的创新积累甚至是突发选择为基础。于是伴随着历史有层次的叠加发展，人类社会有阶段的逐步繁荣，所有这些便逐渐建构了人类丰富的意识及深邃的潜意识之海洋。因之无论是牛顿还是爱因斯坦，其创造的在当时社会无人能懂的高深理论，过后都逐渐成为人们普遍的思想观念与思维方法之基础。

据此可见，很大程度上从行为学的角度上说，人类的文明，包括对人本身的塑造，是从掌握了用火的技巧开始的；从生理学与文化学的角度来说，则是从学会品尝熟食开始的。众所周知，饮食文化在各国各民族中历史都很悠久，占有的地位也十分重要，尤其是在历史渊源很长的国家比如中国，古代的青铜文化、陶瓷文化都是从为了享用熟食而使用火发展起来的。由之衍发出来的各种青铜礼器曾经是国家权力的象征，精美瓷器也成了财富与身份地位的标志。而所有这些，无论是在奴隶社会还是封建社会，都曾经是重要的维护与展现神权、王权抑或贵族等级的资本实体与权份载体。

当然，除了以上三点外，无论是有关于人的特性与本质，还是对人的理论定义，都会因时代、地域、标准、思想文化流派不同而异。

譬如，如果按“会制造和使用工具”来定义人，那么黑猩猩也会制造与使用工具，但它显然不能称为人；而如果以“能两条腿进行直立行走”的相关概念来定义人，那么发现于南非的200多万年以前的南方古猿便可被称为人。但按照上种定义，南方古猿不能称为人，因为南方古猿迄今为止还不被认为能够制造工具。

在人类漫长的社会历史中，奴隶也曾不被视为人。在中国古代，“臣”的原意是指部落战争中被俘虏的男性，“妾”的原意是指被俘虏的女性，皆是奴隶。到了封建社会，这两个字都成为下人、仆人（比如“家臣”之谓）甚至是朝廷官员的自称，可见权份等级区分的严格。人类语言文字内涵的变化在一定程度上亦能够反映当时社会经济关系与权份状态的变化。同样以“臣”字为例，在奴隶制社会，被俘虏的人成为奴隶，没有任何人的权份，是奴隶主贵族拥有的物品，可以任意处置，因此体现的是物态权份；到了封建家族社会，“臣”这个字依旧在用，然而内涵已发生了变化。虽然不再是毫无权份的奴隶式物品，但享受了封建领主或皇帝权力的庇荫，必然离不开对封建王权的攀附。虽说不同于一介平民，不过其依附态权份依然体现得淋漓尽致。因此不同时代对人的不同定义以及变化中的语言文字内涵，的确能够体现出当时社会的经济关系与权份状态。

而在古希腊和古罗马，都曾有城邦市民比如雅典人、斯巴达人、罗马人，但却没有物种学意义上的人。甚至有希腊人和野蛮人的区分就是没有普遍意义的人。因此在当时社会野蛮人被征服后成为奴隶便是很自然的事。到了中世纪，基督教则宣扬人是灵魂的载体，只有人才有灵魂，才能获得基督的救赎，而上帝在人间的唯一代表就是国王。于是服从上帝与依附皇帝便是人获得灵魂的唯一出路，这便成为古代欧洲相对于封建教权与皇权，依附态权份得以存在的思想理论基础。而对古典的人道主义来说，人则是“会说话的理性动物”。

随着近代欧洲启蒙运动的展开，“在 18 世纪末期，人的概念已变成一种完全的不可剥夺的价值观，整个世界就是围绕着这种价值观而进行演变的。人——一种存在的物种——作为古典与基督教的形而上学的特殊结合体登上了历史舞台。”(《人权的终结》第 199 页）法国《人权宣言》则认为，作为存在的物种，所有人理论上都是平等的，因为他们都平等地享有灵魂和理智，后两者是人类与其他生物的区别。但是正如当时现实社会所呈现的，这种平等即宣言中最为激进的成分，只适用于存在物种意义上的抽象化的人，以及他在制度上的表现形式即法律主体。在实践中，宣言对那些没有资本与权份，比如财产的人只有很有限的价值，对妇女则更少，而对于那些被称为非人类的奴隶，殖民地居民以及外国人来说则更是毫无意义。（《人权的终结》第 200 页）

以上种种，都是历史上已有的关于人的诸多重要论述。然而有一点不能忽略并必须予以强调指出的是，人，每一个人，既是人类社会中的人，更是地球上的人。黑格尔曾说死亡是绝对的主人，科斯塔斯·杜兹纳由之推导说历史必然是一个弱肉强食的过程。可弱肉强食的结果是什么？是消灭还是有限的共存？抑或两者兼而有之？也许没有有限的共存，强者也不能保证其社会性，而没有社会性又怎么能成全人性并称其为人。没有与他人的交往，自我将难以构建，完全不与他人生活在一起的生活是不存在的。同样，地球上的万事万物也凭其所是而拥有其应有之地位，弱肉强食适者生存可能是个选择、适应与调整的过程，即选择塑造其所是的过程。就像人有自然属性与社会属性一样，地球的种种生命亦可能在有其自然属性的同时具有与其对应的种群社会属性。在此之上与笼罩其中的便是所有地球生物体共有的生态性，即有你在有我在，你在那我在这，共同的存在结合成生命的舞台，每一个生物种群既是观众又是表演者，每个种群的每个个体也既是观众又是表演者，尤其对人而言。

因此有必要予以强调，既然相对于人类社会每个人都有其自然属性与社会属性，那么相对于地球来说，每个人不仅有其自然属性与社会属性，还有其生态属性。通过这种生态属性，本书认为，人得以与除了人类社会之外地球上的任何事物发生联系。在任何一段地球的历史时期，生物的生态性都影响了生物的进化选择。人存在于一定的生态环境中，人从这个环境中汲取生存所需的物质与能量，以成就其物质性的生命；人也依赖于一定的生态环境来塑造其感官能力与反应思维能力，通过生态环境的刺激人的自然属性得以完全。生态环境对于人的生理与心理潜移默化地施加影响。它对特定环境中的种族人群之生理与心理特质，以及民族文化的形成都有重要作用。中国古谚语说“一方水土养一方人”，海岛上依靠渔猎生存的人的生活习性与平原中依靠农耕或者高原上依靠游牧生存的人的生活习性、经济行为肯定不同，其长期形成的种群风俗习惯亦会不同。

事实上，环境生态的变化能够促使生物不断进化，每一次地质纪元与气候生态的剧烈演化都引发了地球上物种的更替繁衍，其中当然也包括人类。800 万年以前，东非大裂谷的出现，引发了整个非洲气候的变化，改变了许多生物的生活习性，古猿从树上逐渐来到了地上；300 万年以前，冰川时代的到来迫使南方古猿得以进化；200 万年以前，真正的人类诞生了，能够制造简单工具的类人猿走在了进化的前列，他们被称为“能人”；200 万年以后，地球气候再次发生变化，温度上升，海平面也开始上升，于是“匠人”出现了。他们到达了地球上能够到达的所有地方，并开始广泛分布于地球大陆。

其实，生态环境对人的生理特征也发生作用。是环境气候影响了人类的发色、肤色、和眼睛的颜色以及五官构造的细微差异。比如在地球的冰原时期，恶劣的生态塑造了尼安德特人。在严寒的低海拔地区，原始人的皮肤颜色变浅，这有利于吸收紫外线，使人体将其转化成复合维生素。

故而可以说，一定的生态环境决定了一定程度上具有相应经济行为的普遍意义的人。一定普遍意义上的人也依赖于一定的生态环境。原始社会中的人与现代社会中的人不仅身体的自然属性，个体的社会属性不同，种群的生态属性也发生了巨大的变化。原因便在于至少是四千年前的生态环境与现在的生态环境已迥然不同。一般情况下，人们难以觉察自身的生态属性，一旦生态环境发生剧烈变化，人的生理与心理都将随之发生变化，人的生态属性便凸显出来。这是由人的生物适应性所决定的。略举一例，有报道说日本21世纪初发生大地震后，青年人的生育率在短时间内便发生急剧增长。

而人不同的生态属性又必然带来不同的关于人的内涵的阐述。犹如现代人与尼安德特人，各自所处的生态环境已发生了翻天覆地的变化。这不仅仅体现在由气候变化导致的对人生活习性的影响，和工业污染导致的生态性传染疾病的频繁爆发与传播，以及现在的人们生理系统日益面临遭受破坏的臭氧层所带来的威胁，还包括科技发展对人的身体与心理，风俗习惯与各种经济行为模式的改变。比如基因重组与干细胞技术对人的器官生理机能的作用，器官移植甚至器官本身的电子化与信息化对人的身体官能和心理的影响，尤其是各种纳米和再生技术对人的身体特征与生理性状的改变等等，都将引发人本身的改变。但从另一个方向看，利用仿生技术与信息技术对机器人的信息化及生物体化也将使其愈发像人，这必然导致将来人们会愈发面临机器人与真正的人至少在表面上难以辨认的窘境。尤其是在未来社会，当机器人在人们的生活中发挥越来越重要的作用，与人的关系越来越紧密时，人的情感会驱使人赋予机器人以人的权份，就像现在的宠物以及宠物经济一样。而机器人的“人化”与人体部分器官的电子化、信息化将导致人与机器人的生理构造界限越来越模糊。于是一方面存在自然生态对人的改变，另一方面包括科技与法律在内的人类社会生态对人自身的改造，在两者的共同作用下便形成未来社会下的“新生态”人。故而在未来社会，对人的定义变化也必然引发人们权份内涵的新变化。

# 第七章
# 人的本质、存在意义与人的存在感

——生命，那是自然付给人类雕琢的宝石。（阿尔弗雷德·诺贝尔）

## 第一节 人的本质与存在意义

人类的历史与现实生活都告诉我们，人，是需要群居的。没有群体的人，人就不会有社会属性就不会有诸如语言、交往、交易等社会功能；人没有了社会属性，就会像鲁宾逊一样成为单一的个体，在自然环境中与其他生物相比将无特别自豪之处。哲学研究人的本质时，也必须将个体放到群体中去，主体与客体的相互作用才能体现主体的特征与意义、功能与范畴。因此，只要一个人具有社会属性，其社会属性还在，就应享有一定的权份。即使是精神病人，甚至罪犯也应享有其应有之权份的法律保障。通过要求身份地位平等，人能获得自由。没有了隶属依附关系，奴隶、农民与市民便自由了，而只有权份对等的人在人群组成的社会中才会发展出繁荣的信用关系、契约关系等等种类繁多的经济与社会关系。

人的个体如果失去了群体，在自然界中就会很脆弱并且很容易成为其他生物的猎物或因疾病灾害而失去生命。因此个体的人在人群中才有生命安全的更好保障，是群体更好地保证了个体的生存。

并且人之社会性，还体现在人自身的解放需要通过集体的力量才能实现。诚然杰出人物的力量无比巨大，但极端的个人崇拜却很可能会导致社会灾难，因为历史上任何经济革命与社会进步都不是单凭某个人的杰作。社会整体的力量才能推动历史的车轮。个人的自由需要集体的构建，个人的存在需要他者的映衬和集体的确认。解放不是解脱，更不是恩赐，而是需要在社会群体中与他人共同协作完成。德拉克罗瓦为纪念 1830 年法国七月革命而创作的那一幅油画，站在高地之上手握钢枪袒胸振臂昂扬高呼的恰恰是一位女性，更有观者认为是画家有意将一位妓女放在如此醒目的位置，但在如此一幕振奋人心的场景之中，人们看到的只有共同的革命者。

然而人在社会中，为的就是要利用一切可以利用的物质、凭借一切可以凭借的技术，去获取有利于其生存的各种力量。因此人从自然中来，又试图超越自然独立于自然。这是巫术神话和宗教的起源，亦是人类共有的潜意识，任何宗教都映射了这种潜意识。无论是在希腊的神话中还是在中国的神话中，人都是自然之神依照自己的形象创造的，人本自然。故而人的起源传说总是与世界的起源传说相伴交织，“在解释宇宙起源的最早神话中，我们总能发现一个原始的人类学与一个原始的宇宙学并存”。（《人论》第 5 页）但人又妄图挣脱神的束缚，独立于上帝而寻求自我的存在。因此，人便踏上了寻找自我并实现自我的漫长之路。这或许就是宗教中所谓的原罪欲念。在这条路上，本书以为，资本是人努力从自然与社会中获取的力量；权份便成为人彰显自身并独立于他人与外界的根本标志。人则努力通过宗教、艺术、哲学和法律来表达自我。神话来源于生活，其所有出发点正是人类社会的投影，社会生活恰是神话的真正模型。

并且，如果说自然的科学定义是“由一般法则支配的事物的存在”，那么从物质性来讲，人的确从属于自然；从精神性来说，人凭借符号化的功能又有强烈的独立于自然的欲望。但这种独立必须依靠对自然的努力认识来建构。每一种动物都以其特有的方式认识并建构自然。唯有人类较为成功地实现了符号化的建构，并试图站在自然界的对面而不是像其他有机体一样完全依从自然。因此，人始终在寻找着一种能够独立于外界与自然的资本与权份。

众所周知，早期的天文学萌发于古代占星术，而占星术充满了神话与巫术观念。人们仰观天际俯察大地，并不仅仅是为了满足单纯的好奇心，在试图了解天地间广博奇异的现象时努力探寻人类世界本身的存在与秩序。人们感觉到人类与万物间有着千丝万缕的内在联系，而这种联系似乎又被宇宙间种种神秘的力量所笼罩与左右。这种力量如此庞大而有力，人类与万物在它面前显得无比渺小而无力，于是人们把这种力量寄寓于遥不可及的上天或天地四方。人们为了组织自己的经济、道德、政治等社会生活以满足各种物质需要与利益，向上天寻求喻示便成为必然选择。因此各种占卜活动与祭祀仪式无不是为了博取人格化后的上天神秘力量的欢愉，从而为人间获得启示与帮助。如此我们便不难理解为什么原始宗教与巫术中充满了神灵及其神奇的力量，而不是由点线面组成的形而上的理论空间。早期的天文学也从来不是一种抽象的沉思或纯粹而超然的科学推演。本书则以为，原始人类为了即时生存与延续生存，以我们称之为巫术的创造性活动，来努力获取思想与行动的技术性资本的支持。“只有在这种神话和巫术的形态，也就是占星术的形态中，天文学才能得以产生。”（《人论》第42页）而真正科学意义上天文学的产生，又为人类从自然界中获取更多的生存权份提供了现代技术性资本的保障。

因此，研究人即要研究个体的人，他的身体机能、生理欲望、心态变化，更要研究在社会经济生活的大背景下与他人、与社会、与自然生态交流中体现出的个性与共性。这样才有可能获得较为全面的对人的知识。而本书则以为，恰恰是有关于资本与权份的概念，才能给人们提供较为满意的关于人的理论。“人的哲学应该是一种能让我们深入理解各种人类活动的基本结构，同时又能使我们从整体上理解它们的哲学。语言、艺术、神话和宗教不是孤立的随机的创造，它们是被联系在一起的。但这种联系不是一种实体的联系，而是一种功能的联系。语言、神话、艺术和宗教的基本功能，以及它们的共同根源，这些才是我们应该在它们数不尽的外形下面应该追寻的东西。”《人论》第61页）恩斯特·卡西尔以哲学的直觉指出了语言、艺术、宗教等的功能性的内在联系，却又无法洞悉这种内在联系的共同根源是什么。事实上这个共同根源就是，人们通过努力创造并掌握各种形式的符号资本而获取内心渴望的延续生存之权份的需求。神话、宗教、艺术、语言甚至自然科学，都只不过是这个共同主题的不同变奏与外在表现形式。因为所有认识自然与改造自然的方式，无论是古代的神话宗教还是现代的科学艺术等等作为手段与桥梁，在本书看来，都是人们为了获得生存与发展的资本，维护生存与发展的权份而采取的技术工具。而随着人类经济社会的不断演变，技术形式的进步即由宗教神话知识向科学技术知识的进步，便不可避免地加强了自然界中人类的自身力量、生存资本与延续存在的权份。

于是在这样的过程中，当艺术神话与宗教的工具性作用不断降低后，其便逐渐蜕变成为人们对伦理情感与祖先文化的一种精神依托，作为人类曾经的历史文化活动的“活化石”形式而存在，成为以民族国家为背景的人们的经济权益纽带和文化特征。因此，无法认清这个共同根源就无法认识人的本质，对人的本质的认识缺失，与人相关的一切个体的社会经济活动就无法得到根本的阐释。

一言以蔽之，关于人的本质与存在意义，依照本书的理解，就是人凭借创造包括语言、哲学、艺术、科学技术等等各种符号系统，在自然与社会中努力获取自身得以生存的资本及彰显能够延续生存的权份。

## 第二节　人的存在感

在原始社会，原始人类与动物一样在自然环境中生存。身体是其永久拥有的最好的工具。因此，人类采取任何行动都要依靠高效率地使用自己的身体，这就意味着他必须将身体视为周围环境的一部分并以此为终极参照系统，从而通过自身的各种感觉系统敏锐地感知环境中其他物体的任何细微变化。通过这种整体性的空间感觉，原始人类连续性地、融合性地而不是间隔性地、单独性地把握周围环境中与其行动有关的所有细节。就像笼统而简洁的卡通形象更易被儿童所接受理解一样。原始人类的思维极易于掌握外在环境中与自身身体相关连的事物的某一方面，并由于专注而在脑海中将其放大。每次行动时都连续性地、整体性地予以记忆而最终成为感觉。这种感觉不能经受思维有意识地就行动过程中的某一方面进行切割，因为一旦切割整个记忆就会变得支离破碎而使人无所适从。对外在事物的这种整体性把握是与原始人的生存方式相适应的。反映在其思维与语言中，就是原始人尚未熟练具备对客观世界进行剥离分析并抽象化的能力。因此，当科学家要求原始部落的人对“河流以及河流的各个转角进行描述，他根本无法做到；如果要求他画出河流及其航线的地图，他甚至无法理解你的问题。空间和空间关系的具体理解和抽象理解之间的区别，在这里得到了清楚的体现”。（《人论》第 39 页）

然而随着人本身的进化，人类社会的发展，当人的思维越来越成为人的生存工具后，身体却越来越成为享受的工具。人的存在感也越来越与所处的自然环境相隔离，而越来越与社会中的物质财富及精神的权份紧密相关。从一定程度上说这是社会的进步，因为这离不开社会资本与权益的丰富，同时也是人类经济社会发展的必然路径。的确，人基于自然环境的整体性的自我身体感觉逐渐消失殆尽，只是在少数比如很好地传承了古代诸如武术之类技艺的个体中发挥得比较明显。其实大家都知道武术与搏击恰恰起源于原始社会的狩猎与战斗行为。然而，这是否意味着，随着人类文明的发展，需要一种全新的人与自然的整体性感觉？！相对于原始人免于即时生存威胁的整体存在感，这种全新的整体存在感是否应该包含积极地延续生存与具有和谐可再生关系的整体感？这的确值得人们思考！

而从儿童心理学及认知论的角度看，人类婴儿很小的时候就能使用“我的”和“他的”这种人称代词用以指代物品，以达到确定归属的目的。这表明一方面人通过我拥有什么以体现存在感，另一方面表达我能控制什么及在控制过程中物品所做出的反映到对我的认知所形成的刺激而带来的感官成就感。这显然都属于人类文明得以发展的最原始的心理基础范畴，同时也是人类通过获取资本并确定权份以显示存在进而维持延续生存的具备生物进化意义上的本能反应。

不过，后天文化的培育对先天本能的占有欲的克服，使得人类进化的选择从个体的绝对独占私享趋向于全体的相对合作分享。这一方面有利于人类作为一个种群整体的发展；另一方面，表明了文化的理性是以自然的本性为基础又超越了自然的本性，而体现出人之所以能够为人和万物之灵的智慧物种性。其实合作分享的精神在现代的公司或社团等这些促进了人类经济社会发展的重要组织性功能活动主体中体现得尤其显著，这种整体性的存在感，无疑有利于人们以群体的形式获取存在的资本与延续生存的权份。

# 第八章
# 原始社会中的资本与权份

——道生一，一生二，二生三，三生万物。（老子《道德经》）

## 第一节　原始社会的资本与无知混沌态权份及经济社会的形成

在人类经济社会形态尚未形成的原始社会，人类散居在世界各地的部落族群在自然界中的确显得十分渺小，人们日日夜夜时时刻刻感受着大自然伟大澎湃而无处不在的力量。如果说原始社会是人类社会的开始，那么这时的人类社会还只是刚刚在自然界中孕育。原始状态下的人们与动物们一样是大自然的一分子，人并没有其特别之处，人的社会与自然界紧密结合在一起。两者之间因大自然无比强大的力量而成为一个无法分割的整体，我们无法从中找出一条泾渭分明的界线。

其时原始族群部落内部的生活更多的还只是一种源自动物本能的生存，而当部落与部落之间联系越来越多、越来越频繁的时候，无论是战争还是联姻又或是商品交换，人类氏族部群相互之间的各种交往形式更多地影响到每一个人的时候，人们便更加感受到了来自人本身（通过他人）给自我带来的力量。从这时开始，人类力量与自然界力量逐渐可以并行共存，人类社会有了自我意识。人们发现自己不仅生活在大自然中，而且生活在人与人组成的群体中。人的社会观念逐渐萌发了，人类社会作为一个独立的整体开始在自然界中形成并逐渐随着人类力量的强大和人类经济社会的壮大而突兀分裂出来。毫无疑问，这绝对离不开人类创造的巨大社会财富与形成的诸如权份之类的自我意识。依靠这些财富与自我意识形成的资本，人类社会得以在自然界中独立成型。

不妨先从动物普遍的占有欲与人类私有财产的产生来考察一下这种自我意识。自从上世纪“二战”以来,随着科学理论的发展,人们创造了许多新学说,比如系统论、儿童心理学、动物行为学等，其中有一门新学说便是社会生物学。这门学说试图通过解释动物的行为，并以与进化论紧密相关的生物学角度来研究解释人类行为。而社会生物学的研究表明，占有欲是所有生物普遍拥有的属性。举个例子，比如通过鸣唱，雄鸟可以向外界宣布自身对该地域具有占有权并且警告其他雄鸟必须保持距离。事实上无论是迄今为止我们认识到的最原始的低等生物，还是最高级的灵长类动物，其出于觅食与安全以及繁殖后代的需要，对地盘都有很强的占有欲。并且通常会使用多种手段诸如视觉、听觉和嗅觉的形式对所占有的地盘进行宣示。毫无疑问在原始社会，人们也通过各种方式表达对事物的某种占有。比如原始人类视觉的手段便包括图腾、贴符、人身装饰、建筑装饰、围栏旗帜等；听觉的手段包括祷告、咒语、歌唱、敲击等；嗅觉的手段包括体味、饲养、饮食、排泄物，等等。被占有的对象因被占有，而成为私有财产。其实对于私有财产，世界上许多民族在久远的古代都有用随身物品甚至奴仆陪葬的风俗。而在古埃及法老金字塔中，咒语与桃符甚至是特殊的气体都是为了表明墓地及其中物品是该法老的领域与私有财物，严禁擅闯及侵犯。同时，从形体动作及语言文化的角度看，“一些灵长类动物通过用身体去占领或者坐在其上的方式来宣示其对该地盘具有排他的占有权。这种行为与人类的行为并无大的差别，许多语言中表示占有含义的词的词源说明了这一点。德语中表示占有的动词 kesitzen 与表示占有物的名词 besitz 在字面上是坐在上面的意思，或者就其喻义而言为定居的意思。波兰语中表示占有的动词……与意为财产的名词具有同样的词源。同样的词根也成为拉丁语中的 possidere 也就是 sedere 意即‘坐’一词的基础，而该词又是法语中 posseder 和英语中占有 to possess 这些词的来源。”（《财产论》第 81 页）

反之，如果没有自己的地盘，没有足够的空间，不但人会缺乏拥有感甚至自身存在感与安全感，即使是动物，由于过度拥挤也会“表现出异于寻常的进攻性甚至神经过敏”或者“大规模死亡的心理变化”。（《财产论》第 82 页）其实在神经过敏等等方面人又何尝不是如此。

但在人类社会生产力包括抵御外界危险的能力达到一定程度之前，人类自身的脆弱使得人们相互之间必须以各自较小的占有欲处理内部事物，而以更大的合作团结与互助意识应对自然危险甚至可能来自于其他族群的侵扰，以此来保障本族群的延续生存。因为只有在本族群的安全保护下，族群中的个体才能有更大机会生存下去。共同狩猎采集与抵抗外界风险，便是族群得以延续生存的资本。一旦当人类的生产力包括抵御大自然风险能力达到一定程度后，外界危险相对而言对自我生存的威胁减弱，人们的占有欲尤其是优势个体，包括由体能因素、智力因素、亲缘传承因素或者仅仅是口碑传说等等导致的优势个体，其占有欲便会因他者的拥戴与习俗的延续而逐渐膨胀。对财产诸如物产、土地、劳动力的个人私有化便成为必然趋势。在此过程开始时，其所受到的阻力是与获得的私有化财产多少成正比的，而且是从对本部落财产无偿占有与更多地对外族群财产掠夺开始的。当财产逐渐增多进一步刺激了其占有欲望时，对私有财产的守护及努力掠夺就突显了城池山寨及军队系统的必要性，以及对此相关系统进行统治的重要性。于是城郭国家在此基础上便会慢慢地逐渐产生。

因此，即使是在人类最原始的状态下，私有财产作为生存的资本对人类活动的影响也是存在的。但私有财产的概念是随着人类社会实践活动不断拓展深化及思维语言的发展而逐渐明晰的。譬如土地的财产形式在农业出现后的初期，也许既有个人所有制也有家庭所有制肯定还有部落所有制，但家庭所有制或许应该是主流。对无主土地的占有是形成土地财产的所有权方法之一，而对其长期予以耕种的结果是使得使用权、收益权甚至是继承权都得以被认可。

在人类历史上很长的时间里甚至是到了近现代，财产作为生存的资本，其主要形式都一直是土地和房屋。它们并非一般意义上讲的商品。财产与劳动分工也没有必然联系。人类为了繁衍与生存发展而产生的性爱隐私、稳定的血缘关系和人身安全需求催生了家庭。为了生活资源的稳定独享及排除外力掠夺而产生领地。这便成为私有财产的起源之一。

而无论是粮食衣物还是住房土地，资源的有限性决定了财富增加亦即资产发展的必要性，因此有利于资本积累的私有制成为必须。马尔萨斯于 1798 年发表的《人口论》认为，由于社会所能提供的食物数量不足以维持人口的增长，因此平均主义在现实社会中是不可能的。基于私有制的财产所有权制度其合理性就在于，在物质缺乏时其对人类社会物质的繁荣发展能够做出重大贡献。

但在原始社会，人有限的占有欲与种群分享以利共存的朴素思想便是其财产观，就像蚁群社会中工蚁决不会偷食在寻食途中发现的食物一样。原始社会人类本没有清晰的财产观念也没有关于人的观念，因此他们不知道资本与权份，一切都还处于无知无识、混沌未开的萌芽状态。部落首领或巫师的领导地位大都由全体部落成员推举拥护而来，其核心权份在于集聚部落力量并领导部落，使部落能够处于安全状态。而首领或巫师的特权亦来自于其担负的职责，身份、地位、等级及财产份额等象征着权份的思想观念并未成型，明确的私有财产观念亦是逐渐发展到奴隶制社会初期时才慢慢显露出来的。

我们知道，任何清晰的观念都需要准确的语言进行标识与表达，这当然也包括财产观念。在原始社会，人类的语言文字还处于缓慢的萌发状态。语言文字与人类智慧及知识文化是相辅相成的。可以说正是语言文字的出现给人类文明带来了曙光。因为人类认识自然必须从标识事物开始。不同的标识方法表达了不同的思维方式，引导了不同的文明走向。在某种事物的语言文字产生以前，人类对事物的认识是模糊的，更难以在相互之间传播交流。因此在财产与资本、利益与权份等有关的语言文字产生以前，人类并没有明晰的私有观念。但相关的欲望与意念是存在的。当首个掌握了该事物的语言文字的人将这种欲望与意念清晰地表达出来以后，就会有强烈地将之标识化的行为，就会以咒语或贴刻字符或刻画图符的形式来表达这种明确的自我存在感与拥有感。而这种首次对事物标识化的过程，就是语言文字诞生的过程。其实这种过程体现出的拥有感与存在感，即使是在现代社会也依然存在。比如“某某某到此一游”“哈雷彗星”“薛定谔定理”等等。

而且为了随时随地体现这种拥有，人们会以一种公认的或显而易见的具象的外在形式来表现这种能力与拥有。比如被赋予了能够达成自然神秘力量和生命力的中国原始社会时的巫玉，比如代表了耶稣正义力量的十字架。同时，原始人类对群体共有的事物也会采取一种庄重的形式比如仪式或舞蹈，以表示该事物归群体内共有或群体外独有。在中国的四川和赣南地区至今仍遗存着一种古老的舞蹈——傩舞，在祭祀时节人们戴上色彩艳丽与形态夸张的面具，手舞足蹈以驱凶避邪，庆祝收成，以及保护村落财产。从中可见，所有这些原始社会人们的行为都是其为了保障部落生存而创造并展现出的资本，及至后世，脱离了当时的情境后，其艺术化的形式与表达方式自然而然便成为了文化。

其时，自然界中各种凶猛有力能飞善奔的动物与高大奇异善于生长的植物，在原始人类看来都是值得敬慕的，并且为了生存，人们都希望能够幻化其形以拥有它们的力量。“原始精神的特征不在于它的逻辑，而在于它对生命的情感。”（《人论》第 73 页）于是人们用图腾或装饰的方式展现与某种动植物共同的性状，以表达对该物种的归属感并希冀通过这种方式获得该物种所拥有的自然之力。同时，这种图腾信仰给我们传递了这样一个信息，即人对于自身的认识与对于自然的认识是从希冀获得种种伟大的自然力量时开始的。而这种通过图腾获得的形式上的力量，正是原始社会人们典型的生存资本之一。譬如，熊的勇猛稳健温厚与越冬再生的能力，恰是黄帝所在部落人们所敬慕并希冀拥有的，因此熊便成为其部落图腾，有熊氏成为其部落人们的姓氏，以此表明他们都是熊的一支，熊的后代，向自己和其他部落人暗示其必然拥有熊一般天生的神力。这种依靠原始的色彩与装饰模拟的形象让原始人类自以为获得一种“角色资本”，而正是这种资本鼓舞了他们无论是在狩猎还是战争中都能够拥有获胜的信心。

由此可见在原始社会时期，人有限的能力和生存的希望在大自然中并不比其他动物优越多少，人与各种动物植物似乎处于同一天平上，生命具有同一性即都至少拥有同样原始人类情感意义上的生命尊严。人并未认识到其为人。原始人甚至希望自己是熊的后代，是老虎的后代，是鹰的后代抑或是苹果的后代。这种希望如此强烈虔诚而热情洋溢，以至于人们认为自己就是图腾形象的化身，而包括自己及子孙后代所有人甚至是身边的其他事物都只不过是图腾的不同表现形式而已。在意识领域中，人们完全沉浸在这种幻化的物态的自我感觉中。人是人，却不自知，宁愿是动物的一种或植物的一种，是原始神灵创造出来的一种物。这便为奴隶社会的物态权份埋下了伏笔。因此在原始社会的自然环境中，面对无处不在与无时不在的未知风险，为了消除死亡的恐惧并延续对先辈在生时的情感依赖与生存依赖，以及为了从自然界中获得尽可能多的生存力量，所有这些都使得原始人类极力进行图腾崇拜与祖先崇拜。作为精神力量的源泉，这种崇拜以神话、巫术、语言、图腾以及岩画、玉石雕刻的形式成为当时人们的角色资本与知识资本。没有这种角色资本与知识资本，也许任何一个原始族群都难以获得延续生存的原始权份。

而另一方面，在原始的部落社会，现实中包括食物、衣物、劳动工具等在内的各种财产的合理分配，关系到每个部落成员的健康甚至是生死。因此分配比例是否合理与公正，是否体现了自然法则，很大程度上决定了部落的生存状态。在平均分配的基础上，依据劳动量的大小与成长需求的多少实行比例分配以及部落内共享的思想，便体现了一种共生共荣的原始生存观。因为分配的“弱肉强食”法则很可能会导致部落的衰退与消亡。而原始社会的这种共生共存的分配观，当然也是原始部落人们得以延续生存的资本。

在如半坡遗址所展现出的母系氏族公社时的原始社会，人们共同劳动并共同拥有一切财物，比如土地、房屋、墓地、仓储等，劳动产品以平均分配为主按需分配为辅。其中的平均分配便表现出了共同生存并促进种族繁衍的长期公共欲望，而按需分配则表达了大人比小孩、强劳力者比轻劳力者补充生产和成长能量的现实之个体需求。一方面，长期公共欲望或许成为了公平与公有制经济的历史性潜意识；而另一方面，现实个体需求则可能是效益与私有制经济的现实性意识起源。这样便或许有助于理解为什么人类的同情心与爱心，有时表达为克服公平与公有制的潜意识将仅有的公共食物给予孩童以延续种族希望，有时又表达为克服效益与私有制的意识将个人拥有的财物奉献给公众以繁荣种族状态。不过毋庸讳言，无论是延续种族希望还是繁荣种族状态，相互之间肯定存在彼此一定情形下（比如生存资本匮乏的情况）的制约、支持与转化的关系。

事实上，依靠狩猎和采集维持生活的方式在人类历史上曾经延续了极漫长的阶段，大约占据了96%以上的时间。更有估计认为，迄今为止曾在地球上生活过的近800亿人口里，不少于90%的人都是以狩猎和采集为谋生手段的。一般情况中无论处于是否定居的状态下，原始人类对广阔的土地并没有占有的概念，他们只是对生长于其上的蔬果、猎物、水源等感兴趣，只要是不稀缺的资源就不会主张排他的所有权。其时，生活在地球上的总人口也屈指可数，我们“可以从以下事实发现，在史前时期人类在地球上的分布是多么的稀疏，在旧石器时代早期——始于公元前750000年——据估计英国的总人口为250人，法国为10000人。”（《财产论》第96页）这当然无法激发占有的欲望。人们依水而居，逐猎而行，某个地域的狩猎与采集活动结束后便自由地迁徙到下一个地方。

但当人口逐渐增长、资源逐渐变得稀缺时，为了合理化地并有效率地利用土地，人们对土地开始主张所有权。这种主张的方式也许是优势个体通过强制性的手段，也许是力量均衡个体或团体通过协商性的方式取得。对于强制性的手段我们了解较多，而对于协商性的方式我们掌握较少。可以举个例子，这个事例虽然发生在近代，但是因为是在较为原始的社会状态下，因此依然具备较高的参考价值。从1848年开始，美国加利福尼亚州的淘金时代，“当数以百计的探矿者涌向这片蕴含金矿的土地时，加利福尼亚既没有政府也没有法院也没有确定财产权利的程序。尽管如此，由于加利福尼亚幅员辽阔而要求财产权利的人数量相对来说较少，因此很少发生争论。但是在1849年和1850年间当成千上万的探矿者涌入加利福尼亚时，情况就发生了改变……金矿区就变得越来越缺乏。这时采矿者形成了一种通常的做法，那就是召开会议正式确认采用少数服从多数的投票方式来决定谁对某一固定面积的土地享有采矿权。由于可以出售，这种采矿权相当于财产的所有权。”（《财产论》第109页）从这个案例中可以看出，由不稀缺到稀缺的资源是如何通过协商的手段使人们获得所有权的。

不过如果更深入地思考这个案例，也许并不能完全排除有强制性手段的介入，比如在协商性会议召开之前是不是存在通过胁迫、敲诈甚至暴力手法获得采矿地的情况。或许正是因为暴力等手法的存在影响了正常的采矿淘金秩序，从而迫使协商会议召开。另外，采用少数服从多数的投票方式，依然不属于按人头平均分配的方式范畴，那么很可能就是按人多势众的优势小团体的方式决定了谁对一整块固定面积的土地享有排他性的采矿权。但是即便如此，我们仍然可以从该案例中看出，在财产私有属性的共性下，无论是强制性的甚或是暴力性的还是协商投票性的手段，土地、渔场、牧场等财产地域划界方式的多样性正说明了经济形式、文化制度或者传统习俗形成的多样性，进而展现出人类不同种群或族群在不同的生态环境下选择历史进化与进行经济社会发展路径的多样性之可能。

因此，除了神话、语言、图腾和巫术等构成原始社会人们得以生存的角色与知识资本外，很显然，共生共存的分配观念也是原始社会人们拥有的生存资本。而当原始社会中晚期人类逐步进入“农耕时代”后，相对于更多属于求生本能的采集与狩猎，相对于早已掌握的取火与石器打造技术，耕种与饲养技术便因为是当时最先进的科技而成为人们延续生存的技术资本。人们普遍认为无论是在欧洲、美洲还是中东，人类大约是在公元前 10000—公元前 8000 年间逐渐进入农耕时代的。相比于狩猎和采集对土地领域的需求，农耕则要少得多，换句话说即是同样面积的土地在都适宜的前提下，耕种所能养活的人比狩猎与采集要多得多。“在农业产生以前的社会里，每个人需要的土地面积为 10 平方公里以上。而在农业生产出现之后，这种要求下降到 1—5 平方公里。而自人们开始饲养家畜以来，每人所需的土地面积减至 0.5 平方公里甚至于更少。”（《财产论》第 111 页）这是因为以动物猎物为主要食物时，人便处于一条较长的食物链的末端。在能量处于食物链传导的过程中，每个环节的增加都相应耗费了一定的能量，环节越多中间耗费的能量也越多，居于食物链末端的人类就需要能提供更多食物来源的更广大的区域。而同样面积土地的产出如果能直接供应给人类，那么人类将比间接供应情况下获得更多的能量。

无论是耕种还是饲养，其意义都在于使得人类缩短了在大自然中觅食的食物链的环节，或者更进一步说，是人类逐渐从无意识到有意识地将自身的食物链环节从大自然中独立了出来。这便使得人类通过技术进步来提高平均单位土地产出及降低觅食的能耗成为可能。这种耕种与饲养技术，毫无疑问成为原始社会人们所掌握的生存资本的重要形式之一。其带来的直接结果是，原始部落人口获得了有效增长，部落族群在扩大，人类经济社会开始从自然界中脱离出来。而人口基数的增长有利于知识发现与技术发明的几率增加，这最终必然进一步推动了耕种及饲养技术的发展，以及食物范围的扩大甚至人们饮食习惯的转变。反过来新的饮食技术，包括从生产食物初级产品到生产各种熟食的所有与饮食有关的技术，不仅更促进了人口的增长和财富的增加，比如粮食种类与可耕种土地，也使得人类其他生产技术，比如金属矿石采掘与冶炼、陶具和青铜器具的发明与烧造等等得以开始，人类文明从此便得以展开新的画卷。

而到了原始社会晚期，由于商品经济的出现，原始社会人们也拥有了促进生存的商业资本。人类社会商品经济的历史，毫无疑问非常悠久，可以说自从原始社会人们将富余的生产生活资料或物品的所有权进行相互交换时便开始了。事实上人类一旦开始进行驯养与种植，社会生产便诞生了。这意味着人类开始有意识地改造自然，努力挣脱大自然给予人类的食物链，设计制作自己的食物链，这便为人类演绎丰富多彩的历史打开了新的一页。而在驯养与种植的基础上，一旦发生了交换行为，商品经济也便随之产生了。商品经济带来的直接后果是，原始社会人们又拥有了一种新的资本形式——商业资本。这种原始的商业资本主导的商品交换最早发生在同一地区的不同部落族群之间，以后随着人们活动空间的扩大便逐渐向不同地域部落间扩展。假使说同一地区部落间的交换更多是基于物品的使用价值的话，那么不同地区部落间的交换则可能还基于物品的交换价值。

比如同一地区内有两个部落：A 部落与 B 部落。AB 部落间经常进行物品交换，在频繁的交换中它们拥有的资源趋同。但 A 部落率先知道另一地区的 C 部落有 AB 部落都稀缺的物品 X。而 X 物品肯定存在某些状况比如信息不对称或更大的需求，使得 B 部落也许愿意以更高的代价获得。那么 A 部洛便完全有可能通过商品交换先获得较多的 X 物品，除了留下一部分自己使用外，另一部分再与 B 部落进行物品交换。而这时的交换由于 B 部落以更高的代价获得了 A 部落多余的 X 物品，使得 A 部落原来用于交换的物品得以节余。这种以物品的交换价值为主的交换活动频繁后，一方面使 A 部落资源逐步得到积累，部落财富与规模获得壮大；另一方面由于 A 部落势力逐步强大会促使以 A 部落为主导的部落间的融合事件发生。同一地区的部落由于有相同的生活习俗、文化背景、宗教信仰或通婚血缘联系，以及共同抵御自然灾害的经历，可能更多地以和平结盟的方式融合。其结果之一便是打破了不同地区间部落实力因地域空间的阻隔而产生的平衡。

然而基于商品经济的物物交换肯定不如直接拥有，于是战争手段便用来促使更大地区内的部落进行联合。这种通过战争手段实现的联合更准确的说应该是征服。比如对于 C 部落，AB 部落的联合体就很可能采取战争的手段征服并占有该地区，从而将 X 资源纳入控制范围。为了保护原有的资源及缴获的财富并有利于维持征服状态，胜利部落的人们建筑围墙并使维护统治的公共职能专业化，于是城市与不事生产的管理阶层即贵族出现了。在城邦与贵族、自由民及奴隶的基础上，奴隶制国家便产生了。而 AB 部落生活所在地区按中国奴隶社会时期的说法，其都城可以称为“国”，而被吞并的其他地区则被称为“野”。在“国”之地居住并生活的主要是自由民，在“野”地之中从事劳役生产的则主要是被征服与掠夺来的奴隶。

于是，在经济发展与各种社会交往需求的促进下，从以亲缘关系为区别的氏族部落到以地域范围为划分的城邦家国，人类社会在不同种姓来源的部落成员交流中得以扩展，国家也便在居于领导地位的部族之自我利益为核心的资本与权份的维护和扩张、对外安全保障与对内生活秩序稳定中产生了。人类经济社会亦得以逐步形成了。

下面若干章节将从语言、文化艺术、巫术和禁忌、宗教等方面进行具体阐述。因为从本质上来说，这些都与人类为了生存而展开的各种经济与社会活动有着千丝万缕的联系。

## 第二节　语言文字

毋庸置疑，语言文字最早是人类认识世界、表达自身的工具。语言的起源也许很简单，因痛苦、饥饿、恐惧或兴奋而引发的叫喊，不仅仅是人与动物共有的本能反应。在此基础上，人有意识地并且有目标地逐渐将其运用在发声性或极少发声性的人与人的交流当中，以让交流对象感受到自己的更多情绪内涵。但语言文字作为一种沟通工具和交流符号，它不只是音调与语词的简单组合。各种语言之间的根本差异不在于符号形式的差异，而在于生活在不同区域间人们的思维方式与“世界观”的差异。无论是拼音文字语言还是象形文字语言都反映了这种文化的差异，也就是人们对世界认知的差异。

语言通过语境呈现出使用该语言人类种族观察世界的角度与描述世界的方法，体现了其特有的思维方式与人的生活经历。比如尽管现代社会十进制计数方法已经普及，但亚马逊流域的皮拉罕语中却没有表示具体数字的词汇，只用“很少”和“许多”等相关词汇笼统表述。皮拉罕语缺少数字词汇的事实表明，使用精确的数字很可能是一种文化的发明而不是先天的人类可能共有的认知。这也体现在对颜色的认知上。关于彩虹的天然色谱，不同语种的表达差异明显，因为许多不同语种的颜色词汇便有多有少。

中国有句古谚语是“一方水土养一方人”，自然环境与人们之间的联系方式影响了语言。这也是人的生态属性的表现之一。语言是生活在特定环境中的人们的创造，它是人与自然的共同产物。同时又与一定的人类生活形式相适应。人们的感知想象甚至思考方式都与语言的形式密不可分。“人类言语不仅要完成一个普遍的逻辑任务，还要完成一个依赖于语言群体的具体社会条件的社会任务。”（《人论》第 117 页）故而原始人类在狩猎的时候产生战争的语言，以表达胜利而高兴或失败而痛苦的情感；劳动的时候比如汲水和采摘便产生劳动的语言，通过表达数量概念以衡量劳动成果。饮食的时候产生满足而欢快的语言，休息时通过简洁柔和的语言传递平静舒缓的感觉等等。而对于需要指认的事物，也可以在同一感受的情况下共同形成一致的言语表达。比如拉纤时喊的“号子”，既舒缓有力又有整齐划一的节奏感，其作用便是统一调节每个纤夫的呼吸与力量的同时更平衡稳定了行进步调。在人类的语言中，情感语言是语言中最初和最基本的层次。人类语言文字中的很大一部分便仍然属于这个范畴。

当然，语言的起源从来就不仅仅是人的情感表达，它可能还包括人们对外在事物认识的冲动。而不论是冲动还是情感表达，由于带有个体性或者不同群体的特点而显示了语言本身形式的差异性。每一个声字、每一句语词都有首先的创造，只有经过身边大家的传播使用甚至是加工使用，才能成为共同语言而固定下来留存下来。

原始人狩猎时通过张嘴呼喊和手舞足蹈以便进行沟通。就像大江大河拥有众多支流一样，语言也是人们在劳动与生活的各种场合中主要通过声音进行综合创造的结果，当然还借助眼神、表情与手势动作以加强理解。人们说“是”的时候伴随着点头表示肯定与顺从，说“不是”的时候伴随着摇头表示否定与挣脱。每一个新的词汇或新的句式的出现经过多次使用并固化后都增加了语言的积累。人们对外在事物认识并为之命名的冲动，最初也许更多地是源于与其他人交流过程中指定的需要。这由人的社会属性决定并反过来增强了人的社会属性。

而语言在发挥指定功能的同时，离不开思维对此事物在大脑中的再现。这种再现即是一种记忆，又是一种加工。加工意味着人只能把自己掌握的和认识中的事物的某一方面呈现出来，而不完全是事物本身。同时语言的使用必须基于人们具备共同的情感因素即“同感”这一人与人的沟通前提。所谓“同感”，即是人类感受的共鸣或者说可感染传播的情绪感觉。作为精神情感与认识的基础，是人类物质生产分工及精神世界感情交流的前提，是人类得以形成社会属性的生理精神基础。正是“同感”这种共通的人类生理性感觉基础，使得语言能够成为人们思想交流的桥梁。没有这种基础，即使掌握了每一个语词也不会有相当的情绪反应。如果是人与动物之间，动物对人的语言的反应主要是条件反射的结果。而人对动物语言的理解也不是基于共同的生理性情感基础，因为人的生理与动物的生理处于不同的进化阶段上。它是人通过观察与分析思维获得的经验知识。因此如果对牛弹琴，也许牛能听到一种由不同音调组成的声音流，却完全不能感受由旋律所呈现的人类脑海里的画面。这样说来，人类的语言就一定离不开基于同样生理基础的情感纽带。精神病人由于其生理已经发生了微妙变化，只能生活在自我的情绪世界里，与正常人难以建立共同的情感联系。故而一般状态下他接收不到正常人的言语刺激，而正常人对他的言语表达也会感觉莫名其妙。

语言又是思维的声音表现，伴随着思维的抽象化过程也不断复杂起来。而思维的规律理性又对语言的抽象产生作用。但人类只要有“同感”这一生理性感觉基础，就必定能够学习抽象后的语言。语言本身也能够从其产生的具象环境中被思维抽离分裂出来并运用逻辑的方法加工创造成为独立的词汇。这种词汇即使脱离原生的环境也会因人类的记忆与同感而传播开来，虽然在传播过程中可能会出现变体，但这正说明了人们本身的经验与同感基础对语言与文化传播施加的影响。

举个例子，在许多种语言中，颜色的名称会因具体物体的不同而不同。比如，如果说银灰色是一个具象的词，同样羊毛灰、牛毛灰或者人的头发那种灰也都是很具象的词。那么当灰色一词产生时，即灰色从各种实物灰中独立出来成为一种既抽象又形象的词汇，它便汇聚了所有实物灰色的共性，却又与每种实物灰都不一样。于是语言因之丰富的同时也更抽象化了。由此应该可以说人的思维随之也更抽象化了。不过，从具象名词到抽象名词，在人类思维与语言的发展史中却是一个缓慢而渐进的过程。与之类似，在表达数的概念时，不同的物体有不同的数量名词来表示。比如一把刀、一匹马或一个苹果。但当人们将“一”这个数从中普遍抽离出来时，人们的思维就会进入一个新的阶段——“分析”出现了。人类思维逐步从记忆与想象的感性思维中萌发出以分析与归纳为特征的逻辑思维。逻辑思维加深了人对事物的认识，从此人类的感观世界里有了更多人理性思维的印记。人类也越来越有能力与资本去自由地构建属于自己的理性世界。

在人类创造的两大语言文字种类中，在本书看来，拼音文字可能更易于丰富抽象语言进而发展相应的抽象思维。而象形文字相比而言则更具有想象思维的优势，有利于具象语言，更易于表现客观对象，从而有益于人的想象力即形象表达与感性思维的能力。有趣的实例便是，汉语中很多与抽象思维有关的词汇比如逻辑、软件等皆来源于英语，翻译成汉字后却更易于理解并更有意思。但随着时代的发展与文化的交流，汉字本身也在不断地简化与抽象化，同时语言对大脑思维发育的重要影响可能主要表现在儿童成长学习期，而成年后记忆力则成为人们语言能力的主要影响因素了。

谈到想象性思维，也许必须承认它是人类发展得最早的一种思维方式。毫无疑问，每个人关于世界知识的首要来源都是他通过自身感官获取的感知。确实，经验的丰富有助于增进个人感受。但这并不能否认人们相似的个人经验会铸就共同的集体信仰。这种信仰很可能就发端于人们思维中的想象性知识。想象性知识是对事物现场体验感觉后的多次加工与再现，并经过大脑思维或语言表达得以达成，进而通过人的同感机能得以传播。人在白天看到太阳时与在夜里想象太阳时感受必然不同。正是经过想象性思维，人将外界事物的感受性知识与逻辑思维的推理性知识联结起来，构成了人类越来越复杂的大脑活动的重要一环。远古人类对外在自然世界中存在万能之神的想象性思维，比如通过风、雷、电、雨、火或哺乳动物普遍相似的初期胚胎而感受到大自然的神秘力量从而幻想神的存在。这是人类最早的关于时空与生命的智慧性猜想，是一种典型的想象性知识，为人类所特有。即使未来世界的机器人在身体器官上与人类百分百相似，也必定会因为想象力与同感官能或延迟性思维反应的缺失而最终无法取代人的地位。这很显然与借助工具的能力不同，因为现代动物学发现借助工具的智慧比如用石块敲击坚果或用木棍导引洞穴中的昆虫等，从猩猩和猿猴等人类近亲身上也能看到。因此是否可以说具备想象性思维的能力正是导向更复杂的逻辑性思维的人类思维的原动力。从这个意义上说科学离不开想象。其实每每科学的发现之初，都深深地打上了个人想象的烙印。因而以突出体现了绘画与雕塑等艺术性形象思维的文艺复兴为发端的经济自由主义之广泛传播自然与禁锢思想之封建宗教压迫不同，在开发人们的想象力并解放人性的同时，它也能够有力地促进科技与发明的兴起。

另一方面，很显然，原始人的表达方式、观察途径以及思维角度的差异必然影响到语言文字的产生形式，而语言文字的起源与发展反过来必然又会塑造影响不同种群人的思维习惯与文化习俗。譬如在方块字的世界中，人们总能看到一个字在初起源时如绘画般的场景。通过以自然为参照，以象形描绘与会意指示为手段，表情达意，在人与人间传播信息，并影响人的思维，进而发展人与人，人与自然间的关系。既然偏重于形象思维，那么以如绘画般的象形为源来概括方块字形成的根本特征之一，便绝不为过。而在汉字的造字法中，“声”只是一个辅助手段，大量的“形声字”其“声”部分都是用来辅助与提示一个字的发音的。与之不同，英文中的“前缀”或“后缀”皆揭示了某些字词具有共同的含义发端。作为拼音文字，从关注说话者的发音，音调，口形甚至面容神态，来创造由基本发音口型代表的字母构成的文字语言，似乎更关注人自身。因为它以人的口腔可能呈现出的声形为源，以人为基点，将外界事物在人身上激发的反应为语言文字的创造来源。而作为不同的主体，外界事物在与人有效地分隔开来的同时，通过这种方式被人所表达出来，便不可避免地打上更多人的烙印。人从而能够相对独立地观察外界，并间接通过人的声形表情传播外界信息，进而以一种较为抽象的方法构建人与人，人与世界的关系。不妨举个简单的例子，在汉语中，“小”字是刚刚破土而出的嫩芽的形象，在与人或其他事物的名字或称呼连在一起共用后，即有揭示年龄或体型小的事实，也同时表达了可爱与亲爱之意，比如小宝贝、小东西等等；而在英语中，则惯用发音为“i”的尾音来统一表示可爱与亲爱之意，无论是在一般称谓还是名字中，比如“honey”，“Tommy”等等。然而，人类共同具有的分类与归纳的逻辑思维能力，使得无论是方块文字还是拼音文字，都将相似的事物归结在一起。比如在方块文字中，具有同样偏旁部首的字所指向的事物一定来源于同一个种类或具有相同的属性，这与拼音文字中的“前缀”或“后缀”代表的功能是一致的。故而，人类的语言文字就是在这种相似与不相似中演化出多样性的，文化亦是如此。

同时，本书以为，人类语言文字中每一次新词汇或语句的发明使用并得到广泛传播，都是该族群包括发明者自我存在的确认过程，以及体现身份地位获取相关权份的象征。在人类的原始部落中，饱经风霜的老者可能受到普遍的尊重与爱戴，因为他以他的生命历程掌握了更多的有关药用植物、耕种技术、地理方位、农事时历甚至传说、歌谣、巫术仪式等有益于族群生存延续的知识词汇。又比如在中国的南北朝时期，西夏国为了摆脱汉文化的影响而创立的西夏文，虽然存世时间不长，但依旧表明了当时西夏国王维护独立的家族王朝权份的努力。甚至比如封建时代皇帝贵族对皇家贵族姓氏的专属以及对民间使用的禁忌等等，诸如此类，即是通过语言与姓氏等资本的垄断性享有，突出其与众不同的专有权份。

因此，毫无疑问，语言反映了文化的特质。一定历史条件下的文化特质体现了一定历史阶段经济资本的内涵与形式，而一定的经济资本内涵与形式也必然反映并维护着一定的权份状态。语言是有根的，这个根就是使用这种语言的人们的传统、历史、文化、思想与观察世界的方式。世界语失败了，因为语言不仅仅是一种交流工具，同时也是表达自我、彰显自我、表现群体文化以获取相关群体权份的重要手段。譬如在美国加利福尼亚湾附近的墨西哥索诺兰沙漠西部，居住着依旧属于半游牧采集狩猎民族的塞里人。他们的生存模式具有沙漠和海洋物种混合的特质。与动植物关系密切是塞里人的特长所在。塞里人没有固定居所，哪里食物多就去哪里居住。在塞里语中有 300 多条沙漠动植物术语，而其对动物的起名也依循了动物行为的特质。比如塞里人称海龟为绿龟，认为其喜好在海底冬眠。1976 年的《科学》

杂志曾就此评论说：我们曾对此表示怀疑，但事实证明塞里人是非常可靠的（认识自然的）线人。传统上他们蔑视独享个人财富，因为他们过着游牧生活，往往将财产视为负担。所以塞里人死后几乎没有任何陪葬的财物，留给后人的只有故事、歌谣、传说和教诲。因此塞里人通过语言表达了其对大自然独有的亲近方式，这种方式形成的种族文化让他们相较于物质财富更愿意选择故事与歌谣等文化精神财富。而这种文化精神财富作为其生存资本的知识形式，以其独有性、特色性及有效性维护了塞里人以自己传统的生活方式在大自然中、在地球这一星球上一代又一代延续生存的技巧与权份。（参考自 2012 年 6 月 26 日《南国早报》）

总之，语言是人类借以交流与认识世界的符号系统，它的产生无疑为原始社会的人们提供了更有效的传播手段，为部落种群的生存创造了资本。而使用不同语言的族群发展出的文化，又拥有了与其他族群不同的生存资本，使得每个族群在人类历史的同一时期也体现出不同的生存权份来。犹如上世纪六七十年代因计算机的诞生，人们担心未使用英语等拼音语言的民族将衰落一样。而语言本身自从人类发明以来便依循自身的规律发生发展，并伴随着人类经济社会的演变不断推陈出新，演变进化。

## 第三节　文化艺术

本书以为，文化艺术是依据资本与权份的循环促进原理而形象地表现出来并体现了当时经济社会人们意志的规章制度、程序形式、思维方式、行为规则、认识方法、创新物品、传统习俗以及思想情感等等，经时代不断洗炼而又逐步脱离其产生时历史背景后的符号系统。从这个角度讲，自然科学也不过是人类社会为了更有效地追求更多资本与更现实之经济利益而发展起来的一种对自然的思考与认识方法而已。

因此文化的冲突归根结底是权份与资本的冲突。18 世纪，当英国舰队第一次来到中国想要打开通商口岸时，其时的清朝乾隆皇帝却以中央之国地大物丰为由婉拒，并表示中央帝国只接受朝贡而不允许通商。其间的外交礼仪着实处处体现了国与国之间存在的文化差异与不同王朝权份的自我宣扬。然而这一切表象的背后都只不过是为了彰显各自认可并遵循的资本扩张与经济权益保障的途径。同样，中国古代的青铜器首先体现出的便是在饮食方面的贵族权份与个人资本的表象，因为无论是从青铜器的大小还是多少以及可以食用的牲口食物范围差异来看，都体现了严格的等级制度；其次，其上铸造的各种图案纹饰甚至文字则更是拥有皇亲贵族权份者之角色资本的彰显。

然而经过历史的洗练后，当文化升华为文明，固化为传统，精炼为经典理论时，文化就成为一种较为纯粹的符号与行为模范、特色工具的集合体。脱离并独立于原有的资本与权份背景后，文化便成为整个人类社会共性中的个性，即一个民族独特历史的化石和值得互相尊重与欣赏的存在。不过即便如此，在现代社会中一个国家独有的文化艺术依然可以成为该民族国家促进本国经济发展与展示国家形象的角色资本。

而艺术品就是具象化的能够表达思想、想象和情感的文化艺术。“只有把艺术看作是我们思想、想象和情感的一种特殊方向和新的定位，我们才能够把握它的真正意义和功能。”（《人论》第 161 页）但在任何时代，艺术品都需要资本的发现与推介，同时资本与权份也需要艺术的表现与张扬。因此，包括油画与雕塑等启蒙运动时的典型艺术品与欧洲早期资产阶级银行家之间能够产生亲密关系自不必说，玉器在中国古代亦可以成为一种彰显权份的资本。由于本身材质的稀缺性，通过当时历史条件下的高科技——玉器雕刻技术，玉石经过艺术加工后形成的角色载体，古代皇帝便以此显示统治权力的合法性，以及所拥有资本与权份的不可替代性。

柏拉图的爱情理论曾将爱情定义为一种对不朽的向往：“凡是生殖力旺盛的男人都会去接近女人，去生儿育女——这便是他们的爱的本质。他们希望通过自己的后代使自己不被忘却，从而获得不朽……但是，凡是在心灵上富于生命力的人则孕育心灵所适宜于孕育的东西。”然而到底是什么才能真正使人获得不朽？本书则以为，正是使自身生存能够获得永恒的欲望激发了人们对资本与权份的向往，而能够体现这种向往并将其表征化的事物因为成为了文化便获得了不朽。无论是中国高古时代的玉琮，还是佛教的舍利塔和古埃及的金字塔，它们都始于专制的经济政治特权，都是资本与权份拥有者希冀沟通天地、追求不朽而创造的工具性艺术实物，同时其本身也因为是一种资本与权份——他人不可染指的资本与权份之文化载体而能够不朽。因此，历史所呈现出的，真正使人不朽的便只是这些能够穿越时空的代表了特定资本与权份的思想载体之文化艺术品。

## 第四节 巫术、宗教与禁忌

本书认为，原始社会的巫术是人类通过自身精神意念、感叹语词与各种动作模拟仪式进行祈愿，希图利用神秘的自然力量达到自身目的的原始技术手段。而后世的宗教发端于人类经济社会扩大后人对自身生活状态的反省以及人与自然关系的思考。它主要集中于人自身的矛盾，即人的资本与权份不平衡的矛盾以及不同权份状态之间落差的矛盾。

与巫术试图利用神秘力量来获取资本的目的不同，宗教努力为人的平静寻找出路，宗教试图劝说人对自身权份状态进行肯定。它通过解释世界的起源与人类社会的起源来给予人们职责与义务。在宗教的阐述中，现世不平等的权份状态源于前世未遵循自然的职责与义务，而来生的权份补偿离不开今世的经济资本贡献与付出。

由于宗教与巫术一样对伟大而神秘的自然力量怀有无比崇敬的信仰，因此，在宗教的世俗形式中便吸收继承了一些巫术的活动仪式，比如抽签和占卜。另外，它们亦共同相信生命的同一性，即生命都有同等的存在尊严。这是有关于爱的一种原始而朴素的自然情感。只不过随着社会的发展以及人们对自身和他物认识的加深，体现在宗教的观念里，由于资本与权份的不平衡，人生状态会有动物似的比拟。而这种比拟正是宗教所处历史时期人们经济生活中物态或者依附态权份的反映。

如果说巫术是人们努力从自然界中获取资本的一种技术手段的话，那么宗教就是努力平衡稳定社会资本与权份结构的知识手段。这些手段都很容易被当权者利用来维护自身的权份与资本。只是当自然科学进一步发展以及人类社会对权份的认识越加清楚后，法律最终取代宗教成为平衡稳定资本与权份状态的主要手段。随着社会发展，宗教在获取资本与权份方面的工具性能逐步消失后，留下的便是较为纯粹的文化遗迹与情感寄托。

而人类把握自身命运的能力是随着社会财富的不断积累而不断增加的。当相对于自然风险而言，人们更多时候是面对人类社会本身产生的风险时，于是对人及人与自然、人与社会的思考便促进了古代宗教的产生。在宗教中人们不仅仅关心自然的神秘力量，更关注自身力量的源泉。通过反省与思考，人们认为人性中的善是一切正义力量的源泉。善既是一种人在社会中的秩序，也是一种人与人之间的道德，既是人对物的爱心，也是一种人对自然的遵循。

在古代宗教中既然善如此重要，那么要得到善，首先就必须进行具有与巫术舞蹈同样功用的洗礼或加持之类的仪式，并摒弃远离一切与善相反称之为恶的事物。于是“人们不再通过巫术的力量，而是通过善的力量来寻求神性。”（《人论》第89页）巫术活动逐步被宗教仪式所取代。人们用“善”与“恶”对自然与社会中的诸多力量加注了标签。这是人类认识和改造自然与社会能力的进步。同时也是人们在模糊朦胧状态中对资本与权份的拥有与缺失进行阐释以及试图寻求平衡的一种努力。

而禁忌，本书则认为，禁忌源于原始的自我保护意识。这种意识可能是出于对某种神秘力量的敬畏而行事小心翼翼，也可能是对未来或许会失去某种重要事物的恐惧而言行颇多顾忌。反映出人类有限的认知能力及掌控事物力量的渺小。因此，以禁忌的形式划分已知与未知领域，区别善与恶的行为，标记圣洁与污秽的事物，并在此基础上设置语言与行为的禁区。在人类社会生活中确有诸多如此承袭而来的限制与规矩，比如在中国民间就有这样的习俗，当夜间小孩熟睡之时绝对不能直呼其名以免遗失其魂魄。同样地，“在波利尼西亚不仅禁止说酋长或者死去的人的名字，即使是恰巧包含这些名字的词或音节也不能在交谈中说起。”（《人论》第96页）前例是因恐惧失去重要事物而产生的禁忌，后例则是因畏惧神秘力量而产生的禁忌。

禁忌对每个人都产生影响，不论是人类生活的任何领域。当禁忌形成后就会以社会习俗的方式对人产生约束力。人们会感受到责任与义务的存在。人们因遵循禁忌而维持一定的社会秩序以保护已有权份，并从中获得免于混乱的安全感。上至君臣礼仪下至百姓家庭生活，禁忌无处不在。

的确，禁忌的产生离不开原始的资本与权份保护意识。恩斯特·卡西尔在《人论》

中写道："整个经济生活也是一样，甚至财产从起源来看也是一种禁忌的制度。拥有一个东西或一个人，占据一片土地或与一个女人订婚的最初方式，就是用禁忌的符号做出标记。"（第 97 页）因此，古代宗教便成为远古禁忌体系的继承者与支持者。

但与原始社会中的禁忌不同的是，古代宗教是通过人的反省来划分善与恶的领域后明确禁忌的领地。故而从被动地忍受禁忌到主动地分辨善恶，进而行善避恶，人类的主观能动性增加了，于是在主流社会中宗教逐步替代了巫术。这一方面体现了人类认识世界与掌控自己的能力获得提高；另一方面，通过宗教，人们对神的敬仰更加人格化。神既体现了人性，又对人性施加警示，神成为人们对社会与个人行为进行分类区别，进行善恶取舍的参照。

由此可见，宗教通过对人、自然与社会的思考加强了对人性的某种认识，既然如此，那么它必然要与人的欲望发生关联，与人的利益打交道也就成为必然。因此在一定社会条件下，宗教就会与权力结合形成宗教势力。而对人性需求的消极隐忍则会产生"避世"心态，从而形成隐士阶层。这在古代东方逐渐成为主流。反之，对人性需求的积极鼓励并参与，就会激发人们主动地追求欲望并去实现欲望。这是对人们自身利益的一种肯定。这在近代欧洲促进了基督教的改革并形成了新的教义。而无论宗教在东西方古代国家中如何发展，它都曾成为当时资本与权份拥有者维护统治权份的工具。

# 第九章
# 奴隶制经济社会的资本与权份

| ——逝将去女，适彼乐土。乐土乐土，爰得我所。（《诗经》）|

## 第一节　国家的建立

奴隶制经济社会是人类历史上原始社会之后第一个产生了国家的社会，因此要论述奴隶制经济社会的资本与权份，首先必须明白国家为什么会建立。关于国家的产生，在上面章节中已有论及，本节不妨再简单叙述一番。

英国哲学家约翰·洛克(1632—1704年)在其著作《政府论》中阐述了"主权在民"的观点思想。并且认为自由平等和财产是人们的自然权利，人们天生就是自由平等和独立的。这为资产阶级冲破封建等级及依附态权份束缚，攻克封建王权获得人身独立奠定了理论基础。洛克同时从社会契约论的角度论述了政府的起源与目的。这也为摧毁封建家族资本的朝廷制度，建立近现代社团法人资本的政府制度提供了理论依据。然而可以说，洛克的政府“社会契约起源论”似乎更多的是基于城邦内部或城邦联盟间的自治基础之上的。它忽视了国家具有阶级性与地域性的特质。虽然这两种特质在一定历史时期并不同时明显地体现在一个国家上。而且客观上由于现代社会经济的发展弱化了阶级性，以及由于文化交流、种族融合淡化了地域性，从而使得国家这两大特质在不断演化过程中。

但人类经济社会从一开始诞生国家起，国家的建立就意味着不同阶层间及跨地区的不同族群间的经济利益纠葛以及国家权力拥有者对整个国家的统治。那么代表国家的无论是奴隶主贵族王朝还是封建地主朝廷，在本书看来，它们的成立一开始绝不是反映一种社会契约关系，而是维护并扩张一定资本、确立并保障相应权份的具体执行者，与人们之间形成统一治理或说统而治之的统治关系。亦即奴隶制王朝维护扩张着奴隶主阶级的利益并代表大奴隶主掌握权力，封建朝廷维护扩张着皇家资本并代表皇权行使权力。因此国家的专政权力在这种情况下就来源于资本与权份所有者而非“相互间的承诺”。

这就能解释为什么近代西方民族国家政府最初的产生是掌握在有财产的白人手中，而非起源于包含了无财产白人和女人及其他种族人群的最广泛的人们的“社会契约”。

因此从奴隶制经济社会开始,“筑城以卫君,筑国以守民”,奴隶主阶级建立国家,就是要保障并努力加强一定地域内对奴隶的统治；建立奴隶主王朝，就是要维护和扩张奴隶主贵族们的资本与权份并行使国君权力。在汉语中，“国”即围城内有佩玉之大王。因为玉是君权神赋的标识化具象。拥有神玉或王玉，即拥有神的力量与地位。而国君就是神的化身。故而在奴隶制经济社会及以后的中国古代，无玉不成君，无玉不成国，作为权份象征物的神玉或王玉以资本的形式而为国君所垄断。

## 第二节　奴隶制经济社会的资本与物态权份

在原始社会后期，人类逐步进入农耕时代，由于人们利用自然资源及抵御自然灾害的能力仍然有限，部落内个体家庭之间普遍存在合伙共耕制与借地耕种制。在土地资源均衡的情况下以合伙共耕制为主，其主要以换工协作的形式存在。在土地资源不均衡的情况下，比如由于个体能力或自然状况或耕种时机的差异导致相同家庭占有的耕地资源不同，于是耕地少的向耕地多的家庭借地耕种，或者耕地出产少的向耕地出产多的借地借种耕种。那么在这个过程中借地借种的家庭向被借的家庭赠送礼物以表示谢意，比如一块麻布或一把刀具。然而随着个体需求欲望的膨胀，起源于原始合作互助观念的生产关系不断由于生产资料包括土地、生产工具或种子占有的不平衡情况所冲击和影响，逐渐潜移默化地渗入了出借获利的思想。在酬谢礼物的行为慢慢形成习俗的基础上，借种互助关系逐步演化出了租借获利关系。于是用来酬谢的礼物也就成了原始形态的实物地租的鼻祖。虽然其间仍可能存在部落内部交换耕地，即定期重新分配成员土地的行为，但所有生产资源不平衡的状况已然存在，并会随着私有观念的深化而加剧。（参见《中国古代合伙制初探》，刘秋根著，人民出版社，2007 版）

与此同时，如果说在原始社会由于生产力极其低下，家族种群的生存能力极低，人们尚为了个体与家族种群的延续生存与发展而努力积累各种生产与生活资料。而一俟家族种群繁衍兴盛到一定阶段时，必然会出现一个在各方面包括体能、技能与智慧等都出类拔萃的个体成为家族种群的核心人物，即首领。该首领亦必然会带领家族部落成员努力突破血缘与地域限制去寻求家族部落的发展壮大。

于是，当人类部落内部的经济行为在演化的时候，其他社会行为比如不同部落间的商品交换与战争也在进行。当一个地区的部落征服了另一个地区的部落时，为了防止复仇并保护胜利果实，人们建立围城并物化被征服部落的成员。比如通过杀戮与刑罚从物质形态上毁灭残害他们，或者通过奴化从精神与生活形态上贬低他们。这样奴隶国家便逐渐得以产生。人类社会也由血缘关系主导型向地缘关系主导型转变。部落首领便成为大王或国君。中国汉字中的“王”字，在甲骨文中是象物字，是“斧”钺”的形象，代表权力与财富，即源于部落首领手中玉石磨制的玉斧或玉钺，属于部落首领的权份专属物。

在奴隶制经济社会时期的中国，自夏朝历商朝至西周时代，国家的统一与王朝的建立皆离不开部落的联合与征服。获得胜利的部落成为贵族统治部落，失败的部落成为奴隶被统治部落。其时的国家地缘管治还只是部分取代部落亲缘管治。直至西周时期采取的诸侯分封制中，各诸侯国的建立依然承袭模仿了部落式管治模式。像部落一样，各诸侯国都自成统治实体，"如设有宗人、冢宰、司马、工师、贾正等，分别掌握宗族、教育、财政和军事。"（《中国地主制经济论》，李文治、江太新著，中国社会科学出版社，2005年版，第45页）并且诸侯国都有自己的武装，周王朝并不直接干预。因此西周国土虽然主要分布在黄河流域，但联盟中的部落多达四百余个，被征服部落近八百余个，即史书所称之"封建四百余国，服者八百余国"。西周国土中相对于鄙"野"之"国"，即可说是部落式遗存。部落内是王室或诸侯国君直接统治的"国人"，即主要是由周人同族组成的自耕农，而鄙"野"之中的被征服者称为"野人"，便是农奴。皇帝与诸侯的世间神权是随着不断增多的奴隶的物态权份而不断膨胀的。奴隶越多，意味着皇帝的资本越多皇权就越大。只是到了秦朝的"郡县制"真正建立以后，部落式的亲缘管治才完全转变成了地域管治。但在一些少数民族建立的政权中，比如南北朝时期的北魏、辽金元至清，间或仍有部落式遗存。而奴隶制社会的"物态"权份即使是到了封建家族时代，也仍有所出现。

在西周时期，贵族阶层除了周王是最大的贵族外，依等级秩序从高到低依次为：公、侯、伯、子、男。周王分封天下时除赐予宗室功臣以公侯等贵族爵位外，还将不少土地疆域连同附着于土地上的各种财物其中包括人，以"附庸"的形式授予各贵族，成立诸侯之国。如《诗经·鲁颂·閟宫》所记"乃命鲁公，俾侯于东。锡之山川，土田附庸"。这里"土田"即耕地，"附庸"主要即指生于斯长于斯，与土地捆绑在一起的农奴佣人。其中与财物般等同的农奴的物态权份便清晰可见。从西周以来，也许更早，对于公侯等贵族人们一般皆以"公"泛称之，通指各级贵族并以示对其较高地位和尊贵身份的尊重。而对没有身份与地位低下的农奴草民统称为"私"。据《诗经·周颂·噫嘻》记载："噫嘻成王，既昭假尔。率时农夫，播厥百谷。骏发尔私，终三十里。亦服尔耕，十千维耦。"大意是：啊啊好呀，成王已经给你们下诏令了！那（你们）就依据时令并动用所有的农耕器物，立即开始抢耕抢种、播撒谷物种子吧。像策动骏马一样发动你们的农奴们连绵延续几十里吧。好好平整驯服你们的耕地，即使用成千上万的人也要耕种完啊。这里，"骏发尔私"中的"私"字，有的学者理解为私田，有的学者理解为个人能力，从上下文及叙述方式来看窃以为都欠妥，应是与“公”相对的“私”，即奴隶。西周以来对身份低下者包括庶人、依附民的称谓除了“私”外，还有臣、鬲、徒、属、众等，如财产一般，他们大都可以在贵族间转让赐予甚或用作赔偿。除此之外，西周贵族还有将生前婢仆或奴隶作为殉葬品一起埋葬的殉葬习制。而这种将奴隶等大多数人视为财物的社会，其权份状态无疑是物态的。故而，居于主体的多数民众属物态权份的社会则必定是奴隶制社会。

同时，“西周政治体制，是嫡长子孙世袭制。周室王位由嫡长子世袭，诸别子和功臣，分封土地和臣民，建立诸侯国。各诸侯君位由嫡长子世袭，诸侯诸别子和诸姻亲分封采地为卿大夫。卿大夫职位由嫡长子世袭，诸别子分封为士。士职位由嫡长子世袭，诸别子为庶人。就这样，形成由国王、诸侯、大夫、士依次相隶属的宗法性等级政治体制……周王位由嫡长子孙即宗子相继承，在血缘关系方面称为天下之大宗，是全国贵族的最高家长，也是全国名义上的土地所有主。天下所有臣民都归其统治。国王幼子、庶子分封为诸侯。诸侯对国王而言是小宗，在本国则是大宗。”（《中国地主制经济论》第 45 页）西周“在封爵时，分授土地、臣民与立宗三者同时并举。只有封建贵族才能列入宗法体制之内。宗法制只行于贵族等级，而不行于庶民。但庶民是被上级大宗宗子赐给下属贵族的臣民。”（《中国地主制经济论》第 46 页）

《礼记·礼运》亦有记“天子有田以处其子孙，诸侯有国以处其子孙，士大夫有采以处其子孙”。“处”同“储”，蓄养意也。这便形成奴隶制社会时以部落式亲缘及宗法体系为关系核心的财产资本与权力权份世袭制度。

不过在奴隶制社会初期比如中国的夏商朝时期，建立了诸侯国家的部落内部除了对首领或大王的归属关系外，人们之间依旧保持了较为平等的原始社会关系。他们是“国”中的自由民。这时土地的所有权随着“天命君子”观念对王权的神化至少名义上已经逐步归于大王，人们只有使用权。土地使用权只可以在自由民之间租借或转让。这种情况即使是到了西周时期也是存在的，在考古出土的西周青铜器上便有一些相关典故的记载。（参见《中国古代合伙制初探》第 101、102 页）

而在广大奴隶们生活的地方“野”，奴隶生时为奴隶主贵族劳作生产并供养他们，死后成为祭品或殉葬物陪侍他们。贵族地位高贵统称为“公”，奴隶地位低贱皆称为“私”。以土地资本等为代表的生产资料都为“公”所有。“公”把四周贫瘠的土地分配给奴隶家庭，每个奴隶家庭只能得到一小块土地用来耕种养活自己以满足为“公”家再生产的需要。中间肥沃的大片土地则让奴隶为“公”家劳作。奴隶每天必须先为“公”家田地耕作并忙完“公”家分配的其他事务之后，才能在那一小块养活自己的“私”地上劳动。这就是中国奴隶制经济社会尤其是西周时期农业生产的“井田制”。

对于“私”田，绝不是按现在字意理解的私有之田，“私”者，奴隶也，“私”田即是维持地位低下的庶人农奴基本生活之田，即由“私”耕且用以养“私”力之田。西周贵族授与分配的这类田亩，奴隶只有耕种权，其收益也止限于农奴自我生产力维持水平。田亩的实际所有权等诸多财产权为贵族奴隶主所有。因此可以说“私”田是奴隶主贵族们进一步剥削农奴劳动，为能够维持奴隶们再生产的工具与手段。

在井田制下，奴隶们为“公”家尽事，为“私”家尽力。正是物态权份使得为“公”家劳动毫无积极性可言。同样是奴隶耕种，以偌大“公”田供养“公”家与以恁小“私”田养活“私”家，其间效益可想而知。但也许正是战国晚期的商鞅看到了个中的差异，使得秦国彻底采纳了其“坏井田开阡陌”的土地变革之法。即把中间的“公”田全部划分给奴隶耕种，朝廷收取赋税，“公”家收取租金，奴隶获取余利。从而激发了奴隶们的生产积极性。于是逐渐地，“公”家贵族变为地主，“私”家奴隶变成农民。农民虽然因具有了一定的土地收益自主权而获得了某种程度的人身自立，但因权势欺压又不得不依附于豪门地主。历史上自从西周晚期以来破坏了奴隶制的井田开始封建制的阡陌田后，土地财产等资本的占有便主要以家族占有为特征，社会基本生产关系也由物化的隶属关系慢慢转变为等级的依附关系。这便决定了普遍的物态权份逐步转变为依附态权份。从奴隶为奴隶主贵族的完全物化所有到农民被地主的租佃剥削，正是土地资本权益细化并部分广泛化后，奴隶获得的一定耕田收益权将农奴变成了农民。这种权份的变化使得社会获得了进步，生产力获得了发展。虽然后世如东汉魏晋时期及元代，因出现庄园农奴使得历史有所反复，但普遍的权份形态由物态转变成依附态却是历史的大趋势。于是依附态权份又逐渐在两千余年的封建地主制经济社会时期成为主流。

另一方面，从商品经济的角度来看，在奴隶制经济社会的早期，同一地区的聚居部落中的人们所需物品可集中直接交换，规模扩大后逐渐形成后世所称的赶集或集市。而在不同地区的人们只有通过贩运，才能实现互补短缺互通有无的目的。在古老时代，人们所需绝大部分物品是通过自给自足的方式得以实现的。人们选择在水源之地、草木丰盛之处聚居，绝不会交换平常之物。那么经过长途贩运的物品很可能是稀缺的物品，比如玉石、贝类、金属矿物与盐等极少数地区才拥有的自然资源和生产生活资料。因此从考察商业合伙经营组织的视角出发，股份合伙制的最早起源很可能是长途商业贩运。尤其是从农耕时代开始后，人们不再逐猎迁移而是在某地定居下来。在逐猎迁移时曾经掌握了解的有关于某地有某种物产资源的历史记忆，以及口头文化的传播为定居以后的长途贩运提供了可能。《易·系辞下》中载："庖牺氏没，神农氏作……列廛于国，日中为市。致天下之民，聚天下之货，交易而退，各得其所。"便描述了奴隶制经济社会"国"中的自由民进行自由交易的情况。

其实，简单的生产分工比如生产工具的制造、建筑和开矿等都促进了以物易物的贸易。而有利于统治的专业社会职能的出现，比如负责管理和教育以及招募训练军队的人们为了满足获取生活物品的需求则更促进了作为等价交换物——货币的产生。同时为了长途贩运的方便，具有相同文化背景和生活习俗的人们也要求使用一种共同的价值载体。于是贝类便成为实现价值衡量与交换手段的货币，在中国的夏朝时期开始使用了。

而随着个体劳动技巧及社会普遍生产力水平的提高，社会分工得到进一步发展，社会职能行业的增加使得国与野、城市与乡村的分离更加明显。于是在"国"中，在集市的基础上逐渐出现了城市店铺性商业，并与长途贩运一起促进了专业商人身份群体的形成。因此专业商人也可以认为是人们聚城而居后社会职能分化的结果。

不过贵族阶层因其权势，是不参与这种社会职能分工的。《国语·周语上》有言"凡民七尺以上属诸三官。农攻粟，工攻器，贾攻货"，以至于"庶人、工、商各守其业，从共其上"。"共"者同"供"，供养之意；"上"者指身份地位上等的王公贵族们。意即指权份高贵的王公贵族受到其他各行业所有人的供养。很显然，这种状况是由能够创造物质财富的劳动力被物化成为奴隶后只能享有物态权份所决定的。

到了西周时期，由于奴隶制经济社会的进一步发展出现了大量官商，比如属于周王与各地诸侯的商贾，他们以王室所需大宗珍稀物品比如玉石、丝绒、贵金属等为主要交易商品，以用来彰显高等级王公贵族的身份与权力即奴隶主权份。而普通贵族商人及以自由民为主体的平民商贩，则以奢侈消费品及基本生活消费品为主。《周礼・地官・司市》有言："大市日昃而市，百族为主。朝市朝时而市，商贾为主。夕市夕时而市，贩夫贩妇为主。"反映的就是同一天不同时间段不同阶层进行交易的情况与制度。即清晨日昃时开市，以本地各色人等聚集交易各种物品为主。上午朝时开市，以本地商贾与外来商贾交易大宗商品为主。下午夕时开市，则以走城窜乡的游贩交易杂物山货为主。

但另一方面，据《周礼・秋官・朝士》记载："凡民同货财者，令以国法行之，犯令者刑罚之。""民同货财"者，即合货同财也即合伙的意思，在周朝合伙经商是被严令禁止的。其实《周礼》一书中曾多处涉及商品市场交易与管理的问题。这说明中国古代的"礼"不仅有涉及人们举手投足行为之礼节礼仪的意思，也包含了商品交易的一种秩序和一种制度。虽然该书"成书于战国，然其中所述的一些制度的材料则多取自上古之时，故亦能在一定程度上说明西周以来的情况"。（《中国古代合伙制初探》第56页）

因此从中可以看出，在中国古代的商品经济中，一方面合伙商贩最迟在西周已经出现，另一方面则表明民间合伙商贾的存在势必造成对周王和各诸侯官商权势与垄断商业利益的冲击，因而王法通过国法的形式予以严令禁止。毫无疑问，资本保障权份，奴隶主权份决不会允许民间资本的自由扩张，这与奴隶制经济社会制度下人们普遍的物态权份亦是相适应的。与之类似，在封建家族社会时期封建朝廷不允许广泛的跨家族合伙经营，这同样与当时社会普遍的依附态权份导致人们大多情形下只能在家族内部合伙经营的状况亦是相适应的。故而说一定权份状态的社会，存在一定与之相适应的经济形式。超出该经济社会主流权份状态的经济形式，皆为该社会制度所禁止。

不过值得一提的是，在奴隶制社会商品经济中，当使用贝类等稀缺物品做货币以方便达成商品交换之目的时，也即货币开始加入商品经济价值链中时，商品经济便发展成为了货币经济。其在商品经济的基础上创生了货币的交换与价值衡量之价值，进而后世以此便发展出了金融业。虽然在奴隶制社会奴隶作为人，由于权份的缺乏使之只能是外在表现为人的生理性状的动物。其物态的权份状态使奴隶如物品一般买卖与使用，成为只不过是会说话的物品。奴隶毫无个人意志与自由，无法掌握并决定自身的命运，更罔论实现个人价值。即使在封建社会时期权份状况略有改善，也仍然是半独立的依附态权份。因此，只是到了近现代，当人们普遍以自身价值及自主人格即可自我支配的商品态权份加入货币经济价值产生环节中时，市场经济才得以诞生。其人身独立的劳动价值在货币经济的基础上创生了“人力资本”，这使得商品经济价值链上的各环节要素都充分实现了经济化与资本化。因“市场”这一概念可以涵盖一切生产要素价值节点，故而近现代以市场经济为主导的经济模式才得以形成。

所以在奴隶制经济社会，劳动力只能是能够劳动的物品财产，其所有权归于奴隶主贵族，完全是物态的权份。尤其在奴隶制社会初期，对奴隶主来说，在地多人稀生产力低下的现实情况下，土地无人耕种、城垣工事无人建设、包括陶器与青铜器在内的各种生活器皿缺乏有技术的奴隶打造等等现实情况，确实对奴隶主们造成了不少困扰。因此对奴隶的需求导致国君与贵族之间发生矛盾也不稀奇。1975 年在中国陕西宝鸡地区出土了一件西周早期造型奇特的青铜水具——联匜，虎头羊足，其用笑哈哈的虎嘴作流口显得神秘而有趣。更有意义的是该器内有 157 字的铭文，其内容被认为是我国第一部完整的法律判决书。铭文的大意是，国君与他的一个名叫牧牛的大臣为了争夺 5 名奴隶的所有权而打官司。一个名叫柏杨父的法官或说裁决者最终判决牧牛犯了“以下犯上”和“违背盟约”两条罪责。不过最终对牧牛进行了宽大处理，只是施以鞭刑五百、罚金三百的惩罚并要求他发誓永不再诉。结案后国君用得来的罚金做了这件青铜水器。

从这个历史典故中，我们似乎可以得出以下几点结论：一是奴隶作为可以创造财富的财产，在奴隶制社会尤其是其早期很可能是比较缺乏的，甚至比土地还缺乏，因此其重要性显而易见。以至于国君不顾王恩，大臣无视王威，仅仅为了 5 名奴隶闹到需要仲裁法判的地步；二是从原始社会到奴隶制社会，国君作为万民之首的权份地位最早的方式之一是由所有部落属众共同拥戴并订立联盟约定而逐渐确立的。一到地位稳固后便会逐步采取强权专政的手法施行统治了；三是在原始社会甚至是奴隶制社会，对于私有财产的争执，最初的途径中包括了仲裁，即双方会寻求习俗或传统上的第三方裁决的方式进行最后的判决确认；四是奴隶仅仅是财产物品，在国君与贵族对其的所有权争执中，毫无奴隶本身的权份可言；五便是古代中国在奴隶制社会时期，人们尚有比较强烈的保护私有财产的意识，甚至到了西周早期国君已逐步有了万民之主宰的权份的时候，所有财产包括土地、奴隶都归国君所有的观念都未完全成形。而从这件判例开始起，人们认识到与国君争夺财产就是“以下犯上”，不听从国君旨意就是“违背盟约”。因此“君臣父子”的森严等级礼制得以开始建立，并被后世历代统治者奉为政治经济法律原则，这显然成为能够维护君王统治权份的有力资本之一。但在另一方面，“对牧牛的宽大处理”也显示了一种可为后世所表率的“明德慎罚”的封建家族统治者之道德态度。

在奴隶制社会，有了至高无上的王权，与之对应，必然是基于毫无身份地位可言的广大奴隶们的物态权份。而最能凸显奴隶制社会奴隶物态权份的，莫过于“殉葬”了。中国古代的殉葬制度虽然一直持续到汉代，但其鼎盛时期却是在商周时期，正是普遍的物态权份下奴隶的大量存在，为贵族死后能够享受殉葬提供了现实的基础。同时国家的建立也正是地域关系取代亲缘关系成为奴隶主统治管理的基础。一个部落的土地与自由人对于西周贵族来说就是国与国人，相对来说总是少数；而俘获并占有其他部落的土地与人，相较而言总是占多数。因此在西周，奴隶主贵族与奴隶是构成当时社会成员结构的主流，其生产关系与生产力的主体正是作为大多数人口的物态权份的奴隶。

譬如青铜器或玉器的生产，从开矿运料到选料制造，在当时技术工具简陋及生产力低下的情况下，大量的可任意剥削的人力便成为必需的选择。商代玉器用料已主要是和田玉，众所周知的是古代和田玉产地乃今新疆和田地区，但商都却在万里之外的河南，几乎横贯中国东西地域，这便涉及大量的人力运输问题。而一件玉器经历了选料、开料、设计、制作、钻孔、打磨、抛光等近十几道工序，在只能使用原始工具的条件下没有少则一两年多则数年的工夫是难以完成的。因之当时的玉器制造被称为琢玉，所谓“玉不琢不成器”，皇族使用的精美玉器正是依靠古代工匠一点一点用水滴石穿的精神琢磨而成。这同样涉及大量的人力问题。同时由于奴隶制社会时期的玉器作为“神玉”承担着统治者祭祀天地、通灵鬼神、彰显地位、严明等级的权份符号功能，故而王公贵族对玉器质量的要求便极其严格，这使得奴隶们在艰苦制造玉器的同时还承担着失去生命的巨大风险。因此无论是从实行“井田制”的农业还是手工制造业来看，物态权份奴隶的普遍大量存在皆从侧面证明了西周仍然是典型的奴隶制社会。

在奴隶制经济社会，权份的巨大差异以及奴隶主贵族对财富的不断追求亦导致了奴隶的广泛存在。除了有史记载的“农之子恒为农”、“奴事富人，历代为虏”等，即原有的奴隶子孙延续以外，战争中俘获的俘虏也是奴隶的一大来源。这一习制一直到春秋战国时代都常有发生，且人数少则几百上千多则上万，甚至举国为奴。比如《左传》中僖公二十八年晋国有“献楚俘”之类记载；宣公二年郑国讨伐宋国，有“俘二百五十人，馘百人”，“以上所说俘，据一般情况推测皆沦为奴隶”。（《中国地主制经济论》第 42 页）尤其是周宣公十二年记述楚国征战郑国获胜后，当时郑国最高统治者郑伯袒胸露背地牵着一头羊示弱请罪以表臣服时说：“其俘诸江南以实海滨，亦唯命。其翦以赐诸侯，使臣妾之，亦唯命”。在这里“臣”即指由男性战俘转变而来的奴隶，而“妾”是指由女性俘虏转变而来的奴隶。愿举国为奴的这种情况同样发生在曾“卧薪尝胆”的越王勾践身上。因此《周礼·秋官司寇》便以“蛮隶”、“闽隶”、“夷隶”、“貉隶”等分类来称呼不同地区的俘而为奴者。另外，即使是相对于鄙“野”而言的“国”中权份较高之人，其若作奸犯科违反法纪亦会被罚贬为奴隶。《周礼·秋官司寇》中的“罪隶”条款即指因犯盗窃等罪而应被判罚为奴者。不过这类奴隶多不为农，而主要从事狩猎、筑城、修道、建陵、煮盐、伐造车舆、采矿冶炼、兴修水利等团体性劳作。

综上所述，在奴隶制经济社会里，奴隶主贵族享有一切，地位极其高贵，拥有一切可以支持其统治权份的资本；而奴隶却如财物，可以买卖转让，亦可以用来赠与或殉葬，即使企图逃亡，奴隶们依旧为原奴隶主贵族所有，毫无自身利益可言。很显然，这是奴隶制经济社会普遍的物态权份所决定的。奴隶们因此发出诸如“逝将去女，适彼乐土。乐土乐土，爰得我所”的无奈慨叹，也是可以理解的了。

# 第十章
# 封建家族制经济社会的资本与权份概要

——没有一个世纪，也没有一个国家曾经缺少过这样的专家，他们能够知道上帝的心思，而且也愿意表示出来。（马克·吐温）

接下来的两章，将从资本与权份的角度主要阐述中国和部分欧洲国家尤其是英国的封建家族经济社会。因为一则世界自封建社会以来一千多年的历史中，中国曾经担当主角，余下的几百年则由欧洲及源于欧洲文化的美国引领风骚，其对世界的发展都曾产生了极其深刻的影响；二则中国与欧洲大陆地理面积接近，但是一个能够长期实现大一统，另一个则长期处于四分五裂的状态，将二者放在一起进行有趣对比的同时，会有益于人们将对事物的多面看法进行组合并得以成就较为全面客观事实的历史与文化认知。当然，重点部分是对中国封建时代家族经济社会的阐述。

## 第一节　封建社会时期中国与欧洲主要国家权份之比较概要

按照传统理论人们普遍认为，在封建时代，强有力的专政有利于领土扩张和政权统一。从资本与权份相互促进的角度看，本书则认为，很大程度上正是以土地财产为代表的家族资本与封建统治权份之间是否存在高度统一的关系，是导致历史上较长时期欧洲大陆的四分五裂而中国却能一统大国的根本原因。下面将进行较为详细的论述。

毫无疑问，古代国家尤其是东方国家在封建时代，臣民是依附并从属于君王的。这种附属态是一种无条件的几乎完全单向的依附状态，天下百姓皆是皇帝的子民。好的皇帝也不过是爱民如子。天下土地等财产最终的所有权也都在皇帝手中，王公贵族、地主士绅只是通过缴纳赋税有条件地占有。所谓“溥天之下，莫非王土。率土之滨，莫非王臣”，所有世俗资本都支持着中国封建皇帝的统治权份，而中国皇帝却几乎无须为天下百姓承担任何责任。虽然其中也不乏明君，比如唐太宗有言“民可载舟亦可覆舟”，但这不过是一个开明有为皇帝的自警，是个例。亦有儒家先贤孟子说：“诸侯危社稷，则变置……然而旱干水溢，则变置社稷。”也仅仅局限于民间的思想学术教化，可以为改朝换代提供思想理论支持，皇帝却还是皇帝，只不过更换了家族姓氏，根本没能动摇天下财产等资本尽归皇族所有的根本权份性质。但是在封建时代的欧洲确有不同，比如在900年到1250年的西欧，虽然皇帝对其封臣来说“既是最高统治者也是土地所有者，但是他对其封臣也要承担一定的义务”。（《财产论》第127页）一方面封臣宣誓向君主效忠，而同时作为回报，“君主发誓将保护他们”（同上）。另一方面，“关于双方在履行义务方面的争论，有时由皇家法庭有时由封臣所组成的法庭受理，有时又由军队的审判庭来审理解决。”（同上）虽然这是一种义务不对等的互惠关系，但由于有作为第三方法庭的纠纷审判存在，使得这种关系似乎初步具有了一种契约性质。其导致的结果是：“如果君主不履行其所承担的责任，那么封臣就免受其义务的约束。”（同上）

为什么会导致这种看似稍有不同但实质上却是很大不同的封建君臣关系？这是

因为在封建时代的欧洲，朝廷中存在与君主专政抗衡的力量，这种力量便来源于贵族议会。“英国的宪政历史记载了议会前进的步伐，从最初是国王的附庸（11~15世纪）到成为其合作者（16至17世纪早期），到最后成为其主宰（从1640年起）。”（《财产论》第149页）而贵族议会的力量又从何而来呢？“由于王权的削弱，是与皇家财产以及从中获取的收入不断减少相伴相随的。在这样的演化过程中……正是人民不断增长的财富以及国王对之日益严重的依赖，才迫使国王授予其臣民以自由和权利。”（《财产论》第149页）可见，是由于财产等资本的缺失导致了在欧洲封建君主尤其是英国国王统治权份的削弱。

而正是因为民间财富的不断增长，使得议会有资本与封建国王进行争权夺利的斗争以获得更多的权份。公元1688年，虽然英国社会依然在繁荣发展当中，但议会的贵族们在国民的支持下发动了一场宫廷政变，史称“光荣革命”。其后新的国王威廉三世登基并签署通过了由议会组织起草的法令《权利法案》。该法案便对《自由大宪章》中的诸如不经议会批准同意不得向国民征税等权份进行了确认与重申。而议会权份的获取又增加了其对更多资本的控制。1693年英格兰银行成立以及随后国债的发行，便进一步加强了议会的财权，这使得国王获取资金须经议会同意逐步成为了“一种规章制度”。（《财产论》183页）

相反地，在欧洲，如果一个国家它的议会力量未获得积极发展，并且能够促进国王专制的一个重要因素是，该国长期处于战争以及处于四分五裂状态，需要一个专制而强权的封建国王来统一国家。这与英国形成鲜明对比的即是法国。在法国，曾经的英法百年战争，从1337年至1453年，长期的战争削弱了法国国民财富又使人们的生活动荡不安。而接着在16世纪下半叶，“法国因天主教徒与清教徒之间的宗教战争而四分五裂。在这些战争结束之后精疲力竭的国民将全部权力都转交给了国王。从而创立了一种为欧洲其他国家起了示范作用的专制政体。”（《财产论》188页）同时，相对于英国国王收入因为议会所限其为了应付开支不得不出售皇家地产直至于无，法国国王在即位宣誓时就必须承诺不能让渡任何皇家地产。这样一来源源不断的征税收入和稳定的地产收入，使得法国国王在14和15世纪议会制度发展史上的决定性阶段，却成为了欧洲最富裕的封建家族国王。

而在英国，曾经与议会争权妄图摆脱议会经济控制的查理一世虽然最终被送上了断头台，但他曾经将议会裁定为非法的一种垄断性经济权利，即生产销售特定商品的排他性权利改名为专利权，并出售给有新颖实用而且具备商业前景的发明的人，以此获得更多皇室收入以支撑皇家权份。这种做法显然为后世所继承。不过为了开拓皇室财源，这种新奇而又略显无奈的做法在封建时代中国的皇帝看来，肯定像看到西洋钟表一样不可思议。但在本书看来，这便是权份的差异带来的经济形式的差异。

于是同样是在封建家族社会，因土地财产、赋税收入等支撑封建统治的资本不同，中国各代王朝与欧洲各个国家朝廷的专政基础与专政程度便有不同，其具现出的皇家权力与民间依附态权份自然也有巨大差异。这同时也能很大程度上解释中国为什么封建时代能够延续不断、如此漫长的原因。从秦汉时代开始便持续近两千年，除了中国民族众多、使用统一的语言文字外，当然还有以下几大因素。

一是皇权的彻底神化，诸如“真龙天子”“九五至尊”“奉命于天”等等角色的标榜使得皇权具备神圣性、至高无上性与不可抗拒性。因为真龙代表了大自然的神秘力量，代表了无法抗拒的自然能力。这在农耕时代显然是无可匹敌的。皇权与神权能够一统，皇帝为龙体，皇帝的每一句话都是圣旨、是奉天承运、是金口玉言，丝毫违逆不得。“国之大事，在祀与戎”，从奴隶时代起，中国的皇帝们就十分重视神权、皇权与军权等统治权的结合统一。而在欧洲封建时代，虽然和东方一样有神化的现象，即从为专制统治塑造至高的角色资本这一点上看，无论是东西方都是共同的，皇帝也努力自诩为上帝之子。但世俗中以“上帝之子”身份自居的皇权与代表“上帝”本身神权的教权的分离，使得皇权与神权无法合二为一。皇权与神权的分离也导致了财产权的分裂，这便有利于不同于皇家资本的私有财产的形成。其时在欧洲，获得土地等财产的方式便有征服、赏赐、继承、联姻、购买、受赠之类等等。而事实上欧洲古代确实经常发生教权侵犯皇权的事件。这样皇室与教廷，皇室与贵族，皇室与议会之间的争权夺利都使得皇权在历史上大部分时间里无法得到高度集中统一，皇帝的专制受到抑制。这便表现在臣民的权份状态既有对皇权的依附也有对教权的依附，具有双重的不确定特征。同时由于存在议会与皇室的权力之争，导致依附态权份在古代欧洲的很长时期都处于不完全彻底的状态。

其二是在东方国家中，包括日本、印度的皇权，与中国皇权一样，理论上拥有所有的国家土地与财产，甚至包括臣民的全部劳动力、生命与自由。即皇帝的统治权份与资本所有权能够高度统一。而欧洲国家的皇帝只拥有皇室的世袭土地与世俗的统治权，对民间的私有财产并没有完全彻底的所有权。统治权与财产所有权的分离造成了欧洲国家皇帝对议会的财政的依赖，而战争中及日常皇室的挥霍对资金等资本的需求进一步加深了这种依赖。这便导致了更多的皇权即世俗统治权的丧失，尤其是中世纪的英国。不完全的财产资本决定了不完全的统治权份，这便体现出了资本与权份之间的关系。

其三是中国的封建科举制让普通民众获得了稳定而正常的权份扩张通道，即通过傍依皇权获得更多的权份。而欧洲国家历史上没有科举制之类的官员选拔制度，封闭的贵族官僚世袭制使得普通民众毫无在皇家政治统治上的权份扩张通道。只有议会成为民间主要是贵族有产阶层利益唯一的申张途径，因此在君主专政与议会参政之间便经历了无数次斗争与历史演变。其结果就是皇权与主要代表贵族的议会权份之间在长期此消彼长与互相利用、压制后，逐步为西方近现代政治经济体制的形成创造了传统基础。

其四便是为了解决民间私有财产之间的纠纷，早在 13 世纪英国就产生了非神职律师这一职业。到了 1300 年，英国已经有了专门培养律师的法学院。这都得益于在英国，与古代中国皇权理论上拥有一切民间财产不同，私有财产尤其是对于土地财产的权份较早在民间获得独立发展的事实。而中国是在清代晚期即 19 世纪末期才出现了为原告或被告辩护的讼师，比英国晚出现近六百年。中国封建时期民间一般家族内的民事纠纷，大都是由家族内长辈士绅出面协调解决。家族内的财产纠纷由于家族财产大都为一家之族长所掌控，基本是由内部处理；而家族外的民事纠纷或财产纠纷比如土地、水源等的使用权，大多也是由家族间族长乡绅直接协商处理或通过官府主持协调予以解决。这种典型的家长制的民间治理方式，正是当时中国封建家族社会典型依附态权份的体现之一。很显然，权份的差异引起的经济形式的差异，进一步导致了职业种类的差异。而以上种种因素，最终导致了封建时代同样是依附态权份下东西方不同国家社会间的差异。

## 第二节 英国等欧洲国家封建社会时期资本与权份的概况

其实上节已有论述，本节加以补充说明。

虽然以英国、法国、德国等为代表的欧洲国家封建时代也有不同程度地神化国王统治的传统，同时虽然也有世袭，但以朝廷税收和皇家土地出租或处置收益为主的财产拥有是其统治地位维持并巩固的重要基础。这导致以国家土地财产为代表的资本与封建专制权份未在皇权中得到高度统一。而各个欧洲国家内部封建专政的程度也有差异，相对来说荷兰与英国在较长时间内是比较宽松的。然而欧洲各国朝野对民间私有财产的尊重与保护不同程度上确实存在，相关的民事法律亦更多地是根据惯例和自然法则加以解释、演绎和运用。譬如早在13世纪的英国，国王在未取得议会许可的情况下，是不能向臣民随意开征赋税的。同时英国宪法领域早期的著述者、国王法庭的首席大法官约翰·福蒂斯丘爵士在15世纪中叶曾指出，英国法律长久以来从根本上讲从未进行过修改。并且认为英国国王是王治与法治并存，根本原因在于国王不能随意修改国家法律，不能随意征税。福蒂斯丘爵士的论文于“公元1567年出版了英文版，并且在伊丽莎白女王统治时期成为畅销书”。（《财产论》158页）言外之意也就是说“在伊丽莎白女王统治时期，英国人是欧洲人当中税收负担最小的人”。（《财产论》162页）该书当时在欧洲大陆影响也较广。同时作为英国自由主义经济制度基石的《自由大宪章》，虽然当时主要只是惠及了贵族，但其引入的相对于大多数人而言的非封建特权在历史的发展中却证明了这样的道理，即自由的权份虽然起源于少数人，但最终会被绝大多数人拥有或享有，这正印证了权份的大众化原则。

同时与中国长期依赖于农耕经济及海禁不同，在欧洲尤其是西欧，存在城邦国家间贸易及海外贸易的传统，国王无法有效限制民间商业的发展，在王权触及不到的地方其臣民们可以通过多种贸易的方式积累财富，从而增加民间资本。民间资本的增加反过来又会激发并有利于民众权份的获取。比如从10世纪开始，由于商业贸易的繁荣部分欧洲城市得以逐渐复兴。在意大利威尼斯和热亚那等城市中开始形成一个新的富裕的市民阶层，其财富包括商品、房地产和货币资本。拥有了财富必然需要保护财富，于是新兴的欧洲市民阶层通过与当地封建统治者达成协议或起义暴动获得了一系列的自由权份。其中包括政治自由有城市自治权，人身自由有婚姻自由、免于服兵役的自由等，法律自由有免受任意拘留和搜查的权利，以及免于提供强制性服务的权利等等。其中尤其值得一提的便是“免于提供强制性服务的权利”，正是此种权利很大程度上避免了人们被皇家朝廷任意征丁服劳役，从而保证了人们最基础的人身自由。但在几乎同时代中国的宋朝及以后的明朝时期，在封建皇权可控的范围内城市商业的繁荣造就的富裕的城市居民，其争取更多权份的途径依旧主要是仕途。以个人或家族的方式成为皇帝的辅臣而获赐皇帝统治权力的一部分的行使权，是唯一的正途，并未形成民间社会阶层性的整体权份与自由。虽然由于农民起义的不断冲击以及社会经济发展的需要，封建朝廷给予民间的权份确有增加，封建税负与劳役有所松弛或减少，但并未突破时代的局限性而动摇封建皇权的根基，尤其是罔论“免于提供强制性服务的权利”。“学而优则仕”“商而优则仕”依然是民间权份获取的捷径，这种完全攀附于皇权的形式反而更加巩固了封建皇权的统治。因此一个很明显的文化现象对比是，对于烟火的发明与使用，在中国除了专门为皇帝配制长生不老药以外（其实这恰恰是火药的起源），主要是用来展现封建社会城市世俗生活的绚丽繁华。而在西方，却使之成为用来攻破具备防御性城墙的自治封闭城市的堡垒，以加速资产阶级商业资本掠夺式积累与有产阶层权份争取与扩张的变革利器。

于是在封建时代同样的依附态权份下，这种不同的资本与权份状态甚至可以从姓名称呼上体现出来。古代西欧贵族喜欢引用所拥有的地产来说明其身份，“方法是使用 of、de 或者 von 这样的称谓前缀，并在其后加上自中世纪早期开始就已经成为其世袭的占有物或世袭财产的领地的名称。”（《财产论》216 页）而俄罗斯贵族因为对地产不具有最终的所有权，他们更喜欢用教名和父名来称呼自己以体现家族血统。在中国古代也存在类似情况。可见，西欧贵族用土地财产做自己的名字以体现权份，因为那家族遗留下来的土地财产属于自己，同时也表明在欧洲有通过财产彰显身份地位的意识与习俗；在中国只能承袭父姓夫姓以体现家族血缘的传承。但起源于地名或官职名称的古代姓氏只能体现家族祖先曾经有过的荣耀，并不能证明现时状态下权份的拥有。历史传统意识中认为“富不过三代”的观念与中国封建王朝时民间不完全的财产所有制是有关联的，民众财富随时有被皇权剥夺的可能。这导致人们相较于土地等诸财产更重视家族亲缘的一脉相传所带来的自我存在感。由此说明，民间世俗文化正是传统封建社会中人们资本与权份的一种体现，在此也可见一斑。

不过这种与中国封建时代不同的财产所有权引发的权份差异并未根本改变欧洲国家封建时期的依附态权份，虽然依附的程度的确有所不同。所以，“农奴和领主、陪臣与诸侯、俗人和牧师，物质生产的社会关系以及建立在这种生产的基础上的生活领域，都是以人身依附为特征的。但是正因为人身依附关系构成该社会的基础，劳动和产品也就用不着采取与它们的实际存在不同的虚幻形式”。(马克思《资本论》卷一，转引自《中国古代合伙制初探》第 103 页）这种依附关系“或者是自然的血缘关系，或者是直接的统治及服从的关系”。(《中国古代合伙制初探》第 103 页）

而到了 16 世纪，在西欧国家中人们已经普遍认识到国王只对封建王朝拥有统治权，绝对不能侵犯民间私有财产。塞内加的名言“掌管万物的权力归国王拥有，掌管财产的权力归于特定的人。”已是妇孺皆知。然而这期间财产却并非神圣不可侵犯，尤其是封建国王对财富的欲望使得其不断在对世间万物的统治权与万物的所有权之间，总是努力寻找交合点或空白区域以为皇权所填补掌控。于是厄运自然降临到宗教信仰与风俗习惯都不同的少数族群人们身上，在欧洲其中富裕的犹太人便首当其冲。无论是英国国王忏悔者爱德华还是德国的鲁道夫·冯·哈布斯堡，都曾宣布犹太人及其拥有的财产皆属于国王所有，犹太人被剥夺财产后随之便被驱逐出境。而类似的情况也曾发生在 14、15 世纪的法国和西班牙等。这也许便是早在中世纪时发生于欧洲国家的被冠以“种族歧视”之名的财产剥夺事件。

历史总是存在反复，虽然民间私有财产的神圣地位经历了封建专制皇权的不断考验，但其在欧洲国家人们的观念中已经是根深蒂固。故而相对于封建时代中国土地等资财典型的以占有为特征的财产制度即不完全的所有制，古代欧洲国家的财产制度更独立更完全，并经过与封建皇权长期的斗争后已经逐步彻底地成为私人所有制，从而使得西欧国家民众的依附态权份比之于中国民众的依附态权份远没有其深重。在西欧民间私有财产如此重要，以至于到了 18 世纪，人们普遍认为拥有财产尤其是土地资本，是一个人享有公民权份的前提条件。因为在当时，一个没有财产的人被认为是没有能力的人，而不能创造收入的人便是非独立的人。因此“当赋予公民以选举权的时候，享有这一权利的人仅限于那些拥有房地产或者其他有形资产的人。”（《财产论》第 137 页）在 15 世纪的英国，曾经“郡的选举权仅赋予给那些拥有可自由处置的年收益不低于 40 先令的不动产的成年男性，因为这被认为是经济独立的最低要求。”（《财产论》第 138 页）而在 19 世纪德意志帝国的普鲁士，也曾经有过“最富有的公民可投三票，中产阶级每人可投两票，而穷人只能投一票”（《财产论》第 139 页）的规定，只是到了近现代，欧洲国家才逐渐取消了对公民选举权的财产性资本要求。这正表明了一方面，土地与经济财产等资本的真正彻底拥有才能根本性支撑最初权份的获取，同时欧洲的民间有产阶层亦会竭尽全力通过各种途径以获取权份的方式保护已有的财产，以免于皇家贵族封建家族权势的巧取豪夺；另一方面也预示了随着经济社会的进步，欧洲民间社会资本的发展逐步广泛化，推动着权份能够逐步阶层化、社团化以至将来更多的大众化。

# 第十一章 中国封建家族制经济社会的资本与依附态权份

——溥天之下，莫非王土。率土之滨，莫非王臣。（《诗经·小雅·北山》）

## 第一节 概论

中国远古传说中，黄帝与炎帝率领的部落联合打败了来自南方的蚩尤部落，这说明中华大地上南北之间、东西之间的交流至少五千年前就已开始。如果说部落仅仅是基于血缘亲缘关系的组织群体，那么部落与部落之间的交流包括民间往来、婚嫁、易货、结盟缔约甚至是公开战争都明确显示了一定地域内某种形态之社会发展的开端。当中国远古社会进入尧舜禹时代时，部落之间的交流沟通与利益往来尤其是共同面对大自然灾害时，已经使得各部落形成联盟具有了一定的基础。而当大禹被推举为部落联合的首领时，长达三年之久的黄河水患使黄河流域各部落具有了在一个强有力的领袖领导协调下共同治理水害的经历。这使得形成联盟的基础更加牢固，前景也越发清晰。人们也因此深刻体会到了在大自然面前的渺小，于是一方面人们保持了对大自然的敬畏之情，一方面认识到了只有人们联合的群体之力共同劳动从而抵御自然之力才能做大工程，这为以后奴隶时代与封建时代等社会大兴土木留下了人特有的历史记忆。另一方面领袖的存在至关重要，人们在对居功至伟的领袖感恩戴德的时候，经年拜谢与庆祝以示纪念并表感恩崇敬之情的习俗逐渐形成。而这种习俗的形成在具有共同生存空间的人们心中留下的文化印记，为个人和家族朝代的建立奠定了一定的基础。

由之如果说中国历史上第一个朝代——夏朝更多地是在部落联合体的基础上建立起来的，那么历经近千年的历史传承与文化积淀，即资本与权份观念的积淀，王朝成为人类社会必经的发展之路。王朝更替便是社会资本积累与权份状态进步大趋势虽然缓慢却是必然的历史阶段性选择。然而由于旧王朝的自我延续性即维护旧权份结构的资本体系的增值性，必然需要外力或内部裂变产生的力量进行终止与摧毁，才能导致新王朝的建立，因此在以后的朝代更替中，战争于其中起到了决定性的作用。商朝便是更多地通过部落征战与吞并建立起来的。但商朝依旧保持了部落式的父系氏族制，家族制尚未形成，嫡庶长幼尚无分别，主流的社会阶层关系以物态权份为主。只是到了西周时才逐步开始向父系家族制过渡，对叔伯兄弟按嫡庶逐级分封并形成较为严格的宗族宗法制。这便为封建等级制及依附性社会关系的建立奠定了基础。尤其是到了东周即春秋战国时代，贵族逐步转变为地主，奴隶逐步转变为自耕农或租佃农。这时资本的主要形式便由奴隶转变为土地，普遍的权份状态由物态转变为依附态。故而，正是资本形态与权份状态的共同变化引起了封建家族时代经济社会的发生与发展。

倘若说在奴隶制经济社会，所有土地并非完全归大王所有，大王主要以纳贡和贡奉的形式获得土地财富收益。那么到了封建地主制经济社会，所有土地已然归君王所有，不过由于占有权与实际使用权在以地主阶层为代表的封建家族手中，君王主要以税赋与徭役的形式获取土地财富收益。而朝贡依旧存在，缴纳贡品的则是化外之民或附属之国。

毋庸置疑，中国封建家族时代地主对农民进行经济强制及超经济强制的物质载体是土地，其剥削形式主要是土地出租以及因依附态权份而产生的徭役。其实在同时代的欧洲亦是如此，对于欧洲庄园领主制经济下的剥削形式及人身依附关系，马克思曾做过较为精辟的概括：农民从实行徭役劳动的不自由的农奴制到较为自由的代役租再到资本主义社会，只有当地权剔除了一切传统的包含政治和社会的附属物时，农民才摆脱了封建依附关系，从而获得了人身自由。用本书的话语体系来说，就是只有摆脱了以皇权为代表的封建大地主家族资本对土地与农民劳动力所有权及其派生的各种权份的垄断，劳动力权份复归于农民自身时，农民才能够获得人身独立的商品态权份。

但通过对土地资本产权关系的分析，我们可以看到在封建时代作为主要劳动者的农民，他们的剩余劳动主要归谁所有，他们又对谁发生人身依附隶属关系，从而又受到谁的超经济强制的人身支配。这无疑是地主阶层，其实无论是世族地主还是权势官僚地主、商人庶民地主尤其是大地主豪门世宗，由于在某一地域内对地权与政权实质上的统一掌控，使得他们能够超越王朝皇帝理论上的所有从而对土地的占有具有了部分所有权的性质。虽然皇权的存在，使得地主阶层对土地的拥有不彻底，但事实上已经拥有了所属土地及其附属物，包括在土地上劳动的人。为了维护并巩固皇朝统治，这甚至得到了皇权在很大程度上的允许甚或纵容，其于任何一个封建朝代末期更显突出。因此简单地说，封建家族制社会，就是大地主阶级轮流利用皇权进行家族权份维护的历史过程，而改朝换代，也不过是不同皇族姓氏变化的家天下而已。

但每一次家天下的变化，都带来了包括农民在内的庶民权份的变化。封建时代的中国因朝代更替造成庶民身份地位的反复变化，表现在围绕依附态权份状况时紧时松的循环往复上。从一个朝代来看，在皇朝建立初期朝廷为了巩固统治都会出台一些发展生产、稳定人口、促进经济增长的政策，此时农民权份状态相对宽松一些。而至皇朝中后期，由于家族制封建社会的本质决定了大地主家族势力的不断扩张，土地兼并加剧，朝廷赋税差役增加，自耕农丢失土地沦落为租佃农甚至贫民，生活苦不堪言，依附态权份便会持续紧张。因民不聊生促发的农民起义风起云涌，客观上加速了朝代的更替。而从整个历史长河来看，却是由紧向松的趋势发展的，但其间也充斥了倒退与反复。造成封建依附态权份反复变化的客观原因除了社会动乱、战争破坏、经济衰退等因素外，还包括一些少数民族政权如元朝、清朝，其在建立之初都曾将本民族当时较为落后的社会经济关系带入中原。“清朝建制，满族将原有落后的主奴习俗带入关内，这种情形在旗地广泛推行的北方尤为突出。部分农民社会地位下降，有的原来凡人等级的农民沦为具有奴仆性的贱民，这是历史上的一次倒退……这种关系在经君健所著《清代社会的贱民等级》一书中曾有较为周详的论述。”（《中国地主制经济论》第 7 页 ）而此种情形同时也成为中国封建时代得以漫长的原因之一。

当然，中国封建家族制社会制度能够长期存在，其独特的“科举制”也居功不菲。封建“科举制”一方面成为处于依附态地位的庶民凡人权份得以获取与扩张的正常通道；另一方面，皇族利用平民精英巩固拓展了皇权统治的同时而又不易形成世袭官僚、特权阶层及其对皇权的威胁，客观上也造成有利于少数民族政权在汉族地区或其他少数民族地区进行统治的局面。比如元朝时期汉、蒙贵族地主的共治及清代汉族官员对维护满族皇室统治政权的贡献。而且事实上这也促进了中国古代长时间内的民族大融合。

在中国近两千年的封建家族时代，宗族宗法制始终贯彻其中，成为封建秩序的维护者与典型的文化特征。很显然，这是与家族经济体制相适应的。宗族宗法制最早可能从有封建朝代的时候便开始了。按李文治与江太新的说法，宗法制系以血缘关系为内核，以大宗小宗为准则，按尊卑长幼、亲疏远近关系制定的封建伦理体制。“西周时期所采行的爵位与地权合一的宗子制属此。它是由封建领主制经济派生出来。”（《中国地主制经济论》第 9 页）是为维护封建地主制的持续统治而服务的。这种封建伦理体制正是奴隶社会晚期和封建社会时期权份形态的维护者与具体反映。并且这种体制随着朝代的更替、历史的发展呈现出与地主制经济相适应的形态。

比如在东汉至魏晋南北朝时期，呈现的是由权贵门阀即世家豪族地主形成的等级性宗法宗族制，而且与地方政权紧密结合。彼时只有豪门世家才有编修族谱的特权，入谱牒的族姓也只限于门阀世族。而庶民百姓直到明清时代才逐渐能够普遍地编谱入谱。于是世家豪族地主“通过按血缘关系制定的谱牒制用以维护他的世代相传的特殊门第，以便控制各级地方政权”。（《中国地主制经济论》第 9 页）就又如古代史书记载，从“有司选举，必稽谱牒”到“中正所铨，但在门第”再到“甲族以三十登仕，后门以三十试吏”的习制，正是这种集族权、地权与政权于一体的等级性宗法宗族制社会的写照。此时的宗法宗族制不但极力压制出身寒门的文士走上仕途担任吏职，而且“贫穷族众和当地农民都成为豪族强宗统治的对象。这类豪族地主是以族长身份出现的，从而把这一地区生产劳动者都纳入他们的宗法宗族体系之内。”（《中国地主制经济论》第 10 页）到了隋唐时代，朝廷罢废九品中正制，对有功之臣大力封官加爵，并逐步剥夺了旧世家地主的部分贵族等级特权。尤其是唐太宗、高宗及武周时期，随着新兴的一般官僚地主和庶民地主的发展，加上朝代更替时农民战争的冲击，世家门阀地主逐步相对衰落。再至明清时期随着庶民类型地主阶层的壮大，以及商品经济发展对贵贱等级思想的冲击，民间开始普遍修家谱、建祠庙、祭祀先祖，其标志事件是明嘉靖十九年（1540 年）的诏令，一反前朝庶民之家不能建祠立庙及庶民祭祖不过曾祖三代的旧律，令天下臣民皆得建立家庙祠堂以拜祭始祖先宗。因此，从魏晋南北朝之前彰显森严有序等级和阶级地位的世家豪族门阀地主，到隋唐宋元时阶级分明的权贵官僚地主，再到明清时期的一般庶民地主，宗法宗族制伴随着封建时代家族地主制经济的发展而展示出了等级特权逐步松解、土地资本逐步为更多人掌握获益的图景。这正是本书理论体系中资本广泛化与权份大众化两大原则在封建家族时代的深刻体现。

但是说宗法宗族制作为封建伦理体制维护并反映了封建统治及封建时代的权份状态，不仅仅体现于三从四德等的道德说教上，更体现于对封建社会秩序和政权的巩固起着重要的维护作用。比如在明清时代，宗法宗族组织便起到了维护封建法纪的作用。这里有安徽谯国曹氏家训为例证，其中便有“朝廷法度是人宜守”之规定；又如浙江山阴县吴氏家法有律如下：“完纳钱粮，成家首务。必须预为经划，依期完纳。”其还有保障皇家税收的作用。以上二例中“是人宜守”与“成家首务”皆从侧面说明了庶民对皇家朝廷的依附态权份状况。另外，在宗族财力势力较大的某些地区，比如江浙湖广，宗族组织甚至组织武装与地方保甲团练一起维护地方治安、镇压农民起义以巩固封建政权统治秩序。例如清代冯桂芬在《复宗法议》中便说：“宗族和保甲，一经一纬，变则团练习于合力。”（《中国地主制经济论》第 11 页）诸如此类，不胜枚举。

综上之述可知，中国封建时代家族制经历了从门阀豪强世袭贵族宗族到一般权贵官僚大地主宗族再到庶民地主家族的发展转变。其中虽然伴随着封建贵贱等级观念的弱化，但是宗法宗族组织维护封建统治秩序的作用却丝毫未见弱化，甚至还有强化，无论是从伦理法纪家规还是地方治安来看，大都如此。

其实同一祖先的男性血缘家族，或不同血缘但交往经历至少两代以上俗称世交并结成利益共同体和思想共同体的家族，相互联系在一起便成为宗族。家族与宗族不同之处在于，家族多群聚而居，宗族虽不一定居住在一起但因为有共同的观念和利益而易被组织起来。家族中的族长一般因为血缘关系而按辈分世袭，但宗族首领虽也讲究辈分，但主要是由宗族内成年男性共同推选或因拥戴而自然形成。宗族是以有利益代表性的家族为主体的。在魏晋隋时期，豪门官宦世族也多聚众而居并形成门第士阀观念，其宗法严厉组织严密，民间士子为了步入仕途必须先投帖拜于门下才可能有前途。因之形成的庞大门阀官宦利益集团即成为封建皇权的依靠，又对封建皇权形成威胁，如魏晋时期的司马懿门阀集团。唐代以后随着土地赋役制度的改革，以及唐太宗与武皇帝对门阀世族的打击，门阀世族走向衰落。因利益紧密联系在一起的宗法组织逐步松散瓦解，但因血缘联系而群聚而居的家族依旧保持下来。家族之中，人们共同生产共同消费共同生活，家族因同居共财而得到巩固扩大。于是宋朝以后建立宗祠、修纂家谱族牒的习俗在民间逐渐兴起。人们置办族田族产，祭祀祖先，制订家族规约，努力巩固家族团结。人们还共同出资，一方面设立祭田、墓田等出租获利以便常年祭祀先祖祈求护佑；一方面设立义田、义仓等振济助学贫困族人。这些都成为了家族资本对族人的权份保障方式及施行道义的途径。而在维护家族整体利益方面，由于与封建皇权存在一致性，因此家族宗法组织还担负起部分地方封建统治的行政司法职能，而这种职能赋予的封建权力正是由掌控了家族资本的家长或族长所掌握。

下面来说说封建时代的商品经济。在中国封建家族制社会时期，商品经济也曾有过相当的繁荣发展。孟子曾说“百工之事固不可耕且为也”。无论是自耕农还是地主，的确能够收获粮食、织衣作履、种果榨油，且不论其是否能自给自足，而如食盐、陶罐、锄铲铁器、牲畜家具、医药茶点、日用饰品等等无疑都需通过购置。家族资本实物“自产使用价值形态的单一性以及单一实物地租与需求多样性的矛盾，不论在地主抑或自耕农组成的经济单位内都不能自行解决，必须通过交换，从而发展起来各种商人，也发展起来一批独立的小手工业者。”（《中国地主制经济论》

第 17 页）其实这种情况可能迟自西周晚期或东周早期就已经开始了。

据《史记》记载：“管仲曰吾始困时，尝与鲍叔贾。分财利多自与。鲍叔不以我为贪，知我贫也。”春秋战国时各诸侯国为了称霸一方，都努力发展经济扩充实力。西周时为了满足王公贵族奢侈消费的“工商食官”制，已不能让各诸侯国获得足够的经济及军事资源。民间自由商贩的出现很大程度上填补了这一空白，并使商品经济获得较大发展，管仲与鲍叔一起做买卖就是这一景象的缩影。其结果是，民间个人或家族资本获得了相当积累。当时便出现了一些大商巨贾，比如郑国的贩牛商人弦高等等。

尤其是那些率先掌握了精湛的青铜器铁器铸造、玉器木器制作、锦衣绸缎纺织等手工技术的奴隶，因为战乱的影响或奴隶主贵族的赦免而摆脱了奴隶的身份获得了凡人的地位。一旦这些人从奴事贵族的困境中脱离出来，必定广收门徒并以其技为生计，这无疑促进了民间商品交换标的物范围的扩大及相关行业市场的发展。因之在商品经济的促进下人们认识到了“故待农而食之，虞而出之，工而成之，商而通之”，并逐渐体会到“用贫求富，农不如工，工不如商”之状况。

而同一阶层人们之间相对而言由于相互不存在依附关系，不受依附态权份束缚，便更能体现出包括平等自由的契约能力等在内的较为纯粹的商品经济关系，因而其商业往来与合作经营的生产贸易形式必然更加多样化。如《艺文类聚》中记述，晋朝时有个叫向秀的，“常与吕安灌园于山阳，收其利以供酒食之费”。（转引自《中国古代合伙制初探》第 69 页）即两人一起种菜，菜卖后换钱以满足酒食需求。

到了唐代中叶时，商品经济日益发展，除了有固定的坊市，还有流动的草市、集市出现，小商小贩也逐渐增多。宋元时期更出现了一些精耕细作的专业户，比如“植棉兼纺织的松江府属，有‘衣被天下’之称，农民经济商品率很高”。（《中国地主制经济论》第 19 页）及至明清时代尤其是明代中叶以后，大约 300 年间，农户用于出售的农副产品包括棉纺织等占总产值的比重，据李文治、江太新的估算，虽各地因农户不同而有所差异，但一般都在 30% 至 35% 之间。

在封建家族时代的商品经济中，尤其值得一提的是矿冶业。中国古代的采矿冶炼业起源很早，春秋战国时期随着周王朝工商食官制度的逐渐崩溃，各诸侯国为了增强国力，都采取一定政策措施使得矿冶业在各诸侯国获得较自由发展，民间资本也得以大量投入。从开采到贩运到冶炼各环节，都有民间资本积极参与。当时产生了大批因矿产起家而致巨富的商人，集中于如冶铁、制盐、开采朱砂等等领域。宋代以后是中国古代矿冶业的又一个发展高峰。由于朝廷管制相比于农业较为宽松，且开采劳力多为流民，关键环节又需一定的技术能力，所以权份的依附性较为松弛。同时在开采与冶炼的过程中，经营者以其独有的经验、技能、信誉使之获得了相对独立和对等的权份，从而具有了分股分利的资本。故而在货币资本与人力资源结合的合伙经营情况下，相较于商业与农业，劳动者获利较大的情况较多。甚至于出现了"凡三十六冶，冶户皆大家。藏镪百万，常为盗贼所窥"的情况。（苏轼《经进东坡文集事略》卷三十三，转引自《中国古代合伙制初探》第 309 页）

由此可见，商品经济确实在中国的封建家族社会时期获得了较大的发展。然而总体来看，商品经济却从未在中国封建时代占据主导地位，一直以来都只是地主制经济的补充。究其根本原因则是由于家族式的依附态权份未得到彻底改变。其实在封建时代，家族式的依附态权份不仅体现在农业生产中，也体现在民间商业机构比如钱庄、镖局的组织管理模式中，即使在明清时代带有黑社会暴力性质的商业运输组织——漕帮中亦有体现。其与传统黑帮有不少共通之处，比如由其帮规体现出的等级性与人身依附服从性，以及基于家族伦理基础上的组织管理、执行与惩戒手段等等，同样是封建时代依附态权份的反映。

而封建时代的"商品经济与封建（地主制）经济密切联系，工商难以摆脱封建束缚而独立发展，商业资本向产业资本转化十分困难"。（《中国地主制经济论》第 25 页）之所以造成这种局面，除了皇权的抑制、权份状态的现实约束等诸种因素外，受传统观念的影响，工商业利润亦多主动转向地产，通过购买土地成为地主阶层中新的组成部分——商人地主。这在李文治、江太新二人所著《中国地主制经济论》中，亦多有例证论述。中国民间传统意识认为以农为本，家有一口田即为"富"，土地是最可靠的财产，地产是最具有保障性的资本。无论朝代更替货币更新，人易非而物仍是。土地基本不受影响，只要一口田在手，耕织结合，衣食生活便无忧。因此即使早至秦汉时期便有"用贫求富，农不如工，工不如商"之议论感慨，工商业资本本身仍主动放弃持续积累而甘愿成为地主阶级土地资本的补充与附庸。缺乏稳定而持续发展的工商业资本，这或许也是造成所谓的"资本主义萌芽"在明清时期或有言北宋时期产生后发展却异常缓慢，并导致中国封建时代漫长的因素之一。关于“资本主义萌芽”的问题，后面章节还将论述。

谈到封建时代的商品经济，则必然论及生产商品的各类雇工。雇工的起源也许最早可以追溯到东周时期的奴隶。而东周时期的奴隶，其构成主要有：一是原西周时期奴隶的承续；二是因为战争失败被俘而沦落为奴隶；三是违反朝廷法纪被剥夺原有身份地位即权份后，受惩罚为奴隶；四是凡人庶民因穷困不济，被迫自卖己身或卖儿售女为奴隶；五则是恶族强宗施展各种手段伎俩强迫他人为奴隶。但最早雇工的大量出现必须是在以奴隶为主要劳动者参与农耕、手织、铸造、冶炼等生产形式之后，出现了身份相对游离态无主奴隶的条件下。这种情况必定是在原有奴隶主贵族阶层逐步瓦解，新的权贵阶层尚未形成的形势中，因常年战争的冲击与人口的频繁流动使得脱离了原来身份的奴隶获得了较多人身自由，从而为出卖自身体力劳动成为可能。在这种情况下，在春秋战国时期称为“庸客”“庸夫”之类的农业雇工便出现了。这时雇工的地位只是略高于奴隶的地位，但依旧存在着等级依附甚至隶属关系。亦是自此之后各类雇工得以延续了近两千余年。到清朝中期，由于经济发展人口增长、地主阶级结构的变化以及各个时期农民战争的冲击等因素，使得部分地区短期雇工与部分长期雇工脱离了与当地受雇地主之间的严格依附关系，主雇之间同食共住平等相称的情况得到封建朝廷的局部认可。“明万历年间、清乾隆年间国家先后以法律形式肯定了这一变化，短工和部分长工先后取得‘凡人’地位。”（《中国地主制经济论》第22页）但必须认识到，部分雇工取得朝廷给予的“凡人”地位，并不能否定当时人们普遍地对皇权的依附状态和与皇家之间的等级隶属关系，而仅仅是限于与原雇主家族依附关系的解除。黄玉因带“黄”字与皇帝的“皇”谐音，为犯讳忌与为显尊贵便为皇家所独享，民间不得琢制并收藏，森严等级秩序由此仍可见一斑。因此说在普遍状况下，人们包括各类雇工对皇家大地主权势阶层的依附态权份并没有发生根本性改变。

在构成中国封建家族社会地主制经济的生产主体中，除了雇工与因开垦荒地而形成的自耕农外，当然要算以与地主相对应的租佃农为主。租佃农以租佃地主土地为生。较之西方封建庄园的劳役租，中国封建时代很早便实行了较为先进的实物租，这使得古代中国的租佃农获得了相对于古代西方的租佃农较大的自由。或许这也是英国人李约瑟博士在其著作《中国科学技术史》中认为中国的封建制度比欧洲的封建制度先进的原因之一。而在宋元时期，则出现了永佃制，到了明清时代又有了押租制、预租制，更出现分成租，并逐渐向以更先进的定额租为主过渡。于是在依附态权份基础上，租佃农能够获得一定程度生产上的独立自主性，这与中国封建时代尤其是中晚期商品经济的发展亦是相适应的。

当然，原始的合作互助劳动关系在中国封建时代依然是存在的。这主要体现在无依附关系的农户之间进行农业生产时。即使在 20 世纪中期以前，中国有些少数民族地区仍然存在换工协作。更早在金元时期的北方地区，甚至村与村之间亦成立了许多“锄社”、“义社”等民间劳动互助组织，“以十家为率，先锄一家之田，本家供其饮食。其余次之。旬日之间，各家皆锄治。自相率领，乐事趋功，无有偷惰。间有病患之家，共力助之……”（转引自《中国古代合伙制初探》第 77 页）“数家为朋，工力相助”，这些互助形式虽说是因事结社不具备稳定性，但可以说是人们自治互助行为的较初级形态。同时在民间生活方面，诸如婚丧嫁娶之类，封建朝廷的介入也起到了一定的推动引导作用。比如明初洪武二十八年（即 1395 年），朝廷要求乡里“婚姻死丧，疾病患难，里中富者助财，贫者助力。春秋耕获，通力合作，以教民睦”，等等。（《明史・太祖本记》，转引自《中国古代合伙制初探》第 77 页）

但封建家族时代的权份状态之所以称之为依附隶属态，显然不同于西周末期以前普遍存在的奴隶的物态权份。物态权份不仅仅有严格的贵贱等级，而且作为劳动者的奴隶无论是从事农牧业还是手工铸造业，其不但没有丝毫的人身自由，奴隶主还对其具有像物品一般的任意处置权，其劳动成果亦完全被奴隶主贵族占有。仅有的维持再生产的能量补给也是源于奴隶主的施予分配。对高级贵族的称谓——“公”，从字义起源来看即有奴隶的生存依赖于奴隶主公平分配的原始之意。而根本表现于对皇权攀附的依附态权份虽然也有贵贱等级分别，有如古书之说“魏晋以来，以贵役贱。士庶之科，较然有辩”，压迫依然显著，赋税徭役繁重，刑罚亦残酷，但较之物态权份进步之处便在于包括土地产出在内的劳动收益中有部分归于劳动者本身支配所有，其有或自用或交换或出售的处置权。同时，从事农牧业与手工业等的劳动者已具有了之所以为人的部分权份，比如劳动生产的自主权和一定程度上受到尊重的生命权。正是人们这本应有的些许权份的获得，使得封建时代劳动者的权份状态根本区别于物态权份。

另外，封建家族时代之所以权份状态称为依附隶属态，还体现在租佃农甚至自耕农不但有对大地主阶层的投靠依附，并且人身被束缚于所耕种隶属的土地之上基本没有迁移的自由。以相对自由开放的唐代为例，朝廷仍有制：若租佃户从所耕种土地逃离，地方官吏必须协助追捕。宋元时期佃农亦不能自由退佃迁徙，“若要迁徙，须经主人发遣。给予田凭，方许别往。”（《中国地主制经济论》第 13 页）后虽有改善，但仍需“商量去往”，“即不得非时衷私起移”。这种状况只是到了明朝中叶以后才有了较大变化。由于历朝农民战争的冲击以及因近两千年封建时代生产力进步与经济发展导致的人口增长，此时相对稀缺的已非人力而是土地，因此再无必要捆缚农民于土地之上约束其迁移自由。因之在明代律例中已难见关于严格限制租佃农迁徙方面的朝廷规定。这算是明代时农民权份的一大进步。

封建家族社会的依附态权份，在民间除了体现在租佃农户对地主家族的依附与仆人之家对主人之家的依附外，亦表现在一个家庭或家族成员对一家之长或一族之长的依附，究其原因是一家或一族财产的处置权多掌握在家长或族长手中。其他成员可以享用却不得私自据为己有。这使得封建家长或族长拥有了不同于其他家族成员更多的资本与权份。《礼记·内则》中说“子妇无私货，无私蓄，无私器，不敢私假，不敢私与”，即有此意。封建家族制度同时规定，祖或父等尊长仍健在的，子孙不能“别籍异财”，即另立户籍分割家产。这就保证了家族资本的形式与规模。故而历朝历代朝廷皆鼓励并嘉奖家族数代同居共财，禁止甚至惩罚分家分产的行为。即使在较为开放自由的唐宋时期朝廷仍有对分家析产、另立门户者予以刑罚的法令。比如唐律规定“诸祖父母、父母在，而子孙别籍异财者，徒三年”以及“诸同居卑幼私辄用财者，十匹笞十”等。（《唐律疏议·户婚律》，转引自《中国古代合伙制初探》第 84 页）到了明代时情况稍好些，在继续维护家长和族长对家族财产的处置权时，亦强调了处于依附地位的卑幼子妇的使用权。《明律》即规定：“盖同居则共财矣。则虽为公共之物，但卑幼得用之，不得而自擅也；尊长得掌之，不得而自私也。”（转引自《中国古代合伙制初探》第 84 页）即卑幼小辈用物必须经过尊长大人同意。很明显，资本维护权份，封建家财为家长和族长所掌控有利于保持封建家族中成员对家族中长者的依附性与等级性，以维护封建家族秩序与权份状态。其情形便有如《后汉书·樊宏传》记载，东汉初樊重“性温厚有法度，三世共财。子孙朝夕礼敬，常若公家”。（转引自《中国古代合伙制初探》第87页）

在中国封建家族社会，这种数世同居共财的行为往往受到历朝历代朝廷的旌表以及民间的推崇。比如《后汉书》记载蔡邕“与叔父从弟同居，三世不分财。乡党高其义”。（转引自《中国古代合伙制初探》第85页）明朝时将数代同堂的门第家族称为“义门”。朝廷也大力鼓励这种同居共财的家族式民众管理模式，唐代甚至有为同籍共居而免除赋役之诏令，《唐大诏令集》卷四《改元天宝赦》即载：“宜令州县勘会。其一家之中，有十丁已上者，放两丁征行赋役；五丁以上者，放一丁。即令同籍共居，以敦风教。”（转引自《中国古代合伙制初探》第90页）这样便导致三代、四代等数代同堂的现象在当时社会极为普遍，有宋史记载的甚至多达十九代。这种家族聚居的基本社会组织模式对当时社会生产与经济发展也有重要影响。比如《元史》记述延安延长县人张闰历八世不分，居家人已达百余口，以至于“日使诸女诸妇各聚一室为女功，工毕，敛贮一库，室无私藏”。（转引自《中国古代合伙制初探》第88页）劳动生产亦是如此这般以家族为单位组织进行。

在古代中国，提倡同居共财从表面上看是封建时代人们对孝悌和圆式家庭生活的推崇，但从更深层次看，有如《名公书判清明集》所言：“在法，父母在，不许别籍异财者，正欲均其贫富，养其孝悌而已”。（转引自《中国古代合伙制初探》第84页）均贫富以防阶层极端分化，维护社会稳定有利封建家族统治；养孝悌即有尊爱长辈之文意，但也不失封建礼教之中家长专制所要求的必要顺从，这显然有对每个人尤其是青年人个性的束缚与扼困之意味。这一点从西汉贾谊对商鞅变法后的秦国的抨击也可见一斑，其言曰：“遗礼义、弃仁恩、并心于进取……故秦人家富子壮则出分，家贫子壮则出赘。”（转引自《中国古代合伙制初探》第90页）《汉书·贾谊传》即是说贾谊也认可分家析产有利于子辈进取，就如树欲繁茂则枝桠必多般社会由之得以繁荣，但却有失于“礼仪”与“仁恩”。所以简而言之，封建社会时宏大家族规模的维持在成为了一种荣耀的同时也固化了家族资本的组织形式，在这种组织形式下，依附态权份在家族内部便得以强化。

然而在封建时代晚期的欧洲国家，人们在基督教新教对包括鼓励追逐财富在内的个体人自由的认可与尊重的观念助力下，开始冲破家族社会的封建等级桎梏，努力争取独立与自由。与之不同，古代中国的人们却因欣赏弃财共居的义举，并将其简单地称之为“表孝悌”，客观上确实阻滞了以个人身份独立为发端的资本主义的发展。不过对于“孝”“义”而言，中国古代也有豁达理性看待的。比如南宋时袁采即认为：“兄弟当分，宜早有所定。兄弟相爱，虽异居异财，亦不害为孝义。”（转引自《中国古代合伙制初探》第90页）事实上随着封建王朝赋役制度的改革和社会经济的发展，到明代以后分家析产已经成为比较平常的事。人们不再是鼓励让财不要而是相对而言更提倡争取自己应得的一份，只不过在明代，更遑论在中国曾经的漫长封建历史长河中未占据主流而已。

中国封建制度下的人身依附态权份在家族地主制经济社会中的表现除以上所述之外，由历朝历代农民战争提出的起义口号演变中亦可见一斑。从秦末陈胜、吴广的“王侯将相宁有种乎”到南北朝农民起义提出的“是法平等，无有高下”，到唐代农民起义军领袖王仙芝自称“天补平均大将军”、黄巢自称“冲天太保平均大将军”，再到明朝李自成“等贵贱，均田亩”的口号可知：从对人生而有等级贵贱差异的质疑到认为众生平等无有高下之分的判断确认，再到历史上呼号得最多的“等贵贱，均贫富”的具体要求，通过人们不断表达的愤慨与反抗，处处可见封建时代社会生活中等级鸿沟及农民资本与权份缺失的状态。

下面依照朝代先后次序择重点展开阐述。

## 第二节　西周末期至两汉

一直以来对于西周的社会制度，学术界有主张封建制的也有主张奴隶制的。从认识发现农民的角度去看西周，会得出封建制的结论；而从认识发现奴隶的角度去看西周，又会得出是奴隶制的结论。事实上，据史书记载，西周时期“三其国而伍其鄙”，即是说：“各诸侯国都分成国和野两类地区。‘国’是国人居住区，国人主要是农民，也要按耕地产量向所属诸侯国承担贡赋。”（《中国地主制经济论》

第34页）“野”即是指除国以外的所有地区。很显然无论是地区面积还是人口比重，“野”较之于“国”都有更大的比例，可能远不止于八分中之五。而研究一个国家的经济社会制度，当然应该考察这个国家中占人口多数的主流。因此考察西周的主要资本形态与权份状态都应重点放在鄙野之地。但即使如此，因筑城、修路、建陵墓、冶炼、手工、服侍为仆的大量群体性奴隶居于“国”之地，以致奴隶遍布全国。孟子曾说“请野九一而助，国中什一使自赋”，虽然九一之数不完全可信，即不是均匀之数，是大概的比例，但其反映的西周时期“国”与“野”两部分区域中，因民众身份地位和权份状态不同而产生的生产方式与征税方式不同的情况确实存在。亦即“国”内的自耕农赋税制与“野”郊的农奴劳役助耕制并存。不过从整体全局来看，只有“国”内少数的自耕农，而奴隶却因战争、历史承续及官府罪罚等诸原因导致普遍存在，故而很显然西周依然是奴隶制经济社会。但本书将西周时期尤其是西周末期开始的社会资本与权份状况亦放在该章节中，是因为随着社会的变迁，至东周时土地已逐渐成为主要源于贵族官僚阶层的地主阶级的主要资本，而奴隶对贵族的物态权份也相应逐步转变为租佃农对地主的依附态权份，故如此安排完全是为了起到承上启下利于阐述的作用。

在开始论述封建社会之前，不妨再来看看奴隶制社会奴隶们的生存状况。《诗经》是反映中国先秦时期社会现实生活的早期著作。其中，我们可由《小雅·大东》之“小东大东，杼柚其空”知：农奴手工生产的布匹被诸侯贵族搜刮一空；由《小雅·苕之华》之“人可以食，鲜可以饱”知：农奴耕种的五谷大都贡献给了贵族们，自己却吃不饱；由《小雅·鸿雁》之“之子于垣，百堵皆作。虽则劬劳，其究安宅”知：奴隶给大小贵族们搭屋建房、辛劳付出却没有一处挡风避雨的安身之处；由《唐风·鸨羽》之“王事靡监，不能艺稷黍。父母何怙”知：王公贵族们为了自己的大小工程随意征用奴隶进行没完没了的徭役劳动，致使农奴无暇耕种无法养活父母。其他仍有“哀我征夫，独为匪民”，“哀我征夫，朝夕不暇”等等，可怜我们这些农奴还要服兵役，不把我们当人看，成天东征西战没有休停。而与此同时，如《小雅·楚茨》所记“我仓既盈，我庾维亿。以为酒食，以享以祀，以妥以侑，以介景福”，各级贵族以五谷杂粮作酒食，不但自己尽情享受而且用作丰盛的祭礼。又如《豳风·七月》所记“一之日于貉，取彼狐狸，为公子裘”，用狐狸的毛皮为贵族们作裘衣。又如《大雅·灵台》所记“经之营之，庶民攻之，不日成之”，众多庶民奴隶用不长的时间就为王公贵族建造了宫室院墙。另外，作为旁证，《国语·晋语》亦有载“大夫食邑，士食田，庶人食力”。大夫贵族依靠采邑的收入侍养，士族官僚依靠田产的收入侍养，农民没有财产，只能依靠提供自身各种形式的体力以为生存。据此可知，在奴隶社会的物态权份下，以农奴为主的奴隶们毫无权份可言。

而从西周末期开始，由于社会动荡，以及各诸侯国之间为了称霸而竞相进行社会变革，不少贵族权势受到冲击。包括掌握了独特手工技术的各种奴隶乘机逐渐摆脱贵族的人身奴役控制，逃脱出来努力参与新的生产关系。随着个体制造业者不断增多，比如铸剑者干将、木器制造者鲁班等，以及自耕农与由农奴转变而来的租佃农的增多，以物态权份之奴隶为主的劳动力结构逐步让位于劳动者具有一定权益的劳动力结构，即依附态权份的劳动力结构。权份的进步进一步引发了生产关系与经济形式的进步。由“井田”式的助耕制到“税亩”式的租佃制，由为“大公”“小公”们而存在的“私”耕地到农民自己的私占地，由物态权份到依附态权份，正是奴隶社会的奴隶制经济向封建社会的地主制经济转变的标志。于是在权份水平、生产与生活方式获得根本性转变的基础上，封建家族社会便慢慢开始形成了。

尤其到了东周时期，由于广大农民特别是以农奴为主的奴隶们的反抗斗争，以及各诸侯国为了鼓励农民生产积极性以增强国力而主动进行土地制度改革。进一步变西周时期的助耕制为税亩制，即无论贵族还是自耕农抑或农奴都按田亩向国家交税，农民不再向贵族领主承担劳役。这就要求国君行改革之措施将土地分到广大的农民手中。即如春秋早期率先进行改制的齐国管仲在《乘马篇》中所论：“不均之为患也，地利不可竭，民力不可殚。”管仲进而向齐桓公提出“井田畴均”，即改井田之制而均分土地于农民，以“无夺民时，则百姓富”(《国语·齐语》)。同时，管仲在《管子·八观篇》中亦有谏言“良田不在战士，三年而兵弱”。于是各诸侯国通过授予将士以田地，使不少士兵成为自耕农，军官成为军功型地主。从而一方面提高了他们保家卫国的积极性；另一方面，闲时耕种战时出征的用军制度大大减轻了后勤保障的负担，总体来说无疑是增强了各诸侯国之国力。在这样的背景下，东周时期的社会经济制度也在悄然发生变化。

然而对于旧时代的统治者来说，让百姓富不是目的而是手段，是巩固其统治与增强其国力以扩张其王公家族资本与权份，即争夺霸权并扩充领地的手段。于是历时春秋战国逾五百余年，经过齐、晋、鲁、楚、魏、秦等各诸侯国的相继土地改革与税制改革，其中虽有改革不彻底者，但贵族们逐渐转变为各种门阀权贵官僚大地主，农奴逐渐转变为具有人身依附性的自耕农与租佃农之历史大趋势已不可违。这便为秦始皇统一中国并建立第一个完全意义上的家族封建王朝奠定了基础。

公元前 221 年秦始皇统一中国后，在琅琊台刻石，题书："皇帝之初，勤劳本事。上农除末，黔首是赖。"（《史记・秦始皇本纪》）表明了皇朝根本在农，农有耕则百姓足，百姓足则天下定。这为两千年封建家族时代的到来无意中起到了开篇立意和警世的作用。而其中"除末"以抑商的含义又确为中国封建时代的漫长做了冥冥之中先知般的注解。

至秦末时，陈胜、吴广起事，提出"王侯将相宁有种乎""苟富贵，勿相忘"等口号，其对于尊卑等级传统观念的冲击，对于权份的获取尤其是到了西汉将奴隶的物态权份彻底提升为自耕农与租佃农的依附态权份，通过全国性的农民起义传播，起到了思想观念方面的历史性推进作用。于是在西汉王朝初期不但出现了许多布衣将相，而且汉高祖刘邦即位之初即下令"民以饥饿自卖为人奴婢者，皆免为庶人"。至文帝时期更出现了废除把罪人家属罚为奴婢的法令，并"免官婢为庶人"。（《汉书・文帝纪》）汉武帝时儒学家董仲舒便提出"去奴婢，除专杀之威"的告喻，从而进一步奠定了封建社会依附态权份的基础。

如果说秦代是中国第一个统一的封建制朝代，那么汉代就是第一个依附态权份占统治地位的家族皇朝。在封建家族制经济社会，包括土地与劳力财富在内的天下资本皆为皇权所有，农民只有部分耕种收益权的现实造就了依附态权份。其根本原因便在于，封建家族皇权是以土地为代表的社会财产的唯一终极所有者，而农民对财产的所有仅仅是因占有或耕种获得部分收益，是不彻底的。

不妨在此对中国封建经济社会民间对土地等财产不能够根本性拥有的情况做一番分析。历史上封建时代的自耕农主要是通过自己开垦荒地的方式占有耕地，因而产生了较大的耕地收益权，但并不表明其最终拥有土地。理论上土地的所有权自始至终掌握在皇帝手中。这对大小地主来说也是如此。事实上只要出于需要，皇帝可以以各种手段，比如强制勒令举家迁徙移民或抽调主要劳动力服劳役，甚至戍边以至田地荒芜抑或因罪治臣、罚没家财、株连九族等等，都会使得土地实际上直接又掌握在皇帝这一全国最大的地主手中。这便导致在中国封建时代，农民对土地的私有是不彻底的。相反，皇权对土地具有最终的所有权倒是具有充分保障。

因而即使是皇家为了巩固边疆与维护统治而设立的国家屯田、地方学田，虽然农民劳动产品的受益者不是个人地主而是士兵与庶民，但从本质来讲土地的终极所有权归于皇帝，其耕种目的也是戍边和维持稳定的社会秩序从而维护皇帝的家族统治。同时封建皇朝的国库资财由皇帝握有最终的掌控权，他可以随意改变用途或使用性质，比如为了皇家享用的大兴土木、征丁派役、为了皇朝扩张的穷兵黩武等等。因此可以说在中国的封建时代，有自耕农但他们从来就没有彻底掌控过自己的耕地财产，这是由封建家族制经济社会皇权掌控的大地主土地所有制及依附态权份所决定了的。

这就是为什么每当一个朝代建立初期为了巩固统治，必定通过改革旧制赋予农民一定的耕地收益权份以提高其生产积极性促进社会经济发展，而到了朝代中后期由于家族统治本身不可克服的弊端以及社会经济的发展导致耕地加速被买卖兼并，及对土地的强取豪夺造成自耕农大量消失以致土地再次集中在少数豪强权贵大地主手中。从而社会便再次陷入动乱，并为新的家族皇帝建立新的王朝奠定了现实的基础。“城头变幻大王旗”，封建家族朝代如是亦屡屡循环不爽。我们可由中国封建各朝代开国皇帝的出身背景基本上都离不开官僚权贵大地主的事实获得印证。略举数例如下，秦自不必说，三国时曹操孙权皆权贵大地主，刘备乃皇室贵族后裔，随之而来的晋代司马氏亦出身权贵官僚，其后隋文帝杨坚是南北朝时期北周权贵官僚，唐朝开国皇帝太祖李渊是隋代封疆大吏大地主，宋太祖赵匡胤为官僚大地主，元朝成吉思汗是蒙古贵族与部落联盟首领，明朝朱元璋虽出身平民却凭军功成为权贵大地主女婿并在此身份基础上建功帝业，清代努尔哈赤亦是满族部落首领。秦始皇统一中国后不过二世，经长期战乱后地主制经济尚在初期，国力衰弱，大地主阶层尚未完全成形，因此唯独汉代开国皇帝高祖刘邦乃小吏出身，但其也是在楚汉争霸中战胜世家贵族大地主的项羽后才成就大业的。由此及以后论述皆可知，农民对以耕地为代表的财产私有性的不彻底与无保障是导致依附态权份深重及中国封建家族时代漫长的根本原因。

对于土地所有权之不彻底性再略举汉朝时一二事例说明。据李文治、江太新引《汉书·武五子传》说汉宣帝时，有夺广陵厉王“射陂草田，以赋贫民”之事。再引《史记》卷三十《平准书》所记汉武帝元鼎二年（前115年），朝廷分遣御史廷尉到全国各地办理缗钱案。其治理对象主要是商人。凡商人未将其所积钱财用以经商取利而大肆勾结官府权势兼并收购耕地的，罚“戍边一岁”并“没入缗钱”。这次被皇权没入的“民财物以亿计，奴婢以千万数，田大县数百项，小县百余顷。宅亦如之。于是商贾中家以上大率破”。又《汉书·宣帝纪》载，地节三年（前67年）有诏“流民还归者，假公田，贷种，食，且毋算事”。看以上诸例从“夺”可知，即使是王侯，其也只是占有土地，皇帝可以随意收回。从“假”“贷”可知，仅仅是借给贫民土地与种子以使其耕种、产粮而纳赋，并非从此拥有土地。朝廷以此鼓励农民开垦荒地并多种粟粮为的是扩展国土与多养育人口，促进社会稳定从而巩固皇权统治。开封建家族皇朝风气之先、国势昌盛的汉代尚且如此，其他朝代亦是亦步亦趋。由此可见在中国的封建制度下，大至王侯小至流民都只是拥有因占有耕地产生的耕种收益权和部分处置权。这些权份毫无疑问可以说都是由皇权赋予的，其缺失根本可受保障的土地财产所有权。而只有皇帝拥有对土地的最终所有权。因此说封建时代土地私有制的意义只是对以皇家为代表的大地主阶级而言，对广大民众来说虽因身份等级差异而致土地私有也存在差异，但从根本上来说是不完全与不彻底的。

随着经济社会的发展与人口的增长，很显然，封建时代对于家族资本来讲最大的资本形式就是耕地，其次才是人力。于是获得稳定的耕地与人力的结合体是巩固封建家族统治的重要前提，因此限制农民的迁徙自由，将其捆绑在土地上是几乎每个封建家族王朝的基本国策，尤其是在人口相对耕地而言较少的封建朝代初期。这项基本制度早在汉代便开始了。东汉时的徐干在《中论·民数》中便有言，“民数，固为国之本也”，又言：“人数者，庶事之所自出也。莫不取正焉，以分田里，以令贡赋，以造器用，以制禄食，以起田役，以作军旅……其唯审人数乎？”如此一来掌控农民户籍便成为朝廷统治所必需。各地府县不但要经常查实统计所辖民户人口并上报朝廷，而且对逃亡脱籍者（古有称“亡命”）施行追捕并按律治罪。其间有隐藏逃亡之人的也按律治罪。这是家族封建时代依附态权份的表现形式之一。农民被束缚于土地之上，其结果是依附性的权份状态更加凝固化。

在汉代，朝廷为了进一步掌控民数，还为佃农设有独立户籍。这显然有别于物态权份的奴婢，奴婢只能登在主人户籍上。据《汉书·五行志》记载，汉成帝时“崇聚票轻无谊之人以为私，置私田于民间”。此处“私”指身份低下为依附性之宾客，“谊”通“籍”，“无谊之人”即为无户籍之人。正是这种原因，在中国历史上有些朝代出于朝廷政策需要，按人丁数往往对奴婢之类小民也予以授田，但很多奴婢是贵族官僚的私蓄，没有单独的户籍，人身依附于贵族官僚。因此他们的朝廷授田只是名义上的分派，实际上诸种土地权益由被依附的主户即各级贵族官僚所拥有。与此同时，按人丁数朝廷所摊派下来的赋税徭役却依旧由奴婢们承担，可知压迫之重及依附之深。

而以人身依附为特征的封建社会不仅体现在皇室的家族式统治上，而且体现在封建朝臣与地方士绅宗族大地主的家族资本占有权份及其组织构成上。在汉代，大地主田庄中的物品丰富，业态齐全。不仅有各种谷类、蔬果、竹木、中药材，还有养蚕、缫丝、纺织、染色、制鞋、酿酒、作酱、木器制造等诸业。于是地主田庄内各种依附民互为交易，一般情况下完全可以“闭门成市”。此外，大地主不但对其投靠的依附农租佃耕地，还从中收取较高租税。比如东汉时期的马援，据《后汉书·马援传》记载，其对以宾客为名的佃农所生产的农产品便采取“中分”制，即其中一半收成作为地租须上缴大地主由其支配。而且马援可以自由役使宾客和驱使宾客跟随其迁移甚至武装征战。如马援迁徙陇汉、上苑之地时，其所役属的数百家宾客亦随之迁徙。又如《后汉书·刘植传》所述，刘植与其兄弟“率宗族宾客，聚客聚兵数千人据昌城”。由此也可见农民对大地主之依附态权份之深重。而其依附性农民又有多种构成，有皇帝赐与的荫客，有原属军事编制私人武装的部曲，有招纳庇护役使的宾客，更有因可逃避国家繁重赋税徭役而主动投靠的各种自耕农、租佃农。除此之外，还存在不少因买卖或战争俘虏或因罪被罚的奴婢。以至于完全可以说是“童仆成军”。

不过在西汉初期，为了加强统治，皇家直接掌控下的依附态权份尚有表现进步的一面。比如汉景帝时，“令诸侯王不得治民”。至汉武帝时，武帝也曾下令各诸侯只能征收所属田税以供衣食用度而不能干预参与政事。这无疑有利于消除部落式地方统治割据的影响，加强封建中央集权。尤其是汉武帝改革选拔官吏的政治体制，建立太学选贤用能。这样一来出身社会底层的庶民百姓也有机会入仕为官，于是愈加打破了世家豪族强宗垄断官场的局面。无疑为平民庶人基于攀附皇权的权份扩张提供了路径，更稳固了天下民众相对于皇帝的依附态权份。西汉亦得以强盛一时。

但到了东汉时，因社会再次陷入动乱，土地兼并剧烈，较多的自耕农失去土地，生活日益困苦，只能投靠地方大地主家族以“佃作”维持生计。其实“佃作”一词早于战国时期即已出现。据《史记·苏秦列传》有记，燕地“南有碣石雁门之饶，北有枣栗之利。民虽不佃作，而足于枣栗矣”。即说明各诸侯国改制之后随着占有耕地的大小地主的出现，已经有了因投靠或被逼迫而产生依附态权份的农民与之形成了缴纳实物地租的租佃关系，也即“佃作”的生产关系。而汉朝末年农民失去土地的情况，早在西汉时董仲舒便有说：“秦用商鞅之法，改帝王之制。除井田，开阡陌，民得买卖。富者田连阡陌，贫者无立锥之地。”贫富差距本已巨大，而土地的买卖使得原本土地私有不彻底的封建弊端虽存不显，并进一步加剧了封建压迫与剥削。各类大地主利用多种手段吞并甚至强占农民土地，以至大地主“膏田遍野、奴婢成群、徒附万计”，而奴婢与徒附“奴事富人，历代为虏”，徒附即主要指租佃农。无耕地的农民被迫与大小地主形成租佃关系并承受剥削之苦。寒门之子“轻若仆隶，易如草芥”，社会形成了“上品无寒门，下品无势族”加剧的局面。亦如《全后汉文》中，崔实在《政论》中言贫民佃户“父子低首，奴侍富人。躬率妻奴，为之服役。”可见到了汉代王朝中晚期，农民的依附态权份有加深之势。

## 第三节　唐宋时期

毫无疑问，封建政权的典型特征就是皇权对地权等财产权份的终极所有。这是由封建家族统治的性质决定的。对于作为财富代表的天下土地与农户，当皇室家族地位稳固强势时，就能真正做到中央集权并将土地牢牢掌控在皇权之中，使农民依附于皇权从而实现“王土”与“王民”在理论与实践上的高度统一。与此同时地方世家豪族、权贵官僚与各种庶民地主等也能拱卫皇权统治。而当皇帝昏弱皇室势力衰微时，封建家族社会的性质又决定了地方世家豪族、权贵官僚与各种庶民地主等进一步扩张土地与兼并农户的权份欲望，从而攫取地方政权甚至成立地主武装利用农民起义夺取并更替皇权。封建家族时期的各朝各代莫不如是，于是改朝换代在很大程度上只是换个皇族姓氏而已。因而对于大地主家族来说，掌握了国家的地权，就具有了建立封建家族政权的基础。

唐宋时期，许多封建专制制度便得以沿袭。在封建时期的中国，有一典型文化特征，即封建社会的等级性不但体现在身份地位上，还体现在家族姓氏上。譬如春秋战国时，兵圣孙武的祖父原为田姓，因作战有功而被齐侯以宗法制赐为“孙”姓，并被分封采邑，获得了当时为人臣子的最高荣誉。在南北朝时期，门阀世族等级严格，形成了“以贵承贵，以贱袭贱”的姓氏门第制度。而到了唐代，唐太宗通过制定《贞观氏族志》，把皇室家族李氏和开国功臣家族分成等级予以登录。至武则天时，女皇帝则改《贞观氏族志》为《姓氏录》，把武氏家族列入第一等，并将官衔至五品以上者悉数列入谱中，以此抬高武氏统治集团姓氏家族的社会地位，在树立一批新权贵的同时打击旧权贵以巩固其统治地位。事实上历朝历代皇家姓氏都为天下第一大姓，且为皇家专享，庶民百姓不能使用，无血缘关系而同姓者必要改名换姓以避皇家忌讳。

在封建家族社会以家族姓氏体现身份等级与权势实力，除了表现在各朝各代皇族姓氏都是当朝第一大姓，为皇家专有权份，各级官僚庶民百姓都须忌讳避之以外，同时还表现在民间，同姓百姓相聚而居，即使在同一个村庄里，大姓人家也往往更容易获得生存资源。相对来说，外人小姓只有改为同姓后才能更好地适应生存环境。由此可见，姓氏权份的专属性与等级性作为一种社会现象从侧面展示了封建家族社会的制度特征。这种社会现象在当时是权份差异的体现，现在却可以称之为古代的姓氏文化。其实，任何一个国家在某个社会阶段都会有特定的社会现象与相应的权份关系对应，代表了特定的资本意志。这种社会现象经过历史的沉淀便会以文化的形式展现在人们面前。显然，社会文化归根结底就是资本与权份的象征，它反映了一定时期社会中资本与权份的存在形态。

不过，与前朝有所不同的是，从隋炀帝开设科举之制开始，到唐代武则天允许工商业者入仕，随着世族门阀地主的没落，庶民地主逐渐兴起。由世族地主到庶民地主，即世家贵族承袭地主到平民地主出现的历史过程，是土地资本权份在当时历史境况下部分大众化的一个过程，证明了资本大众化的普遍规则。而资本的大众化会促进权份的大众化，必然有利于人们形成相对自由平等的关系。作为其中例证，中国的家族封建时代中期尤其是到了唐贞观（大约 630 年）之后，出现了庶民地主与农民或农民与农民之间因租佃耕地而订立的契约。比如在敦煌千佛洞和吐鲁番阿斯塔那墓葬中，便发现了不少当时租佃契约的遗存。这表明初步的对等关系已产生于部分同是黎民出身的庶民地主与租佃农之间。此种状况延至宋代时则更为多见。甚至在一定条件下租佃农也可以离开地主土地进行迁徙，同时有皇帝诏令允许在进行耕地买卖时不再把他们作为土地上的依附品写入买卖契约，从而避免与耕地一起实现地籍转移。

这种相对历史条件下的一定程度上的资本大众化所带来的权份大众化，当然还促进了封建时代人们思想观念上的进步。比如北宋末年皇室衰落以致地方权贵强宗地主权势嚣张时，土地再次兼并剧烈社会再次陷入动荡。而当时率领农民在洞庭湖起义的农民军领袖钟相即说："法分贵贱贫富，非善法也。我行法，当等贵贱，均贫富。""等贵贱"即追求人身地位平等，这在宋代以前是不曾被明确提出的。

但土地产权依然归于各级地主而未被广大农民所根本享有，这是受到封建家族社会土地所有权益不彻底及地主制经济本身所制约的。以实际占有（比如地主购入或兼并夺取或接受投献而拥有农民土地，却不对土地户籍进行过户，甚至有意将名下土地析户数十处，以逃避朝廷徭役。有如《宋史》所说："势官富姓，占田无限。兼并冒伪，习以成俗。"而朝廷为自耕农土地建立户籍的制度也决不是保护其产权权益，完全是为了朝廷易于收税征役）为显著标志的土地收益所有制在中国的整个封建时代，一直伴随着理论上所有土地归于皇权的土地产权所有制。同时，权份状态的依附性则巩固扩大了大地主阶层包括皇族的土地资本所带来的权份，使得广大农民不得不缴纳苛重赋税，被迫进行各种无尽劳役。以至于经济上承受田税剥削，人身上承受劳役压迫。权份的不对等在封建制度下落差如此巨大，甚至有地主杀害佃客的，依封建朝廷法律也可以赎罪免死或减轻处罚。如《宋史·刑法志一》记载，宋神宗元丰六年（1083 年）规定地主对佃客"因殴致死者，不刺面，配邻州"，即免死罪，还不用刺面，流放至相邻的州县就可以了。

可见在唐宋时期，随着封建社会经济的发展，逐渐兴起了庶民地主，人们的思想观念也有所进步，但地主尤其是大地主阶层与农民间巨大的权份差异依然存在。而在中国历史上已有的各类封建地主中，特别值得一提的是寺院地主。历史上曾有“少林寺十三棍僧勇救唐王”的故事在民间广泛流传。其实在古代中国政教合一的情况下，寺院地主所拥有的土地大多由皇帝赐田而得，其他也有权贵地主捐献或通过购置与侵占扩大地产或者因可免赋税由庶民地主投靠而得。比如据《金石萃编》之《少林寺柏谷坞庄碑》记唐太宗时期，嵩山县少林寺受“赐地四十顷”。又据《中国大百科全书·历史卷》，唐高宗将田十顷及仙游监地拨赐终南山道观以充庄田。另据《续资治通鉴长编》记，宋神宗元丰七年给赐多庆禅院田十顷。这便是由御赐占有而衍生出的特殊的封建地主。寺院本是出家人士修身隐居的场所，适当的田产可以维持基本的生理需求，但大量的田产使得寺院也成为地主阶级的一员后，其又是如何使用的呢？关于寺院对土地产出所收租谷的消费，后世曾为朱熹门生的陈淳在《北溪先生全集》中说，寺院租谷“岁费类皆不能十一，所谓九分者，直不过恣为主僧花酒不肖之费”。是故在家族封建时代政教合一的大背景下，占有大量田产的寺院道观也成为一个具有一定封建特权的特殊类型地主。其权份则毫无疑问也正是由封建皇权的润泽而来。

以上主要介绍了唐宋时期民众资本与权份的某些特点。下面再谈谈唐宋时期的商品经济和自耕农的情况。中国封建家族时代的商品经济，始终是处于从属地位，伴随着地主制经济模式亦步亦趋不越跬步，即从未超越地主制经济占据主导地位。不过在社会发展的时代进程中，却起着越来越重要的作用，并进而逐步影响了地主阶级的构成。事实上商品经济最迟至春秋战国甚至西周时已有之，历经秦汉至唐代前期随着货币广泛流通，商品经济已深入民间。早已货币化的商品经济在社会生活中所起的重要作用，有如《文献通考》卷九《钱币下》所述：“虽私家用度，亦非钱不行。天下之物隐没不见，而通行于世者，惟钱耳。”至南宋时，甚至粮食亦已大规模商品化。比如湖南地区：“民计每岁种食之外。余米尽以贸易。大商则聚小家之所有。小舟亦附大舰而同营。展转贩粜。以规厚利。父子相袭。老于风波。以为常俗。”（叶适《叶适集·水心文集》卷一，转引自《中国古代合伙制初探》第166页）其时以货币为代表的商品经济的发展也促进了农民阶级的分化。除了以力农勤农致富外，社会已出现以放高利贷而发家并置田产的人与事。比如北宋时“凡富人以钱委人权其子而取其半谓之行钱。富人视行钱如部曲也。”（转引自第 170 页廉宣《清尊录》）即放贷收息。“仁宗时期，在汴京地区。富人孙氏放债，有负其息者，‘至评取物产及妇女’。”（《中国地主制经济论》第 207 页）其中“物产”就包括田产在内。而从“及妇女”等词中我们不经意地便发现，在那时妇女也可用来抵付债息，可见依附态权份对女性权份的轻视。此外，更不乏经商贩卖而积聚巨资的富商大贾。这些人致富后大都转而广泛购置地产成为商人地主。于是从中易见，唐宋时期商品经济的发展为庶民地主，尤其是出身于商人的地主的产生发展创造了良好条件。其中更有资财雄厚者通过结交官府进而攫取地方行政利益。这无疑是科举及皇权赏赐、军功犒劳等正式通道之外，一种民间家族权份扩张的非正式途径，但不可否认却都离不开攀附于皇权之上。

唐朝以后，由于商品经济的发展，导致民间财富得到积累，其结果甚至影响了封建王朝的赋税制度。唐代德宗时期（公元 780 年至 804 年）施行“两税法”，首开以田亩与家财为征税基础之先河。商人亦需交相当于资产三十分之一的商税。不过以资产作为计税对象丝毫没有影响土地所有权的性质，依旧是以皇权为代表的受到封建家族宗法体系有力保障的家族资本所有，并未使庶民主要是广大农民私人财产尤其是耕地获得不可侵犯地位，皇权可以任何名义予以剥夺，依附态权份亦未改变。

而自耕农，在中国漫长的封建历史中的唐宋时期尤其是宋朝确实有了很大发展。封建社会每在一个家天下建立之初，朝廷为了掌握全国情况从而便于征税与劳役的顺利实施，都要对民户和土地进行检括调查并鼓励垦荒。如宋太宗至道元年（995 年）下诏：“应诸道州府军监管内旷土，并许民请佃，便为永业。仍免三年租调。”（《续资治通鉴长编》卷三八，此处“永业”是长久劳作耕种之事务而非永产。且缘于“民请佃”，故不能认为自耕农对开垦的荒地拥有土地所有权，只能理解为因拓荒耕种产生的占有权与部分收益权。）并且鼓励地方官采取措施增加地方人口家户，如宋真宗大中祥符四年（1011 年）颁诏“县吏能招增户口者，县即升等，仍加其俸”，以至“招诱客户，使之置田以为主户”。这样无地农户和租佃农户通过开耕荒地变成自耕农，并且在朝廷中立有户籍，便为朝廷开征更多的赋税劳役奠定了基础。

通过一方面鼓励农民拓荒开垦并适当减轻农民的田赋及差役，另一方面抑制权贵强宗地主对土地的大肆兼并及逃避赋役，在宋朝初期使得农民占有的耕地有所增多，这的确有利于扩大自耕农的队伍。而随着自耕农阶层的发展扩大，客观上有利于皇家王朝增加地力产出、改善民生与发展经济从而巩固家族皇朝统治基础。也有利于皇室大地主对其他世家权贵官僚地主的控制以维护社会稳定。在此基础上，当然还可以增加朝廷赋税徭役的民户数与田产基数以利于实现更多的皇家利益。于是在北宋自耕农发展较大时期，全国各类自耕农占有总民户的平均比例据李文治与江太新估计，约达到55%。这在封建地主制经济时代算是很高的了。不过到了南宋中晚期，由于权势豪强地主的再次大肆兼并，自耕农又大大减少，所占比例已不足30%。

但封建时代农民依附态权份得以维持，离不开封建劳役对农民的束缚。对于皇权支持下的封建徭役对农民尤其是自耕农产生的危害，司马光曾言“但闻有因役破产者，不闻因税破产”，并建议“凡农民租税之外，宜无所预衙前。当募人为之，以优重相补”。（司马光《涑水记闻》卷一）其时王安石也有相似主张。于是宋神宗熙宁四年（公元1071年）下诏规定，“凡当役人户，以等第出钱，名免役钱”（《宋史》卷一七七《食货志·役法上》），在全国推行免役法。这样农民通过以钱代役，获得了更多人身自由。并且免役钱按等第高低级别即家产厚薄交纳，原来不承担差役的官吏富户也须交纳助役钱，这些举措都间接减轻了广大中下层农民负担。由此自耕农和庶民地主在北宋时期获得了很大发展。但正如马端临所说：“然役法之行，坊郭、品官之家尽令输钱，坊场、酒税之入尽归助役。故士大夫豪右不能无怨，而实则农民之利。此神宗之所以有‘于百姓何所不便’之说。”（《文献通考》卷一二）故而免役法未能长期贯彻执行。至北宋末期，由于代表大地主利益的封建家族制度本身的弊端及农民依附态权份的禁锢限制，田赋劳役又重新摊派转嫁到农民身上。权贵强宗地主再次强势，自耕农疾苦又深。可见封建时代农民利益的获取如果仅仅依靠一朝君子的明君之治，只能是昙花一现。事实上，正是垄断的土地资本保障了大地主阶层的封建剥削地位，而以徭役为重要特征的依附态权份则又极大地束缚了广大庶民的权份申张。

在封建时期的各朝各代，权贵官僚大家族地主权势膨胀的直接原因之一就是皇权的衰弱，这无疑是封建家族社会改朝换代的前奏。以南宋为例，由于朝廷政治腐败无能导致地方权贵地主势力嚣张。其如元朝布衣赵天麟所描绘的，“广占农地，驱役佃户。无爵邑而有封君之贵，无印节而有官府之权。恣纵妄为，靡所不至。”而农民为逃避沉重劳役负担，“不得已则献其产于巨室”，即农民把土地投献给与地方官府勾结的权势强宗地主，自己则成为其人身依附民。权贵官僚地主更向农民转嫁田税，农民无力承担亦只得变卖土地，但依然是“产去税存”。正如《宋史·食货志》之概括，“强宗巨室，阡陌相望，而多无税之田。使下户为之破产。”农民无奈只得流亡至他地而为租佃户。这种状况南宋大儒朱熹在《晦庵先生朱文公文集》中亦有贴切描述，“田税不均，隐漏官物动以万计。公私田土皆为豪宗大姓诡名冒占。而细民产去税存，或更受俵寄之租。困苦狼狈，无所从出。”

不可否认，确有南宋皇帝想改善这种状况，但遭到“豪族大姓猾吏奸民”强烈反对，改革不能彻底施行。于是朝廷只好加重对自耕农的征派，一方面提高田税，一方面增加免役钱，同时还“强令农民轮充差役”。（《中国地主制经济论》第 217 页）诚如莫光朝在《乌青镇志·徙役碑文》中所言“免募之钱弗除，而差募之法并用”，亦如苏辙所言之“民被差役，如遭寇虏”。以至“民之被害，不可胜言”，农民由是困苦不堪纷纷破产。其窘迫之情形若是。由此可见，在封建家族社会中，农民的劳动力被大地主阶级任意无偿使用与压榨，农民被迫必须承担繁重徭役是封建时代依附态权份的重要特征。南宋中期辛弃疾曾有谓“千年田换八百主”，及有“产去税存”、“至有田产已尽而税籍犹存”等等之说，清晰表明了耕地占有者虽更替频繁仍不失劳役压迫之状况。其中关键是，农民土地在朝廷户籍中的登记占有，不但不是土地产权的标识而更是朝廷赋税征役的依凭。对于广大农民来说，即是套在身上卸之不去的枷锁。而这逃之不去的劳役负担过重时，无论是以人丁数计还是以田亩财产计赋役，农民都难以承受，其导致的最终结果都是耕地的丧失与农民尤其是自耕农家业的衰落。

故而很显然，只有资本才能保障权份，权份反过来则进一步保全资本。中国封建时代的依附态权份决定了其无法避免朝廷官府的差役，也就无法保全自耕农已获得的耕地。这同时也说明了在封建时代，农民没有彻底的产权而只有占有权与部分耕种收益权时，对私有财产以及其他社会权份的保护是不利的。对缺乏身份独立观念的人们的权份保护就更不利。一切所有权归于皇家大地主阶层，其他人只有占有权与部分收益权，独立的仲裁和法律机构也就无存在之现实必要。因此占有土地而不过割户籍，更成为豪门滑吏、奸民地主逃避赋税及转嫁徭役的有效手段。在"溥天之下，莫非王土。率土之滨，莫非王臣"的产权理论体系下，独立完整的民间私有产权毫无立足之地，尤其是对于土地来说，广大的农民至多只能是因占耕而享有限之权份。

## 第四节　明清两代

从以上章节的阐述中我们已经知道，在中国封建家族制经济时代，从理论到现实皆完整的产权制度只有皇权掌控下的大地主土地所有制，其他各种产权形式都是不完整的，诸如传统说法中所谓的地主私有制、小农私有制、官田制等等，皆是以实际占有为标志的不彻底的土地耕种收益制度，可谓之土地占有制。当然皇帝归根结底也是大地主，但根本区别是他拥有政教合一的统治权份。于是这种不彻底的土地占有制以及普遍的依附态权份，使得无论地主还是佃户农民都只能享有耕种收益权等部分土地资本权份，无法保护它不被权势更大的豪门强宗权贵或朝廷所掠夺。而由土地占有权衍生出的各种土地权益的买卖，是导致明清时期家族地主制经济中一田多主现象及其他耕地租佃制，比如押租制与预租制等存在的根本原因。

关于一田多主的土地租佃制度，明朝正德年间（1506 至 1521 年），江苏《江阴县志》有对一田多主制中佃户的土地使用权益作了较为简洁生动的描述。书中有言："其佃人之田，视同己业。或筑为场圃，或构以屋庐，或作之坟墓其上。皆自专之，业主不得问焉。老则以分子，贫则以卖于人。"

这种新的土地出佃耕种形式便是随着社会的发展与生产力的提高至明中期时出现的。由于到了明代中期时，同一田亩上产生的朝廷劳役赋税及耕种可以分离，而由不同的人分割承担，于是与之相对应，耕地所产的粮食收益亦由他们共同分配享有。因此产生一田二主或者一田三主的现象。如明万历《南靖县志》记述："所谓一田三主之弊，尤海内所罕者。一曰大租，一曰业主，一曰佃户。同此田也。买主只收税谷，不供粮差，其名曰业主。粮差割寄他户，抽田中租配之。受业而租者，名曰大租。主佃户则出赀佃田，大租、业税皆其供纳，亦名一主。"据此情况事实上似乎可以称之为耕地合作制。因为这种土地耕种方式表现特征就是劳役、田税与耕种分离，负责田税的称为业主，负责朝廷差役的称为大租，而负责耕种的就是佃户。同时土地耕种收益在三者中根据投入的多少进行协商分配。有时朝廷劳役和赋税由一家承担，即业主与大租合二为一，形成一田二主。分割后的耕地亦分别称为"田根"与"田面"或"田骨"与"田皮"。其时在不少地方，由于"田面""田皮"或经多次转手后形成多重转包转租而业主却不知的现象。如明万历《政和县志》便有记载："至于稼穑农夫，一售主田，数相贸易三两人。而主不得知负租者，比比皆然。"

但这种特殊的土地合作耕种方式，究其根源乃是由于农民为了免于因朝廷赋税劳役沉重而导致耕地丧失，地主为了免于因佃农流亡以至土地荒废无人耕种的局面，而将耕地应承担的朝廷赋役进行分割，并由不同的人予以承担应付，相应地给予一部分耕地产出收益。因之而产生诸如田根、田面之别，田骨、田皮之类，大租、小租之差，以及二主、三主之分。由此可见，权份状态决定经济组织形式。这便是封建家族地主制经济时代以占有为根本标志的不彻底的土地产权制下，农民依附态权份决定的无奈而又聪明的选择，是产生一田二主、一田三主的终极原因。采取这样的土地耕种方式导致在人多地少的地区，比如江浙、广东等地，有人代为服役或能逃避劳役，便使佃户不致抛荒耕地。而在人少地多或不善农事的地区，比如东北、台湾等新垦区或直隶的清朝旗地，农民投入工本开垦耕种地主荒地，可以施展地主保护田地及减免赋役之所能，同时佃户也无因赋役以致失田之顾虑。不需要完全拥有耕地占有权，让田主保留一部分耕地收益时保留赋役之责，通过这种方法理论上佃户亦可以真正实现永佃，农民可以真正实现长久有业，而田主也可以真正实现收租不断。

很显然，在明朝时地主制经济中能够产生这种凸显无奈而明智的经济合作形式，它必须具备以下几个客观条件：一是耕地占有权与耕种收益权能够分离，如"佃户之出银买耕，犹夫田主之出银买田"。（《中国地主制经济论》第287页）二是存在朝廷的苛捐杂税与繁重劳役对农民甚至有田之家的压迫；三是地主能够减免逃避或第三者有能力承担朝廷赋役；四则是由于生产力的发展导致当时的土地产出在一定程度上足够进行如此分割分配。

而以占有为标志的土地所有制，在人少地广的地区很典型的表现方式就是划地为界。比如清初时四川有大量荒地，许多来自广东、山东、福建、江西与陕西原来地无一垄的流民进川后，“始至之日，田无业主。听民自占垦荒……谓之插占”，“折竹木枝标识其处，认纳粮，遂为永业”。以树枝或竹子签插所圈之地为业，通过辛勤开垦耕种成为自耕农甚至富裕农民与庶民地主。清代初期，朝廷力推的垦荒政策也使得广大农民通过“插占”的方式获得了土地，造就了为数不少的自耕农。除了原来各地区比如四川、湖南等省因连年兵灾导致土地荒废而复耕之外，“东北三省逐步放垦、蒙地开放以及沿海新生沙滩开垦等，都为清代前期造就了大批自耕农”。（《中国地主制经济论》第 330 页）

另外，“久佃成主”，也是以占有为标志的不彻底的土地所有制的反映。在明朝时即有这种经济社会现象产生。明万历《漳州府志》有言可证：“佃户出力代耕，如雇佣取值，岂得称为田主。缘得田之家，见目前小利，得受粪土银若干，名曰‘佃头银’。田入佃手，其狡黠者逋租、负税，莫可谁何。业经转移，佃仍虎踞。故有‘久佃成主’之谣。皆‘一田三主’之说，阶之为厉。”

但即使是占有权，在中国封建家族时代亦无法完全保障。每至朝代中后期随着权势官绅地主势力膨胀，耕地再次从农民手中流失，而不断向大地主手中集中。其途径包括：依势侵占、强迫购买、接受投献、接受投靠、暴力抢夺，等等。其中投靠是农民为逃避赋役投靠官绅地主作为靠山，因其是主动携地而来尚可理解。最莫名其妙也最令人扼腕叹息与令人憎恶及无奈的便是投献。具体内涵有如明万历时期（1573 至 1619 年）御史陆师赘所言，“今世最害人之事，无如投献田地人口者。有田于此，与彼何干？有人于此，与我何与？一般棍徒欲行害人者，此人田投卖于势豪。藉作难端。打听谁家兴旺，官居显要，道府相善。朝夕淤于其门，或相交公子，或相交管家。交相熟识，将田或人写一手本，托人递进。主者不查，即行接受。”一经投献，“农民哭天无路，入地无门”。（《中国地主制经济论》第 298 页）关于权贵官绅地主通过接受投献获得耕地及其上人口之类事，明万历《常熟文献志》

中的“恶俗八条”专门有两条记述田宅被投献的情况。从中亦可知，农民因他人投献而不知不觉被迫失去耕地居所的情况，尤其在官绅地主权势嚣张的江浙两地较为突出。这从侧面一方面体现了即使是不彻底的耕地占有权也得不到保障的事实，另一方面则印证了依附态权份对农民的另一种残害，即第三者通过投献他人耕地投靠地主而对接受投献的地主又产生了一层主动性的依附态身份地位。至清代时朝廷虽曾下令对农民耕地“不许官胥侵渔，土豪占种”（《清世祖实录》卷六）但也无法有效遏止此类事件。

事实上以占有为标志的土地所有制，是导致无论是一田多主制还是押租制、预租制或其他形式的租佃制，比如较早时期的定额租制的根本原因。但同时，很大程度上也是由于明清时期社会经济发展农民有了一定迁移自由之权份及封建社会人口增长的结果引发的。地少人多导致农民不再稀缺，农民不必再被捆绑在土地上，“壮者佣之四方”，从而促进了雇佣的出现。而雇佣的出现又进一步松解了严厉的封建土地依附关系，并为多种土地生产租佃形式的产生发展提供了可能。

同时明朝以后尤其是到了清朝，以占有权为标志的土地买卖亦获得了一定程度上的相对自由。其原因简言之则有以下几点：一是与业主努力突破宗法宗族制“先尽亲邻”的约束而追求较高增值有关；二是朝廷可从土地买卖中依价格或土地数量征收赋税，因此获得朝廷支持；再就是与农民有一定的迁徙自由是分不开的。在明清时期，随着社会发展封建宗法宗族制已有所松解。这种情况即表现在各地民间某种程度上的“尊卑无别，良贱不分”，又体现于兄弟乃至父子争财析产与分家分居上。诚如顾炎武所言：“今之江南犹多此俗。人家儿子娶妇，辄求分异。”（顾炎武《日知录·分居》）各地虽然仍有不少数代同堂的大家族存在，但父子兄弟分家析产已然渐至常见，尤其是在富裕人家。以至明万历年间（1573至1619年），管志道叹道：“虽非淳古之道，而风会流至此。圣人且奈之何！”很自然地，因分家析产所引发的利益纠纷便必然冲击到原来较为严格的宗法宗族制。这种情势作用到土地买卖中，就是不先通过亲邻而与外人直接进行交易的情况渐渐多了起来。以至于在这种风气侵染下，一些封建家族为了使本族耕地田产不外流，特意制定家规，通过高于市场价格购买本族子弟出卖的田产，以维护本家族整体利益。如安徽桐城赵氏宗谱规定：“族人互相典买（田宅），其价比外姓稍厚。不得用强轻夺，违者具告宗子，合众处分。”

（清光绪赵立方等《桐城赵氏宗谱》）在这里，涉及土地买卖的家亲四邻宗法优先的习俗便让位于依从经济法则的个体收益权。而宗亲优先习俗则更多地逐渐成为买卖契约中形式上的“一种具文而已”。（法政学社 1924 年《中国民事习惯大全》）清代朝廷甚至否定土地转让买卖中的“先尽亲邻”习俗，实行鼓励并保护自由买卖的政策，故而一方面削弱了宗法关系对土地买卖的束缚，另一方面则更有利于土地耕种。因为一般情形下，依时价购入者相对来说对土地的投入与耕种意愿更强一些，这样客观上也有益于自耕农的发展，从而有利于舒缓清王朝中后期土地兼并加速之势。

在明清时期，如果说人们经济权份意识的提高得益于土地的耕种权、占有权与收益权的分离，及赋税劳役责任义务的分割，甚至是明末以来佃户农家对地主的联合抗租斗争。那么人们独立意识的觉醒就体现在封建宗法宗族制对个体家庭经济行为约束的松弛，包括父子兄弟分产分家、耕地买卖转让不问亲邻等等。但这些还只是发生在民间百姓内部之中相互的民事之间，其初步独立的经济权份意识也尚未上升到思想观念层面，反而被朝廷利用以增加皇家税收，更遑论影响到封建统治秩序与普遍的权份状态。同时农民相对的迁徙自由与土地买卖自由亦是在朝廷的允许之内，社会秩序依然在皇权的掌控之中，故而庶民百姓获得的有限的经济权份并未根本动摇封建家族制度下的依附态权份。

而封建时代徭役制度的设立施行显然是封建家族地主制经济社会中皇家大地主资本对庶民百姓人力资源的侵占与剥削的有效方式，是维持封建社会依附态权份的重要手段与有力工具。因此历代朝廷都要对人丁耕地进行查实登记与检括造册，并建立相应的农村基层管治组织。比如明朝的里甲制度，“以一百一十户为里，推丁粮多者十户为长，余百户为十甲”。（《明史·赋役制》）以加强对赋役制度的管理与施行。当然，一定形势下，朝廷为了维护经济社会稳定与巩固皇家统治也会对赋税劳役制度进行改革。比如明万历九年（1581 年），朝廷实施《一条鞭法》，通过合并赋役项目、简化征收手续、废止里甲轮役制，并将户丁负担的部分徭役摊入田亩按亩折银征收，以适当减轻农民负担。到了清康熙五十一年（1712 年），以全国二千四百六十二万余人丁数、二百三十五万余两丁银数为定额标准，皇帝下诏宣布“盛世滋丁，永不加赋”。（《清圣祖实录》卷二五〇）即新增人丁概不加赋，无须承担丁银。至康熙五十五年（1716年）又行“摊丁入地”之法，即把丁银摊入地亩中征收，民户按照地亩多少交纳丁银。这样田多者便多交，田少者便少交，无田者不交，从而大大减轻了农民赋役负担。从一定程度上保护了农民权份，并有利于阻滞地方豪强权贵大地主对农民倚势欺凌与转嫁赋役而造成的对皇权统治的冲击。由此可见，对农民的压迫剥削从某些方面而言，地方大地主权势与皇权之间经常也是相互抗衡争夺的。而换种说法，也就是地方大地主权势对皇权既有支持也有掣肘，但整体而言却都是为了维护大地主资本掌控下的依附态权份的。同时清中期朝廷推行的“摊丁入地”政策，由于丁银摊入田亩后减轻了少地与无地民户繁重的丁银负担，因而调动了农民的生产积极性。从客观上也进一步缓解了清代中后期土地兼并向猛烈趋势的发展，并且从形式上放松了土地对农民人身的捆绑，有利于农民迁徙自由。以至于在此基础上对清代时商品经济的进一步繁荣甚至货币地租的发展，都创造了有利条件。

按照本书的观点，一定的权份状态决定了一定的经济形式，而包括赋税劳役等的经济形式的变化也会相应影响人们的权份，进而影响经济的发展。明代以前，朝廷征收赋税是以实物税为主，明中期金花银出现后货币税便大为增加。到了清三代以后，随着赋役折银普遍推行，农民获得了一定程度的人身自由的同时，农民也不一定必须生产粮食了。他们可以根据土地情况、家庭状况与市场需求选择性地种植产量高、价钱好、销路广的各种农作物，比如棉桑、烟蔗、茶果蔬等等经济农产品。于是商品经济得到了较大发展。一方面大批量的农产品运输促进了商品流通行业，比如船舶制造业、仓储业与运输业的发展；另一方面，由于商贩的增多使得城市歺饮住宿业及小商品行业也得到进一步繁荣。有如清顺治年间，《霍山县志·茶考》描述收茶盛况时所言：“富商大贾，骑纵布野，倾囊以值。百货骈集，开市列肆。”又如：“乾隆年间（公元1736至1795年）湖北省河湖相交之处，运米船只昼夜不绝。汉口一次大火，被烧粮船达一百多艘。”（《中国地主制经济论》第368页）赋役折银与货币税取代实物税的征收，引发农作物生产销售更加显现出以货币计量的商品化特征，进而推动了商品经济的更大发展，由此便可见一斑。

虽然清代中期时朝廷推行的“摊丁入地”政策有利于农民获得更多权份，比如种植农作物的种类选择、一定的迁徙择业自由等等，但农民仍然缴纳了丁银，因而可以说这只是人身依附形式的变化，即由劳役赋税的货币化引发了人身依附某种限度的一般价值化或说一定程度的商品化。本书以为，这正是能够促进清三代时商品经济发展的人力资源之社会经济价值因素。从中我们似乎依稀可以看到后世商品态权份的飘忽之影。

相较于前朝，当农民获得了更多的人身自由，必然会促进商品经济的发展。而商品经济发展产生的商人地主与庶民地主，反过来又促进了清朝时地主制经济中主佃关系的松解，使农民拥有了更多权份。比如封建雇工相对于地主，原来犹如佣仆比之于家主，俗曰“主仆名分”，在一些地方的某些时期却渐渐拥有越来越平等的地位，这在短期雇工与庶民地主之间体现得更为明显。以至于史有“平等相称，共坐同食”之议。从而使得类似于带有直接榨取剩余劳动价值性质的雇佣经济剥削，能够与居于主流背景的超经济强制的租佃压迫剥削，共同出现于中国封建历史舞台。

事实上明清时期，农村小土地拥有者在已耕力不足的情况下，已然会雇请佣工，尤其是在农忙时节。而人口增长与自耕农较多，是明清两代出现较多佣工的原因之一。由于“农民无资充佃，则力佣以自活”，并且“壮者多佣之四方”，地少人多迫使人们离开本乡村土地，逐渐向外迁移。而且有些主雇间等级压迫有所削弱，使得人们相对来说迁移更容易些。预租与押租等租佃形式的变化就是在这种背景下产生的。在预租制下，佃户除了一次性缴纳当年或多年租额之外，不必再承担地主差役，从而获得了自我劳动力的较高独立支配权份。这是地方上主佃间封建役使依附关系有所削弱的主要表现。

于是从明代中叶开始，基于人口增长条件下的农业佣工逐渐成为社会较常见现象。农民的谋生手段除自耕或租佃土地之外，“多佣力他乡”，这样便产生了许多客籍佣工。如何对他们“进行约束以维持地方治安，便成为地方官府十分注意的事项。嘉靖年间（1522 至 1566 年），黄佐制定的《香山户口册》中特设‘佣工’一栏。万历年间（1573 至 1619 年），山西巡抚吕坤令将雇工佃户各由房主地主‘挨户管束’。”（《中国地主制经济论》第 445 页）既然多省有此类似规定，可见佣工之事绝不会是孤例。然而即便是对外籍雇工佃户，地主都有依据朝廷律令甚至家族宗法进行“管束”之责。因此而言明清时期农民的人身自由依旧是不完全的，仍存在较大约束。

这就是有了一定迁徙自由后的封建依附态权份。

另外，在明清时期人们的依附态权份与前朝略有不同的是，封建官府在民事与刑事纠纷中，常以雇主是否为身份性地主比如缙绅权贵地主，来判定雇工是否有“平人”或“凡人”地位。如果雇主是具有封建等级身份性的地主，则雇工对其仍有依附性，判决将有利于雇主而不利于雇工；如果雇主是一般的庶民地主，则雇主与雇工都会以平人而论。这样一来即使是同样一个人，他即可能是平人又可能不是平人，有时是凡人有时又不是凡人，全然由雇主身份地位来决定雇工的身份地位。这种以雇主身份地位来判别雇工有无罪及罪重罪轻本身，就是农民非独立权份状态的反映。清乾隆五十一年（1786年）提出并于乾隆五十三年（1788年）正式修订的“雇工律例”，便维护贯彻了这一原则，并明确了雇工与封建特权地主的主仆关系及等级关系。而且对雇工“以凡人论”，也并非根本解除其封建身份义务。仅仅只是表明朝廷对农民雇工相对于地方性庶民地主或自耕农的等级性依附性关系的否定，即一种相对而言的雇工人身自由权份。隐性的义务劳役，即由皇权所有的对农民劳动力的无偿役使依然存在。故而说封建皇权家族统治下的依附性的权份状态并未因农民有了一定的迁徙自由而根本消失。

同时相较于内地，明清时期东北、福建、台湾移民渐多，土地租佃形式因移民与当地地主无固定的身份差异以及地广人稀劳动力缺乏的原因，导致移民的依附态权份氛围较淡，身份相对自由平等。因此在封建地主制经济活动过程中根据现实情况产生不少生产劳动及土地租佃的新形式。比如耕地依投入与权份的差异分田骨与田皮以及合伙开发山林、合股建设水利设施、开办商铺市场等等。（具体情况可参见《中国地主制经济论》的相关章节）本书以为，这显然与人的权份状态有着密切关系，即相对平等自由的地位身份之间才易有生产关系及生产方式的变化与创新。而资本权份的对等才能产生负有相同权利义务的股份，但依附态的权份决定了有限权利无限责任。不平等的地位会使责任无限化。显然封建社会中的依附态权份是不允许权利与义务对等的。而且，如果说商品经济是物品以商品形式自由进行的价值交换，那么市场经济除了物的自由交换即商品经济外则还包含人力与信用的自由交换。因此从商品经济到市场经济只有当普遍的权份状态发生根本改变之后才能形成。但这在封建家族社会时期依附态的权份历史状态下，是无法实现的。

虽然在明清朝代，中国封建家族社会已至后期，然而由于依附态、半依附态权份未根本改变，导致无论是一田多主制还是押租制、预租制抑或定额租制，地主阶级尤其是权贵豪强大地主都会循时依势地、想方设法地掠夺农民阶级已取得的经济利益与权份，破坏多种土地耕种经营方式的正常发展，以实现其增租夺佃甚至兼并耕地、役使佃仆等用超经济手段强制农民阶级的目的。譬如在明代，权贵官僚等特权地主按品级而言，上至王公贵族下至士绅举人其家庭成员与部分仆人佃户，都被皇帝免除了对朝廷的赋税徭役负担。随之而来的则是这些人对权贵地主完全彻底的人身依附，这是由皇权赋予地主阶级享有的正当的封建特权。而权贵士绅地主每每恃特权及其地方封建势力，肆意扩大优免范围，极力逃避更多的朝廷田税与徭役。这些被权贵地主逃避的赋役自然而然又转嫁到了广大的农民身上。自耕农甚至庶民地主难以承担繁重的赋役压迫，纷纷破产或沦落为佃户或流离至他乡。

事实上在封建家族社会，农民躲避皇权资本役使的唯一可行办法，就是庇阴依附于本地的权贵豪门大地主家族资本，转而为其役使。“葬主之山，佃主之田，住主之屋，皆为世仆。”于是在明代，江南读书人士有了封建功名傍上皇权后，“一登仕籍”便有投靠门下者。“明季缙绅，多收投靠。而世禄之邑，几无王民矣。”投靠之后，便为奴仆，而据《大明律例》之言：“仆之于主，其身贱也，贱固不可以犯上。主之于仆，其身尊也，尊则不可以取辱。”主仆之间有了严格的人身等级隶属关系。又规定奴犯主，则加等治罪，“凡奴婢殴家长皆斩，杀者凌迟处死，过失杀者绞，伤者杖一百流三千里”。反之主犯奴却可以减轻刑罚。

不过到了清代，朝廷逐步进行改革，改变前朝做法，减少了特权地主的优免权。甚至于顺治十八年（1661 年），朝廷利用“辛丑奏销案”对多地拖欠钱粮赋税的士绅地主进行了严厉打击。及至雍正、乾隆时期（1723 至 1795 年），“摊丁入地”政策逐步在全国实施，大致上取消了士绅权贵地主享有之丁银赋税优免的特权。这样清朝的封建皇权便得到了更大的集中与专享。虽然有些地区未能得到彻底施行，农民未从权贵官绅地主的依势掠夺、强占与赋役转嫁的压迫中摆脱出来，但一定程度上压制打击了权贵士绅地主与地方势力的同时，对抑制土地兼并活动也起到了积极作用，这客观上便有利于自耕农及社会经济在清中时期的发展。

在废除权贵士绅地主赋税优免权及“摊丁入地”后，特权地主由于无法像从前那样任意转嫁逃避朝廷赋税，对土地兼并也就逐渐失去热情，进而有的地区地主宁可抛弃已有土地甚至包括世家墓田，并不为后代子孙筹划以“苟全身命避徭役”（清同治《浏阳县志》卷六）由此以占有权为标志的土地，在朝廷赋役政策的变化影响下，由“弱者以田契送豪家，犹惧其不纳”。（清光绪《湘潭县志》卷一一）到世家割弃以“苟全身命避徭役”，可见封建徭役之害即使是世家大族也为之惧。正是封建时代普遍民众的权份即人们对皇权的依附态，导致了赋役之不可避免，进而影响了土地产权不能够被民众彻底拥有。反之，作为封建家族社会最主要的资本形态——土地产权的不彻底与不完整，又最终无法保证普遍完全的人身权份。而严重欠缺的人身权份最终决定了庶民百姓对于皇权的依附态封建等级性权份。尤其对于广大农民来说，既有对皇权理论终极上的依附态，又有对于地方权贵大地主事实所在地上现实中的依附态。

统而言之，包括明清在内的中国历代封建家族王朝在其建立初期，为了巩固皇权的统治，朝廷皆会出台相关政策鼓励农民通过占地垦荒等获取一些经济权份。在灾害之年还会通过为民间设立的平常仓、社仓、义仓等进行赈灾救济，并采取一定措施抑制土地兼并和投献。宋代以后，尤其是明清时期农村经济作物的广泛种植，带来的农副产品商品经济的发展一定程度上增强了自耕农的经济实力并客观上促进了社会人口的增长。同时明清封建朝廷赋税制度的变化也使得农民获得了一些人身迁徙自由，尤其是农业雇工的权份获得了一定程度的提升，并引发了一些地主制经济活动中土地租佃的新形式。而在明清时期封建家族财产的诸子均分制确定后，诸多因素都进一步延缓阻滞了土地兼并、赋税转移给农民所造成的压迫与剥削。但无法根本改变的封建家族依附态权份与农民无法摆脱的苛重的朝廷赋税徭役负担，使得广大农民破产进而生活破碎的同时，也导致封建王朝最终走向衰亡。

## 第五节　小　结

纵观中国封建家族时代近两千余年的历史，地主阶层可以大致分为两个组成部分。一是通过官府或其他形式依傍皇权，而获得较多超经济强制手段带有封建等级地位的身份性地主，比如权贵士绅地主、豪门世家地主；二是未傍依皇权，也未获得封建等级地位，更多拥有的是经济强制手段的非身份性地主，比如无封建功名的庶民地主。当然庶民地主可以通过科考与捐纳的途径傍依皇权，变成官绅权贵地主。而官绅地主的后代也可以由于没落衰败而成为庶民地主。但随着朝代更替与社会进步，尤其是封建社会商品经济的发展，无论是从地主户所占的比例来看，还是从地主户所占有的土地数量来看，非身份性地主都慢慢超过身份性地主逐步成为地主阶层结构中的主流。身份性的权贵地主由主导走向衰落，非身份性的庶民地主由弱小发展到壮大。这充分证明了本书所持观点，即资本与权份大众化的历史发展趋势。也即土地资本从由构成社会人口少数的权贵官绅豪门地主占有并享有权份，向相对人口多数的庶民地主占有并享有权份发展。与之相呼应，农民的权份状态也从严酷的依附隶属态向较为松懈的依附态发展。“从生产关系看，佃农经历了人身隶属关系向人身依附关系发展。而人身依附关系又在逐步松弛的发展过程中。到了清代，佃农的法律地位达到了中国封建社会所能达到的最高点。短工、长工的法律地位也经历了由‘雇工人’向‘凡人’的转化过程。”（《中国地主制经济论》第 442 页）农民起义也经历了由主要争取“等贵贱”之人身地位平等权份，向主要争取“均贫富”之获取土地财产占有权份的转化过程。因此从这个意义上说，如果假以时日，历史的发展也许会促发中国庶民对更多权份，包括摆脱人身依附性的个体自身价值、独立自由意识的觉醒与追求。

故而无论封建朝代如何更替，都不外乎在王朝初期由朝廷制订有利于农民阶级的农业生产与赋税政策，通过提高农民劳动积极性以促进经济发展和社会稳定。到了中后期，由于封建制度的本质决定了其社会必定会陷入不同家族大地主之间的争权夺利，和对农民阶级的残酷压迫剥削必然会引起反抗而导致社会动乱的局面。于是王朝建立初期时颁布的各种稳定社会之政策都会烟消云散。因此虽然王朝开国之初赋税劳役政策各有不同，不同朝代地主制经济表现特征也略相异，但封建家族时代的土地所有制，更恰当地说应该是以耕地占有制为根本性质的不彻底的民间私有产权制度在封建家族统治的社会制度中始终未变。与之相随，广大农民及城市居民的依附态权份状况也未变。导致这种改朝换代的历史便不断循环重演。但在不同时期，由于人口数量的增减、地力的开发状况、朝廷征役赋税政策的变动、商品经济在民间生活中的发展渗透水平差异、各个地域间民族的交往甚至是战争与宗法宗族制的衍变以及随着社会发展农民本身思想观念的变化，都构成了地主制经济波动的影响因素，直接关系到了中国封建时期家族经济社会的发展状态与历史的演化进程。

# 第十二章
# 为什么中国的封建家族社会时代很漫长

——学而优则仕，商而优则仕。

在中国的封建家族制经济社会，家族既是一个完整的生产经营体同时又是一个小而全的社会经济生活组织体。家族族长有一定生杀大权，族人犯王法亦可能会株连九族；若蒙封建皇权恩惠有所御赐，也可以立碑挂匾加入家谱并光宗耀祖。而对于封建经济生活中使用的独特的生产技术俗称绝活，绝对是传内不传外，传子不传女，这从侧面体现了封建家族制度之权份特色与资本保值方式及特点。那为什么说在封建社会支撑皇帝拥有皇权的资本是属于家族资本而不是纯粹的个人资本呢？简言之，除了封建土地资本的家族性占有及人身依附性外，还因为这种资本具有继承性并且依程序可以由家族或宗族内非直系甚至旁系继承。另外，其家族内积聚的丰富资本对皇帝权力的巩固也起到了重要作用。中国俗语之“打虎亲兄弟，上阵父子兵”正简明清晰地说明了皇权是通过整个家族的努力获得的。并且封建时期国家的政治、经济、文化、风俗、法制甚至婚姻等等社会事务亦基本上都是以家族为平台与联系纽带展开的，家族是社会生活基本与最主要的组织单元和功能活动主体。而中国奴隶制社会的王权最初的获取却与此不同，它是由个人通过强行改变原始民主推选和禅让的形式获得统治权，并且其时仍未形成后世典型的皇位由长子继承的宗族宗法制。很显然，由家族资本所支撑的皇权，治理结构上比之于个体奴隶主资本所支撑的王权更具稳定性与可延续性。

在中国，从周朝时周王自命为天子开始，皇帝就认为自己是遵循天命来君临天下行统治权份的。“受命于天，既寿永昌”即是此意。因此皇帝的告示旨意通过圣旨的形式发布时，也要正式且庄重地在行文之始便写明是“奉天承运 皇帝诏曰”，诸如此类。这虽然与西方君权神授学说略有不同，但都是通过与因神秘神奇而神圣的自然力量、上天的力量抑或神的力量建立独有联系，形成角色资本进而获取权份与合法统治地位的。因此说“溥天之下，莫非王土。率土之滨，莫非王臣”自然是水到渠成了。百姓权份的依附态亦便顺理成章。同时，虽然中国幅员辽阔人口众多民族杂居，但发源于汉民族的儒家文化却能够成为主流文化，即使是少数民族建立的政权也是极力学习极力倚仗汉字与汉文化以维持并巩固自己的统治。正因为如此，中国在长期的封建时期能够维持天下大一统的局面。而以儒家“礼”教思想为指导的治家治国理论结合当时之资源占有模式，不仅有利于等级制的形成与固化，而且有助于社会结构的稳定。事实上，儒家思想倡导的“礼”制客观上强化了以皇权为代表的大地主家族权份中的等级观念。在中国漫长的封建家族社会时期，民间礼法即是一种道德教化后形成的习俗法，许多并未以法典或法院文书的形式发布，却成为约束当时个人自由与维护封建社会生活秩序的民间行为准则。封建时代的法律亦大多是在皇帝的授意下由皇家主持编纂的，皇帝的诏令就是法令。因此皇帝永远不可能与平民一起对簿公堂。史言“举贡不出世族，用法不及权贵”即有此意。同时中国人因姓氏血缘而聚居的习俗，使得基于血统与亲缘姓氏的家族式管理成为皇权可资依赖的民间对社会日常生活管理与控制的重要形式。

然而依然值得人们思考的是：为什么中国的封建时代如此漫长。其实前文多处章节皆有论述，这里单独设立章节再重点阐述两点。如果说春秋战国还是周代的苟延残喘时期的话，那么从秦始皇统一中国开始中国的封建家族社会也有近两千多年的历史。这是因为一方面中国疆域辽阔，地理性状丰富，国土面积几乎抵得上一个大洲如传统意义上的欧洲大陆。而历史上的中国亦曾长期处于分裂及统一的进行过程中，比如东周为公元前770年至前221年秦始皇统一中国止，历时五百五十余年。但一旦统一便会在全国推行同一语言文字与稳定的技术标准，比如秦始皇时即统一货币制及度量衡，并实行“车同轨”。另一方面，历史上多次出现的少数民族政权，如北魏、辽、金、元、清，一则促进了少数民族文化与汉文化即中原文化的融合；二则即是大大延长了封建大地主家族在中国历史上的统治时间。尤其是建立于13世纪的元朝及17世纪的清朝，对延续中国家族皇权的统治产生了重要影响。

不过本书以为，中国封建经济社会之所以能够延续如此之久的主要原因，则是中国的家族式封建依附态权份有了一种正规而堂皇的权份扩张上升通道。由于资本保障并扩展权份，权份反过来又会保护并扩张资本。一个社会只要有一种正常循环上升的权份发展通道一般而言就不会产生翻天覆地的革命。而在中国封建时代这一通道形成的制度就是始于秦朝的“科举制”。何谓“科举制”？即封建朝廷每年从王朝最底层民间的乡试选拔秀才开始，通过层层考试遴选知识分子，并辅以“举孝廉”制度，使天下文人士子都以天子门生为最高荣誉，通过攀附皇权为实现人生理想的黄金通道。而这通道亦可为庶民百姓家族带来荣耀，逐渐形成了“鲤鱼跃龙门”、“一人得道，鸡犬升天”的民间祈望与光宗耀祖等等的民间习俗。反之，则是“树倒猢狲散”，甚至株连九族、满门抄斩。这种一荣俱荣一损皆损的“连坐制”深刻体现了封建家族社会的权份依附特色，并且加固了封建皇朝的专政统治。而这种中国民间的权份获取传统即使是在商人阶层中也概莫能外，从学而优则仕到商而优则仕，做红顶商人成为商人阶层身份权益扩张的唯一长期有效通道。故而很自然地，便导致在中国封建时代依附态权份形式的巩固与皇权统治的普遍有效。

当然，漫长与短暂是相对而言的。与中国封建时代不同的是，欧洲国家在封建家族时期却实行严格的贵族官僚世袭制，民间没有正规攀附皇权的上升通道，故而成功的商人与知识分子难以获得应有的社会地位。法国近代启蒙思想家伏尔泰便表达过对中国封建科举制十分艳羡的观点。同时，中世纪末以来，由于殖民地大量资源被轻易获取，使得西欧列强的皇室贵族起于消费与尊荣之需而与工商有产阶层一样，患上了源于海外探险式贸易的殖民地依赖症。比如荷兰的东印度公司便曾在海外殖民地长期驻扎，并建立了军队。于是为了更好地资助航海探险，出现了共担风险共享利益的筹融资创新；为了不断开拓更广大的殖民地市场并降低劳动力成本及迅速消化使用从殖民地掠夺来的各种原材料，使其转化为商品实现利润，促进了包括军事技术、动力技术、生产技术在内的技术创新；另外，生产规模的扩大又促进了从封建家庭手工业作坊到社团性合资合营工厂的生产经营形式的企业组织创新。所有这些创新的使用集聚在一起所产生的社会效应便是造就了始于英国发展于欧洲的工业革命。工业革命的结果导致了社会财富的增加，社会财富的增加又促使城市商人阶层、市民阶层得以壮大。然而西欧国家民间百姓依旧缺乏有效的权份扩张通道，只存在坚固的社会平民包括农民、商人、知识分子、普通市民等与皇帝、贵族、教皇之间的阶层分别与依附态权份模式。有产阶层在城市手工业与海外贸易等经济活动中获得的财产难以保全，更罔论得到由身份地位带来的社会荣耀。在这种情况下拥有大量经济资本的西欧有产阶层为了自身利益的稳固及进一步扩张权份，只有联合其他阶层民众通过革命的手段来争取目的之达成。于是，“人人生而平等”“财产不得侵犯”等资本主义思想启蒙口号的提出便使得有产阶层获得了其他同样受到封建等级压迫与剥削阶层民众的赞同与拥护，从而形成了巨大而有效的角色资本。这种角色资本通过文艺复兴所引发的思想传播得以迅猛转化为包括人力、资金、武器、组织、体制为构建要素的革命力量，并进而推动了法国等欧洲城市资产阶级革命的诞生。欧洲的封建家族王朝亦随之或主动或被动地逐一融入与瓦解。

而中国长期以来由于封建家族家长制传统的禁锢，人们对以皇权为代表的大地主家族依附态权份深重，不论是宗教人员，还是商人、绅儒、士农，通过依附皇权获得更多权份都是最终的有效途径。个体在社会经济生活中难以获得独立身份。即使是帮会或反抗朝廷啸聚山林的好汉们，采取的也是家族式管理，帮主或首领说一不二有生杀大权。而始于汉朝丝绸之路的商队及西南地区的马帮，也是行之则聚行后则散的临时性团伙，缺乏长期的稳定性。只是到了明清时期，才慢慢出现了少量行业协会之类的具有相对平等与独立身份的商人自助组织以及股份合作式的家族性企业组织，比如钱庄、采玉石场、铜铁矿场等。

同时历代封建王朝的皇家官造制度，譬如清代的宫廷采买造办处却又揭示了这样一个事实，即封建制度中彰显了“家天下”的皇权的独享专荣，以及长时期实行的“海禁”，都大大束缚了民间工商业的进一步繁荣以及民众经济资本与权份的进一步发展。

就这样，中国漫长的封建家族制经济社会便在不同姓氏家族皇权的“击鼓传花”中得以不断延续。

# 第十三章
# 资本主义经济社会在西欧国家封建社会晚期的酝酿

——爱/这群岛/浪涛中的船只/梦景中的海鸥/最高的桅杆上水手挥舞/一支歌!(奥季塞夫斯·埃利蒂斯《爱琴海》)

在人类经济社会的发展中,历史上任何一次关于人与自然,人与社会之间的关系,以及人本身的思想解放,都带来了人们社会生活的巨大进步。近代资本主义经济社会的发展便肇始于文艺复兴和宗教改革。它是西方有产阶级发展到一定阶段后所发起并推动的特定历史背景下的社会变革。其对古老欧洲封建社会等级压迫下的人性解放与个体获取更多权份,提供了重要的思想动力。因此要论述西欧国家资本主义经济社会的发生发展,就不妨先从文艺复兴讲起。

众所周知,中世纪的欧洲曾经长期宗教迫害盛行,人性压抑,欧洲经济虽有发展,但严酷的封建势力与等级特权象中世纪人们穿的长衣大袍一样紧紧地裹在人们身上,拖曳的黑色裙袖甚至将人们行走的痕迹也要拂抹掉,妄图不留下一丝个人的光影。

而发源于意大利的文艺复兴运动本质上是资产阶级“人文主义”的体现,它的出现就是人们为了冲破封建秩序的桎梏而自发的民间运动。在中世纪晚期，海外贸易集中在地中海沿岸，意大利最早产生资本主义萌芽，因贸易使得经济资本得到丰富的城市资产阶级希望冲破封建君主及教会神学的束缚。意大利恰好处于丝绸之路的重要路段，较早接受了指南针、造纸术、印刷术等由中国文化创造的属于当时世界最先进的科技产品。其中指南针便帮助哥伦布、麦哲伦等航海家进行航海探险，间接促进了地理大发现，这为地圆说提供了有力证据，并严重打击了传统的宗教观念。而黑死病在欧洲大陆的流行客观上亦削弱了教会神学的权威。此外，当时欧洲城市涌现出不少人才，他们以文学与绘画等各种艺术形式反抗抨击封建秩序。比如但丁通过其著作《神曲》，以含蓄的手法揭露和批评了封建宗教统治的腐败与愚蠢；薄伽丘则以《十日谈》批判封建守旧思想，并主张“幸福在人间”，直接抒发出了资产阶级的胸臆。

同时当西方近代启蒙哲学家逐渐认识到人自身的主体性，人具有理性与主观意志时，人便从自然中与对神的皈依中慢慢挣脱出来。个人的出现使自然界成为一个与人对立的客体，由神掌控的自然被毫无情感色彩的自然界所取代，其中充斥着所谓的客观性与铁一样的事实。自然科学便逐渐从哲学中分离出来取得了与社会科学、哲学甚至法理学一样的独立地位。于是自然（界）就逐步失去了被人崇敬并顶礼膜拜的地位，从被人极力效仿、极力赞美甚至崇拜的古典自然退化成了人们要极力利用、极力控制甚至改造的无情自然。西方哲学思想中的能使自然性便逐渐得以显现。

而启蒙运动以来相对于封建教化，自由的观念给近代西方带来的直接后果是，解放了人们的思想，促进了个人在艺术与科学领域创造力的迸发。在诸如哲学、文学、绘画、医学、数学、物理学、天文学等等社会文化各领域，都出现了许多颇有建树者。跨领域集大成者也不乏其人，比如达·芬奇、笛卡尔、伽利略和米开朗琪罗等等。而生产力及科技的进步又带来了新事物、新观念，对封建秩序及其思想更产生了新的猛烈的冲击。这样一来物质丰富与技术进步本身作为一种资本，便成为了“扫除封建特权、迷信和偏见，以及在世界范围内提高理性和教化的内在组成部分”（《西方自由主义的兴衰》，安东尼·阿巴拉斯特著，曹海军等译，吉林人民出版社，2004 年版，103 页），其结果便是在对封建思想及社会秩序的对抗中成为了资产阶级的有力武器。

尤其在启蒙运动中，人们强调并重视的是个体的自我存在，理解并支持以个人经验为可靠基础的个体存在感，那么便必然导致对个人欲望与感受的深切关注。个人的自我存在不仅包含每个人拥有他或她自己及其物质财产，也包括其行动与其拥有的技艺和自身劳动力。与封建观念所强调的不同，人们认为生命的存在与行动很大程度上取决于自我意志，人们可以随心所欲地处置自己的财产。对于个人的生命与欲望，哲学家霍布斯曾有如此表达：生命本身就是运动，一刻不能没有欲望，没有欲望就是死亡，这成为了 18 世纪时西欧国家人们的口头禅。欲望来源于人的生物本性，是人性的生物性基础。每个人都有欲望，每个人的欲望都要在社会中得以实现。由于有关于财产与生物本性的欲望可以通过商品经济得以达成，欲望便成为日后资本主义时期市场经济的主宰。市场经济以价值与使用价值的形式衡量欲望的交换、获取与升级。这样在每个人拥有自我和自我财产处置权的基础上，人们的权份状态才能自然地呈现出市场经济中的商品态或消费态。

于是城市资产阶级“因为贵族还没有使其顺从于专制主义作为他们自身继续存在的代价，他们更乐于结盟其他社会团体反对日益增长的王权”。（《西方自由主义的兴衰》第 154 页）这种反对的方式当然多种多样，比如举办思想沙龙，组织各种行业协会，社会团体等…安定的…义经济社会中社会活动功能主体…

…摆脱封
…族或
…社团
…现
…可

…个国家曾经彻底长期地统…
…以寻找财富。在其…
…力向海外扩张以寻找财富。在其…
…甚至劳动力等都成为其不断掠夺的
…资本的增长，而这可能也是最早获
…有产阶层海外殖民统治扩张的欲望
…进入互助式的良性循环。其导致的国
…泽，这与同时期中国的情况正好相反。
…又促进了军工等各工业生产的发展。
…为满足英国的进口需要，新世界国家
…2500 万至 3000 万英亩之间。这甚至
…在这样的背景下，殖民地所发挥的作
…过程。新世界和在英国发现的大量煤炭

和社会的人，受封建家族资本所有制度束缚的人逐渐变为自由身，并成为在社会中游离的分子，等待或积极寻找参与新的生产组织形式的机会。这便为资本主义经济形式的产生创造了实践中自由的活动主体。

而且与古代中国不同的是，在欧洲即使是封建地主制经济时期，人们也大都认为财产权是天赋权份，人人都可享有。古罗马时期对财产的定义便是："财产是个人用最为绝对的方式享有和处置物品的权利，只要其使用并不是以法律或者法规所禁止的方式进行的。除非出于公众利益并事先予以公正的补偿，任何人不得被强行剥夺其财产。"（《财产论》第 52 页）至 14 世纪，"教皇约翰二十二世认定人对其财产拥有的财产权利具备完全所有权，与上帝所宣称的对整个宇宙拥有的权利并无分别。上帝将他的权利赋予了那些按照他的形象创造出来的人，因此这是自然权利，优于人间的法律。"（《财产论》第 19 页）这便为民间对抗皇权对私有财产的侵犯提供了有力支持。而基督教新教的创始者加尔文更将创造财产与视为基督教徒天职的劳作联系在一起，这亦为后来以功利思想为特色的资本主义精神的形成奠定了基础。荷兰的胡格·格劳秀斯便在 17 世纪出版了一部专著——《论战争与和平法》，在书中他提出人应该有维护社会和平与安定的义务，同时认为，尊重他人包括财产所有权在内的诸权利，是社会保持和平与[illegible]的前提条件。

此外不可否认的事实是，历史上的确没有哪个[illegible]统一过欧洲大陆，这使得欧洲各国皇家及有产阶层不得不努[illegible]初期，海外疆域的资源与财富包括农产品与原材料[illegible]对象。运回国内后促进了以棉花加工为主的工业[illegible]益的工业资本。这种获益刺激了各国皇家贵族与[illegible]与步伐。从此殖民统治与资产阶级的资本扩张[illegible]内权份形势便是农民在经济及社会中地位的下[illegible]而原材料、能源、廉价劳动力的源源不断供应[illegible]以近代社会的英国为例，"据估计，1830 年[illegible]种植棉花、蔗糖和木材所需的土地面积大约在[illegible]超过了英国所有耕地面积和牧场面积的总和。[illegible]用提醒着人们，欧洲工业化绝非一个内源性[illegible]

资源减轻了对土地日益增长的需求压力，消除了欧洲经济发展的瓶颈。”（《当中国统治世界》第 24 页）而对殖民地的争夺一方面促使欧洲各国努力扩展军事实力，发展军事科技；一方面殖民地贸易为公司组织的形成与融资手段的创新创造了条件。比如荷兰创设的联合股份公司以及英国的东印度公司就是如此。甚至哥伦布航海亦得到了皇家以协议方式提供的资助。离开了奴隶贸易与殖民统治，欧洲与美国不可能有日后的辉煌成就。这便产生了与封建时代商品经济截然不同的商业形式与组织方式，有助于不同于封建贵族阶层新的有产阶层的发展壮大。“正是 17 世纪和 18 世纪的商业扩张才为英国的产业革命铺平了道路。产业革命的动力来自于英国资本对于世界市场的控制，把世界市场作为不断扩大的产品的销售地点并通过国际贸易和国际支付的自由化把资本的积累来源扩大到世界范围内。”（《资本主义的发展阶段——繁荣危机和全球化》第 88 页）而与此不同的是，15 世纪初中国明王朝派遣郑和组建庞大船队屡下西洋，为的却是以搜奇猎珍为主的皇家消费与封建王朝荣耀自我张扬的目的，而非以土地财产为代表的家族资本的商业性扩张。

于是在有了为摆脱依附态权份而对个体独立身份予以高呼解放的启蒙思想，有了对民间私有财产予以尊重的传统观念，还有了长期进行海外殖民探险与贸易的商业组织行为的状况下，那么资本主义经济社会的形成似乎是顺理成章了。但人们依然会问：为什么资本主义经济社会能够率先在英美等国建立？

# 第十四章
# 为什么资本主义经济社会能够率先在西方国家中形成

——你，黑色的大地的双手释放／希望，脱离死亡的桎梏／挣脱土生的教条。（沃因·索因卡 《乌札麻》）

封建社会晚期时，尤其是在欧洲国家，由于人们能够逐渐摆脱封建依附态权份的束缚，依照自主意志参与各种经济与社会活动，并在这个过程中自愿结成目标一致的行为共同体，于是便逐渐产生了与封建家族制经济社会完全不同的一种社会团体，这种社会团体因其组织不断稳定发展和广泛化而慢慢成为了社会活动的功能主体，并因形成了新的经济活动主体而从经济组织形式上促进了资本主义经济社会的形成。这种社会活动主体就是社团。下面便从社团开始展开阐述。

## 第一节　社团的概念、特征与社会功能

在近现代经济社会，人们在平等自愿的基础上制订了一定章程，并通过全体成

员授权委托管理日常事务的群体性固定组织都可以称为社团。合法社团即是以法律所赋予的公民权利和公民个人自由为基础，以自愿为原则并在共同目标的吸引下建立的社会团体组织。这些组织将单个的公民联系起来结成利益共同体或目标共同体，一方面阻止政府权力的过度扩张和对个人合法权份的侵犯，一方面在政府的公共职能领域进行督促、协调、补充甚至取代；另一方面则与公民个人活动一起，共同建构市场经济、文化生活以及市民社会。它具备如下特征：一是在无差异的公民身份和平等的公民权份基础上确立的自愿性的非政府行为关系；二是逐步完备的法制是公民行为与社团运作的机制保障；三则以共同利益为组织目标，其中既可以包括团体经济利益，比如营利性的公司、企业，也能包括公共道德利益，比如慈善组织，以及社会整体利益，比如科技协会、环境保护协会等。

本书认为，近现代社会无疑是社团逐步发展的社会。从资本主义经济社会以来，社团便取代家族和个体人一起成为社会功能活动主体，从而形成社团社会。社团社会中的社团不但将个人与个人、个人与公共领域联系起来，还能将个人与政府联系起来。并在这个过程中建立起各种包括道德、公益、经济以及政治的社会资本，使得社团活动创建的公共平台涉及社会生活的方方面面。从民间交往到准官方外交，从私人志趣聚会到行业职场交流，从商业模式创新到公益领域不断推广，从慈善捐助帮扶弱势群体到发展教育助推科学研究，从改良社会风气到争取平等权份，社团社会基于社团自愿与自治组织的建立与广泛发展，无论是商业的、政治的、科研的、公益的还是个人志趣的，其根本目的就是为了在经济社会中获取更多的资本与权份。这一方面有利于社团成员个体自我实现之目的，一方面则能够促进社会资本在社团基础上的广泛化与权份的大众化。

在资本主义经济社会中，民间社团虽然未掌握政府权力，但依旧通过各种方式在经济与社会活动中发挥着重要作用。它可以制约国家权力，一方面防止政府行政权力在社会生活领域的过度扩张，一方面保护个人的正当权份不受侵害；它可以发现社会弊端，在推动社会变革、协助政府努力完善治理的前提下避免发生剧烈的社会动荡；它可以以极低的行政成本帮扶弱势群体，从而缓解社会结构矛盾并和谐各阶层关系；它可以通过基金会资助的形式支持教育科研事业，进而推动科技进步与生产力发展；它还可以在诸如环境保护、国家交流、商业模式甚至流行风尚、生活方式等等方面施加重要影响，从而促进社会的稳步发展。

而社团的存在应同时具备实体性与虚体性。实体性是指组织架构、人员构成与固定的活动场所等；虚体性是指社团的组织目的，规章制度，活动形式等。而近现代社会中的社团应该具备以下要素，包括书面正式的组织章程、管理制度、成员权责范围、奖惩办法、活动方式、常设机构等等。另外必须符合如下要求：一、成员拥有或相对拥有平等的法律身份，互相之间无依附性，这就排除了黑社会组织及各种封建江湖组织；二、体现民主性，即少数服从多数的重大事项表决原则；三、体现自愿性，即社团成员完全是基于自我意志参与；四、组织内部职能有明确分工；五、不以组织成员为敛财对象，这就排除了传销组织；六、不以是否符合现行法律规定为硬性标准。由于法律本身的欠缺带来的合法滞后性或代表利益的局限性，有些组织虽然不合法但依然属于社团，比如清末同盟会以及20世纪初美国的全美争取妇女权益的相关组织团体；七、社团组织目标为较多社会成员所认可，即组织目标具备足够的合理性与一致性。

如果说原始社会人们合作互助的劳动或共同举行巫术活动仅仅是因事而起的即时行为的话，那么进入文明社会后人们自愿联系在一起，制订规则组成一个社会团体，为达到一定共同的个人目标或实现一定的社会职能而一致行动，成为一个稳定而持久的共同体，这个共同体便已经构成了社会的重要组织形式之一。就好比在生物体中，细胞不是简单的聚集，而是通过一定内部联系达到足够的相似性后，形成组织以获得一定的生理功能。在不同组织的基础上形成器官，再在不同的器官基础上形成系统，最后不同的系统有机组合成生命体。由不同的人组成的行为共同体不但体现了人的社会性，并且在共同体的不断行动中实现了自我目标甚至或许会促进社会的更大进步。而这种共同体在一定的社会阶段完全有可能成为该阶段社会的功能活动主体。在资本主义经济社会，社团便是社会功能活动主体。

于是，人们构建社会并实现社会活动主体功能的自组织就是在生产力进步的推动下，在人认识自我、认识社会、认识自然不断深入的促进下，归根结底是在社会财富与人们权份不断丰富与普遍化的基础上得以提升并获得进步的，这种进步既是层级式扩展又是螺旋式升级。但总体来说，无论是其内涵还是覆盖范围，都是在不断增加的。

## 第二节 中国近现代社会以前有没有社团？是否存在传统学术理论中所谓的“资本主义市场经济的萌芽”？

要回答这两个问题，不妨先探寻一番中国古代民间与社团相似组织的发展。虽然目前看来其史料记载有限，但仍可一窥脉络。人们考察唐代时期的敦煌古籍文书发现，中国民间存在不少称为“私社”或“社邑”而明清时则多称为“合会”的组织。从其社会功能上看，主要有两种类型：一种是从事各种宗教活动比如佛像修造、经书抄写等；另一种则是从事生产生活的互助合作，包括婚丧嫁娶的操办资助、耕牛水渠等生产资料设施的购建管理等等。在私社内不但有由成员推举担任的社长、社官、录事等职能分工，还有条例明晰的社规社约、活动方式、奖罚规则、结社目的等书面规定，可以说是较早具备社团诸多要素并有文字记录与史料记载的民间组织。（相关内容亦可参考《中国古代合伙制初探》第 123 页）

到了宋代，则出现了一些资助士子文人赴试考功名的慈善会社，比如福建地区林彬之倡建的万桂社。尤其是，南宋以后当时深受封建朝廷赋役剥削的人们发明了一种叫“义役”的互助组织，即由同村十几家的农户组织起来通过集资的方式共同帮助当年必须进行服役的家庭，以渡过难关，其后便相互依次轮流。然而严格地说这仅仅是民间为完成封建赋役而自愿采取的互助行为，还不能算是社团组织。但它从一个侧面说明了在普遍的相对于封建皇权的依附态权份下，身份相对平等的人们相互自发进行帮扶合作的可能。

及至明清时期，人们相对有了较多自由，社会经济的发展不但涌现了不少慈善组织而且兴起了由文人学者组成的各种文会学社，力行交流讲学。后世的“同学”称谓即始于当时的结社之风。不过总体而言，中国古代的这些民间自发性组织由于大多是因事而起，因事而聚，无事则散，也没有长期固定的实现组织功能与目标的场所，属于临时性质，不具备社团形成要素中的实体性。同时也不为封建王权下的等级社会所容许。如果仅仅从自发互助合作的角度来判断，这种民间组织的起源最早甚至可以追溯到原始社会。因此，在社会功能活动主体为大地主家族，并且人们普遍为依附态权份的情况下便无法形成社团的实体性，也就无法称之为社团。至少中国清代末期以前都是如此。

不过值得一提的是，在清康熙年间，著名的同仁堂药铺设立。至嘉庆二十三年即1818年，药铺形成了银股与人股结合的合伙类型商业性组织，即货币资本与人力资本的合伙，其占股比接近八二开。（参见《中国古代合伙制初探》第226页）在本书看来，只有当人身获得相对平等的地位后，人力资源才有可能资本化。很显然，同仁堂药铺在合伙设立的资本结构上有其进步的一面。但药铺依然具有家族式作坊性质，因为从总的情况来看，普遍的依附态权份状况下占员工多数的药铺雇工皆始于学徒，而学徒在其时是无法摆脱封建依附态之身份地位的。

直至1872年，中国轮船招商局第一个以股份有限公司制方式在中国设立。有学者统计，从公元1904年清光绪三十年颁布《公司律》至1910年，中国各类依法注册的公司企业总数约为345家，平均每年仅50余家。众所周知，公司企业即是为了合理合法的赢利而存在的商业性法人社团组织。在西方国家，公司依法成立虽然也可能不过是19世纪法国的《商法典》颁布以后的事情。但在更早时期，公司作为商业社团实体已经存在，只不过必须得到城邦国家议会或国王的特许才能创办。而其能够不断发展壮大在很大程度上则要归功于与公司制度相关的债券制度、政府公共财政、税收制度及海外贸易的存在。另外，公司制度中的法人制度、股份转让交易制度、有限责任制度尤其是员工雇佣制度等等对公司的影响也甚大。但这些都必须建基于至少是经济权利与责任相对等，也即普遍相对平等的经济权份状态之上。因此包括公司在内的各类社团的存在与否，不仅仅牵涉到社团本身，还与社会其他各领域制度息息相关。

一直以来，在西方国家近代社会经济生活中便存在各种社团组织，比如企业。而企业首先是具有法律权利与义务的商业社团组织，其依据事实与法律成为独立的社会经济活动实体，与经营者及所有者个人的身份地位无关。它起源于人类早期各种活动的合伙结伴，又与之有极大差异。它的存在具有持续性及合法性。同时它也需要每个成员的人格独立即独立自主的权份状态。因此公司企业等社团组织必须在客观条件满足的情况下，当社会发展到一定历史阶段时才能形成。

诚然，中国在封建社会时期，有以家族成员和包括同宗族、同乡里等泛家族成员为行为主体的商业活动及相关组织。比如手工业合伙商铺、采矿冶炼工场、远途商运贩卖等等大都是依事实设立而不是依法设立。虽然到了明清时期诸如牙行、当铺之类的商业组织必须领衙门部帖才能成立，从而具有一定程度上的依法设立的意味。同时不可否认，法律制订本身也具有滞后性。但整体社会权份状态的依附性使得商业活动难以自由雇佣到具有独立人格的劳动力，以及具有平等参与合作意识的经营人才，导致家族合伙性的商业组织难以向社团性的企业实体发展。同时封建依附态权份决定了没有完全自主的财产权，就不会有完全自主的订立契约能力。尤其是封建劳役制度的存在，使得作为商业社团组织的公司就难以形成并独立为实体。事实上在古代中国许多行业，即有拜师入行以师为父的等级性习俗，又有不允许与外地同行合伙的地方保护性规定，甚至到了民国时某地还发生因多招一个学徒而该学徒被其他同行群殴致死的事件。

另外，在中国封建时代的地主制经济中，无论是所谓的大租、小租、田皮、田骨还是义仓、义役等，皆是因为有封建劳役（不论是对人本身的征役，还是以实物或货币充役）的存在而剥夺了劳动者自由独立身份之后，民间所产生的社会经济行为。这与封建家族社会的依附态权份是相适应的。并且封建家族社会时期的法律也不允许那种破坏封建社会普遍存在结构的组织广泛产生。这种封建社会普遍存在结构就是由许多不同姓氏的封建家族组成。因而只有家族式经营才能够成为中国古代经济组织的主要特征。在典型的封建时代，可以说全世界皇权国家都是如此。

没有身份独立的雇工，没有商业性社团组织，因此可以认为，资本主义经济在明清时期的中国是没有发生的。目前学术界关于曾经有资本主义经济在中国发展又不发展的说法本身是一种似是而非的措辞。正是由于有关社会经济发展与演变的理论认识的不完善甚至模糊或看待判断事物的标准不清晰、不根本而造成的。西方部分国家资本主义经济的发展历史可以借鉴与参照，但决不能生搬硬套。中国的资本与权份的发展自有其规律与特色。不仅于此，不同历史文化背景的国家其资本与权份的发展历程也都不尽相同。

在中国的封建家族经济社会，人们期盼明君期望出现青天大老爷，希冀他们可以“为天下苍生”。但至高无上的地位与政教合一的权力，使得祈望出现明君有如旱季“拜神求雨”般渺茫。缘于封建王朝的改朝换代只不过是大地主家族的轮流做庄而已。中国封建家族时代虽然经过无数次的农民战争及朝代更替，但始终未解决人们无论是农民还是城市商人与手工业者的独立身份地位即平等的权份问题。明清以前尚且不必说，清中期出台的雇工比照凡人的律令稍有进步，但同时也维护了权贵缙绅地主的封建等级地位。而具有初步人身迁移权的雇工仍然是处于广泛的依附性权份状态下。普遍的人身基本权份的根本缺失，比如迁移自由、结社自由、免于封建劳役的自由尤其是财产权、人人身份独立与地位平等的等诸多权份的缺失，是资本主义经济在中国封建家族时代不能发生与发展的根本原因。

虽然历史上很长时期内，农村家庭自给自足的自然经济形态占有主要地位，但是商品经济最迟从西周末年就已经开始了。而雇佣如果处于相对平等自由的西周“国”人之间是否也可称为“资本主义萌芽”？这显然是不可能的。因此脱离普遍的权份状态而谈论萌芽似乎难以定论，也没有什么意义。这就是无论从商品经济的角度还是相对自由雇佣的角度来看，现在学术界有“资本主义萌芽”的产生可能在明清时期，也可能在宋朝时期的说法，甚至还有可能在春秋战国时期的原因。事实上在春秋战国时，就有范蠡与邻居朋友共同入股经商的典故。明清时出现的晋商、徽商创办的钱庄，也是合股式营利性经济组织。由此是否便可说“资本主义萌芽”在中国持续了几千年？世界各个国家历史上大都有商品经济发展的历程。“资本主义萌芽”本身便是一种概念非常模糊的命题。不同国家即使有相同、相似或可比的商品经济发展内容，也仍会有根本不同的社会政治经济制度的选择。这就是由不同国家社会发展中主要的资本形式与广泛的权份状态所决定的。

所以同样是商品经济，普遍的依附态权份决定了封建家族社会的主仆式雇佣，超经济强制是主要手段。而普遍的商品态权份则决定了资本主义的商品式雇佣，经济强制是主要手段。很显然只有当自由的个体人大量出现以后，劳动力才可以自主地成为商品。货币持有者在流通领域购买到具有人身自由的劳动力后，在扩大再生产的条件下通过榨取他们的剩余劳动才能实现资本的价值增值。而此时由于具有自由价值的个体人的不断大量加入，商品经济已经升级称为市场经济。因此包括经济组织模式的各类管理技术、生产技术之革新与商品价值规律才能够在其间不断发挥作用，并在极短的历史时期内创造出极其丰富的社会物质财富。而这在拥有商品态权份以前的社会中，是绝对不可想象的。

故而只有在经济社会中普遍的依附态权份消失并逐渐被商品态权份取代后，自由雇工的出现导致商业性社团的出现，才预示着社团资本主义市场经济的到来。从这个意义上说在中国的封建家族经济时代，并没有所谓的“资本主义的萌芽”。不仅如此，有趣的是，从语言文化上看，似乎也印证了这一点。中国封建历史上便没有内蕴经济利益之意的“自由”一词。在传统的“自由”一词中，其含义更多地是指精神世界的随意与逍遥。事实上该词在19世纪中晚期从西方引进时，便曾遭遇文化上的尴尬，因为翻译无从着手。日本和朝鲜也有类似情况。语言文字内蕴的缺失，反映了人们思想观念的缺乏。其实即使在清王朝失去对中国的统治权后，封建皇帝已不存在，人们观念上与事实上的依附态权份依旧在延续，其依附性不仅仅是对于豪强地主与官僚乡绅，还有买办商人甚至外国势力。理论上旧的对皇权大地主阶级的依附态权份业已消失，而新的权份状态却尚未形成与建立。尤其社会的持续动乱导致人们没有任何权益可言。几千年的历史文明沉淀包括儒家、佛家、道家思想观念，艰难地维持着岌岌可危的社会内生性及民族的延续。茫然无助与怀疑反思充斥民间，导致西方各种学说主义涌入中国。家族性的依附态权份受到猛烈冲击，而封建等级压迫与殖民剥削压迫却在并存。于是“平等”观念再次以非缘于农民起义的形式打击着等级差异与性别歧视，“自由”的口号则首次赋予人们解放与独立意识。这种有关权份意识的宣扬，有利于人们对个体劳动者自身价值的认识，从而为建基于自主独立的商品态权份奠定基础。因此可以说中国只有在进入民国时期，才出现了真正的自由雇佣，才有了社团资本主义市场经济的发生与发展。

## 第三节　英国的情况

其实英国的情况在以上章节中已有不少论及，本节再从贸易税收和经济社团等方面着重论述一下。

在中世纪的欧洲，各国皇室与贵族阶层对东方奢侈品比如陶瓷、茶叶、香料大都存在巨大需求，而其庞大的消费导致其国内黄金大量流失。为了弥补黄金的耗费并维持对奢侈品的消费，各国都极力鼓励并支持人们远洋航海去寻找传说中的东方黄金之国。毫无疑问，客观上便促进了航海技术的发展与地理大发现。同时为欧洲特别是西欧王室对其他大陆的资源掠夺奠定了基础。而王室受制于议会不能任意加税，尤其是英国国王只有有限的征税权。于是他们转而鼓励商品出口贸易以努力增加关税收入。这在王室拥有关税收入权的英国汉诺威王朝时期尤其突出。因为出口不仅不用交税，在某些情况下还能享有国家补助。这就为以后世界自由市场的西方式解读提供了可能。而由于出售官职的收入及特别津贴都有限，很多时候不少欧洲封建王室便依靠出租或出售王室领地来作为重要收入来源。

在英国，征税法案在 14 世纪中期以后多数需要征得国会同意才能施行。即使国会能够通过，王室付出的代价也是王权的进一步缩小，这就是当时在英国有“无税不成代议权”说法的道理所在。事实上，1628 年出现的《权利请愿书》中便有如下陈述：“今天，若无议会一致同意，不得强迫任何人捐赠礼品、提供借贷、缴纳贡赋或其他税捐。”发生于 1688 年的“光荣革命”又以宪法的形式明确了这一点，并赋予议会开征新税甚至审计政府开支的权利。辉格党人卡姆勒勋爵于 1766 年 2 月发表演讲时曾激昂地说：“税收和代议制密不可分……一个人拥有的东西，完全是他自己的。任何人未经他和他的代表的同意都不准剥夺。任何蓄意剥夺即是蓄意伤害，任何剥夺行为都是抢劫，抹杀了自由和奴役之间的区别。”简单地说，“没有代议的税收就是专制”。以至于 17 世纪的弗朗西斯·培根慨叹说：英国人是当时所有欧洲国家中对自己的家庭私有财产最有支配权的人。并且“伊丽莎白一世时期的王室收入占国民产值之比从未超过 2%……即使是到了 1698 年，英国人的税负也比他们毗邻的欧洲大陆国家人民要轻：荷兰人和法国人的纳税额支出占其收入的 1/5，而英国人的相应比例为 1/8”。（《金钱关系》，尼尔·弗格森著，唐颖华译，中信出版社，第 87 页）与之相比，莫卧儿王朝时期的印度人口达一亿一千万，但皇帝加上一百二十余位贵族却占有国民生产总值近八分之一的财富。附带一句，英国维多利亚女王时期还曾豁免工人阶级缴纳所得税，对于这一点，即使是后来的左翼政党执政时都没能做到。毫无疑问，这也是英国在进入社团资本主义社会后仍然能够保持君主立宪制，女王具有崇高威望的重要历史因素之一。

但是，在包括英国等国的欧洲封建王室看来，由于发动战争其本身在很多情况下至少短期来看是本小利大的生意，况且还可以为国内产品打开国外贸易市场。而国际市场的存在除了廉价地获取自然资源与人力资源及欧洲王室贵族所需的各种奢侈品外，国王也能够收取更多的关税为己所用。因此无论是王室贵族还是商人都十分乐意把发动战争作为增加收入来源以及扩大产品市场从而获取更多殖民利益的可行手段。而发动战争，必然牵涉到国债的发行，这又进一步关系到政府财政的收支预算与金融机构的经营。同时战争对军需品的需求又影响了军工企业的运营，因此战争在当时不但影响了商业性社团企业组织的发展，而且从客观上促进了包括金融、国债、财政等经济社会制度在当时西欧封建国家中的发生与形成。

更为重要的一方面，与封建时代中国情况不同的是，对于商业性的社团组织，早于13世纪，英国便已有了凭特许权经营的公司。到了15世纪，欧洲的许多贸易公司、特许权公司就开始由专业人士经营。文艺复兴时期，许多工场手工业者都结成工会，以行业经济社团的形式进行专业经营。“专业”一词便肇始于其时。在16世纪，英国的股份公司便有了由代理人经营而非股份所有者经营的情况。而众所周知，只有当企业资本规模持续扩张后才会引起相应经济权益种类的细分与增加。企业因资本所有权与经营权的分离，必然导致企业管理职能的分化，即形成董事会与监事会。这便从侧面说明了商业社团企业资本和权益的变化与其规模和形态之间的相互影响。而商业社团资本的扩大正体现了社团资本主义之权份享有主体——资产阶级的壮大。

与此同时，“（英国）早在1803年前，即有9000多家互助社团或友好社团，其成员超过70万人。到1877年注册的友好社团成员人数上升至275万人。而之后四十年不到的时间里，其成员人数增加到660万人。此外未注册的社团成员还有200多万人。1911年，英国政府推出国民保险时，该保险制度所覆盖的人群中有3/4的人已是友好社团的成员。”（《金钱关系》第89页）不可否认的是，民间私人企业等营利性组织有很多便是由经济型或非经济型友好社团与互助社团发展而来。其实各种社团组织在民间的普遍存在在当时新发现大陆的殖民地区，尤其是美国、澳大利亚等地体现得更为显著。而这些殖民地在其时都处于大英帝国的管辖之下。

由以上论述可知，早从13世纪开始，封建时代的英国就已经有了公司类型的经济性社团，其他类型社团在后世也不断得到发展。同时，封建皇权在议会的限制下对以贵族为代表的民间私有财产的征税也不能随意而为，个人财产资本的保障当然有利于不同于封建专制皇权的个人独立权份的争取，这便为人们摆脱依附态权份促进更广泛的资本主义经济社会在英国的形成奠定了基础。

## 第四节　美国的情况

现在再来说说美国的情况。恩格斯说："美国没有中世纪的废墟挡路，而且在一开始有历史的时候已经有了 17 世纪形成的现代资产阶级社会的因素。"（转引自《美国公民社会的构建》第 11 页）

美国从其发展历史来看，很大程度上可以说是先有民间自治社会然后才有管理政府的国家。欧洲中世纪以来民间结社自治的传统，在北美殖民地因殖民地移民为了生存与独立发展的强烈需求而得到了延续与发扬。谈到美国民间社团，法国思想家托克维尔在其《论美国的民主》中便写道："美国人不论年龄多大、不论处于什么地位、不论志趣是什么、无不时时在组织社团。在美国，不仅有人人都可以组织的工商团体，而且还有其他成千上万的团体。""我认为，最值得我们重视的，莫过于美国的智力活动和道德方面的结社。"（转引自《美国公民社会的构建》第 14 页）

的确如此，中国学者赵梅在转述哈佛大学历史系教授、美国历史学会前主席施莱辛格的《一个喜好结社者的国度的传记》一文（该文详细考察了北美殖民地时期至美国内战爆发前美国人结社的情况，公元 1944 年发表于《美国历史评论》）时进一步阐述说：殖民地时期，美国人的社团发展缓慢，而且多为地方性的。独立战争的胜利使美国人的志愿精神得以释放，宪法的实施为各种结社提供了法律保障，交通通信技术的发展，报纸的出现为全国性社团提供了条件。内战前，美国自愿组织无论从规模活动和影响方面，都得到了迅猛发展。故而，自愿组织等社团便成为美国社会的一大特征，其深刻地影响着美国经济社会的进程。

很多人都知道西方人素有勇于开拓与冒险的精神，然而从中世纪时起大量欧洲人来到美洲大陆很大程度上却要归因于逃避宗教迫害。从 16 世纪开始，当一批又一批欧洲移民成群结伴跨越海洋历尽千难万险来到詹姆斯敦、佛罗里达或马萨诸塞湾等北美殖民地时，首先他们必须克服旅途的漫长艰辛，其次要面临栖身处和食物、气候、水土环境的问题，然后就得战胜疾病、自然灾害与野兽甚至印第安人部落和英国、法国、西班牙等国军队的袭击。要想在新的荒野世界里生存下来，现实的压力迫使他们必须团结合作。不同的封建宗教派别迫害使他们逃离欧洲，共同的宗教信仰又使他们自我组织并聚集互助以应对生与死的选择。起初邻里劳动互助尚且是移民们团结合作的初级表现形式，比如抢耕抢种、建筑房屋等等。随着人口的增加与社区的形成，客观上需要公共事物的决策实施及管理。于是社区大会便首先成为新英格兰地区在地方政府出现以前，社区居民自我组织议事并决策执行的场所。这种因事而起的开放性的论坛允许所有当地居民参加，所涉及的事项也都由志愿者来义务完成。比如安排十六岁以上的男子负责社区巡夜以维护治安，组织人们进行修建道路、开挖水井等公共设施的建设等等。

如果说邻里互助与社区大会仅仅局限于个人之间的互助与自我管理，那么具有社团组织性质的社会福利机构的出现便使得志愿结社及协作互助的精神得以发扬光大。其中便包括于 1662 年率先在波士顿地区出现的济贫院。随后各种俱乐部、协会、兄弟会等慈善团体大量涌现。这些社团首要目标就是依靠自愿者的参与以提供包括医疗、教育、消防等等的民间慈善服务和公益帮助。尤其值得一提的是，1636 年由马萨诸塞地区的教会神职人员建立的美国第一所学院，该学院因两年后获得约翰·哈佛的捐赠而易名为哈佛学院。而其实不少学府在建立之初因资金缺乏，许多图书、教学设备甚至土地和校园建设资金都由个人捐赠而来。而由本杰明·富兰克林于 1743 年发起创立的美洲哲学会（American Philosophical Society）亦成为迄今为止美国历史最悠久的知识社团。美洲哲学会除了从事公益事务外，在北美殖民地时期传播欧洲启蒙思想方面也曾做出了巨大贡献，对当时殖民地摆脱英国封建统治实现国家独立产生了深远影响。美国独立战争后，殖民地人民摆脱了英国封建统治，经济社会得到发展。而随着《美国宪法》的颁布，人们则组建了更多的民间社团组织。在社会经济领域也出现了一些企业协会性社团，比如银行业协会和农业改进协会等等，维护并促进了行业经济的发展。

由此可见在美国，从殖民地开拓时期的结伴而行与邻里合作互助，到独立战争前市镇社区不断扩大发展时期的教育医疗慈善公益，接着到独立战争时期及以后带有强烈政治诉求色彩的社团组织和权利争取运动，再到国家社会全面发展时期的行业经济协会、民间社交俱乐部等等，恰恰也是美国民间社团随着国家历史演变与经济社会发展不断充实更新并完善自身的过程。可以说，贯穿其间的志愿精神正是人们积极参与意识的体现，是自我实现的方式之一。而广泛的个人参与离不开个体独立与身份自主，在以等级地位与家族式管理的依附态权份为特征的封建社会里，是不可能有社团式的志愿组织出现的。这都充分展现出了北美殖民地的移民们基于自发意愿、自我参与、自我达成的自治性的精神理念与行为模式。

这种精神理念与行为模式在美国联邦政府成立以后的西进运动中亦曾体现得淋漓尽致。在未获得政府任何实质性帮助即使是交通工具的形势下，通过拓荒者的努力美国国土面积仍获得了迅速扩张。在 19 世纪末期达到了约 360 万平方公里，是建国时的近 4 倍。同时，由于这些自愿组织得以产生的广泛民众基础与特殊历史地理条件以及各种社团事实上的蓬勃发展，使得大量社团的内部管理与运作模式表现在美国的政治生活中，亦能与国家制度相互作用相互影响。这些协会社团本身“它的运行与管理、协会主席的产生、资金的管理、决策程序、协会内部的选举、权力的制衡与监督，几乎完全与美国联邦制的运行模式相同”（《美国公民社会的构建》第 61 页）。以至于人们普遍认为美国是先有社会后有国家，先有州府后有国府。

就这样，自近代社会以来，由于北美大陆新移民的不断涌入，增强了社团组织存在的必要性并为其规模的扩大创造了可能。同时随着工业化、城市化的发展，以铁路为主的交通运输业的进步为全国性社团组织的建立提供了便利。而且由于已有资本的支撑以及对未获权份或实现需求的渴望，使得已有经济社会中的中产阶层逐渐成为各种社团组织的成员主体及组织者与领导者。美国曾经的历史经验表明，每一次中产阶级的发展都促进了各种社团组织的发展，而社团壮大的同时也促进了中产阶层的壮大，以及人们权份的扩张。因而导致中产阶层最终成为美国社会得以稳定发展的力量保障和坚实基础。这无疑得益于美国经济社会发展过程中社团性资本的广泛化与以社团组织为平台基石人们权份的大众化。

故而任何一种经济社会的发展形态都不是凭空产生的，有其历史渊源的同时也必然凝结出其自身特点。两百多年的建国历程使得美国拥有了较为自由发展的社团社会，而社团性经济资本结构的逐渐固化却也导致了部分庞大行业社团资本具有对国家资源包括政府行为实施垄断性影响的能力。这种能力在一定历史时期从客观上推动了社会经济结构周期性的失衡，进而促成了经济危机的发生。同时这种垄断性影响的能力，在美国政府20世纪前后对内对外之政治经济甚至文化政策上亦不断得以体现。

综上所述，美国的确是一个先有社区后有国家，先有社会后有政府，充满了各种社团组织的国度。然而如果要明确美国这种充满了社团的经济社会具体是从什么时候开始的，其标志便可以说是《五月花号公约》的签订。即于1620年由51名男性欧洲清教徒在“五月花号”船上确定的开拓殖民地之协议。协议中开篇明义地宣示“在上帝面前共同庄严立誓签约，自愿结为一民众自治团体”。（转引自《美国公民社会的构建》第231页附录1）（但原文翻译为“公民政治团体”，作者以为“民众自治团体”更符合当时历史条件与自然环境下签约清教徒之原本意志）。很显然这一民众自治团体就是一个典型的社团组织。它体现了社团的三大特征即自愿组织、自觉遵循、自治事务。倘若说这一“五月花号”社团是一个干细胞母体的话，那么美国的社团社会最终成为一个富有生命力的有机体就是由这干细胞母体不断复制与分裂繁殖而来。就像马斯洛理论描述人的需求经过从生理到安全，到归属，到荣誉，再到实现自我价值一样，美国社团目标的发展也历经了这种不断递变的过程。体现在社团功能上，独立战争前殖民地民众为了生存与人身安全，早期的社团作用主要发挥在慈善救济、教育与社区保卫之上；独立战争后美国民众获得了国家归属感，特别是南北战争结束后为了追求平等权份、改良社会风气、消除贫富差异，涌现了大量社团以推动社会改革的方式帮助人们获取权份与荣誉并展现自身价值，比如禁酒协会和全美争取妇女平等权利协会等等。由此可见，正是权份需求的不同导致了社团设立的目的不同，内涵与组织形式的不同。但其过程亦都无外乎是人们努力通过获取资本与权份，以社团组织为平台与手段促成每个人自我价值的实现。

除此之外，我们从中还可以看到的是，历史上虽然北美大陆作为当时英国的殖民地曾经为英王与英议会贡献了无数的纳税与物产，但这并不影响大英帝国仍视其为被征服的臣民而不断征税以加紧经济掠夺。事实上随着殖民地人口的增长与经济的发展，进入18世纪后，英国议会颁布了更多的税法，诸如《糖税法》《印花税法》《茶税法》，等等。不断加深的压榨剥削自然激发了殖民地人民反抗以至独立的精神与愿望。因为只有成立自己的国家使得殖民地人民独立自主后，才能摆脱这种剥削与压迫，进而发展自己的资本与权份。在殖民地风起云涌的独立运动中，各州通讯委员会以社团独有的组织力量为美国独立做出了巨大贡献。然而在各种社团成立初期，由于英国曾被众多殖民地人们视作“母国”，众多社团的工作重点其实仅仅是加强与母国的联系并努力谋求在英议会的一席之地。但以此往后的北美殖民地斗争的历史实践却再次证明了本书所述之国家理论，即国家是一定地域内人们保存并扩张资本、获取并行使权份的平台。美国的独立运动便充分阐释了国家的这一内涵与本质。曾经的殖民地经历突显了国家除了阶级性以外，还具有地域性的要义。

统而言之，美国在其成立之始，便是一个个人身份较为独立自主、充满了各种社团的经济社会。虽然现实多元社会中不乏种种不公平甚至种族歧视的现象，但颁布于1787年的美国宪法明确规定：废除贵族头衔与职务世袭制度，所有政府公职向人民开放，作为国家元首的总统与国会议员都由民众选举产生。相对于当时普遍还是封建家族制经济社会状态下的欧洲来说，这的确是历史的进步。因为它从法律上明确消除了封建等级观念残余，否定了封建皇权统治，为近代资本主义经济社会在美国大陆的形成与巩固奠定了坚实基础。

## 第五节　资本主义经济社会如何得以率先在西方民族国家中形成

通过以上章节对封建时代尤其是晚期中国和英美等国经济社会的比较，我们知道资本主义经济社会得以形成的最根本也最显著的特征是：有身份独立的个体人以及由这些凭借自身劳动力价值的人自愿参与的包括公司、企业等商业性社团的各种社团组织。因此在任何一个国家的经济社会中，只有当普遍的依附态权份消失并逐渐被商品态权份取代后，自由雇工的出现导致商业性社团的出现，才预示着资本主义市场经济的到来以及资本主义经济社会的逐步形成。

而早在 14 世纪英国议会便曾喊出了“国王应自食其力”的口号，以反对封建君主专制下的横征暴敛。到了 17 世纪，英国经过资产阶级革命后，人们拥有与生俱来的权利及私有财产神圣不可侵犯的思想逐渐深入人心。同时由许多土地财产拥有者组成的国会在与封建皇权的角力中逐步占据上风，国王专制的权力缓慢而渐渐全面地受到议会的限制。英国的詹姆士·哈林顿（James Harrington）可能是最早把政治权力视为经济财富的衍生品（这显然也是资本）的理论家。他在 1656 年出版的著作《大洋国》中提出，谁掌握了国家财富谁就掌控了政权。“从早期的都铎王朝以牺牲国王和贵族的利益而使自耕农获益的土地改革中，哈林顿看到了君主专制之所以覆灭的根本原因。亨利七世把大片土地分给小地主，而亨利八世沿袭这一做法把从教士手中没收来的土地也转让给了小地主……到了伊丽莎白统治时期，英国财富的天平已经决定性地从国王和贵族倒向了平民。”（《财产论》第 39 页）因此哈林顿得出结论说，在某种程度上当时绝大多数的英国人都是大大小小的土地财产拥有者。资本支持权份，权份保障资本，这当然是经济权份的认可导致了财产的逐步获得。而财产的获得又进一步支撑了更多权份的诉求。于是对封建皇权的依附态权份逐渐消失，其结果便是“使得英国公民对其生命财富和人身拥有了完全的自由”。（《财产论》第 40 页）

在这样的过程中，封建皇家财产与国家资产的分离、君主收入与国家收入的分列计算、皇室开支与皇廷收入的匹配对应，便成为封建家族制经济社会逐渐衰弱而资本主义经济社会在英国等西欧国家逐步建立的象征。这是与议会逐步掌握了国家收入与开支相辅相成的。事实上英国早从 14 世纪开始，议会便获得了参与立法的资格。也是在 14 世纪中叶即爱德华三世统治时期，英国财政部便提出国王的大臣须对议会负责，并且国王应将专项拨款的使用情况通报给议会，否则有权拒绝为国王提供经费。未经议会批准，国王无权征收新税也已成为传统。1530—1542 年即亨利三世执政时期，英国社会实现了将基于皇家统治权的家族化管理体制让位于基于国家财政的官僚机构管理体制。虽然历史会有反复，但仍可以说这是社团资本主义经济社会正式在英国开始形成的标志。

到了17世纪中晚期，“（英国）此时则建立了这样的规则，即法官只要表现良好就可继续任职，除非他们被判定犯了罪或是议会两院共同的要求，否则不得解除其职务。这一惯例确立了司法独立性原则。”（《财产论》第184页）这便意味着法官的任命不再由国王的喜好决定，封建王权再次旁落于司法领域。如果说在伊丽莎白一世女王时期议会还不是常设机构，只是女王为了获取经费而平均每隔两三年频繁召开的议会会议，那么到了17世纪晚期或18世纪早期，英国议会也因为每年都会召开而真正成为常设性国家权力机构了。

因此可以认为英国是资产阶级首先在一定的资本基础上，从权份获取再到资本更多地获取，并且以较为温和的改良方式推动经济社会进一步发展的资本主义国家的典型。毫无疑问，英国的资本主义经济社会制度是典型的和平渐进式的，是以议会为代表的民间力量与历代封建王朝尤其是斯图亚特王朝专制者经过长期争权夺利后，首先以半议会有限君主政体模式发端的。这也说明了为什么英国是君主立宪的资本主义国家政体。因为在其历史上的封建国王中，除了极为反动的查理一世外，在资产阶级经济社会的发展中大致总体上皆起到了较为平和甚至是积极的作用。其中典型的代表便是伊莉莎白一世和维多利亚女王，她们不但在位的时间长，而且政绩显赫，从政治、经济、文化、科技等各方面都促进了当时英国社会的长足发展。作为回报，封建家族君主与资产阶级立宪便得以和平共存。

与之形成鲜明对比的是，同样脱胎于封建家族社会，但从资本获取到权份获取以较为激烈的革命方式推动社会进步的资本主义国家的典型则是法国。在18世纪，法国的城市市民阶层与工商业资产所有者已经有了比较多的资本积累，但政治权利包括财产权利的缺乏与国王君主专制的压迫使得人们对当时的社会极度不满。写作《社会契约论》的卢梭便曾经发出这样的感慨：“我讨厌这个世界。我现在生活在一个充满幻想的国度里，而且我无法容忍现实存在的世界……”（《财产论》第47页）公元1789年法国议会通过了《怨言集》，文中提出财产权和自由应该是国家必须义不容辞地承认并保护的神圣权利。四年后也就是公元1793年，国民公会召开，其间通过的宪法第二条明确规定：“平等、自由、安全和财产”是人们基本的并且是不可分割的权利。“公元1804年颁布的拿破仑法典——民法典，也基本上阐释了同样的意思。它扫除了封建时代遗留下来的施加在所有权上的一切限制……”（《财产论》第52页）至此法国资产阶级革命家通过使得私有财产神圣不可侵犯这一原则法律化，并使用诸如攻占巴士底狱等暴力的手段才废除了封建贵族统治及其特权，人们得以摆脱封建依附态权份成立了资产阶级共和政府。

而一伺资本主义国家建立，在当时社会便会产生这样的现象：只有财产所有者才有选举权，才有合法的权份去参政。毫无疑问这是由资本支撑权份及资本专享原则所决定了的。同时资本主义经济社会的社团性也会显露出来，那就是政治家亦必须代表一定经济集团的利益。诚如19世纪70年代德国宰相俾斯麦所说：“经济事项在国内事务中日益突出，成为首要问题……政党可以作为某些利益集团形象鲜明的代表。这些集团可以为政党提供支持，并要求政党实施符合集团利益的政策。”而无论是哪个政党是否上台执政，“与之前相比，都将被迫在经济问题上采取某一立场，并在利益集团的压力下履行职责”。

现在，结合以前章节所述，我们可以大致来回答资本主义经济社会为什么能够首先在英美等西方国家建立这一问题了。从经济的角度看，简言之，原因一是早期欧洲皇室封建贵族对亚洲瓷器、锦绸、香料等奢侈品的追求无法有足够的支付手段，导致对殖民地掠夺式贸易获得的黄金白银具有强烈的需求。这种强烈需求通过欧洲各皇家对海外探险与寻宝行为的频繁资助可见一斑。探险船队的组建来源于民间社会的招募和与皇家权责赏罚协议的达成。凭借协议组建船队或者皇室仅仅以赞助的形式鼓励民间人士进行远航寻宝的皇家行为，作为典范，促进了民间基于契约以达成共同经济目的的商业社团的普遍形成。而在中国，这仅仅是封建皇帝的派遣行为；原因二是在欧洲封建社会存在尊重以贵族为代表的民间财产及长期民间治理的传统，同时由于封建君主尤其是英国国王权威的相对柔弱造就了民众经济行为空间的相对自由。这有利于民间资本与权份依靠自身繁殖的相对更大发展而不同于中国传统的商而优则仕。譬如14世纪西班牙阿拉贡人在对国王效忠的誓言中便说：“我们与你同样出色，你也不比我们更为优秀。但我们拥戴你为君临天下的国王陛下，只要你尊重我们所有的自由权利和法律。如若不然不再奉你为王。”（《财产论》186页）原因三是中世纪以来的启蒙运动在引发了人们思想解放与科技发展的同时促使社会生产力得到提高，劳动力的相对稀缺亦导致以机械设备弥补劳动力缺位的技术创新层出不穷，比如蒸汽机、汽车等。而反过来科技产品创造的丰富物质生活使人们的观念思想更开放更自由后，身份独立的个体人亦成为大量社团组织的自由成员，并积极加入资本主义新的生产组织与经济价值形成链条中来；四则最重要的便是，欧洲国家之间城邦贸易及海外贸易，使得城市资产阶级的财富与资本在皇权掌控范围之外获得较大扩张的同时，进而激发了其保护自身经济权份的意识。相对于封建等级专政皇权下的依附态权份，相对于封建皇族封闭的官僚家族世袭的权份扩张通道，强烈的平等自由诉求要求打破等级压迫下权份的内循环，这直接引发并推动了启蒙运动在欧洲的广泛宣扬与开展。随后有社会各中下阶层普遍参与的资产阶级革命便得以率先在西欧民族国家中进行。社团资产阶级亦逐渐成为当时经济社会活动的功能主体。

除此之外，也许还有一个不容忽视的具有悠久历史的政治经济文化因素。众所周知，西方文明起源于古希腊文明。而许多人也认为，“政治”这一概念便可能发源于古希腊。在英文中政治是 politics，而在希腊语中表示城市的单词是 polis，其意思是公众的、与每个人相关连的，和个人的、私利的意义正好相对。同时权利与义务同存共融才能形成公民身份的观念可能最早也出现在古希腊。不过其前提是，必须拥有私人的土地财产。因为拥有土地使个人获得自由，成为自由民。自由民有权利只为自己劳动，种植橄榄、葡萄和小麦等果蔬谷物而无须承担进贡或向贵族提供徭役。但有义务在战时披挂上阵，以士兵的身份为保卫城邦与土地财产而战。正是这些经济独立的拥有土地的农民构成了城邦公民的主体。他们组成拥有最高立法和司法权力的公民大会，组建为公民大会准备议事事项的四百人议事会，与来自贵族成员的民众法庭共同形成了城邦国家的权力机构。这曾经在公元前 6 世纪末的古希腊十分盛行。它们自己制定法律，自我管理并自行主权。由此可见在古希腊，以土地为主的财产所有权与政治权利，以及公民身份和自由之间存在着紧密的联系。与之一脉相承，在近现代西欧的城市中，包括房地产在内的资本的私人所有制支撑人们获得了较大的自治与司法自主权份，这使得“所有的城市居民根据其在该城市的居民身份而不是根据其社会地位，成为享有公民权的自由民”。（《财产论》第 222 页）因此在德国甚至有一种说法是“城市予人自由”（City Air Makes Free），其含义即是指在城市中定居时间达到一年以上的农奴，可以自动地获得自由。这显然与以私有财产为代表的个人资本之间亦存在着密切的关联。而所有这些，或许正是近代欧美国家资本主义经济社会得以脱胎于封建家族社会而获得率先成功构建的历史与文化渊源。关于资本主义经济社会的资本与权份状态将在下一章中论述。

# 第三部分
# 资本主义经济社会的
# 主要形态、资本、权份与若干社会问题

在阐述资本主义经济社会的几种主要形态之前，我们先来看看资本主义经济社会的资本与权份。

## 资本、权份与经济社会的演化

# 第十五章
# 资本主义经济社会的资本与权份

——继续悄悄地走下去吧，我的生命！ 我不愿把你摆进橱窗展览，让你碌碌无为地浪费宝贵时光。（卡尔·古斯塔夫·魏尔纳·冯·海顿斯坦《我的生命》）

英国近代先贤亚当·斯密在《国富论》中说：“哪里有巨额的财富，哪里就有极大的不平等……到目前为止，佣人劳工各行各业的劳动者构成了每个政治社会的大部分。我们绝不能忽视大部分人群的利益。我们必须改善大部分人的生活。在一个社会中，如果大部分的人群贫穷又悲惨，是不可能强大富裕的。正是他们为整个社会提供了衣食住行，他们应当得到属于自己的份额，应当满足自己的衣食住行。”

作为一位经济学家，亚当·斯密充满道德感地关注民生问题，不得不让人深入思考经济学的本质。他断言说，劳动分工可以为人类带来诸多利益，并帮助人类实现普遍富裕。事实上本书以为，劳动分工正是资本得以广泛化、大众化的内生性动力之一。因为每个人只要他努力，都可以利用先天的或后天的优势特长加入到复制、升级、延长甚至创造更新社会大生产的价值链中去，并从市场交换中获得自己的利益与应该有的那个份额。而科学技术的发展加速了分工的裂变，拓宽了价值增值的来源，促进了资本的生成累积。尤其是打破了拥有包括物质资源等各种社会资源之既得利益阶层对社会财富的垄断地位，创造了新财富与新资本的形成路径。从第一次工业革命到第三次工业浪潮，正是高速发展的新科技促进了劳动分工，延伸了价值链，屡屡产生新的产业格局，使得社会商品与服务在丰富升级、社团资本结构亦不断得到充实的同时，有力支持了资本主义经济社会中商品态权份与消费者态权份的形成、巩固和完善。

而比亚当·斯密早三百年的中世纪著名的伊斯兰学者伊本·赫勒敦亦曾说“压迫将会终结发展”，“众所周知，人类自身无法满足所有的经济需求。人类必须互相合作，才能实现这个目的。团体互相合作能够满足许多需求，远比个人单枪匹马来得好。”劳动分工恰恰就是人类合作的方式之一，这同时也为行业经济性社团的作用提供了注解。

在资本主义经济社会，从其早期历史来看，公民的权份最早是一个否定性的概念，比如免受宗教迫害、免受任意逮捕劳役等等。不过现在在商品态与消费者态的权份状态下，它们则更多地体现出了肯定性，具有了有权获得的含义，比如劳动与基本消费保障权、受义务教育权、基本健康医疗保障权等。很显然，这是在体现了历史阶段性之资本广泛化的支持下，权份由附属态逐渐从被依附的皇权中脱离出来成为自由的商品态、消费者态的过程。也就是说正是相对于附属态权份而言的束缚，首先必须否定并挣脱这种约束，才能获得人身的独立与自由，并以人身权益的商品化参与劳动分工与价值链的生产，进而从“免受”再到应当“享有”，逐步体现出资本与权份状态的进化历程。

在本章，将以资本主义经济社会历史发展的脉络为主线，以结构性资本为特色并以消费者态权份为重点来阐述资本主义经济社会社团结构性资本及其相应的主流权份状态。

## 第一节
## 资本主义经济社会早中期的主要资本形式及商品态权份的建立

从 16 世纪开始，资本主义经济社会逐步在西欧国家中形成后，其结构性的发展阶段便体现了不同行业属性社团资本的历史发展时期。它是以技术发展为标志、国家政策做驱动、权份状态为反映与支撑的。比如1700—1750年之间的英国，是传统资本主义阶段理论中重商主义的黄金时代，其时的主要资本是海外贸易资本，政府使“圈地运动”合法化，以羊毛加工技术为主导，雇工处于封建社会残留的家长式管制占主流与商品形式为辅助的权份状态；到了自由主义阶段的典型时期，即1840年至1870年间，在英国，城市商业与工厂利用机器进行的小商品制造业的发展使得商品态的权份形式得到进一步壮大；而帝国主义时期（1890—1914年）的典型代表美国与德国，则是以钢铁工业资本为主要行业性社团资本，同时金融资本的重要作用日益突出，冶炼钢铁及铁路交通运输、设备铸造技术为先进科技，与主流权份状态的彻底商品化共同体现了资本主义经济社会的结构性特征。到了1950年以后，以美国为首的消费者态权份率先发展起来，跨国商业资本、房地产资本在金融资本的推动下，在电子信息技术的助力下，以房地产和耐用消费品为主的消费品的极大丰富以及政府对人们消费权益的重视，导致消费者态权份逐步形成并得到较大张扬。以下先就资本主义经济社会早中期的主要资本形式略作进一步论述。

中世纪晚期从意大利佛罗伦萨开始，基于个人手工技术的工场手工业逐渐在欧洲兴起。15世纪末至16世纪初，英国展开了第一次圈地运动，包括佃农、自耕农在内的大批小土地耕种者被迫出卖土地或失去土地后远走他乡。但羊毛加工业蓬勃发展起来，羊毛及其毛织品出口大量增加，海外贸易发展的同时英国资产阶级也得到发展。而成为无产者的农民就像游离的原子一样四处流浪，只能凭借出卖劳动力接受资产阶级的压榨式雇佣以糊口活命。同时，城市工场手工业也使战争武器产生了质的飞跃，火炮与毛瑟枪逐步取代了中世纪骑士手中的刀与剑。到了17世纪中后期，各种工场手工业由个别经营演变为成立工会组织，广泛实行专业化经营，民间行业性社团资本逐渐壮大。18世纪初至19世纪中期，在英国资产阶级取得决定性胜利后，城市工商业进一步发展，城市人口亦急剧增加，对粮食果蔬等农产品产生了很大需求。当时的英国政府便通过议会立法使圈地合法化，因此城市资产阶级与大地主贵族联合再次大肆圈地发展规模农业。这便形成第二次圈地运动，其影响是类似运动在欧洲大陆的德国、法国、丹麦等国家亦得到广泛开展。

经过两次圈地运动后，英国经济的发展从根本上改变了当时的社会结构，“原始积累时期资本秩序对社会的控制的共同特征就是商品化对传统农业的破坏。借助于一系列中间形式，工资劳动取代了人身依附，而通常是通过灾荒、迁移和战争等引起的社会动荡来实现（摆脱人身依附的境况）。”（《资本主义的发展阶段——繁荣危机和全球化》第7页）于是，因为资产阶级的劳动雇佣使得劳动力人身被商品化，商品态权份渐渐取代依附态权份在以英国为首的西欧国家中得到建立。

19世纪中晚期以后，工业新技术的应用促进了大批量生产的重工业的发展，比如钢铁冶炼、铁路建设等。由个人或家庭甚或家族主导的较小型传统企业已完全不能适应像铁路这样庞大事物的发展。大规模与群体性的工作需要更多的劳动者参与，劳动密集型产业恰好能够提供大量的雇佣式工作，于是在吸纳了大部分青壮年劳动力的同时，商品态权份便成为资本主义经济社会权份状态的主流。同时，企业规模包括产品生产流程、仓库场地、产品批量、雇工总数的不断扩大刺激了对新的管理技术、管理阶层及大资本投入的需求。管理阶层的出现一方面带来了新的生产组织方式与管理内涵，比如20世纪初的福特主义；另一方面缓和了企业所有者即资本投入阶层与生产劳动者即劳动力投入阶层的权份冲突，并形成了新的管理技术阶层。本书认为，管理技术的变革客观上能够帮助拥有商品态权份的劳动者获得更多个人的尊严，间接促进了其向消费者态权份转变条件的成熟。同时以钢铁、汽车、铁路等行业性经济大资本的投入进一步扩大了金融资本对实体经济的影响深度与广度。而管理层员工持股作为激励手段，即是管理技术的创新也是一种新的通过技术获取资本的形式，体现了资本进一步广泛化的趋势。市场竞争使得众多公司企业在管理手段创新及在调查、设计、广告方面的投入进而增加了新商品与新商业服务种类的同时，进一步扩展了商品的内涵与外延。因调查设计与创意广告而产生的劳动分工与剩余价值得以形成新的资本，从而扩张了该资本对应的经济社团组织阶层结构。因而可以说，每一次社会分工都会产生一次新的价值增值，而每一次价值增值也都会形成一种新的资本形式与权份模式。这种规律在资本主义经济社会中体现得越来越频繁的同时，经济社会也便越来越繁荣。

以上扼要论述了资本主义经济社会早中期随着行业经济的发展所呈现出的主要资本形式，下面便讲讲其时商品态权份的建立。

19世纪英国曾有理论家认为“私有财产是不平等的本质”。确实，在社会资本尚不够丰富与人们权份还不够广泛的情况下，如果个人获取了资本与权份则有利于成就个体自由，大众获取了资本与权份则有利于成就大家平等。而历史则表明，封建家族经济社会之后，相对于当时历史阶段较为广泛的而不仅仅是地主贵族和皇帝的民间个人财产制度的建立，正是使得西方国家社会经济及军事得以处于日后世界领先地位的原动力。

因为较为普遍的个人财产制度的建立，使得跨越血缘关系的包括公司在内的各种经济社团组织的形成成为可能。但公司的诞生，首先便要求人身地位的平等。在社团资本发展的初期，公司都是国家特许经营，比如荷兰与英国的东印度公司。如果说在早期还带有浓重的家族资本色彩的话，那么当人们彻底摆脱了封建等级束缚获得了平等的商业经营权与技术发明权后，人们便具备了普遍的签订契约的身份与能力，这无疑有利于合作公司的成立，社团资本也由之能够壮大起来。而公司作为商业性社团，被法律认可为法人后，成为市场经济功能活动主体，那么必然也是资本主义经济社会功能活动之主体。

卡尔·马克思曾将资本主义的决定性特征定位在劳动力商品形式的一般化。确实如此，因为只有当劳动力被赋予商品形式时，价值的唯一源泉才获得了商品形式。经济剥削通过交换关系获得了表面的合理性，由此劳动力的支配权逐步遵循于价值规律。也就是从资本主义经济社会开始，劳动力的商品化使得权份形式进入商品态。资本的积累益发体现出价值规律。但价值规律不是超人类的。没有认识到权份的存在，以及权份与资本的关系，就无法认识到资本的本质是为了权份。其保值增值所遵循的规律也不过是为了权份更好地获得保障与扩张。

然而人类社会即使进入了资本主义经济社会时代，依附物态权份也并没有完全消失。这部分体现在较长时间里，女性与男性的家庭与社会地位之间的差异以及女性在家庭关系中对男性的依附性。女性婚前随父姓婚后随夫姓，是丈夫的附属品甚至是私产。在不少国家，女性至今没有选举与被选举权、财产继承权甚至受教育权。在美国，妇女也直至公元 1920 年才通过美国宪法第十九条修正案获得选举权，比白人男子有产阶层晚了 133 年，比白人男子晚了 55 年，比黑人男性则晚 51 年。

这是因为经济社会的发展不会采取跳跃或割裂的形式，只能是在原有的基础上延续生长。例如在传统经济理论所谓的自由主义阶段的典型时期（公元 1840—1870 年），即使是在英国，由于封建依附态权份的顽固残留，商品态的权份形式亦可能仍未完全成为主流。“工资劳动者阶层也不占人口的大多数，工厂工人的数量排在当地服务人员和农业工人之后位居第三。而且当一些农业工人转变为工资工人之后，许多人还是小商品生产者。就是在这一阶段的英国，劳动力已经成为最重要的商品。”（《资本主义的发展阶段——繁荣危机和全球化》第147页）因此说在资本主义经济社会的自由主义阶段，虽然已经进入商品态权份社会，但不完全的商品态权份使得依属态权份依旧占据了重要地位。这便体现了在经济社会发展的延续性中权份历史状态的承袭延续性，或说兼容性。

不过必须予以肯定的是，自从人类经济社会开始进入资本主义时代后，不但物质生产日益丰富，而且普遍人的价值在个体彻底脱离对君权与神权的依附获得独立后也逐渐得以体现与张扬。因此可以说，商品态权份首先能够在西欧国家中建立，正是对文艺复兴以来启蒙运动中努力强调的个体人身价值的积极响应！

从以上论述中可见，在资本主义经济社会的早中期，以羊毛加工与贸易为行业资本代表的手工业作坊与小规模机器工厂的存在，使得当时的权份状态依然摆脱不了家长专制的依附态，商品态权份还未成为主流；而当生产力的发展使得钢铁、汽车等劳动密集型的大机器行业资本工业崛起时，普遍的劳动力商品式雇佣使得商品态权份已然成为资本主义经济社会的主流。

## 第二节
## 20世纪初以来资本主义经济社会的主要资本形式及消费者态权份的形成

在近现代社会尤其是20世纪以来，从资本与权份的视角来看，可以认为法律是约定、平衡、保障权份的，因此法院是一定社会里普遍权份界定与保障的执行机构；金融组织是该社会内所有经济资本的计量、流通与管理的社团法人；而政党则是主张、协调与代表一定阶层人们权份的，同时也是一定资本利益群体的代言人。因此要考察二十世纪初以来资本主义经济社会的主要资本形式及消费者态权份，不妨让我们先从美国开始。

1898年美国最高法院在一桩地方法令案例中作出裁决，认可犹他州将地下采矿的工作时间限制为一天八小时的法律。很显然，在商品态权份的现实情况下，人们有自主缔结经济契约的权利即契约自由。因为这种权利正是个人身份独立以及财产权利的重要实现途径之一。然而由于当时经济社会情况下雇主与雇员之间现实力量的不平等，便很容易导致"榨取血汗"般的压迫与剥削做法。不过庆幸的是，最终美国最高法院裁定犹他州出台的法律符合宪法的规定。其实无论是采掘业等特殊行业还是餐饮服务等一般性行业，工作时间上的限定有利于雇佣工人有充分的时间用于身心状况的自我调节及对生活家庭进行足够的兴趣投入与情感连接，这便为人们消费态权份的产生和发展创造了条件。

事实上，在20世纪初的美国，"据统计，1900年全美产业工人有70%每天劳动在10小时以上。在总数约2900万的工人大军中，10—15岁的儿童达75万。"（《美国公民社会的构建》第221页）恶劣的工作条件、超负荷的劳动强度、压制式的劳工管理及频发的工伤事故，无不突显出美国资本主义经济社会中商品态权份的低廉与困苦。这促使工人们通过工会或"世界产业工人联合会"等各种社团组织为努力维护自身权益而斗争。如果说曾经的美国总统西奥多·罗斯福为美国式的自由赋予了免于穷困与饥寒的内涵，那么童工保护运动及有关妇女工时标准之类的立法便为在美国式的商品态权份基础上产生消费者态权份提供了以道德为出发点更多的法律保障。

而在20世纪30年代早期，一场经济大萧条曾席卷全美，逾1200万美国人失去了工作。此后以保障劳动者权益为主的罗斯福新政便通过一系列立法得以实现。比如颁布于1935年的《社会保障法》，以对老年人、残疾人和失业者提供适当的帮助；颁布于1938年的《公平劳工标准法》，为某些特定的行业界定了最低工资水平以及最高工作时间。这些法律措施都大大缓解了经济危机对当时的美国社会尤其是劳动人们所带来的冲击。即使是"弗雷德里克·哈耶克这位国家干预经济的激烈反对者也同样认为国家有责任保证所有的市民拥有'足以维持健康和工作能力的最低限度的食物住所和衣物'"。（《财产论》338页）

其实在资本主义经济社会发展的初期，权份状态从附属物态向商品态转变的过程当中，由于存在劳动力商品的买方市场以及附属态权份形式的残留，人们权份中的生存权等基本保障权利并未真正获得。人更多地是作为劳动力商品而存在。在第一次世界大战尤其是第二次世界大战后，劳动力的严重短缺与工人们自我保护意识的再次觉醒促进了商品态权份中更多人身保障的获取。即资产阶级国家为了缓和国内矛盾，给予了工人阶级较多的福利政策。同时为了应对经济衰退、加强资本积累、有效增加社会需求、鼓励人们敢于消费，以美国为首的较为领先的资本主义国家便纷纷以立法的形式赋予其国民以包括限定工时、失业与医疗保险等等基本社会保障的权利，就是在这样的现实情况下美国国内的消费者态权份才得以逐步在商品态权份基础上得到确立。

并且，除了社会保障制度等福利政策手段的促进作用外，社会物质生产及资本形态本身的不断丰富升级也需要人们普遍的商品态权份逐渐向消费者态权份转变，从而使人的主要经济功能从生产环节转移到再生产环节中。波兰经济学家卡莱基（Kalecki）曾说："工资收入者消费他们的所得，资本家从他们的消费中获利。"（《资本主义的发展阶段》，经济科学出版社，2003年版，罗伯特·阿尔布里坦等著张余文主译）从某种角度上说，这便体现在以城市规模扩大与城市人口不断获得集中与增加为标志的城市化过程中，资本通过要求权份状态从商品化向消费者化升级以促进资本提高效益，比如通过减少运输、仓储等流通成本获得增值的需要；同时也反映了产业资本从低利润率向较高利润率产业转移或说产业价值链得到延长的进程，比如纯粹的农牧业向农牧产品深加工业、服务业甚至旅游业的转型。由于产品与服务的不断增加与升级，这种产业转型的过程亦便是人们权份状态升级的过程，即从商品态向消费者态升级的过程。

而在这不断增长与强化的消费者态权份的历史情境中，资本的广泛化与权份的大众化一定程度上便体现在资本主义经济社会福利国家的政府开支及财政收入来源，即资源的再分配政策的变化上。比如如果我们将英国政府在1898年与1998年的财政状况进行对比，就能看到百年间的变化。1898年英国政府财政预算中最大项目是国防开支为36%，其次是偿还债务为21%。到了1998年最大项目的公共开支为社会保障，占30%，其次为医疗和教育占29%。同时政府公共开支占国内生产总值的比值情况，1898年约为6.5%，而1998年上升为39%。另外从财政收入来看，1898 年英国政府财政收入的主要来源为国内货物税，占比 29%，其次就是关税占比 19% 和所得税占比 15%。到了 1998 年所得税已成为财政收入的重要来源，为 26%，其次是国民保险缴纳金和增值税都为 16%，此时关税收入只占 0.5%。仅仅是一百年后，英国政府的财政就"从一个为战争融资而形成的累退性质的再分配体系，转而成为一个以弥合财富差距为首要职能的再分配体系"。（《金钱关系》第 93 页）这种再分配政策，正迎合了资本主义经济社会中普遍的消费者态权份发展的历史潮流。

在此，我们还可以提供一组数据借以说明世界范围内尤其是先进资本主义经济社会中消费者态权份的广泛发展。在 1913 年，"62.5% 的世界贸易商品是初级产品，与之形成鲜明对比的是，1970 年 60.9% 的世界出口品为制造品，1994 年上升到 74.7%。"（《资本主义的发展阶段——繁荣危机和全球化》第 115 页）说明一下，其中初级产品为棉花、煤矿、铁矿等，制造品则包括汽车、玩具及各种消费类电子产品等等。

而从 20 世纪七八十年代开始，西方国家普遍出现了私有化浪潮。随着企业股份制的深入发展，企业工人也能获得企业股份，资本更加广泛化，民间资本迅速积累并得到壮大，其筹资、投资能力与需求的提高促使各种社会金融机构快速发展。私营银行、保险公司、基金会、股票交易所等公司社团组织对金融体系加以完善的同时，也壮大了民间私人资本。普通工人通过员工持股的方式得以成为股份制企业的资本与权份所有者。各种不同的金融产品与交易方式繁荣了资本市场。于是基于信用技术体系的快速发展，金融资本的不断充实，金融领域的不断扩张，以股票、债券等有价证券为主要形式存在的私人资本的广泛深入发展愈加强化了人们消费者态权份的基础。

由此可见，西方资本主义经济社会中的权份形态从商品态到消费者态的转变是从二战结束后逐渐完成的。随着商业资本、消费品资本、金融资本的不断发展，人们的劳动力价值越来越转移到再生产环节中来。这种以消费为形式充实的权份内涵，即是当时资本主义经济社会中凯恩斯理论对市场总需求不足论断的回应，同时也是人们获得更多经济与社会的基本保障后权份性质的提升。这种提升，离不开人们对自身权份状态的日益重视，同时也得益于社会资本的更广泛发展。当然，政府出台的许多鼓励消费、保护消费权益的法规政策，也加速了这种转变。

现在不妨来看看消费者态权份本身。在典型的消费者态权份国家比如美国、法国、日本，这便很有趣地表现在以下几种社会热点现象之中：一是民间盛行的例如吃热狗之类的商业消费竞赛，它鼓励人们参与并以娱乐的方式不断推出对热狗食量的极限纪录，进而在广泛宣传中达到刺激人们食欲、强化人们消费神经的目的；二是汽车拉力赛，这种运动一方面虽然是部分西方人丰富的探险精神使然，另一方面作为车轮上的国家确也常常激发了人们对汽车的消费欲与消费力的增长；第三便是奢侈品，众所周知，从传统经济学角度来说作为大工业生产线上的工业产品，其边际成本是随着产量的增加而减少的。但在发达国家消费的奢侈产品中有哪些不属于批量的工业化大生产呢？从服装到手表，从汽车到坤包皮鞋，从洋房到游艇，也许名牌的附加值高一些，但决不会因名牌而奢侈，无论是从限量的角度还是从贵宾服务的角度又或是从部分手工打造的角度抑或是镶嵌了珠宝黄金的角度来看，作为消费品极致的奢侈品无疑对人们的消费欲望与潜在消费力进行了极大的拉升牵引，而实际上这显然更有利于众多消费产品阶梯式的定价与消费。

同时各种机构组织包括企业和政府部门，也都努力推动并保障消费者自由消费的权利及扩大消费的能力。信用消费技术及信贷制度的形成正是消费者态权份的技术性基础，它们在极大促进了消费手段的进步与商业发展的同时，充实改善了社会经济发展方式，包括商品服务种类、商业价值形态、金融支付手段，等等。科技使人更加自由，消费便会无时不在，无处不在。任何产品只要涉及功能、款式、包装、品牌形象的改造升级，也就是说满足人类吃穿住行最基本需求之外的价值提升，都能有效刺激消费，这正是消费者态权份的积极表现。其中奢侈品消费更是物质消费中最为典型的例子。如果说众多给消费欲望推波助澜的奢侈品是消费者态权份的典型象征，比如“高跟鞋女王”之类，那么科技含量高的电子奢侈品却很可能引领科技风尚与消费潮流甚至成为改变人类生活方式的引擎，比如移动信息通信产品。而娱乐游戏、声色刺激、感官享受等非物质消费亦能够为消费者态权份提供非常特色的商业形式来源。因此极富社会争议的妓女行业的合法化，在一些资本主义经济社会中也冲破了道德底线的约束成为商业的一部分。事实上卖淫合法化，既是商品态权份主要发生在女性身上的最特定表现，又是主要发生在男性行为中消费者态权份的最终极例证。而正是利用权份的消费者态，相应的工商实业、服务产业与金融行业才能够在现代社会大赚其利。

是故娱乐化与消费主义在西方资本主义经济社会如此兴旺，物欲横流便毫不奇怪。这正迎合了商业资本的意图。对权份形式如冰裂纹般之细密解析，恰是对消费群体的市场细分，资本借助权份领域的扩张而扩张。

而如果要说到消费者态权份在不同国家经济社会中得以展现的方式，本书认为，当今全球经济社会支撑消费者态权份的典型形式主要有三种。一种是受儒家文化影响以大中华地区为主的全民储蓄式消费者态权份，即花昨天和今天的钱进行消费。中国进入消费者态权份时代是以庞大的国民储蓄为基础的。这种特点决定了人们对通货膨胀率极为关注，因为较高的通胀率会使得储蓄贬值；第二种则是以美国为典型代表的透支式消费者态权份，即花今天和明天的钱进行消费。比如信用卡在美国的泛滥使用及包括住房信贷的各类超低监审标准的消费贷款，可以作为很好的注解。同时也可以解释为什么美国政府换届选举时在各项经济指标中，人们更关心失业率和国民收入的变化，因为这直接关系到信贷还款的能力问题；第三种便是欧洲国家的平均主义式消费者态权份，即花今生大家的甚至是下一代大家的钱。这也能够解释为什么在英国，“人们关注更多的是通货膨胀率和失业率”。（《金钱关系》第 221 页）因为这直接影响了人们在政府福利制度下的购买力问题。当然，如果还有其他形式的话，肯定是这三种的混合类型。而之所以会有这三种类型的不同，不同经济社会中民族文化习俗与国民心理存在差异导致的因素必定是诸多原因中之一。

对于第一种消费者态权份展现的方式，很容易理解，而后面两种，的确值得一番比较。诚然，“一战”后尤其是“二战”后欧美国家政府通过累进税制及转移支付手段，使得社会财富逐渐倾向于从少数巨富人手中转移到占人口大多数的平民手中（这显然符合资本与权份长期来看不断广泛化、大众化的原则），这样便大幅降低了财富分配的不平等程度，从而造就了资本主义经济社会中较为广泛的中产阶级群体。虽然尚没有足够证据表明欧洲国家相对于美国而言在社会保障方面过去奉行了更多的平等主义，就必定会导致其一定时期内经济发展速度的缓慢。但不可否认的是，欧洲国家在维持社会普遍的消费态权份实践全民福利体制的过程中，一些政策的制定与执行反而引发了不平等的现象。比如在英国有可以无限期地享受失业补助的规定，这不但降低了求职者的积极性而且打击了工作者的热情；再比如在对待已婚已育的家庭的缴税及接受福利的财政政策方面，似乎比单亲家庭或无子女家庭更为苛刻，这导致人们更容易保持单身或离异状态。从而一方面逐渐改变了家庭组成的社会结构和人口结构，另一方面增加了政府在单亲家庭的福利经费开支。所有这些福利经费开支由于很大一部分来自于政府负债，于是其总额便在不断增长，“1960—1992年，工业国家的转移支付和补助津贴从占国内生产总值的8%增长到12%。”（《金钱关系》第194页）在税收无法相应增长的情况下，如果不缩减政府福利等转移支付额，必然会将当今的公共负债转移至下一代。由2008年美国次贷危机引发的欧洲国家金融财政危机正日益暴露了这种矛盾。这便涉及了一个经济社会中世代账目平衡的问题。

所谓世代账目，简单地说就是纳税人一生中减除从国家获得的各种福利后的净纳税额。将某代人的世代账目与下一代的世代账目相比较，并剔除经济增长、通货膨胀及人口增长的影响，就能衡量出世代之间缴纳税款与接受转移支付总量上是否处于平衡状态。如果当今几代人的净税额为负，必然需要未来新生代多缴税款填补缺口，那就说明当前的政府福利和财政政策造成了世代不平衡，显然这种情况是不可持续的。可选择的解决方法除了增加税收、缩减福利补助外，延长公共债务偿付期或提高通货膨胀率以摊轻、消释负担，或者也可以通过提供意外税种和凭借合法移民的投资来填补财政欠帐。但是发生于本世纪初的美国次贷危机，事实上的确严重阻滞了除储蓄式消费者态权份以外另两种消费者态权份的持续性，并暴露了其国内相应财政金融政策的错误之处。从美国的“占领华尔街”运动，到多个欧洲国家民众抗议缩减财政预算的游行示威、骚乱甚至政府面临破产的境地可见，竭泽而渔的消费者态权份似乎到了极为困窘之时，因为从根本上来讲，这毫无疑问涉及了未来地球资源承载力的终极问题。

同时在资本主义经济社会中，由于存在越来越多的就业发生在非产品生产部门的事实，比如1990年美国近70%的就业是在第三产业实现的。“因此可以肯定地说，大多数发达国家劳动力中严格的生产性工人不会超过百分之二十。由于这些国家的大约一半人口为劳动力，我们可以肯定地预测到大约10%人口生产的剩余价值供其他所有的人口所共同享有。因此剩余价值率非常之高，以至于在这些国家关键的并不是剩余价值的生产而是剩余价值的分配。”（《资本主义的发展阶段》第 58 页）虽然由于国际贸易分工的影响其比例数值有待更准确计算，但更大多数的就业在第三产业中实现以及普遍的高利润率存在于证券投资行业、时尚奢侈品设计行业、互联网虚拟技术发明行业等少数行业却是不争的事实。因此为了刺激消费推动经济发展或者换句话说维持本国的消费者态权份，再分配政策如何制订便成为政府的重要工作，比如是采取基于商品态权份的多储蓄消费，还是鼓励信用消费，抑或是以转移支付和再分配为主要支持手段的消费，再或者是以上方式的混合类型等等。

不过值得注意的一点是，美国国民的消费者态权份在过去能够日益膨胀一方面取决于本国经济社会资本的发展，另一方面又严重依赖于他国尤其是中国与日本这种典型储蓄式消费国家通过购买美国国债而借钱给美国国民消费的意愿。然而一国经济社会中权份的多寡终究取决于其自身资本的多少。当一国消费者态权份的扩张最终超越了本国社会资本本身所能支撑保障的范围时，这种权份必定受到冲击与削弱。美国是如此，一些高福利的欧盟国家又何尝不是如此。

下面将主要从资本的国际间流动与金融资本两方面谈谈其对不同国家，尤其是发达国家与发展中国家间经济社会权份状态的影响。

## 第三节　资本的国际间流动及其对权份状态的影响

在各国尤其是发达资本主义国家的经济发展过程中，由于社会对工商业等实业部门的投资与再投资不断增加，导致边际利润开始减少，行业资本积累逐渐超过了市场所能容纳的规模。这时行业竞争压力加剧投资效益亦递减，促使实业资本开始向金融资本领域演进，以便在更为广泛的渠道与范围中参与社会财富的生产及再分配，并寻求资本的更好更多增值。直到具有高利润率的新产业出现时才再次返回到实业资本中。但是金融衍生产品的存在及金融的全球化，使得金融资本可以利用不同国家的不同监管政策、利率汇率水平、经济状况、政府财政赤字程度等等情况实现对较高利润的追求。这导致金融资本的产业内循环得以持续。因此，虽然一国的金融资本增值可以不再与本国实业利润增长挂钩对应，但从全球视角来看，金融资本积累的源泉依然是实业利润，因为真正的社会财富不可能凭空产生。故而金融资本通过贷款或入股等形式对他国实业的投资必然有利于被投资国的就业率增长，产业发展与社会财富的增加。这对该国的权份发展状态自然会起到积极作用。

但由于资本的逐利性，包括金融资本在内的各种资本在国际间的流动并非都能产生正面作用，金融危机或者经济危机就是可能的后果之一。其实每一次金融危机或经济危机的产生本质上都是一国资本结构极度不平衡导致原有资本积累方式不可持续，以及金融资本投机引发一国财富以旧模式向另一国财富转移不可持续共同作用的结果。而一旦危机来临，保守主义就会促使民族国家给商品和资本的国际流动设置各种政治行政与经济障碍，企图达到维护本国国内资本积累与权份状态不受冲击的目的。本书以为，这是资本积累全球化特征与主权国家的地域性之间的矛盾使然。

资本的国际间流动主要表现在三个方面：一是商品采购与贸易的国际化；二是以投资形式表现的货币流通的国际化；三是产业资本以跨国公司的商业社团形式表现的国际化。

就如地租级差，一项产业效益级差的存在是导致该产业相关的资本外流的主要因素。即同一产业在国内投资回报率低于他国投资回报率的情况下便存在产业级差。这是由不同国家间劳动力成本、技术水平、管理模式、市场推广效率以及供求关系的差异决定了的。但不同国家非市场风险包括政治风险的存在也会影响相关资本的投资收益。

事实上，毫无疑问，每个国家都有其经济增长的内生性，这是一个国家经济社会发展的要求，并与其权份状态相适应。当殖民主义进行剥削时，这种内生性就会被抑制削弱；一旦殖民主义被推翻，发展权的需求推动着经济的增长、资本的积累和社会财富的增加。商品采购与贸易的国际化引发的资本在国际间的流动，多数情况下从本质上来讲，就是以实体商品出口为主的国家包括劳动力资源在内的各种自然资源在世界市场中的商品化，这种商品化由于产业所处的较低层级自然使得该国的权份状态呈现出较多的商品态特征。

比如当工业化国家经济滞长甚至衰退时，其国内资本为了增值的需要便会纷纷流入外围国家及地区，比如巴西、印度、中国大陆等以寻找投资机会。“在1970年所有发展中国家的资本净流入是1961年的1.71倍，到1980年资本净流入是10年以前的3.2倍。”（《资本主义的发展阶段——繁荣危机和全球化》第297页）很显然，大量的资本流入确实对流入国的经济发展产生了广泛而深远的影响。

不过影响一国经济发展的因素的确很多，统而言之既有市场因素也有非市场因素。对于全球化要素中的放松管制、贸易自由化和取消对资本项目控制等政策，由于发展中国家民族资本实力与技术水平、军事对经济与金融的间接影响力、政治力量对国际贸易秩序的作用力远不如发达国家，因此基于自身情况留有余地地参与全球化即控制国际资本在本国的流动是维护本国经济社会权份能够自由稳步递进的恰当选择。

据不久前国际货币基金组织IMF的统计，有140多个国家在直接国外投资上实行资本控制，近130个国家仍对国际金融交易实行管制。这其中自然包括许多经济发达的资本主义国家。事实上，一定程度的资本控制与金融管制是一国资本内生性发展的保障要求，与本国经济内生性发展水平及权份状态是相适应的。

我们不妨通过国际跨国公司来看看其对被投资国经济社会中资本与权份状态的影响。这表现在一方面，生产性跨国公司中制造业岗位的外移使得跨国公司母国产业资本因人工成本的降低获得更多积累的同时，国内消费者因电子信息技术支持的信用金融体系而有利于发展原有的消费者态权份；另一方面，跨国公司子公司所在国政府因跨国公司的全球化而对本国经济的干预与控制有所削弱，民族资本被迫优胜劣汰的同时，先进管理技术和权份理念得以引入，一定程度上拉动并维持了该国商品态权份或督促增进了某些方面的消费者态权份，比如就业岗位的增加导致的收入增加，该国经济社会中标准质量体系认证的实行，劳动者工作时限的规定以及因化工企业排污而制定的环保政策等等。这显然皆属于积极影响。不过必须注意的是，跨国公司中金融行业资本的快速投机性因非管制经济政策而得到了无孔不入的便利，这无疑增加了全球经济尤其是金融领域的不稳定性。

而现代电子信息等高科技的广泛使用使得跨国公司的经营呈现出更有效益更加

时尚的特征。对于热衷于全球投资的企业来说，以互联网为代表的电子信息技术的使用不仅降低了管理费用，缩短了管理空间距离，提高了管理效率，并且更重要的是增强了企业对外部环境的适应能力。这种适应能力即体现在不同类型的企业对内部企业规模、企业结构、企业业务流程各自特色的打造上，也体现在企业尤其是跨国公司能够轻易地从国内外市场中选择符合需要的劳务、渠道与材料进口商、外贸交易合作者等方面。正是拜信息技术所赐，使得企业在结构扁平化、管理层级减少及降低了中间交流成本的同时提高了效率，并使得企业内部结构多样化成为可能。在应对市场竞争的手段更加灵活后，带来了企业管理的多样化、自由化、个性化，甚至以纯粹的个人为市场经济行为主体的企业形式也逐渐产生。也即个人可能成为企业的全息态，这便为经济社会中资本更广泛的公众化，为未来经济生活中个人获得更多自治能力与权份创造了更高的可行性。同时从中也可看到，科学技术对公司社团本身形式的影响亦越来越全面而深入。

因此凭借信息技术，结合当地的历史文化与传统习俗等社会条件，跨国公司比历史上任何时期都有了更明显的多样性，无论是质量规模上还是数量种类上。充分利用当地社会秩序、生产与消费环境的特色，将企业经济活动配置得更加合理，使得经济形式多样化的同时亦促进了全球经济的一体化。甚至加速了地区性国家之间的经济、政治、文化与社会融合，进而形成自贸区或贸易政治联盟，这反过来又进一步提高了不同民族国家之间资本与劳务者的流动，在使得相互间权份状态趋于稳定、平衡甚至相近、同一的同时，也为跨国公司的发展提供了更为稳定的社会政治经济及文化舆论环境。

不妨举个例子，在跨国公司所处的众多行业中，汽车业因拥有众多的产业供应链而备受瞩目。其上下游产品覆盖广泛，涉及钢铁、铝材、塑料、化纤、橡胶、玻璃、道路、水泥、物流、仓储等，对一国经济发展的作用不可小视。无论是独资还是合资，跨国公司都为被投资国当地提供了诸多的就业岗位，管理理念以及资金技术，促进了其经济收入的增长。在此过程中，当地劳动力市场中被雇佣者的商品价值也得以体现甚至因此得到繁荣。而跨国公司因包括人力成本、税收优惠等各项支出的降低导致的利润增长亦很可观，对其母国通过税收和再分配政策维持国内民众的消费者态权份贡献也不菲。在投资国的经济社会中，曾经私家车载着人们从一个地方到另一个地方上下班是商品态权份的标志，而现在载着人们去旅游、购物、竞赛、探险则更加彰显了消费者态权份。但是当被投资国本土汽车产业成长起来，汽车市场竞争日趋激烈，同时由于当地社会保障政策逐渐成熟，跨国公司母国与被投资国经济社会之间人们权份状态落差日渐缩小时，其结果便必然导致产业资本的再次转移或者新的升级。

可见，在因跨国公司导致的经济与商业文化的全球化时代，发展中国家输出资源、商品与服务，发达国家输出资本、技术与标准。而无论是主动参与还是被动裹挟，一方面维持甚至扩张了发达国家的消费态权份；另一方面，发展中国家的商品态权份也日益成熟并进而向消费者态权份发展。因此不可否认，资本在以跨国公司投资的形式在国际间正常流动时，对投资与被投资两国经济社会的权份状态都施加了较为积极的影响。

## 第四节
## 金融资本在近代以来资本主义经济社会中的发展与作用概述

金融资本，作为资本主义经济社会中行业结构性资本之一，具有极其重要的作用。我们不妨从其实物形态——货币讲起。众所周知，货币的起源很早，在人类原始社会时期便已经出现了。但世界上较早的金属铸币或许是从公元前 7 世纪开始的，纸币则是到了 11 世纪中国的宋朝时期才得以开始使用，足足比西方国家早近五百多年。不过直至由于政府公债的大量存在而使得纸币能够较为充分发挥通货膨胀功能的，却是早期的西方资本主义经济社会。“西方国家直到 1609 年才出现纸币，它为征收通货膨胀税提供了新的可乘之机。”（《金钱关系》第 137 页）其实它同时也为古典经济学理论的发展贡献了许多分析素材与现实灵感。

另一方面，从 12 世纪意大利热那亚人开始使用汇票，到 14 世纪出现了通过背书可转让第三方的票据，再到 16 世纪成立了负责存取款并转账承兑甚至国债管理、货币发行的公立银行，资本主义经济社会的银行组织亦经历了从巴林家族或罗斯柴尔德家族式的纯私人合伙制银行向合股制银行的不断转变。从私立到公立，从合伙到合股，从家族式到社团式，正体现了金融资本拥有者群体本身及其形式逐渐扩大化的过程。伴随着这个过程，资本主义经济社会中的金融产品不断丰富，金融资本亦不断壮大。

而欧洲主要资本主义经济社会的近代史无疑充斥了战争与债券金融资本的扩张历史。由于战争贷款是通过其国内税收偿付的，国内税收又涉及诸如国际国内贸易及产业发展、财政政策甚至人们的权份主张。故而日后主要资本主义经济社会变革的诸多导火索较大程度上亦即源于此。

很显然，在西方世界，由于债券可以帮助政府在征得税收之前提前募集到战争与经济建设所需资金，因此债券市场得以在近代欧洲迅速发展。其实国际资本市场的相当一部分历史，也是和当时发动维持战争或遏止战争有关的后勤保障的军事与经济需要紧密联系在一起的。英国在英法百年战争中正是由于海外作战的需要开始推动了其国内金融资本的跨国流动。其将从债券市场中筹集到的资金通过商业票据市场从英国本土转移到海外战场，以支撑英国军队作战。于是自从 16 世纪出现了具有现代意义的国际债券市场后到 17 世纪，伦敦已然成为国际金融中心。同时英国金融资本在战争中亦获得了迅猛扩张，无论是为了扼制战争还是发动战争，结果皆是如此。英国诗人拜伦曾在《唐璜》的第七篇中以自问自答的方式揭示了金融资本在当时社会中所具有的力量：

“是谁主宰议会？不论它是保皇党还是自由党？
是谁逼反了衣不蔽体的爱国者？
是谁给新旧世界带来痛苦和欢乐？
是谁让政客们变得油嘴滑舌？
是勇猛无畏的拿破仑的魂灵吗？
不，是犹太人罗斯柴尔德，还有基督徒巴林，
是他们……才是欧洲的真正主宰。
每笔贷款不仅能够投机赚钱，
而且也可以安邦定国，或是颠覆政权。”

事实上，18 至 19 世纪的英国国债仅由占人口少数的有产阶层比如金融家、商人、食利者、物业主等购买，却由政府用向包括低收入群体的多数国民征税款额中偿还。这的确使得金融资本集中在少数人手中。这是任何社团结构性资本发展初期，资本要求效益独享的集中性所决定的。比如在 1865 年至 1914 年的近 50 年间，罗斯柴尔德家族持有在伦敦发行的外国政府债券的 1/4。对于发放贷款的标准，内森·罗斯柴尔德曾说："为了促使英国资本家在合理的条件下将资金贷放给外国政府，相关贷款的运作须尽可能地仿效英国当前成熟的公债体制。借款政府不应只虚表诚意，而应让债权国有一定的安全感……如果缺少了这种安全感，是无法从英国国内为外国政权筹得巨额贷款的……而公债债权人是不可能和在执行权上毫无约束的君主签订任何合同的。"

美国也善于通过发行国债来激发金融市场的活力。美利坚合众国开国元勋、公共财政领域的领袖人物亚历山大·汉密尔顿在公元 1781 年就曾说："国债若非过度，对我们国家而言则是幸事，它是我们国家的有力基石。"这是因为公债与资本之间存在一定的关连，弥补经济结构欠缺的赤字财政有利于形成新的证券资本，在稳定经济增长中进一步弥补资本结构的漏洞。而国债是否过度，是否能充分发挥其正面效益，当然很大程度上取决于其是否利于资本结构在经济发展中更稳定与平衡，及对应权份享有主体是否在扩张中保持权责均衡。

不过必须予以肯定的是，18 世纪以来，正是通过缴税及购买公债，促使主要资本主义经济社会中包括金融资本在内的各类社团资本所有者获得了更多代议权，从而有权间接地进行国家立法并授权行政管理。而政府行政权力的获取又确实有利于近代社会资本主义摆脱封建残余影响获得进一步的发展。"金本位的广泛被采用反映出债券持有人倾向于用稳定的物价和黄金兑换率来保障他们的投资。同样，1914 年之前各国货币体系的稳定也与当时的代议权仅限于少数人享有这一体制密不可分，它可让食利阶级享有过高的代议权。"（《金钱关系》第 186 页）这正是资本与权份之间的相互保障关系通过金融资本在那个时代的生动体现。

越两次世界大战，历欧洲国家重建、政府国有化运动后，从 1970 年开始新自由主义在主要资本主义经济社会中兴起，社会物质财富生产的增长更加依赖于金融资本。这可从再分配财富的总量逐渐超过新创造的财富总量中窥见一斑。"利息作为利润的一部分，在1950~1973年间是3.8%，而且从1990年到1996年上升了24%。这说明优势已从工业资本中明显转移到了金融资本。”（《资本主义的发展阶段——繁荣危机和全球化》第147页）到了“20世纪90年代金融衍生产品市场继续增长。1997年利率、通货和股票指数的期货期权市场交易额达到12.2万亿美元，比1992年增长了3倍；利率套利和期权以及货币套利也从5.3万亿美元上升到28.7万亿美元……主要资本主义经济体中利润分配严重地向货币资本倾斜。”（《资本主义的发展阶段——繁荣、危机和全球化》第16页）

而经济的全球化导致即使是在发展中国家，金融资本也是发展迅猛。表现在证券市场上，据统计，1990年发展中国家的股票资本总额只占国内生产总值的19%，到了2006年该比例达到了73%。金融体系中的证券市场尤其是股票市场是人类依据智慧、经验、情绪对未来社会经济发展推演后的贴现，它以金融资本在优胜劣汰的行业竞争及经济结构中快速流动来达成社会财富重新分配或新财富加速生成的目的。因此，作为一个资本与权份能够在其中完全自由流通并且能够促进资本与权份更加广泛化、大众化的市场，证券市场无疑在调整行业结构性经济中扮演了极为重要的角色。

随着世界经济一体化从广度与深度方面进一步拓展，金融资本的全球化也促使中短期资本在国际间的流动得到迅猛加速。其时缘于股票证券和不动产价格的持续上涨，凸显出各国现行利率远低于投资收益率之状况，于是经济社会中的投机行为获得了进一步的刺激。故而各类金融中介的机构利率只得不断攀升以吸引其他渠道的社会资本源源不断地加入，而这更加助长了投机行为。以至于投机性的金融资本对于实体经济的抽血大大超过了实业生产与剩余价值生产所能够达到的承受限度。“1980—1995年之间，美国、德国和日本的跨国证券交易占GDP的比重分别从9%上升到136%、从8%上升到168%和从9%上升到136%。世界外汇交易总量从1973年的每天大约150亿美元上升到1980年的800亿美元和1995年的12600亿美元。而同时商品和服务贸易占外汇交易的比重从1973年的15%下降到1995年的2%以下。”（《资本主义的发展阶段——繁荣、危机和全球化》第113页）金融资本的规模效应与活跃性由此便可见一斑。

金融资本何以如此生命力旺盛？这可从金融资本的原始基因说起。金融资本的形成首先必须建立在货币商品化的基础上。大家知道，多余的货币用于借贷就必然商品化，货币商品化后其增值的需求便产生了利息，利息进而促进了金融资本的累积。起初在金本位时期，金融资本尚能与实体经济中创造的实体财富相关连。但当社会商品日益丰富而作为等价物的黄金货币甚至白银货币已远远不能满足需要时，印刷制货币——钞票便派上了用场。在 20 世纪早中期美元尚能和黄金直接挂钩，然而历史地看，这可能仅仅只是过渡阶段，尤其是当社会进入电子化时代后货币日益符号化了。这一方面促进了无须黄金衡量的商品的极大丰富，有利于人类创造更多更广泛物质财富的积累。另一方面，催生并促进了信用消费的产生与普及。而金融资本也日益脱离实体经济成为无性繁殖者。同时纯粹利用数学理性开发出的金融杠杆工具的使用，使得金融资本成为所有行业社团性结构资本中裂变生长最快的。其在严重情况下甚至可以破坏经济结构的有机平衡并危害到社会经济生态的持续稳定发展。

确实，网络电子技术的逐步运用使得具有极强流动性需求的金融资本，与必须和固定的生产场所相联系的产业资本日益分离。金融资本因之顺势得以不断电子化、虚拟化。但计算机信息空间并不是形而上的纯粹理性空间，它不但不能超越市场与政府、公共与私人、商品与劳动、资本与权份形成一个超然的异化空间，反而更应是这些力量、规制和主体之间通过矛盾斗争获得统一的新领域、新平台。

在金融体系中，无论是信用货币还是法定货币都容易因过度发行而引起通货膨胀。但当今世界几乎所有货币的主体都是信用货币。信用货币由民族国家的政府操控，致使信用货币不可避免地带有一个国家经济社会中结构性资本的利益甚至某些政治利益色彩。社会财富的电子化、虚拟化使得创造实体财富的根本——物质生产逐步逐步松动，并趋向于脱离与社会财富的紧密对应关系。其重要性也在金融资本看来已退居其次，这尤其是体现在已有财富在市场流动中的再分配领域。“在 1970 年大约有 90% 的外汇交易与实体经济直接相关，而现在只在 5% 左右。不仅金融投机占绝对优势，它所造成的危机几乎总是需要减免债务，而这就将繁重的调整负担转移到劳动人民的身上。”（《资本主义的发展阶段——繁荣危机和全球化》第 155 页）

因此，“资本主义扩大再生产从来不是象马克思的再生产图式所提示的那样建立在纯粹自我同一性重复的基础上。相反，它涉及自我稳定持续的自我转型，不时的危机所引致的重建和其他形式的变化之间反复循环的动态平衡。”（《资本主义的发展阶段——繁荣、危机和全球化》第 328 页）这正是由为了资本不断获得累积的行业社团性利益所主导、结构性经济所驱动与技术性变革所引发的结果。换句话说，就资本主义经济社会中的资本增值目的而言，“在竞争的压力下这样的结构性限制与矛盾（在意识形态上经常以‘市场失灵’来表示）为资本主义转向新的获利机会提供了机遇。鼓励创新——在技术、生产、组织、产品、市场、金融等领域——以希望获得暂时的竞争优势，从而生产超过平均利润水平的‘租金’。”（《资本主义的发展阶段——繁荣、危机和全球化》第 333 页）就是在这样的过程中，金融资本无疑处于极其重要的地位。特别是在人类社会进入社团资本主义经济社会后，金融资本对经济发展的作用，已日益像血液对高等生物有机体的作用一样，不可或缺。而金融资本就像化学 PH 试纸上渗过的溶液，洇到哪就把它的酸碱性带到哪，同时悄无声息地通过政治经济这张试纸慢慢显露出自己的权份色彩。

# 第十六章
# 当今世界资本主义国家经济社会的几种主要形态

> ——人们不了解一个由不同趋向的部分组成的整体如何实现内部的统一对立的和谐，就像弓与六弦琴那样。（赫拉克利特）

在学术界，传统理论中的资本主义经济社会因为主权民族国家不同的历史、文化习俗、社会状况、社会组织形态、阶层结构、主流思想而被运用诸多逻辑方法与观察视角进行分析归纳后形成各种经济主义、管理思潮、技术流派、社会阶段理论等等观念形态，它们努力对资本主义经济社会进行了多样的解读分段、建构以及理论阐释，并且形成了无数宏观的与微观的主义、理论等学术观点，比如常见的有垄断资本主义、福特主义、帝国主义、社会民主主义、新自由主义、修正的资本主义等等，诸如此类。其展现的理论图景，确实纷繁复杂，莫衷一是。让人几乎无法抓住经济社会历史认知的主线。

而本书认为，资本主义经济社会由于其本身功能活动与权益享有主体——社团法人存在行业结构性特征，以及一个国家的历史沿革与文化传统导致在现行的民族国家中存在多种经济社会形态，但从其政治经济基础之社团资本种类的多元化程度来看，大致基本可以分为两种类型：

第一类是非垄断型的社团资本主义。即由两个或更多个共同代表多数人大众利益的社团资本与政治力量结构较为均衡稳定后形成的资本主义。这种资本主义即是一般情形下的资本主义，或说典型的资本主义。处于该状态的社会，经济一般能够繁荣发展，民众阶层结构较为均衡，社会整体氛围亦较为宽松自由。而非垄断型的社团资本主义，如果按照其是否保留了部分家族君主制度又可以分为三种社团资本主义。一种是保留了部分封建家族社会的君主制度，国王或女王成为拥有一定权力的国家元首，国家成为君主立宪性的社团资本主义国家，比如英国和日本；另一种则是未保留任何君主制度，经资产阶级革命后国家彻底成为共和制或联邦制的社团资本主义社会，但由于历史的延续影响，在这些国家中依然存在唯一的国家元首，比如法国和美国；还有一种则是居于上面两种之间的，即保留了君主，但君主毫无权力，只是名义或象征意义上的国家元首，比如加拿大和澳大利亚。不过随着社会发展，长期来看，第一种君主立宪性的社团资本主义国家会慢慢向第二种尤其是第三种转变。

第二类则是垄断型的社团资本主义。其又分两种，一是代表少数人小众利益的社团资本与政治力量独大形成的社团资本主义，二是代表多数人利益的社团资本与政治力量独大形成的社团资本主义。前者多表现在西方世界，当一个先进的社团资本主义国家处于垄断资本主义状态时，其经济往往呈现停滞、滞涨或非均衡性繁荣状态，社会整体氛围亦可能非宽松自由。而且这种垄断资本主义的国家机器因较易为利益集团或专制独裁者把持利用，并进而积极对外发动侵略战争成为帝国主义或霸权主义，因此垄断常常为人们所诟病；而后者则较多发生在刚刚取得独立的民族国家中，因领导反抗压迫与摆脱殖民状态以寻求独立而产生的能够代表大多数民众基本利益的社团政治组织在国民普遍拥戴下而获得垄断地位，并利用这种垄断地位领导进行国家经济建设。因此其社会整体氛围在初期虽然亦可能非宽松自由，但其整体经济却处于较高速的发展状态，比如巴西及印度。

本书认为，任何资源占有模式即资本属性与生产组织形式即权份状态所对应的社会功能主体都会努力通过国家权力予以确认保障并增强扩张。在社团资本主义国家，跨国贸易资本、金融资本与军事资本尤其是金融与军事资本，通过政府权力扩张的极端结果便是非常容易造就垄断资本主义甚至是帝国主义。

一直以来，垄断资本主义在奉行极端自由主义的国家中发生的可能性较大，因为资本的结构性垄断总是在现实的市场经济发展到某个阶段时较易形成，并在经济与社会危机中得以暴露。比如“一战”或“二战”前的英国、德国、法国等一些欧洲国家，“次贷危机”前的美国等；而在一定的历史条件下，野心家的出现和多数国民的盲从与被裹挟就极易产生帝国主义或霸权主义，比如“二战”时的日本与意大利、萨达姆政权时的伊拉克。当“二战”结束后，国际社会成立了联合国，发达国家的人们认识到国内与国际普遍权利的存在时，垄断资本主义之间已不再轻易发动战争。而是以经济与政治手段为主，军事手段为辅，更多地把冲突与资本利益争夺集中在以地区经济发展与权份水平差异大为标志的经济社会形态完全不同的地域，比如落后国家或地区。

综上所述，很明显，即使在当代社会同一时期，在资本主义经济社会中，不同国家可能会处于不同的经济社会状态，而同一国家在不同时期也会呈现出不同的经济社会状态。这当然离不开历史文化的因素，但主要还是与该国家现时的社会资本结构以及主流的权份状态有关。

# 第十七章 资本主义经济社会中经济危机的本质

——在每一次征服自然的尝试后，人类都遭到了大自然的报复。（恩格斯）

“在马克思看来作为主要的内在社会经济关系，市场经济形式早在古代已存在。只是到了资本主义时期劳动力首次在整个社会范围内转化为商品时，才形成了广泛的商品经济。资本凭借商品组织商品的社会生产劳动过程，既是独立而特殊的社会形成过程又是媒介和规定人类与自然物质交换关系的基本社会生活过程。在资本主义条件下劳动过程变成了资本扩张的基础却被市场经济的形式掩盖了。”（《资本主义的发展阶段——繁荣危机和全球化》第123页）基于此，对于市场经济与商品经济的关系，我们先可以从不同的社会历史状态来看看权份内涵，进而对资本性质与经济社会形成过程得出相应的看法。事实上在资本主义经济社会以前，市场经济的形式是简单的商品经济，劳动力因物态及依附态权份被隔离于市场之外，尚未形成自身独立的商品价值。资本主义经济社会以后，劳动力从物化及等级压迫的社会关系中脱离出来，以完全独立的姿态参与商品经济，成为广泛的商品经济中最为重要的一部分，在完善市场价值链条的同时实现了自身劳动力的商品价值，从而获得商品态权份，并进而在此基础上获得消费者态权份。广泛的商品经济从此成为真正的市场经济，市场经济亦因劳动力市场的普遍形成而最终得以完全。

那么，历史上经济危机又是从什么时候开始的呢？在资本主义经济社会以前，即简单的商品经济时期，社会经济结构粗陋简单，商品物资匮乏，无法形成局部结构性的商品过剩，经济危机根本没有形成的可能。资本主义经济社会逐渐形成以后，作为商品生产过程中最重要的一环——劳动力获得人身自由，劳动潜力得以历史性的大释放，劳动积极性及科技投入的增加使社会商品不仅从品种上也从数量上得以空前丰富，这就为市场经济的结构性过剩埋下了伏笔。而一旦过剩资本增加投入，经济危机似乎便不可避免。

其实在社团资本主义经济社会中，已有的多元化结构不但难以平衡而且经常陷入严重失衡状态。正是社团资本主义的自由市场经济导致了资本的行业结构性积累。一旦这种积累过度倾斜于经济结构中的某个阶层，必然导致整个结构的失衡，社团经济的结构性危机便由此产生。于是资本主义经济社会就在如此不断地产生经济危机及其修复中循环发展。其法律频繁而无休止的修正案和补充条款恰好见证了这种发展。

很多人愿意相信，市场是万能的。但事实上如果市场真是完美的或万能的话，人们就不禁要问：为什么发达经济体屡屡普遍会陷入经济危机？发生危机后又为什么不能完全通过市场内生的力量而复苏呢？也许人类对一切自身活动包括经济活动进行有组织和有计划的有限度的权威性的调整，对人类本身来说完全是合法合理而又必需的。每个民族国家经济发展的历史都不是没有政府积极指导参与的历史。不论是英国、美国还是日本，围绕市场无论是财政的、货币的、行政的、法律的各国出台的政策都已汗牛充栋。完全的市场主义和完全的计划经济一样，都只在极端情形下存在可能。

始于20世纪80年代里根政府的美国经济的繁荣，自然应该有归功于时任美联储主席格林斯潘的宽松货币政策，而起自公元2008年的世界金融危机现在同样可以有归功于其疏于监管的货币政策。用中国的古话说这叫“成也萧何，败也萧何”，事实上这是资本主义社会经济发展的社团资本结构性本质所决定的。繁荣与危机出自于同一动因，从重商主义时期以来莫不如是。

事实上在资本主义经济社会，市场经济的高速发展在缺乏有效监督与一体规控的情况下，极易导致垄断经济组织的产生或某种经济行业活动过剩或吸引社会资源过于积聚于某一领域，从而造成社会整体资本结构不平衡的状态。这种状态如果在宽松货币政策的推波助澜下以及人们狂热的氛围中，就更易产生泡沫以至经济危机。从1637年的荷兰的郁金香热开始，到1857年第一次世界性经济危机由美国的钢铁行业引发，到1973年第四次中东战争爆发引起的石油危机，再到2007年由美国次级房贷行业引发的金融危机，社团资本主义国家历史上大大小小的诸多经济危机，都反映了在资本主义经济社会，无论这个行业还是那个行业总会由于过剩发展或说过度发展导致整体社会资本结构失衡从而引发全面社会性危机。虽然一些国家反垄断法出台后有效地遏止了垄断企业在实体经济尤其是在制造业中产生，但其在金融业领域尤其是金融衍生品产业领域是否能够并且发挥了充分作用，确实有足够理由值得怀疑。

由于一个国家的国民收入中那些没有被消费的部分，常常被累积起来形成金融资产。金融资产为了增值而被投入各个领域中便成为金融资本。在金融资本的运作下，货币原为微观价值载体，现在则日益成为宏观功能性商品。其具体表现在，当一国的通货膨胀率略高于利率的时候，有利于经济的繁荣稳定增长。但当通货膨胀率高于利率的幅度过大时，贫穷阶层的财富缩水，富裕阶层则易于取得贷款并通过使用金融杠杆工具投资有形资产、买卖股票和债券，从而导致由于富裕阶层带动的社会不断追逐引发包括房地产在内的资产的价格上涨和证券等所有权证价值的增加。同时这些表征为金融资产形式的财富带来的增值与红利，又进一步增加了富裕阶层仅仅主要用来储蓄与理财投资的收入。这使得其金融资产获得壮大的同时贫富差距越来越大。因此远高于利率的通货膨胀率便成为加速社会贫富分化的催化剂。倘若一国的储蓄率处于较低的水平，一方面家庭收入受利率的影响小；另一方面消费的需求引发信用的膨胀，而信用的膨胀更刺激了能以电子化表征的金融资产的膨胀，这便导致金融资产在资本结构中的比重越来越大。

当信用金融膨胀到一定阶段，相比较而言，这时通货膨胀率远高于利率的情况已不重要，重要的是市场中需要足够的流动性，因为信用不可能无限制的膨胀，因此不断增发货币便成为选择。而金融市场的全球化使得金融资本可以跳出国门，不断寻找下一个增值手段与增值目标并缓和国内的困境，同时物美价廉的生活消费品的进口有利于稳定本国的通货膨胀率。然而政府由于忌讳资本外逃而不敢向富裕阶层征税，并由于困难而不容易向贫穷阶层征税，同时又要保持相应的权份享有状态，这便成为一国政府陷入财政赤字的重要原因之一。“但是恰恰就在这里隐藏着危机：在不存在福特主义形式的再分配但劳动市场却十分灵活的条件下，货币的增加并没有导致劳动或者商品价格的上涨，但是却提高了金融资产的价格。”（《资本主义的发展阶段——繁荣危机和全球化》第 41 页）因此金融危机随时可能爆发，包括美国与欧洲多国的情况也正是如此。特别是浮动汇率、对金融业的放松管制、计算机技术的运用、高杠杆金融衍生品的推陈出新都会推波助澜地导致危机迅猛异常。而其重要原因便是社会生产出的财富大比例地被以金融资本收益为代表的包括地租红利以及非生产性服务部门的收入等等所瓜分，产业资本获益甚少导致的社会资本结构严重失衡的结果。

“资本主义积累无时和无处不以资本的过度积累和不平衡发展表现出来的事实，意味着资本主义积累必然被以资本的贬值和生产资本的破坏为特征的危机所打断。”（《资本主义的发展阶段——繁荣危机和全球化》第 100 页）2008 年，因次贷危机引发的全球资产价值约损失 50 万亿美元，与同年全球生产总值大致相当。不受监管的金融体系使得行业发展不受约束，利用杠杆可以任意提高负债经营率，对数学与电子信息技术的运用达到极致。而以“用钱生钱”为根本手段的金融资本扩张，在自由化、私有化口号的激发下凭借高科技工具日益成为了虚拟化的数字游戏。

其实人们不应该忘记，以金融资本为代表的社会资本可以表征化、电子化、虚拟化，也能够创造财富，但却不能根本改变实体财富的实现方式，更不能直接成为实体财富。而人类最终依赖的是实体财富。因此，基于实体财富的资本是虚拟资本发展旳基础。任何以纯虚拟资本的增加作为国家财富以增加消费依托的做法都是极具危险性的。什么是纯虚拟资本？就是无法与现实旳实体资本匹配，超出可衡量的实体资本的那部分虚拟资本。假设超出的部分虚拟资本为 $\Delta P$，当 $\Delta P>0$ 时，即本年度的纯虚拟资本一定存在一个安全边际，当 ΔP 在安全边际以内时经济能够良性发展；超过安全边际时泡沫面临破灭危险，经济危机即将形成。而当 ΔP<0 时又有两种情况，一种是泛金融行业处于欠发达时期；另一种则是金融泡沫破裂消蚀了实体资本，实体资本遭到不断贬值，经济进入衰退时期。

无论是日本 20 世纪 90 年代的楼市股市泡沫还是始于 2008 年的美国金融危机，从资本的角度看，都是起因于为了创造更多的虚拟财富，可用货币衡量的社会资本过于集中于某些行业领域而使其他行业资本处于相对长期缺血状态。因此说是社会总体资本结构过于不平衡造成了经济危机。我们假设用货币衡量的本年度国家存量资本为 F1 上年度为 F0，那么资本增长 ΔF=F1 － F0；假设用货币衡量的本年度国民生产总值为 G1 上年度为 G0，那么生产总值增长 ΔG=G1 － G0。于是 ΔP=ΔF － ΔG。如果差额大于 O，则说明虚拟资本在增长，国家经济也在增长甚至资本泡沫正在形成；如果差额等于 0，那么国家资本增长主要依靠的是国民生产并与其同步；如果差额小于 0，那么经济在萎缩或者表明了金融危机的爆发。此外无论是实体经济还是虚拟经济，我们都可以用一个行业的 GDP 增值占国家 GDP 增值的比率来衡量该行业是否有泡沫。也许这种办法过于简洁，但从历史数据中我们总可以找到一个数值，这个数值足以让人们对经济结构性泡沫产生警觉。

如果要继续深究其原因，很显然是社团资本主义经济社会的资本占有方式与生产组织模式，决定了其市场经济的结构不稳定性。毫无疑问，每一种代表了一定社团经济利益的资本都想方设法获取更多的社会资源，其中便包括通过政党选举获得法规政策的特别优惠以达成资本增值最大化。这当然是资本的本质使然。然而当某一行业社团的经济利益通过政治途径获得成功扩张后，必将对其他资本造成打击。考虑到市场经济本身具有的无法自我平衡的缺陷（比如市场本身的不完善、公共产品的欠缺、信息不对称、系统性风险、垄断打击的滞后性以及市场经济利润最大化杠杆的使用），更加剧了市场资本结构的失衡。因此市场经济结构的失衡是社团资本主义经济社会必然的特性，是其经济发展的必经阶段。中国有句古话叫“摁下葫芦浮起瓢”，社团资本主义经济社会即使抚平了一个行业社团资本造就的经济危机，又会孕育另一个行业社团资本即将造就的经济危机。

正是由于社团资本主义资本占有与结构性发展即非均衡性积累的性质决定了其

经济危机的结构性。这种非均衡性一部分由通过技术创新与知识产权保护获得稳定的高利润率来支持。如果说中短期内的高利润率是对于技术创造者表达的敬意，而高利润率长期的维持便构成对市场其他参与者利益的掠夺。正是由于局部结构性经济社团在发展时的这种自由性、掠夺性决定了其整体经济复苏时内生力的缺乏。因此无论是对国外政治的军事的，还是对国内财政的货币的各项应对政策，都是试图通过政府的强力干预缓和市场可能出现的更严重的危机，根本无法解决危机。政府应该做的就是努力维护资本结构及经济环境的生态平衡以保障最广泛的权份处于安全状态，而这似乎是一般情形下的社团资本主义国家无法做到的。除非由于新技术的运用导致的产业升级或者新产品、新服务的出现从而形成新的结构性资本，才能使得陷入危机的资本主义社会经济获得市场重新繁荣的内生力。

事实上从人类经济社会发展的历程来看，无论是贵族奴隶制经济还是封建地主制经济或是近现代社团法人制经济形式，其在发展初期都能够促进经济发展与社会繁荣。然而到了中后期，因代表该经济形式的典型资本因专属性原则即其垄断性与极权性欲望，而致经济发展停滞、社会关系僵化以至于社会陷入动乱。这在奴隶社会和封建社会表现为改朝换代，在近现代则表现为政权更替。而资本主义经济社会因资本发展的结构性特征体现出结构性发展与结构性危机以及由此导致的频繁的政府权力让渡，从某种角度上说离不开资本发展的广泛化原则所要求。资本的广泛化原则有两个内涵：一是组成资本各形态的资本充分发展与平衡发展的要求；二是资本的享有人不断扩大规模直至极大化的要求。从资本主义经济社会目前所采取的治理形式来看，似乎尚能符合现阶段其国内各行业社团资本发展的相关要求，但这还远远不够。

因为倘若从商品与消费者态权份的角度来看经济危机，我们则可以发现，每一次经济危机都曾呈现出同样的状态，那就是新兴资本的过度繁荣（即该资本发展过程中因缺失公正、真实及信息对称而由消费者极度自由消费引发的资本发展状态），引起消费者（包括投资品的消费者）因错误预期而对该结构性资本产品进行了过度的非理性预支消费。比如 20 世纪 80 年代日本的房地产泡沫，90 年代的网络泡沫，或者美国上世纪 30 年代的经济危机（由汽车工业过度发展与人们收入增长之间的不匹配所导致）。同时我们还可以发现，在资本主义经济社会中，经济发展即是目的也是手段，因为它在需要政府选举的国家中可以成为不同政党选举竞争中的筹码。当经济发展成为目的时，人们真正渴望的资本与权份协调发展的需求便可能被有意忽略，其表现之一就是财富在经济发展的过程中不断集中于少部分人手中；而当经济发展成为手段时，结构性资本产品的过度消费便被倚重，人们的消费者态权份便被利用，公众易产生错误预期而进行非理性消费。故而从普遍权份的角度来看，避免经济危机的办法首先必需基于人们正确的认识，那就是，不为经济发展而发展经济，经济发展绝不是目的，而仅仅是手段。人们的消费者态权份也不是发展经济的工具，在不断发现新资本形式并平衡资本结构的同时，努力促进资本与权份的协调发展才是社会发展的根本目的。这就是本书的观点。相关论题将在下一节中进行更详细的阐述。

# 第十八章
# 如何看待当今世界存在的若干社会问题

——面对今后的挑战，让我们……尽最大努力维护代表着所有文化的人类共同的理想和愿望。（2011 年 12 月 10 日联合国秘书长潘基文致辞）

## 第一节　什么是发展

发展，从资本与权份的角度看，就是在人们权份获得由低到高、由基础性到特色性、由必需性到可选择性逐层次地递增后，由资本主导取得的经济效益与由权份主导取得的社会效益相协调的社会状况。也就是说，资本、权份与经济社会发展水平是相对应的，不能跨越层次发展，经济社会的发展应建立在人们相应的资本与权份基础上。一定的资本与权份基础决定一定的经济社会发展水平，而一定的经济社会发展水平需要并赋予一定的资本与权份基础。因此，权份状况反映了发展状态，权份必须与社会发展状态相协调。不相匹配的权份基础将不利于发展，超过一定的发展状态获得并享有的权份都是不稳固和不长久的，甚至会引起经济危机或社会动乱。不妨举个例子，美国近代社会在其奴隶制度废止之前，使用黑奴的庄园经济在当时其实是比较有效率的，而且黑奴所得的实物报酬并不低于甚至可能高于自由农工的收入，其寿命期望值比之当时的法国和荷兰等欧洲发达国家的工人也并不逊色。但是黑奴依然选择逃跑，并且即使在奴隶制废止后，庄园主试图用高薪引诱自由了的黑人按奴隶庄园的方式去做同样的工作，然而其努力的结果依旧是失败。这正是因为，如果黑人连最基础的人身自由权尚未获取的话，即使按资本主义经济社会中较高的权份状态比如高薪酬与高寿命期望去引诱他们，其企图也难以成功。在此，人身自由权作为最基本的权份形式决定了当时美国庄园经济的发展状态。可见，发展是离不开人们普遍性权份有层次性地递增与扩展的社会进步。

同时，在不同国家经济社会的发展过程中如果体现出了多样化，则可以认为是不同社会文化与结构秩序在全球化经济潮流中的自身选择。因此经济社会形态的多样化，也正是应对本地区社会情况与矛盾而进行的适应性的细分。就像不同的生态环境对即使是同一物种的适应性选择。而区域的一体化则完全是因为不同经济社会资本与权份状态同一化后，整体社会逐步趋同的结果。因此无论是多样化还是一体化，都是资本与权份大众化的要求，都有利于资本与权份在不同地区与文化中的不断广泛化、同一化、及大众化。

从另外一个角度看，一个社会成功与否，当然主要根据该社会中的各种资本是否均衡发展，并且各种资本相应的权份是否获得对应层次的发展，同时这种发展是否符合社会整体利益。这种社会整体利益取决于现阶段的社会历史形态与未来发展趋势，这也是社会稳定发展的主导因素之一。具体体现在国家法律在选择性权份的赋予与剥夺上，由国家整体利益与未来利益决定。在选择性权份的取舍上，同样的国家在不同的历史阶段都会采取不同的应对方式。而近期英国政府允许苏格兰就其独立进行全民公决，这在 19 世纪的大英帝国绝对是不可想象的。

而衡量一个经济社会是否为发展中的社会则会有很多办法与指标。其中科学与文化技术便是重要的指标之一。一个国家当年新增专利数占专利总数的比例越高，说明文化创新或科技发明的水平也越高。已有专利转化为企业创造收益的技术时间越短，占专利总数的比例越高即专利的速动率越高（类似于会计学中的术语——速动率），则表明科技转化为生产力即其创造社会经济效益的效率越高。从此方面便可以简单地证明一个国家某个时期的经济社会是否为发展型社会。

当然，从人口增长与经济增长的关系中也可以发现一个社会是否在成功发展。比如在人口增长率低于经济增长率的前提下，权份状态的消费者化与资本的大众化决定了一个国家新增经济规模的大小很重要地依赖于该国人口的多少。此时人口增长便一定程度上意味着经济社会的发展；而如果人口增长率高于经济增长率，那就意味着社会新形成的财富尚未再投入下一次增值循环即被消耗或者只有少量盈余投入循环，导致社会财富无法累积或者原有累积日渐减少，社会总资本也由之减少。若这种情况长期存在，社会必然难以成功发展。

## 第二节　慈善、黑社会、娱乐化、腐败及种族歧视

既然所有人类经济活动是由资本与权份两大要素所建构并驱动的，那么基于资本与权份的视角，本书亦以为，慈善是为提升他人权份状态主动让渡个人拥有的资产所有权或权份的经济社会行为。在这样的基础上，可以认为高尚品德则是为奉献他人主动放弃个人人身自由权等生存权之上种种权份的思想品质。而如果是为了他人或带有社会属性的整个民族或国家而主动放弃个人的生存权等诸权份便被称为牺牲。因此人们常将具有牺牲精神并追求高尚理念的人称为英雄。

而凭借非法手段得以满足的贪婪与对现有世界秩序不满与抗争导致的极端行为包括暴力、有组织犯罪、洗钱、恐怖枪杀爆炸等，以及以黑社会形式为特征的家族式管理的营利组织，都对人类经济社会肌体构成了不小的困扰。其中，黑手党是这样一种团体，它以国家法律规范外的任何手段形式获取资财的最大化与最快化，并施行家族式管理的组织。在组织内部，虽然相当程度上不是由有血缘姓氏关系的成员组成，但是以家族观对待成员及其家庭，并以此要求成员、管理成员、聚集成员。因此这是一种最简单、最直接、管理成本最低的组织管理模式。也正因为此，黑手党在一些国家才会有一定的社会基础。在封建家族社会，一个家族的族长对本家族事务甚至家族成员的生死具有很大的裁决定夺权。包括黑手党在内的黑社会组织即

与此类似。

谈到黑社会组织，必然要说说其经常使用的治理手段，即严刑拷打。与奴隶制迫使人从身体到精神整体合一地服从于主人的驱使类似，战争和宗教殉难甚至自身病疾所导致的各种身心摧残亦如严刑拷打。不可否认，严刑拷打是为了让受刑者从思想中放弃权份较高层次的社会属性，屈从于较低层次的自然属性，以达到使被拷打者精神与肉体在较高层次社会意识中分裂及在较低层次生理意识中重新结合的目的。由于意识分裂的人是残弱无力的，最终被拷打者将放弃抵抗意志与尊严，难以避免地坠落成为依附物态甚至物态权份。而这正好达到了黑社会组织的目的。

而至于娱乐化，简单地说，基于商品与消费者态权份，娱乐化能够成为最低交易成本及不错的广告宣传方式与消费方式。在现代经济社会中，由于媒体和公众对娱乐的追逐渴望，希望低代价宣传的个人或社团便通过事件的娱乐化提高宣传的传播力、覆盖面和影响时效。如此一来娱乐化的泛滥不仅淫浸了私人隐秘空间，伦理的敏感与苛刻也降低了。在这里，道德的宽容与麻木成为孪生兄弟。而情色娱乐又是最原始、最直接、受众最广泛的宣传方式与消费对象。在女权兴起的现代社会，情色展示似乎成为女性表现强势的手段之一，同时也成为缓和资本主义经济社会矛盾的润滑剂。因为从某种角度来说，市场经济本身就是满足人们各种欲望的活动与交易行为之集合。

那么什么是腐败？从权份的角度来看，当代表个人的权份与代表整体的民权即往往是为公共服务的行政权力在个人身上叠加后，由于个体欲望的膨胀而同时自律缺失或监管不到位必然导致的主要是社会公共权益受到损害的现象。在任何社会只要有这种权益与权力的叠加就一定会有腐败的原动力。因此可以说，腐败就是社会个体获得了个体权份以外的行政权力后，利用其为自身谋取超额利益的资本行为。只不过这种资本行为却是不受法律认可与保护的。故而要从根本上杜绝腐败，就必须不断缩小经济社会中这种权份的差距与减轻权力重叠的程度。

最后说说种族主义。事实上种族主义一方面是社会文化意识中对本民族地区的文化具有狭猫的优越感使然，另一方面，根本上乃是资本主义民族主权国家的社会资本无法完全支撑所有国民的权份甚至基本权益而造成以种族人群为特征对象，以民众分裂与排斥为手段从而实现权份独享的经济社会现象。这种社会现象以其分裂与排斥的具体方式手段的差异而体现不同的激烈程度。种族歧视与性别歧视在某些方面一样正如人们所说，因为是白种男人创造了资本，故而寻求权份独享的政治优越感和家庭社会优越感。

综合上述，无论是慈善、黑社会、娱乐化还是腐败与种族歧视，虽然表面上风马牛不相及，但深处盘根错节的依旧是围绕着两个主题，即权份的状态与资本的结构。只要这两大主题未从资本的大众化与权份的广泛均衡化方面着力得到解决，这些现象便依然会在人类经济社会中顽强存在。

## 第三节　移民与难民问题

现代经济社会中所谓的移民问题，确切地说，一方面是国际间劳动力流动的管理与控制问题，另一方面则更是通过赋予本国部分权份享有而吸引他国资本与财富的转移、管理与优化问题。如果从移民本身的角度说，便是凭借提供资本奉献得以获取自身欲望中他国国民所能享有的权份的问题。

而难民的产生并不是因为其缺乏各种各样的权份内涵，而是因为赋予其权份的主权国家不再或不能为其提供相关的基于本国法律的社会保障。在资本主义经济社会，一切权份的内涵都有赖于一国有效主权治下国民身份的取得。正是伴随着权利意识在20世纪的发展与兴盛，各方势力的竞争引发了以资源为代表的资本有限下的极端冲突。而军事科技的空前发展与广泛运用导致这些极端冲突产生了骇人听闻、惨不忍言的诸多事件。这是20世纪难民产生的典型经济社会背景特征。因此国际恐怖主义不一定会产生难民，但有难民的地方一定存在国际恐怖主义。

在当今国际社会，发达民族国家通过权利的话语获得国际事务的主动权，似乎已成为体现一个国家资本利益的国际间政治经济活动的必选内容。与跨国公司的投资选择一样，国家利益决定了一国政府的经济与军事、外交政策，与道义关联不大。

所以当今社会在对第三世界国家利益所产生的威胁中，没有逊色于制造冲突与分裂、金融危机与经济衰退、以大量投资与技术门槛选择移民等手段来瓦解这个国家的了。当一个主权国家被瓦解后，在动乱中大量的难民便产生了。

南非前总统纳尔逊·曼德拉曾说："我们花更多钱在武器上，而不是为数以百万计艾滋病病毒感染者确保治疗和扶持。这是一个充满念想和希望的世界。这也是一个充斥着绝望、疾病和饥饿的世界。"

因此在国际社会中，一国权份的申张不能以他国的权份丧失为代价，同时道德义务也许是我们对他者提供帮助与服务的驱动力量之一。但毫无疑问，资本的充足丰富与权份的充分享有及开放社会的理解与包容，才是人类社会免于难民问题困扰的根本解决途径。

## 第四节　国家资本

何为国家资本？本书以为，在近现代经济社会中国家资本的内涵与边界是与保障一个国家人们享有的最广泛的权份基础及促进更多、更高、更好权份目标的实现相关连的。首先，国家资本具有保障权份基础的作用，其最典型情况便体现在战后经济复苏时期。比如"二战"后的英国，"1946 年英国政府首先将英格兰银行收归国有，继而于 1947 年 1 月 1 日颁布了《煤矿国有法》，掀起了二战后英国第一次国有化浪潮。煤炭工业国有化后，英国又对煤气行业、钢铁工业、运输业等部门实行了国有化。涉及大约有 1500 多个煤矿，一大批煤炭加工企业，铁路、内河、航运、公路、运输、港口、煤气厂、大约 1500 个发电厂、国际有线电报和无线电通信系统、全部民航企业和机构以及 70 多家钢铁厂都实行了国有化，直到 1951 年 10 月这次国有化浪潮才结束。"（《国有资本生存边界与管理模式》，耿明斋、李燕燕著，中国经济出版社，2003 年版）正是通过国有化运动，英国政府大大拉动了经济复苏进程并有力地促进了人们的就业与社会保障。而即使在经济稳步发展的和平时期，国家资本也是一国财政收入的重要来源，是广大国民获得社会基础性保障的有力支撑。

其次，国家资本也具有为私营企业发展创造更好条件或搭建平台的作用，其表现在比如卫星定位、气象地震等自然灾害监控与预告，以及证券金融、保险与再保险、灾害救援抑或交通邮电等等基础服务设施中，诸如此类。

而国家资本能够提升权份目标，则主要体现在对高精尖科学技术的领先开发与促进发展上。比如互联网、物联网、新能源、新材料、海洋开发与利用，以及高投入的太空探索、宇航技术、生物医疗技术，等等。以美国为例，“二战后美国政府在科学技术研究方面的财政拨款迅速增加，1954—1976 年国家用于科学技术研究的投资占全国科技研究费用的三分之二。其中对尖端科学技术研究的投资占 80% ~90%。”“正是由于政府的巨额投资使美国科学技术一直处于世界领先地位，并导致一些新兴产业部门崛起，对产业结构不断升级起到了巨大的推动作用。”（《国有资本生存边界与管理模式》第 152 页）其中，众所周知的互联网与 CDMA 通信技术，即来源于美国国家的军事技术。它们不但改变了世界的交流方式甚至是现代经济社会生活方式，而且更重要的是由此已经创造了并将继续创造人们资本的新形式与权份的新内涵。正是在国家资本开创的新的产业基础上，民营企业得以进一步丰富产品线，延伸产业链并增加产品附加值，从而使得民间资本获得更多充实。

当然，民营资本很大程度上也具有开发新技术以发展新资本形式的能力，因此除了民间资本无力涉及的领域，必须按照经济学中资本投资边际效率相等的原则来确定国家资本的最佳规模和边界界定。而对间接税率高、税额大的一些传统产业，比如烟草、盐业及酒精制造等行业部分或全部国有化，可使国家财政收入有较大的稳定来源以扩大财政转移支付能力，有利于增加社会福利及社会财富的再分配，也即为一国中广泛的权份基础提供资本保障。

必须肯定，加强运营、提高监管显然有助于国家资本经济效益的良好发挥。但是由于国家资本天然的不稳定性，经济社会的发展必然要求在保障人们权份基础与提升权份目标的前提下，对国家资本涉及的产业进行动态的调整。这种调整即要适应社会整体发展水平，也要符合科学技术发展方向，更要维持与包括个人资本，社团资本等在内的各种社会资本结构的整体协调与平衡。

事实上，国家资本本身在生产力与社会经济发展过程中，随着民间资本壮大有不断自我更新的需求。即逐步从民间资本力所能及并能满足市场自由竞争的领域，比如装备业、汽车制造业、家电业、运输业、建筑业等领域退出，并利用国家规模资本、人才储备优势进入能够引领人类经济社会发展方向与导致人类生活质量发生重大进步的科研医疗、环境保护、生物技术、新能源开发、微观宏观物质世界探究等领域。以实现国家资本的基本保值需求，尤其是达成开拓资本新领域、提升权份新内涵的功能性目标。其退出的产业则由非国家资本填补，客观上也有利于民间资本的充实与广泛化。

至于国家资本最早产生于何时的问题，本书以为，国家资本是率先在20世纪初的苏联政府以马克思列宁主义计划经济思想为指导通过国有化运动产生的，紧接着西方资本主义国家为了应对经济危机普遍采用凯恩斯理论对市场经济进行政府调控，在这个过程中也产生了国家资本，其中最有代表性的就是"二战"前的美国罗斯福新政。

由于国家资本作为经济资本，其自身属性决定了其必须保值增值，并且公众通过国家政府持有的方式表征其所有权，国家必须代表公众的利益即国家资本必然保障最广泛的基本权益，这是国家资本之所以成为国家资本的关键所在。因此从该角度来看，"一战"时期并没有真正意义上的国家资本。"一战"时期，主要参战各国政府拥有的所谓国有资本基本分布在军事工业及相关产业，其主要目的是为侵略战争服务。而从其时当权者即权份所有者的性质看，其实质依然是代表皇权的贵族家族资本与代表资产阶级权份的社团资本这一混合体。直至20世纪30年代中期，法国率先开始了大规模的国有化运动。"当时执政的社会党为了缓和公众与庞大的垄断组织之间的尖锐矛盾，对铁路和航空业实行国有化，建立了法国国营铁路公司，控制了两大飞机制造厂，并以股份有限公司的形式将许奈特军火厂、豪契吉斯军火厂和雷诺坦克厂等军工企业变成国有企业。政府还采取加强监督的办法对法兰西银行进行改革。"（《国有资本生存边界与管理模式》第152页）尤其是"二战"以后这种转变在西方资本主义经济社会中更大范围内得到迅速加快。其标志就是代表封建家族资本权份的皇室的根本衰落，如日本与英国；以及"二战"后主要社团资本主义国家中代表占人口多数的工人利益的工会在一国政治经济生活力量中的崛起，如美国与法国。而美国罗斯福新政更是在公共服务设施等国家资本发展的基础上，通过失业救济、养老保险、最低工资与最高工时限定等法律政策，在世界上率先将本国的商品态权份逐步转化为消费者态权份。故而从这个意义上说，资本主义经济社会中的商品化的权份状态实质上是从 20 世纪 30 年代开始，随着真正代表整个经济社会与全体国民利益的国家资本的产生而逐步转变升级成消费者化的权份状态。即伴随着由国家资本支撑的有基本社会保障的消费权益的形成，普遍意义上的消费者才诞生了。

## 第五节　世界末日论的本质

在人类经济社会发展的历史进程中，人们不乏对世界末日的预言与困扰。伴随着频繁的战争、经济危机与生态环境危机，这在资本主义经济社会中似乎体现得尤其明显。而本书以为，对未来权份的主张及在同情基础上对同类人权份的申张，必然导致一些人对现实秩序的怀疑、否定甚至诅咒，以及对想象中新秩序的肯定与希望。这种否定与诅咒、肯定与希望会以一种伦理道德的面孔出现在世人面前。如果施发这些预言的主体是宗教人士或伪宗教人士，那么他们基于其伦理与宗教任务或欲望而对未来世界的预言，一方面以“世界末日”的形式否定了现实的经济生活及其经验世界；另一方面，又暗示了对一个符合其理想的新世界的希冀与信念，以及对现实与未来权份的不断掌握和向往。

同时，在人类社会与经济的发展历程中，以人类生存的自然条件为目标的生态环境极限承载能力，以及社会经济生活按照他人与自我共同标准进行生产和再生产的极致能力，都涉及了市场经济与人类生存的限度或边界问题。这个问题如果不解决，人们的末日情结必将永远无法彻底消除。

因此，从根本上说，一方面如何借助科技的力量开发利用人类自身的潜能；另一方面，如何协调人类经济社会内部及其与自然界的关系，成为人类社会发展必经之路中必定需要面临和解决的两大课题。不过当今社会的人们亦不必过于担心甚至杞人忧天，在历史的长河中，人类依靠自身的本性与智慧已经蹚过了无数的暗流险滩。或许在人类迈向未来的新社会过程中，这些曾经长久困扰了人们的难题已经能够得到成功解决。

# 第四部分
# 对未来经济社会的展望

# 第十九章
# 未来经济社会展望

——世界正变得更小。世界不是由概念分隔开的，而是被河流山川隔开的。但人类始终是人类，我认为我们是一个整体。我们有共同的梦想，共同的抱负，我们必须同甘共苦。（美国前芝加哥市长 理查德·戴利）

在展望未来经济社会之前，我们不妨先来了解市民与公民、市民社会与公民社会的概念特征及其内涵。

## 第一节　市民与公民、市民社会与公民社会

不论是按照西方还是东方的传统观念，市民都是定居在城市中的居民。在12世纪的欧洲，自由民即是城镇居民，是从宗教人士和贵族中逐渐分离并独立出来的阶层。中世纪开始随着民间工商资本的发展及资产阶级的壮大，市民阶层也得到发展壮大。资本的获取支撑了权份的主张。在市民阶层向封建权势争取权份的革命斗

争中，为了确立并巩固不断主张中的权份，人们寻求法律的帮助。法律赋予市民身份与权份的同时公民便诞生了。于是同样是在欧洲，近代社会不同的国家法律意味着不同的国家公民，不同的国家公民具有不同的社会属性、民族特征、权份范围。国与国之间，因为存在具有不同权份内涵的民众，为了以示区别，民族国家便产生了。民族国家间重要的不同，就是法律的不同。而民族国家中公民的差别即是法律赋予权份的差别，因为即使是居住在同一地域，权份的获取与否都决定了是否是同一国家的公民身份甚至国民身份。而无论公民权的内涵如何演变丰富，其最基础与最根本的定义就是指由一个民族国家的法律赋予并保障的拥有该国国籍的人所具备的身份与权利。因此说公民与公民权是在市民阶层的基础上，伴随着资本主义经济社会的产生而逐步发展的，与民族国家有着剪不断的联系。

一定时期内，由于资本的专属性决定了权份的独享性，所以公民权亦具有一定的排外性。于是如何界定公民及公民权便成为各个民族国家的首要职责。比如，在美国建国之初，公民资格的取得基本遵循自愿效忠原则，包括如下一些前提条件：个人意愿、道德品行、居住时间、宣誓效忠、自由白人等。这些条件很明显地将美洲土著印第安人和黑人等有色人种、少数族裔排除在美国公民之外。人们必须在宣誓拥护合众国宪法并获取公民资格后，才能进一步获得包括拥有、转让、租赁、买卖等财产权利与相关经济权利。而选举与竞选公职之类的政治权利，更必须在已经获得公民资格并居住达到一定年限后才能取得。

但即使是在一国之中，公民作为享有权利的主体，因为权利内容本身的解构分析而使公民主体拥有不同形态，甚至一度变得支离破碎，形成西方理论中法律上与哲学意义上所谓的残缺的“人”。这种解构分析的方法将具体的人物抽象化、模型化甚至是模块化，当需要回到现实中时，拼接的手段使得复原变得异化无力甚或无机。就如西方的抽象派绘画，分裂而扭曲，夸张而变形。这与中国国画擅长表现的朴实和谐的山水人物手法，及人物在自然界中渺小却是点睛之笔的意境迥然不同。因此在权份主体的划分过程中，即使同样是一国国民，也会因为权利享有的不同而在法律意义和社会学意义上区分为残疾人、潜在人、类似人或者陌生人、外人等等。比如一国之中，根据现实的居住地差别会有市民与农民、牧民之分，由此产生了身份差异并派生出其他权利区别。基于地域限制的户籍身份制度正是对这种差异的确认与反映。虽然国民的称谓可以模糊这种地域差异，但事实上只有称之为“公民”才能逐步抹平这种权利差异。那便是随着经济社会的发展进步，资本的广泛化与权份的大众化原则皆要求公民权必须广泛而平等的获取。因此在民族国家不断发展的过程中，公民权的内涵与外延也在不断地发展，不断地被改造并赋予新的意义。从长期来看，公民权与公民主体都处于由少数到多数、由部分到整体，不断扩展完备的过程中。这正是权份得以大众化的体现。同时或许也是向未来社会发展的历史铺垫。

以上谈了市民与公民的区别，现在再来说说市民社会与公民社会。可能早至14世纪，欧洲人就开始使用“市民社会”来表现资产阶级产生以后的经济社会状态。毋庸置疑，社团是市民社会形成的重要组成部分。在当时它包括各种团体协会、俱乐部、沙龙等非官方组织或机构，是民间交往的很好平台。这些民间市民的交往平台与市民本身的文化经济生活一起，构成了丰富多姿的市民社会。这与古代中国有些类似，封建时代的中国常用“天下”“民间”“凡间”“红尘”甚至是“江湖”来表现当时以平民或庶民为活动主体的社会状态。不同的称呼体现了相对的或文化或情感或身份的内涵。但一致的是，相对于王权的高高在上，封建家族时代人们只能被称为“臣民”或“庶民”，甚至是“子民”“草民”。用“市民”一词称呼城市居民正是中世纪欧洲逐步进入社团资本主义时期后，资产阶级本身对自身地位与身份的定位与认同，以及从某种角度上对封建王权拥有特权的异议。同时相对于“农民”一词，即说明了所从事的农业工作又说明了居住在农村一样，“市民”一词也贴切地表现了资产阶级居住在城市，并从事一切与城市生活有关的工作或商业社会活动。比如在德语里，“市民社会”与“资产阶级社会”都可以用“B ürgerliche Gesellschaft”一词来表达。而在英语及法语中，源自古希腊的“civil”一词，其寓意也相近，即都有市民的、民间的、民事的、文明的等含义，同时与“city”城市一词拥有共同的词根。但是与德语将“市民社会”和“公民社会”用相异的词表达不同的是，在英语及法语中“市民社会”与“公民社会”是同一个词。英语是“civil society”，法语是“société civile”。另外，这也可以从马克思对市民社会与公民社会的不同定义中看出来。马克思认为市民社会不可避免地打上了资产阶级的烙印，但公民社会则“是属于自由人的阶段，属于成熟的社会主义和共产主义阶段”。

（《美国公民社会的构建》，赵梅著，中国社会科学出版社，2010年版，第10页。转引自赵进中所著《德国公民社会的理论问题》，刘立群、连玉如主编，《德国·欧盟·世界》，社会科学文献出版社，2009年版）同时也可以从黑格尔对公民社会的倍加推崇中看出来，黑格尔认为“公民社会是人类理性精神最高的客观实现”。（同上）而市民社会则只是以个人利益为目的并应从属于国家的有关于私人经济生活领域的那一部分。非常有意思的是，马克思与黑格尔都是德国人。

然而究竟什么是公民社会呢？或者换句话说，更易理解的公民社会是什么概念呢？现在让我们站在中国文化的角度，从私人的“私”与公众的“公”这两个汉字的字形、起源与字义的历史演变进化中找找线索。

依据造字法，看“私”字：其汉字结构为左“禾”右“厶”，其中“厶”呈手持镰刀之状，与“禾”并在一起即是持镰收割稻草之意，凭借行为判断在奴隶社会时即指农奴也；“私”还有一种写法，即“艺”，义同：上为草字头下为“厶”的字，亦为持刀割草形。

而“公”字：从“瓮”，宽口鼓腹圆底之大瓦罐，可存储食物，在古代即代指财物丰富之权贵人家，贵族也；《说文解字》中有如是解释：背靠背的“八”，下为“厶”，有公平分配食物之意，虽略显牵强，但亦不失一义；另从会意功能来看，“厶”本意即有劳动中的百姓之意，而能居其上者即为“公”。

因此，“私”字最早的含义应是没有身份或地位低贱，依靠为“公”等贵族耕种、狩猎等提供劳力维持生活的庶人奴隶。意指庶人奴隶时，与代称“公侯伯子男”等贵族的“公”相对。比如《诗经·周颂·噫嘻》之“骏发尔私，终三十里。亦服尔耕，十千维耦”，比如《诗经·小雅·大东》之“舟人之子，熊罴是裘。私人之子，百僚是试”。又据《汉书·五行志》记载，成帝时“崇聚票轻无谊之人以为私，置私田于民间”，此处“私”字亦意指身份低下为依附性之宾客。“谊”通“籍”，“无谊之人”即为无户籍之人。

另外，《诗经·卫风·硕人》有“东宫之妹，邢侯之姨，谭公维私”。“维”同“闱”，“私”即私交、闺友，意指贵族谭公妻子的好友。在古代，女子相对于男子，地位亦是低贱的。

除此之外，“私”字同时还有代指身体隐闭低下或隐羞处之意。如《诗经·国风·葛覃》有“薄污我私，薄澣我衣”，此“私”，即身体私处之意。

而“公”，首先毫无疑问，是古代社会所有贵族的代名词。《国语·周语》中周襄王说：“昔我先王之有天下也，规方千里以为甸服……其余均分公侯伯子男。”其中“公”即成为一切贵族的泛指及尊称。后世之《后汉书·樊宏传》记载，东汉初樊重“性温厚有法度，三世共财。子孙朝夕礼敬，常若公家”，即含此意。

在古代，贵族们是不劳动的。《诗经·魏风·伐檀》言：“不稼不穑，胡取禾三百亿兮？不狩不猎，胡瞻尔庭有县特兮？彼君子兮，不素食兮。”贵族与士大夫之家大都不事稼穑、不习农事，所拥有的土地由农奴或农民耕种，自己则过着被供养或衣租食税的生活。贵族士大夫们“知兼并而不知尽地之利”，以至于“坐资岁入，不知稼穑为何事”。与之相对照，《诗经·召南·采蘩》有：“于以用之？公侯之宫。被之僮僮，夙夜在公。”农奴们却在奴隶主宫室之中日夜劳作。

其次，从夏商周以来古代各种祭祀活动，作为一种特权皆由贵族主持，亲自施行，其他人不得染指，即以庄重丰富的仪式与祭品敬献祖先神灵。故而有“公共”一词，其中“共”同“供”，用牺牲等供品做供奉也。通过“公供”以祈福护佑百谷丰登，家业兴旺，国泰民安。如《诗经·邶风·简兮》有：“简兮简兮，方将万舞……硕人俣俣，公庭万舞。”舞师在奴隶主贵族家的大堂上舞蹈庆祝并祈福。事实上，从原始社会开始，部落便经常举行巫术活动，由巫师或部落首领主持，其实巫师往往由部落首领兼任，以此驱邪消灾或庆祝祈福，保佑整个部落的安全与兴盛。及至奴隶社会又封建社会，逐渐为王公贵族所承袭。因此沿袭而下，由“公供”而“公共”，便逐渐生发出代表并保护部落与宗族全体民众共同享用之物与获得平安、丰收等基本利益之意。如《汉书·宣帝纪》载，地节三年（前 67 年）有诏“流民还归者，假公田，贷种，食，且毋算事”。其中“公田”之“公”有此意。而后世之《明律》规定“盖同居则共财矣。则虽为公共之物，但卑幼得用之，不得而自擅也；尊长得掌之，不得而自私也”，其中“公共之物”中“公”见此意则更加明显。而历代皇族祭祀，以家族的形式进行“公供”，其目的则无不是为了百姓归附、家天下的国泰民安以及风调雨顺等。

与此相随，有“公供”便同时产生“私享”。相对于先祖神灵的高贵，在世贵族及其家人地位便显低下。故待先祖神灵享用完祭品后，即供奉后的祭品从供台上撤下来后，才能由贵族家人们私下享用。如《诗经·谷风之什·楚茨》载："诸宰君妇，废彻不迟。诸父兄弟，备言燕私。"其中"燕"通"宴"，即一家人行酒宴之乐。同时，神圣尊贵的祭祀礼仪与祭祀场所，地位低贱的人是不能参与及窥视的，"公供"之地，奴隶们必然要退避三舍。于是相对于"公开"，"隐私"与"私下"亦自然出现了。如："诸同居卑幼私辄用财者，十匹笞十。"（转引自《中国古代合伙制初探》第 84 页《唐律疏议·户婚律》）

而"公有"与"私有"中的"公""私"之意，皆可说是从"公供"和"私享"中派生而来。《礼记·内则》说："子妇无私货，无私蓄，无私器，不敢私假，不敢私与。"又比如南宋大儒朱熹在《晦庵先生朱文公文集》中有言："田税不均，隐漏官物动以万计。公私田土皆为豪宗大姓诡名冒占。而细民产去税存，或更受俵寄之租。困苦狼狈，无所从出。"其中"公私田土"分两部分，"公田土"显然是指皇家朝廷理论上所有或官府所有但实际上无人有效占有之田土；而"私田土"较易理解，即是农民耕种占有之田土。随着历史的演变与经济社会的发展，即社会生产关系与资本占有制度的不断变化，"公"如果失去了身份等级的限制，也慢慢可以指代有财富的人。譬如明清时期，明代大部分时期厉行海禁，故海外贸易大都是一种走私贸易。清康熙以来海外贸易中亦多有"公司"之谓，如"公司货物"，意即指财主东家出资人所拥有的货物。而在明清时期的合伙协议中，"公议甘愿"的"公"则是指出资人大家一起，有公开之意，与表个人独自之意的"私"相对，此处之"公"已基本失去了身份等级差异之内涵。到了现代社会，"公有"之"公"才指国家政府，而"私有"之"私"则指个人与法人。当然此时，"公"与"私"有时也是相对而言的。相对于国家政府为公，企业法人便为私；而相对于企业法人为公，个人又为私了。

除此之外，在商周为代表的奴隶制经济社会，农耕普遍实行"井田制"。即贵族的土地由农奴负责耕种，居于中间的大块田地收益直接归贵族所有，而四周犄角旮旯的小块耕地则由贵族分配给农奴们耕种，以使农奴能够养活自己及家人。故而"公"等贵族能够分配平均便显重要，"公平"即由此而来。这也无怪乎《说文解字》仅从字面分析便认为"公"有公平分配食物之意了。而如果"公"不能施以平均之法，对某个农奴有所偏向，无论多分还是少分，对其他农奴来说这种行为及其造成的后果即是“偏私”。这样相对于分配之公正与公平，偏私亦产生了。比如《诗经·小雅·大田》中记载：“雨我公田，遂及我私。”雨下到尊贵主人的大田里，然后顺便也灌溉了农奴的小田。

综上分析可见，“私”字最原始的含意便是持刀收割之人，即劳作之人，在奴隶社会自然是农奴；“公”字最原始的含义则是富有食物之家，身居“私”人之上的人，即是不劳动却有财富与地位之人。“公”与“私”的区别既在于不劳作而拥有财物者与终日辛苦劳作而不拥有足够食物者的权益不同，也在于地位高且上者与地位低且下者的身份等级差别，是因地位与权份的不同而对人的划分，是社会生产关系中奴隶主与奴隶的最早称谓及关系体现。而相对于“公”的一些行为，比如“公共”“公有”和“公平”，则相应地产生了“私享”“私有”和“偏私”与之相生相伴而对应。

随着生产力的发展与经济社会的进步，当“公共”从仅能由贵族主持参与的祭祀活动到逐渐成为包含了保障全体宗族民众基本生存权益的固定场所与仪式活动的统称，以及人们共同参与及共同享有的代名词时，“公”在人们的现实生活中也可以变成一种对个人的尊称，“私下”则成为纯粹有关于个人之事了。剔除了身份地位与等级的差异，平等的每个人都凭借“公民”的身份可以自由地居于公共场所之中心了。当然，这个公共场所即包括经济的、文化的、社会的，同时也包括政治的。此时“公”与“私”则大部分情况下已成为整体与个体、开放与隐秘、共享与专有的代名词。所有这些，无疑是符合资本与权份的广泛化与大众化原则的。

因此结合以上所述，似乎可以大胆地预测，公民是人类经济社会资本与权份发展到一定历史阶段后，同时具备享有普遍的基础公共服务与积极的人生状态的个体人，每个公民都享有平等的权份，在公共资本的支持下他充满权利的同时又不排斥义务。事实上他视权利与义务是一个整体，依照自己的兴趣优势做对公共社会与自然生态有价值的事，在享有公共服务基础之上的人生乐趣的同时，通过公共平台与个人努力以达成个人价值的自我实现。而公民社会或许便是人类进入较高级的阶态社会后的阶段性社会，它一定是这样一种社会存在形态：整个社会大部分甚至基本能够通过所有不受政府支配的社团或个人来建构自身并自我协调其行为。公民是一切社会活动的功能主体，普遍的权份状态是或称为“公民态”的权份。个人在群体中与个人在自然中一样，都能极大自由地自治、互治及共生。届时也许政府职能已是较小地存在。国家也由于任何地区都是多文化多种族多民族杂处共居等因素，以及社会与科技的发展导致阶级属性消失后地域属性也不断淡化，城市与城市、城市与乡村、甚至国与国之间界限亦逐渐模糊，地球或日益成为一个大“家”。故而公民社会不仅仅是一种社会经济组织形态，更是社会生活形态。公民社会从公民自发组织、公民道德水准、公民行为模式、公民经济权益（由于存在最广泛的中产阶层导致社会呈现飞碟型结构），以及公民在自然界中的环境身份认证等各方面皆体现出自治与互治、和谐相处的行为特征。于是在公民社会中，每一位公民即是“公民态”自治与互治权份下有价值的个体人，同时又能够成为公民社会的完全权利代表。

## 第二节　未来经济社会展望

如果说封建家族经济社会及以前社会是“神赋权份”的社会，即一切人世间的权份都来源于上天的“神”，则当今普遍以国民为存在特征的经济社会也只不过是“国赋权份”的社会，很显然，现实世界的发展状态正表明人类社会仍处于“国赋权份”的阶段，因为具有不同国籍的人们拥有不同的权份状态，其权份由不同的国家政府赋予。那么未来的经济社会则是在人类进入较高阶段的阶态社会之后的社会，它很可能是这样一种生态社会，是一种人类与大自然不对立而相互融洽的社会，是对大自然只有有限的生化与物理改造而没有有害的化学改造的社会，是人类本身及地球上任何生物皆没有特权与等级差异而具有平等自然生命权的社会，是人类社会每一个有行为能力的人获得较大自由的社会，是能够有较大可能实现自治与互治的社会，是充满了科技情趣与生态情趣的社会，是人的生理功能与自然界积极互动后形成的“科技赋权份”同时是“生态赋权份”的社会，也许可以更确切地说，是“人类科技与自然生态共赋权份”的社会，即“法赋权份”的社会。这里的“法”不仅仅包含法律之法，也包含科技之法，自然之法以及人伦道德之法等等。

在当下英国的政治经济生活中，人们发现这样一个规律，即保守党执政通常是低通胀率高失业率，而工党执政则是相对的低失业率高通胀率。但无论哪个政党主持政府都会带来这样或那样的问题，比如国内的贸易税收政策、国际的公共事务政策，而经济增长带来的幸福感似乎与党派并无直接的线性正相关，但是共有的都是政治腐败、金钱选举、领导人或多或少的道德品质甚至经济问题。因此在当代资本主义经济社会，人们逐渐对政治失去兴趣进而产生了政治疲劳。1999 年 11 月，在一项社会公众调查中当法国选民被问到如何看待政治时，其中 57% 的人回答“持怀疑态度”，47% 的人表示“感到厌倦或厌恶”，仅仅只有 25% 的人认为“政党或领袖很好地代表了他们”。（参见《金钱关系》第 228 页）在选举中，欧美国家合法的公众投票率发生了普遍性下降的事实可以旁证这一点。与此同时，各政党的党员人数也在较大幅度下降。例如在 1960 年英国保守党党员人数尚有 280 余万人，到了 1997 年锐减至 40 万人；工党人数下降幅度相对较小一些，但也从近 80 万人减少到 42 万人。党员的减少意味着党费收入的下降。政党竞选将更依赖于利益集团和私人的政治捐赠或国家竞选基金的资助。这使得政党代表的利益群体愈加繁杂，各政党之间的政治立场分界也日益模糊，党派竞争的手段也更加趋同。在资本主义经济社会中，原本一个成熟的政党应该具有源于自愿及自发意志的广大民众的组织基础。而现在却屡屡成为个人政治家实现个人政治或经济目标的手段与平台。“对税率、失业率、国家债务利率以及通货膨胀的操纵成为政客们追求支持率的手段。”（《金钱关系》第 385 页）如此一来，参与政治甚至建立新的党派便成为职业政治家们烂熟于胸的个人政治游戏与公众性表演也就不足为奇了。

而与之相反，来自民间的自愿或自助性的非政府机构组织却蓬勃发展起来。比如仅英国皇家鸟类协会，其组织的成员人数就逾百万之众，远超英国两大政党的合计人数。同时由于包括互联网在内的通信科技的发展，使得每个成人对公共事务的即时投票成为可能。如果能保证这种投票的公正性与真实性，那还需通过耗费不菲的选举制形成不完全的民意代理人吗？其实政治参与权不仅仅是职业政治家的权利。议事与决议的扁平化正是权份大众化的表现之一。这也许预示了在未来经济社会中，人们将摆脱二选一或三选一政府的强制性，并进而能够对社会事务处理进行自治形态的前景。在许多重大事项上的全民公决，正表明了绕开代议制进行全民自治的实质，而现代网络科技的发展，从技术上使得全民参与及互治的前景变得愈加真实。

实际上，网络技术应用的个性化使用与广泛化享有造就的网络经济，即有利于规模经济的多主体、扁平化、瞬间性效益形成，又有利于个体经济的单一性、特色化、相互交流磨合以跨越时间与空间的诞生。这一方面促进了生产力社会化程度的提高，一方面激发了每个人的参与力与创造力，从而真正能够做到集思广益加速创新。同时日益模糊了知识产权的界限，使得技术创新形成的资本有可能瞬时大众化。而通过网络形成的社会关系突破了时间与空间的限制，有了历史性、多维度、连续态的展现。这种展现既能体现个人又能反映社会，既能无限离析一张脸谱又能无限扩张一张脸谱，既是个人又是社会，充分显示出个人即社会的全息态。从而使得资本的发展与权份的享有能够快速实现广泛化与大众化。

可见，现代社会在人们的意愿越来越倾向于通过自组织来自治与互治的同时，网络技术的发展能够为此提供有力支持。而得益于互联网技术的经济全球化，把世界联系得越来越紧密的同时，权份状态亦将越来越趋于一致。

随着历史的发展人类相互交流的日益密切，世界各国民众的权份状态长远来看确实是普遍趋同的。相对于落后的权份状态来说，发达经济体的消费者态权份不可能倚重信用而无基础无休止地如此延续下去。而发展中国家的商品态权份也不可能永远停留在一个水平。资本的全球化即是发达国家资本的外生性比如来自金融投资的增值过程，也是发展中国家财富内生性比如来自资源与资产开发的累积过程。资本的广泛化必将促进人们权份的广泛享有，资本的增值也必将有力支持人们权份的更多获取。在当今社会资本的广泛化要求体现在一国国内，便是视劳动者工资为普遍性收入的来源与普遍性需求的支付源泉，同时货币主要作为国内货币流通的预算目标；体现在国际上，则是视劳动者工资为相对的比较成本以及货币在国际上的流通水平。而这种比较成本的差异与流通水平的差距在未来经济社会，必然因为国与国之间资本与权份的广泛化要求而逐步缩小。其结果将会导致不同国家之间经济社会的差距缩小，同时一体化市场的要求下政府功能的弱化亦会造成国与国之间行政界限的日益模糊。因此在未来社会中，经济一体化必将缩小不同民族国家间的权份内涵差异，促使权份状态不断趋同，世界似乎将日益融合在一起。

但在未来社会，在全球经济进一步一体化的情况下，人们经济生活中的许多权益将跨越国界紧密联系在一起。体现全世界人们共同生存权益的自然资源，尤其是空气、能源、水源和气候等等所面临的现状，将导致如碳排放指标之类的商品成为重要的交易标的，并以此影响其他产业经济的发展进而调节各国家之间包括商品与消费者态权份等诸种权份状态之差异。在这种调节下，世界各国的权份状态或许将出人意料地逐步趋于一致，国与国之间的发展水平也将日趋平衡，世界可能融合的趋势亦会更加明显。

其实，世界范围内环保主义的要求及经济一体化、金融全球化的进程亦促进了资本大众化、权份广泛化的发展。因此，未来的经济社会或许不是通过摧毁社团资本主义而发展起来，很可能是不同的经济社会在资本积累充分、权份形式广泛并逐渐自治、相互融合后在其内部发展起来。同时从世界的角度来看，当资本与权份充分大众化、广泛化时，当社会各阶层差异与地域差异渐渐消失时，人们之间的政治性矛盾逐步得到化解与弥合时，民族国家政府的行政功能便会慢慢退化并融入社会，严格的国家与政府便或许会逐渐淡化了。

也就是说，当人们的权份尚不够完善的时候，政府的主要作用无疑是规制、引导、协调、维护与促进不同阶层或地域人们的权份形态，市场则发挥着在既有权份状态下让人们无约束地各尽所能、各取所需地进行创造性活动的功能；而当人们的权份随着经济社会的发展逐步足够完善时，人们便会要求放松甚至取消政府的管制干涉，充分利用市场以实现个人价值最大化以达自治与互治的目的。

那么这样看来，人们更高阶段权份状态的实现首先便依赖于资本足够大众化以后，并且终究以历史趋势的形式引向人类经济社会发展的更后结果。而资本大众化一方面体现了资本拥有者在几乎所有公民中的全覆盖，另一方面则表明了资本在每个公民手中的足够量。这种足够量便是在每个公民互治前提下，自治能力所决定的可获取的能够满足个体身心需要的最低量。

如果说消费者态权份的本质是，在保证了人的基本权利的基础上，通过鼓励人们尽量消费各种商品与服务以促进经济社会的发展，那么未来经济社会更高阶态权份的本质或许是，通过为人们创造拓展可行为能力与可行为范围提供平台，以达到社会公民之间自治与互治的目的。显然，自治与互治应该包括了人们为了创建社会生活的赏心悦目与自然生态和睦美好相处的目标，而协调自身与他人物质及精神需求的行为过程。

这是因为人作为地球自然生态中的生物之一，人在自然界中的权份起于生物权份，又超脱于生物权份，并反过来影响生物权份。但生物权份是基础，人的权份建构于其上，犹如金字塔，倘若人的权份过于压迫剥削生物权份，最终损害的是人自己。人不可能用手抓着自己的头发把自己举起来，生物权份与人的权份应相互协调平衡，自然共生。人类来源于自然，生活在地球上却又拥有了足以摧毁地球的力量。当人类社会因自身发展越加独立于自然界时，当人类社会即使发展到可以移居另一个“地球”也不能逃脱生态圈的控制时，所以现在人们就必须慎重思考以下问题：人类社会应该是属于自然界的一部分，还是自然界是属于人类社会的一部分，抑或是两者相互属于对方各一部分，再或者相互融合成为和谐的一个整体？不同的选择或许便意味着不同的发展方式与归宿。

以上大致阐述了在未来经济社会中资本与权份发展的可能趋势，现在再来具体说说未来经济社会中人们的价值与可能的典型资本形式。理论上说，科技的进步与生产效率成正比，因此机器人可能最终取代人类进行非创造性的所有工作。事实上毫无疑问，在不远的将来，随着机器人产业的发展，如果其他企业或产业资本经营者使用足够好的技术的话，那么确实几乎就可以不需要雇佣工人的劳动。所以，在未来社会，人们的价值便将越来越体现在科技、艺术、环境生态与和谐生活的创造性活动中。

在此不妨设想一下，在未来的经济社会，科技的发展导致人们所需的商品及时实现存在可能，事实上 3D 打印技术已经指向了这种趋势，故而人们很多职业的明显界限或许会慢慢淡化甚至消失，将来几乎没有当今社会的所谓职员、经营者、工农、科技人员之分，大家可能即是职员、经营者，同时也会是工农、科技人员或其他专业人士。各种传统产业似乎可以在一个人身上同时实现。让我们想象一番，清晨，人们可以利用细胞分子技术自制牛奶、面包当早餐，也可以模仿单细胞生物利用太阳能的原理在自身体内形成有机能量流，或者就采取最原始的办法烹调自家种植的谷物蔬菜；白天，工作时间完成自己的创造后可以与人交流分享，同时也可以通过网络进行实时交换制造；到了娱乐时间，通过电子场景模拟，便可以让自己身临其境地想去哪就去哪，想干什么就干什么；晚上，你可以自然地睡眠，也能够通过一种特殊的降低身体能耗的装置设置使你进入一种休眠状态。由于简单、重复、具体而有规律的机械劳动早已由机械人代替人类完成，人们只须负责指令的形成及交换思维的开发与交流、技术与技术载体的创造与发明。于是当说到学习，决不再是辛苦的事，通过基因芯片植入式记忆，即使是《大英百科全书》也可以复制传载到你的大脑细胞中；教育，将是随着人们生命的成长科学而有规律地将大脑细胞中已经存储的有关人类的一切知识在类似梦境的潜意识状态下，像花儿绽放一样激活使用，成为个体记忆经验后再发挥人们独有的想象力进行创造性思维。

于是不可否认的是，在已有的经济社会中，人们作为国民需要通过一国的国籍与国家联系在一起，而公民则是通过包含个体自身利益的公共利益与社会联系在一起的。如果说国民是政治地域的概念，那么公民则更多的是社会法律与道德的概念。然而到了未来社会，人们拥有的或许是公民态权份。这便意味着比之于资本主义经济社会，公共财富获得更多累积的同时其服务领域亦获得了更大地覆盖。其显著特征便是，对于公民来说，所有基本公共服务都可能是免费享有的。比如免费的终身式公共教育，免费的公共交通，免费的基础医疗，免费的基本能源供给等等。因为从本质上来讲，诸如土地、能源、空气、水源等公共资源，应当由人们共同拥有并且平等享有。这是人平等的生存权份本质上所要求的，一旦将其商品化后不平等就可能会产生。自然资源以商品的形式成为创造短期利润的生产资料以后，自然资源对人类长远的利益供给就很可能会受到忽略甚至破坏。因为每个人生命的存在时间永远要比土地等资源的存在历史短暂，与其说土地等资源属于个人，不如说一代代的个人属于土地等。所以从这种意义上说，土地等无法分割离析的自然资源或许应该平等地为每个人所拥有与依存。而与之不同的是，私有财富创造的资本则将更有利于提升人类自身及与外界包括自然界互动的各种能力，人的身体机能可能不断突破人体器官自然寿命与功能的限制。在未来科技不断协助人本身开发出人体更多生理潜能的同时，将会与自然界具有更高级的平滑无损害接触的可能。这种可能即取决于人对自身生理的改造，也取决于人对环境生态的改造，这或许就是“法赋权份”的意义所在。

故而在未来经济社会，“自由不再是一种否定和保护，不再是自我与他人的分界线，而会成为个人与他人联系在一起的积极力量。平等不再是与私人个体作抽象对比，而是在强大的社会里倾情参与。所有权不再是排他性权利，而是社会公共的财产权。现实的自由和平等关注社会中具体的个人，取消了各种各样的正义的和社会分配的形式之义。他们的旗帜上打着各尽所能、按需分配的原则。”（《人权的终结》，科斯塔斯·杜兹纳著，郭春发译，江苏人民出版社，第173页）这或许就是未来公民自组织的社会，必要符合环保主义与人道主义的终极目标。社团资本主义创设了人的权利概念但并没有完全履行他们的承诺。自主、自由、公平等等由“公民”一词才完全具备的内蕴，或许只有在未来达成真正的公民自治与互治的经济社会以后，才能够确实实现。到那时，权份早已超越了人类所有已经历的社会阶段而成为永续的存在，也超越了种种社会与法律的形式建构而成为绝对的自然。

而谈到未来经济社会的典型资本形式，本书认为，人类经济社会已有的发展历史无非是对“三力”，即地力、人的体力与智力运用的历史，如果还有一力的话，那就是由此三力结合而产生的第四种力——物力，亦即机械力。由此四力形成的资本形态及相应的社会生产关系即权份状态正是推动人类经济社会发展的动力所在。概括地说在奴隶制社会，奴隶的体力是最高统治者最大的财富，因为有了奴隶就可以生产粮食，有了奴隶就可以开矿冶炼制造青铜器，有了奴隶就可以发动战争掠夺更多的土地及财富，因此在奴隶社会谁拥有的奴隶多，谁的权势就大财富亦多。奴隶主只关心奴隶的体力，奴隶能否劳动而不顾其他。奴隶成为奴隶制经济社会中最主要的资本形式，土地并不稀缺。到了封建家族时代尤其是中后期之前，地力与体力是封建家族皇帝最大的财富，地力需要体力开发，体力需要地力供养。相对于人口的增长，地力的增长缓慢并且有限，因此土地成为封建家族资本的主要代表形式。尤其是封建时代中后期开始，人口增长越加显著，土地越显稀缺，地主阶级已无须担心土地无人耕种，因此将农民束缚于土地之上禁止其自由迁徙便日显多余与成本高昂，这在俄罗斯与中国的封建时代后期体现非常明显。而随着社会的发展逐步将社团资本主义诸要素带上历史的舞台，蒸汽机等动力技术引发的工业革命使得人的脑力与机械力逐渐超越体力与地力成为创造财富的典型资本。其形式便是工业实物发明与专利技术。作为土地的一种产出形式，地力的产出配合脑力财富物质化的过程除了工业机器的大规模出现外，也体现于金属矿产、石化能源的生产。而包括货币、票据与信用等的金融技术也无非是一种流通手段与支付方法，其作为人类加速商业活动的技术，愈发电子化、虚拟化后所产生的后果便是使得社会财富能够快速地越来越丰富与广泛。

那从体力到地力再到脑力、机械力，在未来经济社会典型的资本形态所展现出的力量又是什么呢？也许是人的思想力与物力的结合或更具象一些称为生命力，即人的生活观念、某种生产与消费的态度和方式、经过物力优化升级后人的各种生理机能、人利用科技的方式以及人与社会，人与自然之间的生存关系或许将成为未来经济社会资本的典型形式。比如基于环保主义的生活方式，人们广泛使用安全清洁而又取之不竭的太阳能、核能等为外在能量与动力的来源；而与此同时也许未来能实现一种生物技术，这种生物技术可以使人体类似于植物的光合作用仅仅依靠太阳能与水、空气以及微量的矿物质配给便能低能耗地产生某些人体所需能量与微量元素。这并非没有可能，作为最高阶的生物，在人类身体里一定隐藏着地球上亿万年生物演化的历史遗存，这种遗存也许可以和原始微生物摄取能量的方式遥相呼应。历史发展的兼容性原则一定也适用于生物发展的某些方面，比如马达加斯加岛的狐猴，每到一年中的 5 至 7 月干旱时节便休眠辟谷。而基于先进的生物技术，人的生理机能也能够获得令人惊讶的进步。未来人们或许利用类似于干细胞和 3D 打印等技术的生化科技，就可以培植出自身的人体器官用于替换衰老或病痛的器官进而延长人的寿命。而人的寿命的延长自然需要生命质量和生存环境、生活方式甚至人生观念、世界观等与之相协调。到那时可能各种资本的形式已不重要抑或只是辅助，人更能够依靠自身潜力而不是全然凭借于外或掠取于外，人与自然之间的物质能量交流平滑顺畅、高效融洽，或许这样人才能真正获得更大的自由。事实上，基于碳排放基础上的交易从目前看来，可能就是不远的将来影响我们生产与生活的重要的资本表现形式，这种资本形式正是人类在调整与自然的关系中产生的。

如此看来，人类的生命力必是广阔而深远的。随着人们生命力资本的扩张与不断丰富，未来的人类经济社会将会有无限可能。可以预见的是，无论是东方的修行传统所展现的哲学思想，还是西方科学技术所体现的工具理性，未来对于人生命的观念态度以及科技尤其是基于人本身的生物技术、电子芯片技术甚至能量技术的发展使用，一定会给人类自身带来巨大变化。中国传统文化中认为“人身是一个小宇宙”，通过利用科学技术，求之于自身与求之于外并举，改造人自身摄取、发现、使用、控制能量的生存方式也许将是人类社会未来的解决之道。当然在这个过程中，必须要防止少数人专有甚或操控典型资本形式的可能，因为这样才能保证资本的广泛化以及人们权份的大众化，从而防止新形式的剥削与压迫。同时毫无疑问，这也是未来人类经济社会能够持续稳定发展的要求。

除此之外，人们还必须注意到，在人类社会发展的每一个阶段，新出现的权份状态都会与之前存在的权份状态兼容共存一段时期，这便体现了人类社会的延续性。比如商品态权份产生时，依附态依然会存在甚至物态还时有出现；消费者态权份以商品态为基础形成后，但依附态也未根绝；未来新的权份形态实现后，消费者态仍会顽强存在以致商品态还会不时发生。原因便在于，人们所处不同地域历史发展的不平衡及社会突发极端的变异式孤立事件，必然会导致此种状况。而这正体现了人类社会趋势性发展中的复杂多变与曲折漫长。

# 第二十章
# 未来社会要防止囚禁全球的技术与军事垄断结合体

——如果有任何人的话，任何人都行，请你来！（《我是传奇》威尔·史密斯）

美国好莱坞有部科幻电影叫《时间规划局》，影片内容讲述了在未来世界，人的生命受时间精确控制。时间本身成为一种商品，同时又是支付手段，可以购买任何商品甚至他人的生命。当一个人的时间耗尽，生命也即终止。银行里存贷的不是货币金钱，而是可控的并可自由转移的电子化时间。人们通过工作劳动获得的报酬也是时间，以用于延长生命时限。在电影中，人们生活在不同时区：高等时区的人们拥有极高的电子化时间，可以长命百岁甚至千岁万岁，并且过着奢侈豪华的生活；低等时区的人们在沉闷冷酷的工厂里，为了获得第二天的生存时间而苦力工作。这种时区等级分隔如此严格苛刻，以至于影片男主角意外获得来自高等时区人物的电子时间赠予后，依旧逃脱不了是低等时区人物的命运——由于被认为赠予不合法，他受到时间管理员的追杀。影片深刻揭露了这样一个事实，即人的等级制度的存在，正是为了保障拥有丰富资本的少数人的优越权份。如果不能打破这种人为的等级划分与歧视制度，人就不可能平等。没有平等的身份，人就难以保障生命的安全，更枉谈其他。

在电影中，男主人公获得一位来自高等时区的女主人公的爱情（真庆幸爱情是不分等级的，因之成为人类永恒的主题）后，与其共同以美国好莱坞式的个人英雄主义不断打劫银行的电子化时间，并将之分输给他人，导致时间银行信贷系统崩溃。而获得高生命时间值的低等级时区的人们，大量涌进高等时区，通过破除等级界限获得人身自由，最终得以免除了被奴役的境地。由此可见，相应的资本有助于获取相应的权份，消除部分歧视；而充分的资本足以打破旧的制度，并支撑更广泛的权份。因此，平等是自由的前提，而自由显然又是人们感觉幸福的前提。幸福确实有着很丰富的内涵与外延，但幸福是立于温饱、健康、安全、平等与思想自由等为基础的基本满足之上，这种价值观在全世界应该都是共同的。因此，未来世界要警惕一切可能毁坏平等导致歧视或等级差异的规则、技术、产品、观念、制度等等，并防止具有这种指向的垄断性的力量，比如生物与信息技术及军事资本结合体的出现，以避免人类社会再次坠落至专制殖民的境地。

这并非杞人忧天，2013 年由美国国安局相关雇员爱德华·斯诺登曝光的美国"棱镜"情报监控项目便严重引发了人们的担忧。该项目通过手机、电子邮件、窃听摄像、卫星通信，甚至电脑软件"后门"的方式构建了一个庞大的监视系统，将包括美国情报机构声称的"潜在的罪犯或恐怖分子"、各国平民、美国盟国首脑、甚至联合国机构、慈善组织皆纳入定位与监控对象之中，严重侵犯了人们的隐私安全。而众所周知，在人们的权利体系中，隐私权与公民的其他人身权利密切相关。因此该监控项目将导致包括美国公民在内的各国民众的言论自由权、财产权甚至人身安全置于受到威胁的境地。这丝毫不是危言耸听，因为如果这种情况得到持续，一个今天出生的婴儿将极有可能在一个没有隐私权的世界里成长。"他们永远不知道什么是自己的私人时间，不知道什么是不被记录和分析的想法。这是一个问题，因为隐私是很重要的。隐私允许我们能够决定自己是谁，想成为谁。"（爱德华·斯诺登于公元 2013 年发表的圣诞贺词）如果没有了隐私权，每个人都会因为缺乏安全而成为可以被操控的工具，并且因为缺乏个性而使世界陷入沉闷颓落的氛围，使人们成为不是克隆的克隆人，甚至使人们陷入严酷并被奴役的境地。

其实在未来经济社会的城市中，许多文化、社交、商业、交通、信息传播等公共平台将更加高效与亲民。但这些由大公司提供建设与维护的平台如果缺乏有效的监督与制衡，平台本身将极易受到大公司，尤其是股份集中度较高、资本结构较单一的大公司所代表的利益的控制，比如在公共产品平台的后台中进行漏洞的有意预设，从而将会间接使人们失去部分自由或人生价值保障。

同时在未来社会，机器人技术将极大范围地拓展权份内涵，但不排除在某些方面也会极度削弱个人权益。其中最显著的就是劳动作为一项义务与权利，也许在未来其社会意义将远大于生产成本降低所带来的经济效益。而机器人技术资本或其他生物信息与军事科技资本在某个利益集团手中的极端积累，或许便会普遍威胁到人们的某些基本权份。

因此本书以为，一个国家的经济社会制度只有所处阶段的不同，与其他国家相比，在经济社会制度上绝对没有能够导致相互敌对的根本矛盾。是征服的欲望与掠夺的野心，是资本与权份状态的差距及不匹配，使得人类社会的和平与发展总是遭到破坏，就像天外陨石一样在地球表面砸出无数个深坑。所幸的是地球大气层足够深厚，地球的生态圈足够强大，截至目前人类的文明与地球上的生命尚未遭受到毁灭性打击。而其结果时至今日尤其是在未来，很大程度上确是掌握在人类自己手中。

然而地球之外也许再无可供掠夺与适宜人类自由生存的星球。在寻找外太空中适宜人类居住的星球的这一虚幻事件上，人们应该持极端的保守态度。地球依然是我们唯一的可靠家园。历史上已经发生的人间悲剧告诉我们，人类社会应永远摒弃掠夺与殖民的发展方式，努力依靠科学技术发展绿色能源，努力塑造可循环进行的生态环保的生活方式，并努力提高人自身的能量获取与使用效益，在未来日益“地球一家”的历史潮流趋势下，应该坚定积极地走和谐共生的发展之路。

在任何时代，经济社会中的各种矛盾都是由于人的资本与其权份状态本身之间的不对称或与他人的不对等而引发的。而历史似乎就是“在一个决定论的系统中随机运动”而呈现出来的人类社会，其每一种状态从全局的角度来看都是可以理解的一部分或一个层面。虽然萨缪尔说“自由意志的无常表现无法用数学来计算”，但非常清楚的是，未来社会人类整体的命运将越加掌握在人类自己手中，就像上帝的命运掌握在上帝手中，宇宙的命运掌握在宇宙自己手中一样。

# 第二十一章　结语：人类经济社会资本与权份的发展史犹如一部中国玉器文化的发展史

——但是美的真理性并不存在于对事物的理论性描述或解释中，而存在于对事物的“共鸣”之中。（《人论》第 162 页）

本章欲通过较为详细地论述中国玉器文化的发展历程，形象地比拟概述人类经济社会资本与权份的发展历程。因此，首先让我们来看看中国玉器文化的发展简史。

已有的考古与史籍皆可以证明，中国玉器文化的发展历史最早可以追溯到八千多年以前的兴隆洼文化时期。在旧石器时代，原始人将石头随形进行简单加工，成为可用的工具后，无论是狩猎、搏杀还是切割、磨制都大大提高了劳动效率。毫无疑问，借助这些具有实用功能的石器，人们深刻感受到了自身力量的增强，至少把握猎食与自我保护的机会增加了。于是不同形制的石器象石斧、石铲之类，便成为旧石器时代原始社会人们必备的生产与生活工具。随着时间推移，人们的审美意识与加工能力逐渐得到开拓，伴随原始人对自然的初级探索，人们开始懂得寻找漂亮的石头制作成形制更加规整的器物，并将其磨制成想象中的模样。这种模样虽然非常质朴简单，但亦足以反映当时人们对自然的观察、体会，甚至自我的感受。其中最为突出的就是对动物神灵形象的刻画，神秘而夸张，简洁却传神。

我们可以六千余年前新石器时期中国东北地区的红山文化“C形龙”（号称“中华第一龙”，“玉猪龙”与此类似）为例，其蜷曲半包围的身型，沟壑褶皱明显的躯体，突出的唇腭，圆实的头部，较为肥大的耳郭，还有亮而微鼓的眼睛，使人瞬时便联想到许多哺乳动物的胚胎。这种联想也许正是红山文化先人琢制此类器物的目的。因为狩猎时代的人们通过长期的猎杀，一定很容易接触到鸟兽类动物母体内或卵壳中孕育的雏体。而这种雏体，外形大致相同，尤其是诸多哺乳动物之胚胎甚至与未来可以长大成人的人的幼体（在原始社会，孕妇流产的概率是极高的），也惊人的相似。这必然会让原始的红山先人们产生如下的看法：原来许多的动物甚至包括人自身，都是由这后世称为“C形龙”或“玉猪龙”身形蜷曲的物体幻化而来，可见其能力之广大神通。这种简单朴素但原始色彩浓烈的认识必然引发原始先人对该神秘物体的顶礼膜拜，以期获得神灵庇佑而生命得以不断延续。于是，因对生命力的向往而产生的动物神灵崇拜便开始了。而这种刻画展现了包括动物神灵在内的美丽石器便被人们称为巫神之玉器，简称“巫玉”。当然，原始先人们日常生活的所看所为，所思所想范围广泛，但通过玉器所刻画展现的必定都围绕着一个主题，那就是生存，持续地生存下去。

在红山文化的玉器中，有一种称为“抱头神人”屈腿做跳跃状的玉器，很可能展示的就是原始部落人进行巫术活动时的舞蹈动作，而巫术仪式与舞蹈众所周知在原始社会部落中是用来驱邪祈福的。除此之外，还有描绘狩猎场景的玉器，在稍晚但几乎同时的中国东南地区的良渚文化玉器中也存在，而且极为类似。皆是一名手持武器，头戴高冠的勇敢猎人被刻画于一头双目圆睁，似乎呈现惊恐奔突之状的动物头顶上。虽然手法不一样，但都简洁生动地表现了原始社会人们狩猎时的场景。如果说旧石器时期石器还完全是实用功能的话，那么到了新石器时代，作为生产生活工具的石器依然存在的同时，具有记录生活与展现神灵力量功能的玉器也已产生。并且与石器被原始人较为普遍拥有不同，由于美丽石头资源的相对稀少以及刻划磨制玉器的艰辛与经年累月，使得玉器的数量相对石器而言是凤毛麟角，其结果必然使得玉器掌握在极少数人比如巫师或部落酋长手中。作为部落里的核心人物，巫师或酋长即给予部落群体现实生活的平衡与领导，又带来神秘神灵的启示与护佑。通过对以动物形象为表征的神灵的膜拜，体现了在生产力极其低下及人类对自然界与自身认识尚处无知混沌时期的原始社会里人们对生命力的向往。而作为神灵的载体，玉器便为极少数人所拥有，并且逐渐成为身份与地位的象征。与原始社会无知无意识的权份状态一样，这时的玉器尚未成为资本，也并未明确喻示着权力，一切还处于朦胧状态。

随着生产力的发展，人类经济社会慢慢分化导致社会结构逐渐复杂，以及人的个人欲望与自我权力意识的增强，进入奴隶制社会后，人们对神灵的膜拜慢慢被利用转变为对身份地位高高在上的帝王个人的膜拜与敬畏。因为神灵是掌握了普遍权力的人所推崇的神灵，而掌握了普遍权力的人即是神灵的代表，神创造了万事万物，人们必须拜服并遵从于神灵在人间的代表，神灵在世间的化身——帝王，世间万事万物自然便归于帝王。既然如此，不同的帝王必然代表着不同的神灵，在商周时期，古华夏族崇尚龙，周人的帝王便成为龙的代表；古东夷族崇尚凤，商人的帝王便成为凤的化身。而作为神灵象征物的玉器则成为了帝王个人的专属。为了体现这种崇尚，也为了体现帝王的统治权份合法正当，并使得帝王的统治命令合法有效，玉器便被随身佩戴，同时帝王们依旧通过祭祀与占卜获取神灵喻示的方式发动战争与管理国家。《左传》便有曰“国之大事，在祀与戎”，部落之间频繁的战争导致的直接后果就是战败的部落人成为奴隶，而奴隶在以神灵自喻的帝王个人看来，不过是会说话的牲口，于是物态权份便随着作为神灵化身的王权的产生而产生。玉器作为王权的资本象征物，得到帝王们的推崇，其时便出现了许多动物神灵与人身复合体的玉器，比如龙、凤与人身复合体玉器，以示“天命君子”之意。此时的玉器为高古玉，在古代中国恰被称为“神玉”，玉石的开采与玉器制造亦为夏商周历代王室所垄断。

当中国历史进入春秋战国及秦汉时期，天下纷争不断，王位更迭频繁。从神灵崇拜来看，不但出现了四灵，即朱雀、玄武、青龙、白虎，而且龙也出现了多种，比如蟠龙、螭龙、虺龙等，甚至有“龙生九子”之说，神灵愈加拟人化，家族化。而在那个为了王位与权势而斗争的年代，作为神灵象征物的玉器，题材也随之发生变化，龙争虎斗，龙凤相争，玉器神韵凌厉而张扬，比的就是哪个神灵更有力，谁的神灵更能强，以喻兼并与反抗，征服与扩张。天下从独尊大王到诸侯皆贵，玉器也从为王独占到贵族皆享。虽然封建家族等级性随之产生，但在长期的权势斗争中，王侯们皆认识到了庶民百姓的力量，代表王位的神灵的作用逐渐下降，神灵的传承亦受到质疑。“王侯将相岂有种乎？”神灵岂是为你等王侯一人？一方面较为普遍的人性有所觉察，这尤其体现在诸子百家的思想主张中；另一方面，王侯为了争取民心而施于百姓的权益，虽然少，但也使得普遍的物态权份逐渐转变成为依附物态权份。社会得以进入封建家族经济社会时期。玉器作为体现王公贵族们身份的资本载体，从玉质、玉色、玉型，以及玉器的大小上，与青铜器一样即能够彰显等级地位，又开始体现出财富的多少。其中一个有趣的典故便是，春秋战国时秦王曾试图以十五座城池的代价换得赵王手中的和氏璧。而从此以后，中国古代玉器便开始进入“王玉”时代。

到了三国两晋南北朝时期，社会长期陷入动荡，物质生产与文化发展缓慢，人们意识到动物神灵在巩固与彰显王权的作用方面日渐式微，同时对人自身力量认识的加强与肯定，便慢慢将其降落为神兽，可为神仙圣人所骑乘。并且随着佛教的传入，本土道教的兴起，神仙已经完全拟人化，神取人形，意味着神可为人，个人经过努力也可以追求神，甚至成为神，玉器上附有的神灵化色彩开始淡化，工艺亦差强人意。虽然玉器体现的社会身份等级功能还在，但玉器未受到王权以往般重视，玉文化有所衰落。

及至唐宋时期，典型的“玉女飞天”题材玉器，即是上述在民间个人可以修炼成仙思想观念的反应。随着生产力与社会经济的发展，人们认识自然与社会的能力增强，玉器渐无神灵，神兽再次降落为瑞兽，玉器题材也逐渐多样，玉器本身的装饰美得到重视。而最迟从宋代早中期开始玉器已成为商品可以买卖。玉器除了为王公贵族所有外，官士富贾也可以拥有。“王玉”逐步变为“士玉”。玉石的开采与制作逐渐民间化。能够拥有玉器的人也慢慢增多，除了体现皇家权力与身份的“龙凤”这一题材仍然为王公贵族所专荣以外，玉器本身附着的纯粹神灵色彩逐步消失，被世俗化的祈福文化所慢慢代替。虽然人们依然是依附态权份，但随着玉器之拥有不断大众化的过程，经济与社会发展导致人们的自由亦有所增加。唐宋时期题材表现较多的“胡人训狮”“胡人吹箫”“和合二仙”与“金蟾吐钱”等玉器，即反映了人们对市井生活的享受与欣赏。

越金元而至明清，玉器除了黄玉与“龙凤”题材仍是皇家的专属品，在朝廷官员服装配饰中体现封建等级区别，以及清乾隆时期因乾隆皇帝的痴迷而对和田玉开采的完全垄断外，已经更加世俗化。玉器的享有群体亦不断扩张，并逐渐成为人们手中把玩之物，与讨口彩，求吉祥之物质载体。而时至今日，权份的大众化使得玉器已完全成为每个人可以拥有的装饰、投资、赏玩之物，还复玉器作为工艺品的本来面目，此便为“民玉”。

综上所述一言以蔽之，倘若说在中国，玉器本身的存在形态从刚出现为原始人生产生活所用时还只是“原始”态，那么随着历史的发展，它经历了“巫玉”态、“神玉”态、“王玉”态，至“士玉”态，最后回到纯粹一般工艺物品的形态——“民玉”态。这个过程正是从发现与发生到由个别人拥有、到少数人拥有、到更多人拥有、再到大多数人拥有，最后到所有人都可以拥有，是一个拥有的大众化的过程。如果将玉器视为资本的实物载体，作为体现“身份代表与祈福护佑”的资本实物形态，那么玉器这种实物资本随着历史发展赋予其内涵意义的变化，也经历了一个这样被拥有的过程，即从发现与发生到由个别人拥有、到少数人拥有、到更多人拥有、再到大多数人拥有，最后到几乎所有人都可以拥有，亦是一个大众化的过程。而如果进一步将拥有玉器的权份视为人们权利身份发展的过程，那么很明显，从原始的“无知混沌”态到“巫玉”代表的巫权，到“神玉”代表的神权，再到“王玉”代表的王权，接着到“士玉”代表的一般封建等级特权，最后到玉器工艺品化彻底成为“民玉”而代表的普遍的权份，这依然是从发现与发生到由个别人拥有、到少数人拥有、到更多人拥有、再到大多数人拥有，最后到几乎所有人都可以拥有，仍然是一个广泛化与大众化的过程。而在这样的过程中，玉器本身的价值形态，无论是实用形态比如装饰价值、生产价值、礼仪价值等，还是虚拟形态比如权力价值、等级身份价值、投资增值价值等，以及玉器的种类与数量，在经济社会的不断发展中亦如资本与权份一样，由稀少而繁多，由简单而丰富，由特殊而普遍，由专荣而共享。由此归根结底可以说明一点，即有关于玉器的资本与权份从发生到发展，都呈现出一个从发现与发生到个别人拥有，到少数人拥有，到多数人拥有，而逐步广泛化与大众化的过程。于是推而广之，从本书以上章节所述内容可见，整个人类经济社会资本与权份的发展亦不外乎是这样一个过程。而围绕着资本与权份，不论采取何种手段，比如贸易、结盟、战争、科技或者政权更迭等，长期来看，社会经济都得以不断发展丰富，人类经济社会亦得以不断壮大繁荣。过去是如此，未来亦必将是如此。而这便是本书所言之资本、权份与经济社会演化的本质及其趋势所在。

# 前言

FOREWORD

2010年即将远去，新的一年又来了。2010年，中国股市依然低迷，房价泡沫依旧坚挺，怎样投资成了一个迷局。

本书通俗系统地介绍了投资学所涉及的“投资分析”的基本理论、方法和案例，内容涵盖了股票、基金、债券、保险、黄金、房产等纷繁复杂的投资工具，是全面了解投资学的速读本。

投资，如今已成为中国人使用频率最高的诱人字眼。

房价上涨，你是否抓住了机遇大赚了一把?

股市涨跌，你是分享了蛋糕，还是不幸被套?

这一切的一切都离不开投资学。

股市从来不缺少炒作者，有股市就有人讲述故事、制造话题。

震荡平衡中，2011年将会是主题投资的丰收年。

所谓主题投资，就是概念股、题材股横行的时代。

2011年主题投资有几大块。

一、从时间上来看，会围绕“后世博”“后亚运”效应展开炒作。

二、从地域上，会向西部和北部等近年炒作较少的地方转移，围绕产业转移和大开发，展开区域概念炒作。

三、从品种上，会从以往通胀概念转移到科技、电力、交通等沉寂较久的品种。

四、从政府导向上，会关注医改、教改及惠及民生的其他领域。

五、从基本面改观的角度，资产注入和重组类个股是重点。

本书大部分内容与财富、投资、资产、股票、楼市等读者可能关注的财经主题密切相关，可以视为一部市场中投资者的“圣经”，这些都是你想要的。

用财经专业人员的眼光来看，本书的内容可能十分肤浅。但也正是因其这样的“肤浅性”，我相信它一下子就拉近了与非专业读者的距离。

如果本书能增强民众投资的信心，树立正确投资理念，那么出版本书的目的也就达到了。

投资总是有风险的，只有你做得比别人更好，懂得比别人更多，投资水准比别人更高，你才能保证你的财富不被别人“分配”过去。

总之，金融市场中永远只相信强者，不相信眼泪和良心。它只是一个财富在不同投资者之间重新分配的过程。

不要相信股市涨了你就一定能赚钱。除非你有把握胜过别人，不比别人弱，你才可以分配别人的财富，否则就等着别人来分配你的财富吧。

# 目　录

## 第一章　投资不是有钱人的专利

### ——你不理财，财不理你

在日常生活中，不少低收入者认为“投资是有钱人的专利，与自己的生活无关”。他们普遍认为，每月固定的那点收入应付日常生活开销就已经不错了，怎么会有多余的钱进行投资理财呢？其实这种想法是错误的。应该树立正确的观念：投资理财绝不单单属于有钱人。“你不理财，财不理你”，如果你的钱本来就很少，学会合理地投资理财就更有必要了。



## 第二章　从一万到一百万，距离并不遥远

### ——驾驭金钱的开端

2010年证券市场波澜不惊，但这并不影响投资者们对2011的期待。

新年投资之路该怎么走？新旧交替之际，很多人对新年投资有了新布局、新打算。确实，瞄准投资市场对于成功投资有着至关重要的作用。可是，即便

把目标看准了，不同投资者的投资收益往往也存在着差别。之所以产生差异，固然与投资者的知识能力有着很大的关系，而另外一方面也与投资者的投资方法有着密切的关联度。正是由于这些投资方法、方式上存在误区和错误，无形中对我们造成障碍，最终对投资收益的成绩单有影响。



## 第三章　与最适合你的投资工具“谈恋爱”
### ——规划财富人生

“在别人贪婪时恐惧，在别人恐惧时贪婪。”巴菲特的这句话已经成为投资学的金科玉律，然而真正能做到的并没有几人。人类的社会性决定，人们在做出投资决策的时候，难免会受到周边一些因素的影响，哪怕是投资市场本身也会不可避免地对身处其中的投资者产生无形的压力，因而要想坚持己见，并不是说说那么容易的。



## 第四章　投资必须掌握我国未来经济走势

2009 年，我国经济发展的两难境地是既要保障经济增长，又要防止通胀。调整利率、存款准备金是一个很好的措施。2010年一季度经济仍然保持在高位，但是进入二季度以来经济增长的势头明显放缓，特别是，8月份的各主要经济指标表明，中国经济增速放缓已成定局。在此背景下，10月以后经济政策指向日益明晰，那就是继续保持政策的稳定性和连续性，配合经济结构性调整而采取的结构性宏观政策取向趋松概率增大。



## 第五章　2012年前房价趋势
### ——好泡沫还是坏泡沫?

房地产泡沫是否会破灭已经成为几乎所有中国人热议的话题。从街头巷尾到茶余饭后，从纸质媒体到互联网络，这个国度的角角落落都被这个严肃而又令人稍感疲劳的话题充斥着。



## 第六章　我是如何生出钱的
### ——会储蓄就等于投资

储蓄是一种几乎每个家庭都在使用的、最普通和最常用的投资工具。但如何利用好储蓄以获得最好的收益，还是有许多策略和技巧可借鉴。当你下定决心有计划地理财时，首先要做的便是把已有资产盘点一下。因为，只有把自己目前的财务状况先认识清楚了，才能做出行之有效的理财计划来。同时，还要分析自己的收入和支出情况，并且要分清哪些是固定收入，如工资等，哪些是非固定收入。在分清收入的同时，还要把支出情况分清，哪些是固定支出，哪些是不必要支出，哪些是计划之外的支出等等。



## 第七章　万里滔滔涨跌永不休
### ——股票神话的崛起

中国股市作为一个新兴市场，在未来几年将呈现良好的发展势头，中国经济高速稳健的发展则是股市发展的保证。中国股市的总市值完全有可能走到世界前列去，不过，问题的关键是能够成为世界市值最大并不难，难的是能否成为世界最强的股市。正如世界500大企业中越来越多地出现中国大企业的名字，可是它们未必也能名列世界的500强企业一样，“大”“强”仅一字之差，可反映的内涵却不甚相同。

## 第八章　养“基”赚钱容易吗

### ——基金也不是包赚不赔的

一般情况下，基金理财不是一夜暴富。对于绝大部分人来说，应更着眼于长期增值、抵御生活风险、保护和改善未来的生活水平，达成多年后养老、子女教育等长期财务目标，所以要保持平常心。

投资基金前，应留出足够的现金资产，以备不时之需，一般至少能应付4至6个月的家庭必要支出，还可以做必要的保险。



## 第九章　稳坐钓鱼台

### ——债券的风险为投资最低

在经济复苏前后，不少投资者关注的焦点是——如何通过市场分析，合理构建或调整自己的投资组合，降低投资风险，获取稳定收益。

稍有投资经验的人都知道，在不同的时间段里，根据债券收益率曲线的形状，投资策略的判断也要相应地作些调整。经济稳步向前，债券收益率曲线趋向陡峭化。投资于长期债券，虽然票息较高，但投资所承担的风险也比较大。



## 第十章　你的世界金碧辉煌

### ——金生金，钱生钱，美元、欧元谁最值钱

全世界都在炒黄金，全球统一价格，透明度高，黄金交易量巨大，日交易量约为20万亿美元。如此巨大的市场没有任何财团和机构能够人为操控，完全靠市场自发调节。黄金市场没有庄家，具有市场规范、自律性强、法规健全的优点。

外汇投资俱乐部已经不再被避险基金、专业经理人和机构投资者所垄断，普通投资者也可一窥门径。投资大众有很多的管道可以获得外汇投资的机会，而且他们也有很多的理由选择这种投资。

## 第十一章　火眼金睛看收藏
### ——爱好、投资两不误

鉴于“很多人总想把艺术品当成股票一样来炒作，这种做法一定归于失败，真正的收藏家不完全把艺术品当做投资，更多的还是兴趣，完全把艺术当投资的人是投机”的现象，从去年到今年，市场显示好的、来源翔实的作品价格还在持续走高。这就提醒人们“不要把艺术品当做股票来炒作”，金融危机只是个导火线，即使没有金融危机，艺术品该倒的还倒，该涨的还涨。



## 第十二章　一块钱变成几万元
### ——敢问保险未来路在何方

如今空气污染、食品污染、环境污染、就业压力太大等众多问题已成重大疾病年轻化的诱因。风险无所不在，所以，每个人在年轻时就要对万一罹患大病医药费从哪里来做一个准备。如果等风险到来时再想起保险已经晚了，保险是未雨绸缪的一种科学规划。

因此，作为年轻人或者他们的父母，应该及早地树立起这种风险意识。

## 第十三章　安得广厦千万间

**——房产是个下蛋的鸡**

眼下正是银根紧缩时期，央行三令五申重整“二套房贷政策”让地方商业银行难有放贷“漏洞”可钻。而今年的楼市也不及往年红火，上半年新楼盘、二手房市场交易量萎缩已是不争事实，购房者们大都抱着“看热闹”的心态等待观望着楼市减价，好杀个“回马枪”。

# 第一章 投资不是有钱人的专利

## ——你不理财，财不理你

在日常生活中，不少低收入者认为“投资是有钱人的专利，与自己的生活无关”。他们普遍认为，每月固定的那点收入应付日常生活开销就已经不错了，怎么会有多余的钱进行投资理财呢？其实这种想法是错误的。应该树立正确的观念：投资理财绝不单单属于有钱人。“你不理财，财不理你”，如果你的钱本来就很少，学会合理地投资理财就更有必要了。

# 投资不是有钱人的专利

## ——你不理财，财不理你

**不论贫富，投资理财都是伴随人生的大事，在这场“人生经营”过程中，愈穷的人愈要积极行动，越是没钱的人越需要投资理财。通过不断的投资积累，改变自己的人生。**

投资学研究如何在股票、国债、不动产等（金融）资产上合理分配个人，机构的有限资源，以获得合理的现金流量和风险/收益率。其核心就是以效用最大化准则为指导，获得个人财富配置的最优均衡解。

不论贫富，投资理财都是伴随人生的大事，在这场“人生经营”过程中，愈穷的人愈要积极行动，越是没钱的人越需要投资理财。通过不断的投资积累，改变自己的人生。

人们对投资的认知不足是投资的最大障碍，富人和穷人最大的差距也是对投资知识的了解和认识。在日常生活中，“投资是有钱人的专利，与自己的生活无关”的观念深入中低收入者的内心。他们普遍认为，每月固定的工资收入不要说进行投资理财了，连日常生活开销也捉襟见肘。如果真有这种想法，那你就大错而特错了。你应该树立“投资理财绝不是有钱人的专利”的正确理念。“你不理财，财不理你”，如果你的钱本来就不多，那就更需要投资理财的帮助。

其实，投资不看你钱多钱少，关键是你要有投资的意识，要愿意投资，会投资。据市场调查的情况综合分析，从“第一笔收入、第一份薪金”开始就应该开始投资理财行动。即使第一笔的收入或薪水在扣除个人固定开支之后所剩无几，也不要低估微薄小钱的聚敛能力。华尔街有一句谚语：“只要长期坚持，每月 100 元的投入，35 年后的收益有望超过 100 万元。”这并非一句笑话，而是现实。

对于普通工薪阶层的人来说，投资就是从小钱开始的。那么，小钱在哪里？不找不知道，一找吓一跳。大部分都是平时不知不觉从你手中流过的那部分钱。它可能是投资型保险到期的效益，或是单位临时发放的一笔奖金，也可能是你在外面兼职获得的外快。

投资理财方式的选择往往决定了大钱与小钱的最大分别，能够选择的方式与钱的多少成正比。比方说，想投资1000元时，能够选择的就是门槛低的低收益理财，比如储蓄和国债；而如果想投资10万元，可供选择的投资方式就随之增加了许多。所以，钱少的时候，投资理财反而不易，诱惑大的倒是花钱。不积跬步，无以至千里。只有先积累小钱，才有把小钱变大钱的希望。但同时，也不要总是嫌小钱投资赚得太少。当你对小钱投资都异常精熟时，也将会有非凡的掌控大钱投资的能力！

当你对小钱进行投资理财时，不要着急将每次收到的小钱花出去，每累积到2000元为一个定数，就可以将之存到银行或进行投资。以此来控制你的情绪化消费，又能积少成多，投资起来，才更有动力。

实际上，在我们周围，有些人天天喊穷，有时抱怨物价过高，工资的涨幅总是赶不上物价的飞涨，有时又自怨自艾，恨不能生为富贵之家，甚至有些愤世嫉俗者对投资理财的行为更是轻蔑，认为是追逐铜臭的“俗事”，或把投资理财与那些所谓的“有钱人”对等，再以价值观贬抑之……其实这些人在不自觉中都陷入了矛盾的逻辑思维——一方面对金钱给生活的巨大影响有深深的体会，另一方面对追求财富的聚集却又不屑一顾。我们周围，有许多人一辈子工作勤奋努力，辛辛苦苦地存钱，却又不知所为何来，既不知对钱财进行有效利用，亦不敢大幅度消费享受，最终钱没攒多少，反而受了不少穷。

因此，身为普通大众，必须端正自己的投资理财观念，消除误区，积极走出投资的第一步。现代经济带来了“投资理财时代”，眼花缭乱的投资理财工具书纷繁复杂，许多关于投资理财的课程亦远离了专业领域的舞台，步入上班族、家庭主妇、学生的生活学习当中。随着经济环境的变化，勤俭储蓄的传统单一理财方式已无法满足一般人需求，而且各种投资工具也时时翻新，为投资者提供了多样化的选择。

投资学点睛

结合人生规划，理财的作用已不限于保障无忧无虑的生活，而是追求更高层次的物质和精神需求。这时，你还坚持认为理财是“有钱人玩金钱游戏”，与己无关，那就说明你已落伍，该奋起直追了！

## 投资像空气一样包围着你
### ——你要面对住房、子女教育、健康保障、退休生活

投资已经逐渐渗入每个人的日常生活方式。人生路上，你要面对住房、子女教育、健康保障、退休生活等等诸如此类的大笔开支清单。不投资，无以胜。进行任何投资收益都会有随之而来的风险。你又如何去选择呢？

如果你不赌，你就永远没有赢的可能。如果你输光了，再赢的机会就微乎其微。

随着中国经济市场化程度的逐步提高，“投资”已经像空气一样迷漫在你的周围，而你对投资的渴望就如生命需要空气一样。投资已经逐渐渗入到每个人的日常生活方式当中。

其实投资的真谛，说起来也不复杂。只要规避一些与常理不符、与常识相悖的东西，就已经抓住了胜利的关键。想投资股票吗？也许你可以看看女士们是否只对一个牌子的袜子情有独钟；然后，你再去商场看看那个品牌的袜子是否真的有那么吸引人；接下来，你就可以考虑买入这家袜子公司的股票了，最后你的收益一定不菲。这样的投资，大家轻而易举就可以做到！

投资，其实是有内在规律的，首先，投资必须遵守纪律，试图左右逢源的投资行为往往两边不得好，这是有统计数据证明的；其次，每月的定期定额投资行为如果能长此以往，将投资成本控制在与市场的平均成本基本持平的水平上，那么就会处于一个较平稳的地位。

如果善待投资犹如善待生活，那么投资也一定会对你不薄。生活中经

常有人常常为买一件时装而耗上半天的工夫，逛上好几家商场，反复对比布料、款式、花色、价钱；而在股票投资时，不少人却常常听信于小道消息甚至是市场传言，其决策过程草率得犹如在超市买菜。如果在投资一只股票前，调查研究的时间和精力能够和买时装时投入的相当，你就已经有了更大的把握。要知道，买一只股票的成本，可比买一件时装划算得多！

股市的起伏就好像钟摆，有左就有右。曾经听到过这样一句话，大意是：左派们走到极端，最终就会走到右边，和右派们碰个满怀。进行投资，风险在所难免，其实不投资也未必平安无患。人生路上，你要面对住房、子女教育、健康保障、退休生活等等诸如此类的大笔开支清单。不投资，无以胜。进行任何投资收益都会有随之而来的风险。

风险的最可怕之处在于往往人们不能预知它的来临。就像深夜行走在小道，防不胜防的打劫是恐怖的，但如果你事先知道前面有歹徒蹲守，即使你没有勇往直前的英雄胆魄，也可以或报警，或绕道，或原路折返，或结伴而行。三五个歹徒若是要打劫二三十人的队伍，那样总有些自不量力吧。我们有许多方法可以降低可预知到的风险。

防范风险的方法多种多样：有算术级的，有数学级的，甚至有火箭科学级的。华尔街的“火箭科学家”们整天焦头烂额地忙的就是这些。防范风险之道仅仅如此：我们所冒的风险，一定要有相当的回报；没有回报或回报较少的风险，那不是真正的风险。

要防范风险，关键问题并不是在要不要投资的问题上进行选择，而在于怎样更好地进行投资。或者说，如何把家庭资产配置做到最合理，进行准确无误的基金投资。

诚然，基金配置中的学问很深，但仍然有一些经过事实证明的法则，可以帮助我们把这个重大的问题化繁为简：如果您的年龄是30岁，那么您可以把自己金融资产的30%投资到债券基金上，70%投到股票基金上；依此类推，如果您的年龄是60岁，则可以投60%的债券基金，40%的股票债券。这就是资产配置中所谓的“100法则”，即您的投资理财组合中的高风险资产（即股票资产）比例＝（100－年龄）×100%，据此可以得到自己在每个年龄阶段应该投资于高风险资产的比例。这个法则背后的依据是：您的股票基金与债券基金配置比例，是基于您在不同年龄阶段，未来财务收支状况、风险承受能力高低情况来决定的。

任何年龄段的任何一个人，都不应该仅仅选择一类基金资产做配置，而应该平衡配置股票基金和债券之间的关系，依据年龄的不同，股票与债券的比例也应该进行相应调整。如果您现在是30岁，那么您未来的工作还会带来几十年的工作收入，股票资产所带来的风险相对来说虽大一些，但您抗风险的能力也相对较强；如果您60岁，面临退休，没有了工资收入，您的抗风险能力也就比您30岁时降低了不少，自然低风险的债券资产比例也就要相应配置高一点。这是全球的家庭理财中都在使用的简单却有效的资产配置方法。

**投资学点睛**

当我们在对幸福及一切美好事物进行追求时，实际上都是对某种平衡的追求：工作和生活平衡了，就是美满；团体和个体平衡了，就是和谐……我们决定去投资，最终目的也是为了使我们的生活能够变得更加美好。而平衡的生活取决于平衡的投资，美满、和谐也会伴随平衡生活而生。

不管怎么说，投资都应该是一件充满乐趣的事情。这种乐趣不单单是存在于投资有所斩获的那一瞬间，也应该贯穿于探索的整个过程中。



# 最多给你一年时间

## ——你必须至少拥有5万元的积蓄

5万元，这也是每一个大学本科毕业生的基本要求：当你大学毕业后，一年内，你的积蓄必须至少拥有5万元。如果你不能实现，就要跟父母要或者跟父母借。你处在人生计划起点，父母也会极力帮助你的。5万元的起点资金，也正是以这个角度为出发点的。

一位20岁的年轻人，我们假定高中刚毕业，他能找到的第一份工作，月收入是800元人民币，并且在大约半年之后会提高到1000元左右。

800元，扣除一个月的伙食费300元，扣除交通通讯费200元，扣除日常杂费300元。对于一个刚毕业的学生来说，几乎留不下任何多余的钱。这是满足温饱所必需的。所以，如果他不能找一份月收入高于800元的工作，那宁可不做。

我们现在要解决的是：怎样选择一份适合自己的工作、如何让自己的工资不断增加。

怎么选择工作呢？有以下几点建议：第一，选择自己喜欢的，而不仅仅为了赚钱养家糊口；第二，升职加薪的前景要明朗，而不能只是现在看着不错；第三，要制定出有利于自己未来发展的长远规划，要有足够自己发展的时间和空间。

对于实现我们人生梦想，下面三个原则是必需的。

首先要喜欢。若是为了赚一份钱而不顾及自己的心理感受，勉强去做，一点益处都没有。比如，你明明不喜欢医师，家人偏偏逼你去做医师，往往只能赚一点钱而反过来却把自己的青春浪费了。如果你十分喜欢当医师，对自己所从事的职业有成就感，就可以沿着这个领域发展。

其次要有前景。有的工作看起来很舒适，但发展空间往往很小。比如，大学毕业生如果去做司机的工作，只能图一时轻松罢了，因为你不可能做一辈子司机。那么司机的工作就只是一个跳板。当你把一份工作当跳板的时候，往往收获不多而且把青春也搭进去了。

再者要符合自己的规划。年轻人，最宝贵的是什么？是时间。假若一份工作能赚钱，却拴住了自己几乎全部的时间，那这样的工作也应该考虑能不能做。比如，城市的出租车行业，收入或许不菲，但往往需要两天轮一天，休息和学习的时间根本不能保障，即便轮休，也难以保证精力。再如有的人选择在生产线上，但老板很严苛，一天要工作12小时以上，自己多学一点东西根本没有时间，那最好也不要做。

工作是能给自己带来现金流的一项投资，并不是人生的全部。在自己工作之余，必须还要有做点别的事情的时间和精力，包括学习、捞外快、创业和投资。

确定工作之后，工作的相对稳定就尤其重要。为什么我们把“热爱”这项工作、“喜欢”这项工作放在第一位呢？就是因为只有这样才能长久地把这份工作做好，升职和加薪的机会才可能到来。

如何把握住升职加薪的机会呢？企业喜欢的员工，乐意给予加薪升职的员工，一般需要这样几个特征：

第一，越来越专业。不管什么地位，如果肯用心钻研，都有发展空间，若能让自己变得越来越专业，老板就会更加喜欢，给你加薪是必然的——因为他不加薪，你有更好的地方可去。有个故事说，一位年轻人负责清扫厕所，他能把厕所打扫得相当干净几乎是一尘不染，再进一步，他敢于直接喝下自己清扫完的厕所便盆里的水。时间久了，大楼负责人发现了，就提升他做了部门经理。依此看来，只要用心去想，不管什么工作，都一定可以做得更专业，更优秀，迫使老板必须给你加薪。

第二，站在老板角度想问题。在企业工作，老板与员工对立的思想是不能有的。换一个角度去考虑，你赚钱的机会是与老板创立的企业相关联的。企业的老板，就是你的恩人，要心存感恩，时时处处替老板着想，从老板的立场想自己该怎么做，然后就照着他所希望的去做。为他的企业全心全意工作，他就一定能发现，升职和提薪的机会才会多。比如，有位员工上班发现地上有一些碎屑，这原本应该是清洁工的工作，但他从老板的角度考虑问题，毫不犹豫地就去清理了，然后再做自己的事情。几次之后，老板发现了，很快就给他升职了。

第三，学会适当表现。事情做得再好，如果不会适当地在人前表现，那也没有用。一位员工在企业里，工作要做好，作秀的功夫也是必不可少的。首先就是要处理好员工间的关系，跟大家和谐相处，每个人都说你好，你的优秀表现传到老板耳朵里的几率就会大。其次，应该注意把握火候，把自己优异的地方展示给老板和上级看，从而让他注意到你，重视你。还有，就是要掌握好度，企业毕竟是做事的地方，不是走秀的场所。

关于怎样能把自己的工作做到最好，你可以多看一些职场方面的书，也可以多向前辈请教，牢牢把握，让自己能尽快升职加薪是硬道理。但要注意，职场最忌讳的是频繁跳槽。跳槽，并不一定就能带来经验和升职机会，跳来跳去浪费的是时间和财富。如果一开始选工作时多花点心思，又怎么会在后来频繁跳槽呢？换句话说，企业老板最讨厌的就是跳槽次数多的人。

现在，我们需要盘点一下了：第一年，他勉强养家糊口，财富也没有增加。第二年，月收入 1200 元，全年可以攒下 2400 元。第三年，月收入 1500 元，全年可以攒下 6000 元。第四年，月收入 1800 元，全年可以攒下 1 万元。第五年，月收入 2500 元，全年可以攒下 18000 元。前面五年，通过工资积累的方式，他攒下的钱总共是 36400 元。我们凑整，是 4 万元。加上原始的 1 万元，合计 5 万元。

到第五年，至少有 5 万元的积蓄，已经远远超过了我们当初设计的 3 万元的标准。这是什么原因呢？因为我们设定的目标一定不会太难达到。而经过逐步图解之后，我们会发现，超过既定目标也不是一件难事。

5 万元，这也是每一个大学本科毕业生的基本要求：当你大学毕业后，一年内，你的积蓄必须至少拥有 5 万元。如果你不能实现，就要跟父母要或者跟父母借。你处在人生计划起点，父母也会极力帮助你的。5 万元的起点资金，也正是以这个角度为出发点的。

可是，如果你再回看我们的计划，你会发现，到 30 岁的要求是 10 万元。也就是说，如果 25 岁有 3 万元，5 年之后只要增加到 10 万元就算达到标准了。达到这样的目标，是不是很简单呢？答案当然是肯定的！

**投资学点睛**

我们要树立实现宏大远景规划的信心。要实现远大的目标，仅仅靠一份工作是很难达到目标的。所以捞外快就是一个不得不做的事情。

# 投资基金要注意“羊群效应”

## ——别不顾旁边虎视眈眈的狼

“羊群效应”是指管理学上一些企业市场行为的一种常见现象。例如，如果一头羊发现了一片肥沃的绿草地，并在那里吃到了新鲜的青草，后来的羊群就会随之而来，对那里的青草进行疯狂强夺，全然不顾旁边虎视眈眈的狼，对其他地方更好的青草也置若罔闻。

在某机关工作的连女士说，她今年投资的几支基金都呈现出了很好的趋势，收益一般都超过了25%以上。基于这种情况，连女士计划将家里所有的积蓄都用来投资基金。还有一位女士去年十月购买的一支基金，到目前为止已快翻了两番。

这种投资基金的良好收益吸引了越来越多的人，即使对基金没有多少了解，甚至在一点都不明白基金是怎么回事的情况下，便蜂拥至基金市场，甚至不惜倾囊而出。

某城市一位业内人士表示，几家银行流入基金市场的储蓄就达几十个亿之多，而且这种趋势并没有减缓的迹象。随便在一家银行储户这边取出储蓄，那边就去买基金的情景屡见不鲜。

在中国基金投资者服务巡讲大型活动“南方基金2009年投资高峰论坛”上，英国施罗德投资公司中国总裁高潮生郑重地提出了“羊群效应”的概念，格外强调了投资基金的种种风险。

什么是“羊群效应”？羊群效应是指管理学上一些企业市场行为的一种常见现象。例如，如果一头羊发现了一片肥沃的绿草地，并在那里吃到了新鲜的青草，后来的羊群就会随之而来，对那里的青草进行疯狂强夺，全然不顾旁边虎视眈眈的狼，对其他地方更好的青草也置若罔闻。

羊群效应主要反映了人们盲目从众的心理，风险实际是很大的。

2009 年的高收益主要是以在股市经历长期熊市压抑后爆发性上涨为基础的。2010 年的证券市场上制度变革所带来的红利效应将逐渐淡化，投资将不可避免地回归到企业基本面的增长上来。所以投资者必须理性看待 2009 年基金投资的高收益，对今后投资基金的收益要有一个合理的预期。

基金是投资于证券市场的证券产品，证券市场的波动势必会影响到基金的净值，证券市场蕴含的投资风险也同样会体现在基金投资中。尽管基金作为股票的组合，已经有分散投资风险的作用，但投资者必须意识到的是，基金仍然包含着投资风险。

在银行销售基金的柜台上，有关销售基金的宣传资料上都会打上一行“基金有风险”的字样，这就是基金的风险提示，投资者万万不可忽视这个风险提示。还有，在所有宣传基金的资料里，都没有替投资者承担多少本金的内容，这些实际上都是风险。

**投资学点睛**

投资者必须认识到，收益和风险是形影不离的兄弟，万万不能在获取高回报时，就把风险全然抛在脑后。

## 投资须防“七宗罪”

### ——盲目乐观、忽视风险的人，很难逃脱市场的无情打击

天主教中有七大罪过：“饕餮”、“贪婪”、“傲慢”、“懒惰”、“嫉妒”、“暴怒”、“淫欲”。曾荣获金球奖和柏林电影节金熊奖等多项大奖的好莱坞影片《七宗罪》，其中充满悬念的精彩剧情正是据此展开的。一串离奇的连环杀人案，受害者都是死于这七宗罪中的一种，而最后的结局更是出乎所有人的意料。

电影《七宗罪》实际上把人性的种种阴暗面揭示了出来，对人性敲响了警钟。在基金投资领域，由于与每一个投资人利益相关，类似“七宗罪”的各种人性弱点也日复一日地上演着：总希望自己的基金永远只涨不跌，总认为别人

的基金涨得快过自己的，经常因为一时冲动赎回基金然后后悔不迭……

“饕餮”是新老基民常犯的“罪过”，总是在行情看好时将大量资金一次性全部买入基金，却忘了投资基金只适合动用未来几年内暂时不用的闲置资金。否则一旦市场开始出现风险回调，那基金投资对基民生活工作所造成的影响，也就可想而知了。

“贪婪”是人性的一大弱点，也是投资理财的大忌。贪婪会让你的理智丧失，学会克服贪婪是学习投资的一项重要内容。有意识地远离贪婪，时刻给自己留下清醒的余地，这才是投资的长胜法宝。

“傲慢”是投资的天敌，一味乐观、小视风险的人，很容易受到市场的无情打击。君不见大盘跃上6000点的狂喜一瞬而逝，而市场此后持续一年的深幅重挫，让多少投资者的收益化为乌有。“满招损，谦受益”，基金投资也需要基民，谦虚谨慎，冷静看待市场，加强风险意识。

由于自身懒惰而导致的失败怨不得别人，基金终究是需要一定专业性的理财工具，要做一个聪明的投资人需要通过不断学习来充实自己。时常听到有人将债券基金甚至货币基金的收益率与股票基金相比，这显然是不了解基金的相关知识。作为基民，投资者最好在投资前了解一下基金的各种类型和风险收益特征。

不要存有嫉妒之心，攀比投资收益，一时的胜负并非至关重要。要知道基金投资不是百米冲刺，而是一场马拉松长跑。每个人承受的风险能力都不同，选择适合自己的才是投资上策。合理配置你的基金资产组合就好，不必计较别人的收益是否比你高。

“暴怒”是一种非常不理智的习惯，无论对投资基金或是工作生活，都是毫无益处的，害人害己。遗憾的是，现实中总有很多基民朋友，因为不能忍受基金净值连续下降的走向而愤怒出局，事后总是追悔莫及。

**投资学点睛**

在一定范围内的欲望并没有错，投资基金希望获得收益也是合情合理的，但欲望一旦超过界限，人就会深陷欲望而难以脱身。掌握欲望的尺度，成为欲望的主人，让合理的欲望成为开启你人生财富征程的钥匙。

# 第二章 从一万到一百万，距离并不遥远

## ——驾驭金钱的开端

2010 年证券市场波澜不惊，但这并不影响投资者们对 2011 的期待。

新年投资之路该怎么走？新旧交替之际，很多人对新年投资有了新布局、新打算。确实，瞄准投资市场对于成功投资有着至关重要的作用。可是，即便把目标看准了，不同投资者的投资收益往往也存在着差别。之所以产生差异，固然与投资者的知识能力有着很大的关系，而另外一方面也与投资者的投资方法有着密切的关联度。正是由于这些投资方法、方式上存在误区和错误，无形中对我们造成障碍，最终对投资收益的成绩单有影响。

# 认识投资和投资学

## ——一个未知的行业就像遥远沙漠上空美丽的海市蜃楼

什么是投资学?

假若企业经营效益一直很好，为了把闲散资金充分利用，计划与一电子产品生产厂进行合作，利用货币资金进行对外投资，投资核算采用成本法。在理论经济学方面，投资是指购买（和因此生产）资本货物——不会被消耗掉，反倒是被使用在未来生产的物品上。实例包括了修造铁路，或工厂，清洁土地，或让自己读大学。投资意味着买证券或其他金融或纸上资产。估价是估计一项潜在的投资值得与否的方法。

投资的类型有房地产、证券投资、黄金、外币、债券或邮票。

有的企业进行短期投资时，将本该记入投资成本的部分支出，如手续费、经纪人佣金等，列入当期费用，把利润减少了。企业对外投资分得的收益（或联营利润）应作为投资收益入账。但企业为了开展职工福利政策，便将所得的投资收益作为增加其他应付款的账务，年终时全部用来作职工福利开支。

没有投资就无所谓发展，开拓新的赢利机会，投资是唯一途径，也渗透在企业经营的全过程：新建项目的投资、扩建项目的投资、技术改造的投资、参股控股的投资。任何一项投资都隐藏着新的生机，每一次投资都要面对很多的风险——尤其是对民营企业来说，一次投资失误也许就意味着无法东山再起。

对投资者来说，一个未知的行业就像遥远沙漠上空美丽的海市蜃楼，因为遥远而显得异常华美。只有到达之后，才知道美丽的远景只不过是各种光线融汇而成的图景。优惠政策、垄断行业的高利润高回报、高新技术等，对准备进入和新进入者来说，如没有实地的调查研究和强有力的风险防御措施，都只能是一道美丽而不可追的假象。

最近几年民间投资正在加速开展，在全社会投资中的份额与国有经济投资已接近，对全社会投资增长所做的贡献逐渐增大，国民经济中投资的自主增长能力逐步增强。这是经济改革、结构调整和宏观调控政策的百大成效，也为经济发展和宏观经济政策的调整做了铺垫。需要指出，从增长态势看，虽然近两年国内民间投资增幅已经大幅度回升，但是在一定程度上是得益于政府投资的拉动；从全社会投资构成看，国有投资比重仍占优势。

**投资学点睛**

创业投资的资本较公共股票市场投资资本流通性要低不少，所以其追求的回报率也相对较高。创业投资公司对投资还没有公开上市的企业感兴趣，他们的目的不在于拥有和经营创业企业，而在于最后退出并实现投资收益。

# 都可以算投资成本

## ——地位、人缘、健康、年轻、美貌

我们想要的任何东西都可称为收益。什么是成本？比如地位、人缘、健康、年轻、美貌，而运用成本创造收益所采取的行为就是投资。

什么是收益？我们想要的任何东西都可称为收益。什么是成本？比如地位、人缘、健康、年轻、美貌，而运用成本创造收益所采取的行为就是投资。

成本包含的内容非常广泛，而财富即成本是毋庸置疑的，还有地位、人缘、健康乃至年轻、美貌都可以包括在内。

对于“月光族”人类，最大的成本就是每月的收入，而愉悦的生活就是他们的收益。但是，这里的收益又可分为：短期收益和长远收益。两种短期收益是指转瞬即逝效用很短的一类。月光族每月挣的钱不到月底就空空如也，过得很潇洒。可是遇到要用钱的时候，就得临时抱佛脚，到处筹钱。他们把成本都用在了短期收益上，而没有长远打算。



之所以会在选择短期和长远收益时发生矛盾，是因为每个人所拥有的成本都是有限的。钱当然是不可能永远花不完的，地位是分等级的，而且是可以改变的，人际关系更多的是取决于你对别人有多大的价值，这也是有限的。美貌尤其如此。美貌是可以带来收益，比如，被关心爱护的感觉、得到金钱感情的投资、更多的就业机会等等，但是漂亮能持续多久呢？一旦原有成本因消耗而贬值，随之而来的收益也会消失。时间是更高意义上的成本，因为时间，原有的很多成本都会改变，比如人缘。别人的情况可能发生变化了，结婚了、生病了、失业了等等，我们再按照原有的成本投入便不能再带来相对应的收益，何况我们的成本可能随着时间已经贬值了。一旦成本已极度贬值，再用来寻找能产生短期或长远收益的办法就难上加难了，没有投入就无所谓产出。

投资的目的，是利用有限的成本创造最大的收益。就像我们总倾向于买好吃的东西，又不能为此花费全部，就要把握好投资的方式。资产是投资的外在对象。有劣等资产和优质资产之分。劣等资产只能带来短期甚至负面的收益，但是同样要消耗成本，可能还会消耗得更多；优质资产则不仅能带来短期、长期收益，有的还可使部分成本增值。

举例来说，月光族没有限制的娱乐，能带来短期收益，但是消耗了同样可带来长期收益的那部分成本。人际关系同样如此，有的朋友属于劣质资产，只有消耗成本的作用，不带来长期收益；有的人则是优质资产。



再看关于婚姻制度的话题。

作为父母，大部分是会为孩子的前途慎重考虑的。婚姻是终身大事，是一项关系重大的投资。如何把有限成本充分利用，作为父母，会更多从长远收益的角度来考虑。经历过这些的人，有大量经验教训可帮助他们判断投资能否带来更好的收益。儿女对婚姻是以自身感受为出发点的，往往更注重短期收益，不知年华流逝，不知成本会贬值，对象会变质。

而父母有没文化的、固执的、孤陋寡闻的，子女也有早熟的，或因受到更好的教育考虑得比父母还长远周到的。这是另一种情形。

人的心理成熟源于经验和思考。经验相当重要。目前，城里人很多读书读到二三十岁，农村普九也到了十六七岁，才开始步入社会。而在古代，孩子很早就开始独立生存，在大环境的氛围下，读书人也不再是两耳不闻窗外事。经过社会的教育，人们才能学会怎样处理实际问题，能独立生活和思考问题。所以，古时候的人成熟早，基本可以和生理年龄同步。

现代人成熟要晚很多，除了上学时间长的因素外，还有由文化断代造成的，普通人很难从家庭学校的教育和自我阅读中获得实用性的生活指导，只能靠自己的身心体验，摸索经验。生理成熟年龄相较于心理成熟年龄要早很多，给婚姻投资带来更多的不确定性。

所谓心理成熟，是指价值观和生活目标已基本明确，作为资产，其投资价值已崭露头角。这时，父母辈人相对较容易看到其日后增值效应而考虑如何投资。因当时人还年轻，投资对象的增值尚需要时日。如吕太公相过刘邦一面，就直接把女儿嫁给了他，日后女儿做了吕后。这就像抓到黑马，买了绩优原始股。

把以上因素综合起来看，会产生多种婚姻模式和错杂的利弊结局。

有的人在节约成本上很在行，利用其他推迟延缓成本的贬值。像赵雅芝五十岁依旧光彩照人。而《长恨歌》里的女主角，在推迟贬值的同时又把投资方向转向了短期收益，此得彼失，最终落得个悲惨的结局，不免令人惋惜。

**投资学点睛**

人生可以说是为追求收益不断进行投资的过程。所谓的机会成本就是因投资资产的可选性导致总体收益有差异。

# 摆脱心理弱点，扫清知识盲点

## ——你无法从后视镜当中看见未来

在现实生活中，人们在投资时，要摆脱过度谨慎，不善于止损等心理弱点，而且要扫除知识盲点，走出眷恋过去的盲区。

在颇具代表性的投资误区中，心理因素所导致的错误占有相当大的比例。可以把模拟交易和真实交易进行比较。为了增强投资者对于投资产品的适应度，很多机构都在网站上推出了不同形式的模拟交易，如黄金实盘交易和T+D交易、外汇交易，还有最近比较热门的股指期货仿真交易等等。很多在模拟交易中收放自如的投资者，在参与真金实银的投资之后，会发现，自己的水平无法真正发挥。

模拟交易中应用自如的原则、策略，在真正的实际操作中往往被忘得一干二净。为什么会产生这样的区别呢？其中一个很重要的原因就在于，参与模拟交易的投资者很明白，自己投入和回报的资产都是虚拟的，并不会对真实的财富有任何影响。

以此为前提，投资者们往往更加理性和明智，做出的投资决定也更合理。可是，在进行真实交易时，任何一次操作，都可能会给真实账户带来变动。贪婪和恐惧，这两个人类投资中最大的天敌，会给投资者产生更强烈的冲击，致使他们很难继续以理性的方式对待投资。其结果就是，在真实的投资中，投资者能够获得的成绩比同等环境下的模拟投资要低得多。

现实生活中，我们总是无形地被这些投资心理上的弱点所影响。过度谨慎也是其中的弱点。很多时候，当面临真正的投资机会时候，很多人往往因为过度谨慎而错过了投资机会。

“如果当时……”投资者经常把类似的假设挂在嘴边，然而投资机会却是一去不复返的。即使曾经有过经验和教训，当类似的场景重现时，不少人依然会被恐惧情绪所左右，于是又一次与机会失之交臂。因此，当很多成功投资者讲述自己的经历时，人们会发现，他们总是能够适时抓住机会，而不是他们的运气比较好，而是因为他们不仅有一双会发现机会的眼睛，更敢于用双手把握机会。

不善于止损，也是一种较为典型的投资误区。假若有两只股票，股票A目前盈利20%，股票B目前亏损20%，你会把哪个卖出？绝大部分的人选择的是把A卖出，而被动地持有B。结果就是人们往往过早地赚钱卖出的股票，而长期持有亏损的股票。在这种被动持有中，亏损状况反而会越来越糟，加上机会成本，损失的就更多了。

比如说，投资者都听说过“不要把鸡蛋放在同一个篮子里”这句话，可是到底怎么来理解“鸡蛋”和“篮子”？一些人是分别买了几只不同的股票，看上去似乎实现了不同“篮子”的配置，可是从根本上说，大部分资产还是完全集中在单一市场的单一产品上，所承受的系统性风险是完全相同的，因此，从根本上并不能达成起到风险的作用，资产配置的功能也就丧失了。有的人则把资产分进了众多的“篮子”里，这个买一点，那个买一点，风险确定被分散了，但因为缺乏随市场而动的部署和配置，投资组合的整体收益率也受到了影响，资产配置的真正目的也没有达到。

“眷恋过去”也是一个常见的盲区，虽然历史总是有惊人的相似，但是金融投资很有趣的一点是，它并不在于投资者们能把似曾相识的走势普遍捕捉到，恰恰在于每一次的与众不同。因此，在股票、期货等投资上，投资者不能深深地陷在以往的经验或数据里。只把历史业绩作为选择产品的依据，实际上并不科学。投资界有句名言：“你无法从后视镜当中看见未来”，就是对这种情况精辟概括。“眷恋过去”的另外一种表现是过于沉浸在以往的失败中，像2008年发生股灾，很多人在投资上出现了较大的损失，如果只把目光停留在过去，对实际投资不仅没有帮助，还会影响到投资的心态。

你会发现这样的误区或多或少地曾发生在自己的身上。这些常见的误区之所以典型，一是受到影响的投资者数量多，另外一方面也是因为它们难以克服。因此，如果要想真正走出投资误区，我们也要对症下药，有的放矢。

相对来说，知识上的误区，比较容易化解，通过学习就能够解决，而由于心理弱点造成的误区，尽管认知起来比较容易，但克服起来却比较困难，需要投资者时时地自我警醒。

投资学点睛

投资知识的盲点也很容易造成误区。这几年人们理财意识逐步提高，人们对于投资知识的需求也更加强烈。然而，很多人往往是只知其一，不知其二，对于很多理念、知识、技巧的理解往往很片面，这种理解也会带来很大的负面作用。

## 便宜货未必好

### ——只买10元以下的股票明智吗

不少投资者经常是以买白菜的心理来进行投资——尽拣便宜的买。从寻找“价值洼地”的角度来考虑，买“便宜货”并没有什么不对。比如在证券市场上，寻找到一些暂时被低估，但是存在着后续上涨空间的股票，是很多成功投资者屡试不爽的秘诀。但是假如只是贪图表面的“便宜”，这样的投资就不一定高明了。

或许听起来有些不可思议，但这样的现象在现实生活中屡见不鲜，不少投资者经常是以买白菜的心理来进行投资——尽拣便宜的买。从寻找“价值洼地”的角度来考虑，买“便宜货”并没有什么不对。比如在证券市场上，寻找到一些暂时被低估，但是存在着后续上涨空间的股票，是很多成功投资者屡试不爽的秘诀。但是假如只是贪图表面的“便宜”，这样的投资就不一定高明了。

顾阿姨的选股基本原则是，“只买10元以下的股票”。顾阿姨的道理看似能成立：10元以下的股票股价低，涨跌的空间也小，并没有超出自己可以承受的范围。对于那种三四十元的股票，顾阿姨从来都不碰，就是"太贵了"，一下子涨涨跌跌，犹如坐过山车，实在难熬！

事实真的如此吗？假如有A、B两只股票，A股票目前的股价为5元，属于许多人偏爱的低价股；B股票的股价为50元，基本可以算作高价股的范畴。假设我们以10万元的资金分别买入A、B两只股票，那么可以买入A股票2万股、B股票2000股。在最极端的情况下，A、B两只股票同时涨停，那么A股票的股价增长为0.5元，B股票的股价增长为5元。尽管看上去B股票比A股票"赚得多"，但是在实际投资额为一定的情况下（我们设定的是10万元），投资者对于投资两只股票的获利都是一样的，也就是10万元×10%＝1万元。不同的只是投资A股票每股获利为0.5元，但投资者的持股量大；B股票的每股获利虽然高达5元，但持股量小；无论是A股票，还是B股票，投入10万元两者的获利总额都是一样的。反之也是同样的道理。假使两只股票同时跌停，A股票当日只跌了0.5元/股，B股票的跌幅则达到了5元/股，可是在投资额固定为10万元的情况下，不管是买A股票还是B股票，都不会对你当日的实际亏损总额有影响，那就是10万元的10%，也就是1万元。

因此，表面的"便宜"并不会改变投资的本质。然而很多投资者对于真正的"便宜"却畏缩不前，没胆量去"捡"。

至今让很多投资者追悔莫及的事情是，在2008年突然到来的熊市之中，出现了不少真正"便宜"的股票，"不少股票的价格都跌到两三元钱，甚至还有一元股票。"偏好"低价股"的顾阿姨却产生了担心，"回头去看的话，那时候真的是好机会，不少股票价格都跌破了净资产。"然而熊市的严寒却让投资者们心生畏惧，"谁知道会不会继续跌下去？"就在极度悲观中把大片"价值洼地"丢失了。

另外一个富有戏剧性的例子应属于QDII产品了。或许人们至今还难忘QDII产品刚刚问世时对投资市场的巨大撼动。某基金公司的QDII基金一日首发，认购规模就达到了900多亿元。实际上，很多积极认购的投资者当时对QDII基金并没有充分的了解，"畏高喜低"的心理使得很多投资者对于“便宜”的面值蜂拥而至。然而，随着全球投资环境的迅速恶化，不少人才真正感悟到了，以“白菜理论”来投资是不可靠的。

随着QDII产品的巨亏，不少QDII基金的净值甚至跌到了三四毛的水平，一时间QDII基金也成了人人远而避之的产品。可是让投资者们没有料到的是，2009年的经济回暖，让QDII基金卷土重来，除了QDII基金的平均涨幅达到了55.22%，很多银行系QDII产品也交出了很好的成绩单。

“要是在三毛多的时候买入就好了。”看到QDII基金的表现很好，不少人难免感叹，可是当真正的“便宜”出现时，能够放手介入的投资者又有多少呢？

**投资学点睛**

表面的“便宜”并不会给我们的投资带来积极的作用，对于理性投资者来说，能够真正带来“便宜”的是对投资内在价值的具体分析。

# 鸡蛋别放在一个篮子里

## ——“核心+卫星”的方式实现合理配置

“不要把所有的鸡蛋放在同一个篮子里”，不少人对这项投资的内在规律都不陌生。以配置的方式将投资进行适当地调整，以期达到分散风险的目的，保障投资组合的可控性，这是资产配置的根本要义。

“不要把所有的鸡蛋放在同一个篮子里”，不少人对这项投资的内在规律都不陌生。以配置的方式将投资进行适当的调整，以期达到分散风险的目的，保障投资组合的可控性，这是资产配置的根本要义。

然而，实践中“鸡蛋与篮子”却总是存在偏差的。“我当然知道不要把所有的鸡蛋放在一个篮子里！”投资者岳先生认为自己是一个分散投资的“实践者”，“除了日常使用的几千元钱，我所有的资金都在股市里，但为了分散投资，我从来都不会把所有的资金用来买同一只股票。”在岳先生的观念里，分散投资，就是不买同一只股票。出乎意料的是，岳先生的“分散投资”并没有期望中那么好，“很多时候都是一荣俱荣，一损俱损。”

实际上，虽然明白了“鸡蛋与篮子”的基本原理，但是对“鸡蛋”和“篮子”有更深入的理解还是很有必要的。

对于什么是“篮子”，投资者们往往有很多的误解。就像岳先生那样，把所有的资金都一股脑儿地投向于A股市场，尽管买的股票不同，但从整体上看，仍然是没有脱离同一个篮子的范畴之外，对于岳先生的不同股票来说，尽管个股的表现在某一个时期内可能会有所分化，但它们所面临的系统风险是一样的，因此也就很容易出现“一荣俱荣，一损俱损”的情况。从根本上说，岳先生只是买了不同的股票，风险分散的目的却没有真正达成。

对于普通个人投资者的“篮子”，可以以不同的资产类别来进行简单划分，债券、股票、房地产、大宗商品（如现在热门的黄金投资）、外汇等等是常见的类型，它们的投资市场表现经常取决于不同的因素，假如我们在不同市场中分配奖金，那么资产配置的作用就很容易发挥出来。

地域也是“篮子”的一种形式，地区不同，市场往往有着自身的特征，如欧美市场相对成熟，新兴市场属于典型的成长型，这些不同地区的股票、债券市场也就呈现出相当明显的不同。

“鸡蛋”是个人投资者需要考虑的另一因素，“鸡蛋”是指资产规模的数量。一般情况下，由于考虑到不同产品投资门槛的不同，有50万元的资产规模进行资产配置则相对来说比较容易，如果有更大的资金量，跨地域的配置操作性实现起来也更容易；若资金规模小，则进行过多的细分是不适合的，自己的风险承受能力是将资产在不同类别中进行适当分配的依据。

对于资产配置，人们还容易陷入“这里投一点，那里投一点”的误区，虽然整体组合的风险降低了，却也把组合的总体收益率拉低了。

因此，在合理地选择篮子时，必须在对“鸡蛋和篮子”有清楚认识的基础上，根据市场的变动，以“核心+卫星”的方式实现合理配置，这也是一种投资策略。一般说来，通过跨市场可以实现“核心—卫星”资产配置。“核心”资产，可以考虑的选择对象如房产、基金产品等等一些以稳健见长的投资产品，而一些风险高的投资产品，则在财富持久战中充当“卫星”的角色比较合适，例如黄金、外汇和股票投资。在“卫星”资产的投资上，投资者要注意的首先是投资的比例，二是要根据市场的变化制定投资战术并适时进行调整，从而保障整个投资组合的收益与风险的减少。

同时，“核心加卫星”的分配思路同样适用于对某一种单一产品的配置。比如说基金，市场上的基金产品种类繁多，其投资的风格与标的是不相同的。投资者在对基金实现配置时可以采用不同的类型。同时，随着对外投资渠道多样性的增强，进行跨地域资产配置也有了更大的可能性。它们的出现，把“核心”与“卫星”资产的内涵丰富了，同时也能为投资者构建出更多的组合投资方式。在合适的时机下，将这些海外的产品引入到资产配置中去，也是一种行之有效的方式。

**投资学点睛**

资金在不同类别、不同地区上进行分散配置，才是把鸡蛋放入了不同的“篮子”里，在同一时期内，不同市场的差异帮助我们的资产达成了降低单一市场系统风险的目的，减少整个投资组合的波动性。

# 第三章 与最适合你的投资工具“谈恋爱”——规划财富人生

“在别人贪婪时恐惧，在别人恐惧时贪婪。”巴菲特的这句话已经成为投资学的金科玉律，然而真正能做到的并没有几人。人类的社会性决定，人们在做出投资决策的时候，难免会受到周边一些因素的影响，哪怕是投资市场本身也会不可避免地对身处其中的投资者产生无形的压力，因而要想坚持己见，并不是说说那么容易的。

# 不能人云亦云

## ——在别人贪婪时恐惧，在别人恐惧时贪婪

投资市场最忌讳的就是“墙头草，四处倒”，口号式的坚持常常是苍白无力的，对于每一个投资者来说，建立起自己的投资规划是较为可行的方式，那也就是，每一个投资者对自己的投资方向、投资分配总体上要有一定的规划，在分好类的同时配合一定的原则，这样操作起来可能就要省事得多。

2010年以来，股市不仅没有像人们预测那样的上涨，而且它的大幅波动让小王有点猝不及防，在一片叫好声中，小王把原本用于提前还贷的资金再次向股市投入。“帮我拿主意吧!”小王向有“投资小诸葛”之称的同事讨教。

“今年的形势不容乐观。”小诸葛的回答有些出人意料，“我已经清仓了，用那些钱投资了一支债券基金，一个月能有超过2%的收益。”

小王抱着怀疑的态度上网搜寻了相关数据，果然，与一月份股票和股票型基金10%的亏损正好相反，债券型基金反而以名列前茅的姿态呈现正收益。小杨在心里不由地盘算开了，自己是不是应该在股市收手，然后转向债券型基金呢?

“在别人贪婪时恐惧，在别人恐惧时贪婪。”巴菲特的这句话已经成为投资学的金科玉律，然而真正做到的并没有几人。人类的社会性决定，人们在做出投资决策的时候，难免会受到周边一些因素的影响，哪怕是投资市场本身也不可避免地会对身处其中的投资者产生无形却真实异常的压力，因而要想坚持己见，并不是说说那么容易的。

投资市场最忌讳的就是“墙头草，四处倒”，口号式的坚持常常是苍白无力的，对于每一个投资者来说，建立起自己的投资规划是较为可行的方式，那

也就是，每一个投资者对自己的投资方向、投资分配总体上要有一定的规划，在分好类的同时配合一定的原则，这样操作起来可能就要省事得多。

马上就要退休的戚老师是一位忠实的股票投资者，长期的股票投资经验告诉戚老师，股市是一个“几家欢乐，几家愁”的项目。“于是我给自己开始进行规划。”戚老师的基本原则是，不影响养老的安全性。他说，这些年靠自己的辛勤工作和小风险的投资也有一笔数目可观的积累，足够使自己和老伴安度晚年了。于是，戚老师拿出了80%的储蓄在一些低风险的产品上作投资，“这样投资很稳定，基本上不会冒很大风险，虽然收益不高”在保障自己安全养老的同时，戚老师的另一个原则是可以接受适度的风险。“毕竟在股票这一行摸爬滚打这么多年了，这个市场对自己还是极具吸引力的。”他之所以拿出了20%的资金投资在股市上，正是出于这个原因，戚老师即使在这个风险极高的市场上也表现地出奇的淡定。“这是个让人匪夷所思的地方，早上还是人人欢喜，好像到处都是好消息；一到晚上也许就有可能集体愁眉不展，听风就是雨。”戚老师说，因为自己对资金做出了规划，心里对股市的这笔投资会冒一定的风险早有准备，所以在市场变动的大环境下，就不那么容易随波逐流了。

**投资学点睛**

人的恐惧常常由于被自己的切身利益牵连而无形中被加强。自己如果有一个“安全盾”，那么人们对于投资中的得失就会从容得多，反倒能坚定立场。实践证明，比起见风使舵的投资方式，在投资上有一定规划就显得更加可靠。

# 不迷信“高手”和“消息”

## ——不设止损，不入股市

要知道，在股市投资中出现失误极为正常，关键在于应该尽量避免在一次投资失误中大伤元气，不然不要说反败为胜，就连保本都会十分困难，还将对投资者的心态造成严重影响，不利于投资者今后的投资。

很多投资者喜欢跟风，对身边的“高手”和“消息”深信不疑。“宁可犯错，也不错过”，是绝大部分散户投资者共同的心理，于是他们总是打听“高手”们最新的动向，要么就是盲目迷信各种“内幕消息”。

实际上，对于“高手”我们要冷静地对待。一方面，很多公然吹嘘自己的眼光是如何如何准确的人，往往是把自己投资成功的部分拿出来炫耀，而隐去了自己曾经失败的经历。另一方面，每位投资者的资产状况、目标设置、投资比例和风险承受能力等具体情况各有不同，“橘生淮南则为橘，生于淮北则为枳”，同一种投资，对A来说是有能力承受其中的风险并能从中获利，而对B来说也许就不在其能力所能承受的范围之内。

“内幕消息”也同样需要投资者斟酌。最典型的例子是，很多资金往往就是通过各种渠道散布消息，以达到让小投资者们高位接盘的目的。有的人甚至愿意出高价购买“机密信息”。结果导致为数不少的人误入了炒股只炒“代码和简称”的歧路，一来不清楚上市公司的主营业务，二来也不了解公司的财务状况，仅仅凭借一些来路不明的小道消息就敢扑下自己的数十万资金，错了不要紧，就怕错失赚大钱的良机。可是最终的结果，常常又是谬以千里。

“在上海，我们有一帮朋友每隔半年就会举行一次聚会，每一次我们都做这样一个游戏。每人选择一只股票并全部记录在案，等到下次碰头时由股票情势最好的推荐人埋单，而股票情形最差的推荐人就要去买一大堆各式各样的小礼物，让这帮大人们找回童心，像小孩般做游戏般戏争这些小礼物。过去的四次聚会股市投资空间大，所以每次聚会时都有大幅度上涨的股票。但是上星期聚会的‘战绩’却令人提不起兴致，之前推荐的股票都下去了，而获得冠军的是那个只跌了 8% 的股票推荐者，为这次聚会埋了单，而情况最糟糕的那位朋友在股市被深套 30% 已经长达两三个月了，他竟然不懂得怎么去止损，只是像和自己过不去似的越跌越跟进，越跟进越被套牢。”卢先生是个股迷，他经常在网上分享自己圈子里的趣事。

止损，对于股票、期货、外汇等投资来说，显得十分重要。要是不懂得适当止损，就很难将投资进行下去。更有甚者说“不设止损，不入股市。”

止损是指当某一投资出现的亏损达到预定数额时，及时斩仓出局，以避免形成更大的亏损。其目的就在于当投资出现失误时，把损失限定在较小的范围内。

股票是一种交易性资产，具有变现性极强的特点。因而时常诱惑并刺激着人们的神经。其实，像房产这样的不动产也时常面临着价格波动，但由于人们时常没有交易的念头或途径，所以房产波动只能令人望洋兴叹，要不就是无动于衷。股票这样的交易性资产与房产不同，一定要为自己设定严格的纪律，来约束自己的投资行为。

股市永远是一个机遇与风险并存的市场，股市中不存在常胜将军，即便是索罗斯之类，也常有“吃败仗”的时候。面对千变万化，莫衷一是的股市行情，只有采取相应的策略方能屹立于成功之林。投资者首先要有承认错误的勇气，一旦事实证明自己投资决策是错的，就应立即改正，以保存实力，要知道，在股市投资中出现失误极为正常，关键在于应该尽量避免在一次投资失误中大伤元气，不然不要说反败为胜，就连保本都会十分困难，还将对投资者的心态造成严重影响，不利于投资者今后的投资。

**投资学点睛**

在高风险的股市中，投资者必须首先考虑的问题是在谋求高额投资回报的同时如何采用相应的措施来防范风险、保全实力，在投资出现明显错误时，止损正是限定亏损幅度的不二法门。

# 要有合理规划

## ——怎样安排，年复利才能增长32%

每个人每个家庭，在大致同一时间段内，不可能只有一个理财目标，短期的有，中期的、长期的都要有，并且应是灵活的、动态可调的。想要把这些不同的理财目标顺利实现，就得合理规划自己的投资，然后找到能帮助自己实现理财目标的投资工具去对应它，并努力达到目标。

很多投资者在进行投资前并没有周密的计划，一旦市场上的变化超出了预料就慌了神，或是因家庭经济情况的变化，而显得进退两难。

2009年四、五月间，上海的房价几乎每天都不同。海萍和未婚夫有些按捺不住了，在2009年国庆前夕计划购置一套房子。当时两人手里的储蓄款加起来共有18万，双方父母都答应分别赞助10万元，半个月后这20万元就到账了。没想到，海萍的未婚夫觉得在买房之前这笔资金闲置着挺可惜的，就把其中的20万元拿出来投在了股票上。8月份他们相中了一套房子，需要首付款40万元。此时海萍的未婚夫才不得不坦言："这几个月我炒股票亏了6万元，一下子拿不出那么多钱了。"海萍以及双方父母心里有种说不出来的味道。最后只好忍痛退出了股市，买了房子，可他们也为此欠下了亲戚近10万元的外债。

2007年8月，港股直通车即将开闸的消息传了出来，个人也可抄港股了。刘女士心里也痒痒的，想试试炒港股，但又觉得自己对交易规则不甚了解，因而会冒很大的风险，于是她在2007年9月份购进了一只以投资港股为主的QDII基金。

当时她手里有一笔100万元的资金，打算给明年夏天大学毕业的儿子创业用的，她算计着还有大半年的时间，要是拿它来投资说不定还能赚上一笔，让儿子也轻松点。

"当时QDII非常火，还得按比例分配，我的100万元只换来70多万成交。”刘女士回忆说。

当年10月份，QDII还是无限风光。可是那只是昙花一现，到了11月，QDII就跌破了面值，一个月净值下跌了11个百分点。转眼到了2008年，刘女士的QDII基金可以打开赎回了，但她却已经亏了15%。刘女士很是气恼。但它还往下跌，于是，她咬着牙狠心赎回了，转回了货币市场基金，留给儿子创业用，只可惜原来的100万元，只剩下不到90万元了。

从上面的事例中可以看出，海萍的爱人和刘女士的投资经历虽然不尽相同，但他们都犯了相同错误，那就是将一笔有专门用途、专门“时限”的资金，投在了不合适的投资产品上，他们的资金只是短暂性闲置，这不符合他们所选投资产品的期限。

比如，海萍小两口的那笔资金是为几个月后买婚房准备的，属于比较刚性的短期理财需求，因而这笔资金，哪怕只是少部分，也不应该投资于具有较高风险的像股票之类的投资产品上。

刘女士的那笔100万元，是在大约9～10个月以后给儿子创业用的，也属于刚性需求的。而那款QDII产品偏偏又没有设定投资期限，并且在5年后才能保本，那就离自己预期的资金需求目标时间相去甚远了。

无论是海萍的爱人，还是爱子心切的刘女士，从他们所犯的相似的错误中可以看出，他们都对自己家庭的整体投资没有进行合理规划，而且因为缺乏“投资期限”的理念，导致在投资工具的选择上的失误。

其实，每个人每个家庭，在大致同一时间段内，不可能只有一个理财目标，短期的、中期的、长期的都要有，并且应是灵活的、动态可调的。想要把这些不同的理财目标顺利实现，就得合理规划自己的投资，然后找到能帮助自己实现理财目标的投资工具去对应它，并努力达到目标。

具体投资目标在设定及筛选投资工具的过程中，必须遵循几个原则：一是要明确实现的日期；二是要量化目标，用实际数字表示；三是将目标实体化，假想目标已达成的情景，以此来加强人们想要达成的动力。

既然理财目标有短期、中期和长期之分，那么每一笔资金就会有一个投资期限。而投资期限的不同，又会决定不同的风险水平，继而才能对不同属性的理财工具作出合理的选择。

例如，3个月后要用的钱是绝对不能用来做高风险投资的。前面提到的海萍的未婚夫就犯了这个错误。3~6个月内要用的钱，可以做一个7天通知存款，或者购买货币市场基金，而不要为了贪求高收益去放手一搏，那样只会影响理财目标的实现；反之，三年后要用的钱，如果不用来一个做中期投资，仅仅是放在银行里做定期存款，则会失去获得更高回报的机会。

**投资学点睛**

找到恰当的投资工具，以便匹配自己的投资期限，那可能实现起自身的投资理财目标就会容易得多，生活就会更美好，家庭也会更和谐。



# 让银行为自己打工

## ——适度举债，大胆投资

明明在自己所能承受的范围之中，却不愿意合理举债的人士，一旦放弃了利用银行杠杆做合理投资的机会，也就意味着放弃了让财富较快增长的机会。

有的投资者看到机会只愿拿出少量资金进行尝试，却不敢大胆投资，虽然这部分资金的收益率不错，但资金的整体收益率依然上不去。



家住上海的曾先生和妻子月收入加在一起能达到13000元。2008年6月，林先生卖掉了一套自己在金桥的住房，净得82万元，家庭总资产达到102万元，无外债。此后，他们花费3000元租了一套两室一厅的房子，搬到源深体育馆的一个小区。此时，该小区房子单价约1.4万元，如果购买一套这样88平方米的房子，总价约130万元。曾太太建议买下这样一套房子，毕竟孩子一天天长大，以后上学要分学区什么的。但曾先生说，他的总负债希望能控制在50万元之内，即可以先预支五年的收入，如果买130万元的房子，首付70万元（家里留一部分资金），那么贷款就上升为60万元，每月还款额4000多元。曾先生觉得负债超出了他能接受的范围。最后只拿出了15万元投资股市，剩下的资金都存在了银行。

转眼到了2009年年底，该小区单价已经涨到了2.3万元，曾先生夫妇那套目标房已经涨到了200多万元，距离曾先生的目标相去更远了。而与此同时，林先生在房租上倒是花了不少钱了。

袁阿姨也有过“错失良机”的经历。2009年1月，女儿请她和老伴去海南旅游。“当时美丽的海景把我深深折服了，就有冲动在海南买套房，舒舒服服地养养老。但老伴不同意，结果没想到海南房产之后就越来越热，正好又赶上开发国际岛，那里的房子不要太抢手哦。”袁阿姨越想越后悔。

如今很多人都成了“房奴”，收入的大部分用于偿还按揭。虽然这样的安排有些“烦”，但也是一种资产积累、强制储蓄的方式。曾先生这样“怕负债”的人倒已经比较罕见了。

我们说在投资中有一定风险意识没什么错，但曾先生还不满三十岁，属于抗风险能力较强的年轻一族，只是他没过自己心理这一关。买一套产权房对他的家庭来说，其实是比较刚性的需求，有能力利用银行贷款来完成这一家庭理财目标，实际上没什么错。只是，曾先生有点“前怕狼后怕虎”，把大部分资金留在银行做储蓄，利润收益率偏低实在令人感到可惜。建议曾先生夫妇多做些打算，把家庭资金投入到更大收益的投资中去，把日子过得更红火。

而袁阿姨及其先生，虽然年纪大了，但也有自己的打算和过法。如果在不影响自身退休生活质量的前提下，看到适合老年人的投资，也可以尝试一下，有时候姜还是老的辣，老年人的投资眼光反而更加准确。

曾先生、袁老爷子这样过于保守，明明在自己所能承受的范围之中，却不愿意合理举债的人士，一旦放弃了利用银行杠杆做合理投资的机会，也就意味着放弃了让财富较快增长的机会。

如果要做某一项投资，不如首先客观地权衡一下，看看自己还款能力的大小，只要适度即可。

银监会2004年曾经公布了一个《商业银行房地产贷款风险管理指引（征求意见稿）》，其中规定，单笔房贷的月支出须控制在收入的50%以下，于是，我们可以把贷款额不超过收入的一半看做是一种“度”。如果超过了这个“度”，就被认为这是有风险的理财行为，不建议人们去实行。

投资学点睛

对于太过保守的投资者而言，在物价飞涨，工作竞争大的情况下，在投资理财上不妨稍微做一些积极理财行动，在自己未来收入大致稳定的前提下，使用一点银行贷款，不仅增加了自己的可支配资源，还可以让自己的信用得到积累。只要不超过自己的能力范围，“让银行为自己打工”，也不失为一个良策。

## 切莫沉迷于老经验
### ——过往业绩不能代表未来

对投资者而言，不必去揣摩基金公司背后的用意，倒是应该以“过往业绩不能代表未来”为鉴，进行投资时不要过于依赖基金的年度排名。

很多投资者将过去的投资经验、历史数据看得太重，比如买基金过分看重它以往的成绩，选股票又常常以过往的“趋势图”为本等，却不能真正客观地去评判基金管理水平，以及未来的政策、资金给股票带来的影响等。

“2007 年，我也被卷入到基金投资的龙卷风中，”金先生回忆起自己的基金投资经历，“我的理财顾问那时不停地告诉我，基金的开势真的很好，让我也尝试一下。面对几百只基金，我完全不知如何下手，于是让理财顾问给我投了那年一只名列前茅的基金。没想到 2008 年跌得一落千丈。所以我后来跟我太太总结说，也不能完全相信基金排名，以及以往的成绩，过往的成绩并不能代表未来的运势。”

“2010 年 1 月第二个交易日，上海期货交易市场异常活跃。宏观面上，伴随着全球紧缩政策的预测，以及美元持续升值的压力，股市和大宗商品市场纷纷出现了久违的大跌走势。然而，能够在那一周愿意跟随趋势选择大举抛空的交易者竟是少数。不少投资者不但不选择做空，相反继续采取逢低买入的策略，比如在锌价跌破 20000 元大关之后，不少人反而大举买入。”上海一家期货投资公司的总经理回忆说，“不仅仅在证券市场，人们总是抛不开以往的数据、相似情形，在期货市场，交易者也容易经常往后看。”

股票投资中常会见到一句话是“历史总是惊人得相似”，这句话就是为很多投资人士所信奉的“趋势理论”——跟着趋势走，顺势而为，方能胜。

但金融投资有趣的地方，不在于投资者们能普遍捕捉到似曾相识的走势，恰恰在于每一次的意外与变化。

这一点，在投资股票、期货、黄金等品种时，要特别注意。

在基金、保险等产品宣传页上最常见的一句话之一是“过往投资业绩不能代表未来”。这是我们想分析的另一种情况，金先生的遭遇比较有代表性。

虽然基金公司在推销产品时已经事先说明了这一点，但就像“吸烟有害健康”的警示一样，这句话大多是迫于监管部门的压力才加上的。

对投资者而言，不必去揣摩基金公司背后的用意，倒是应该以此话为鉴，进行投资时不要过于依赖基金的年度排名等。

过往的业绩并不是未来表现仍然出色的保障。这不仅仅是一句免责声明，更是不争的事实。

研究表明，在我国，过往业绩居前的基金，在下一年度超过行业中位回报的概率大约为 50%，这和随机掷硬币猜正反面的概率差不多。比如，以 2006 年 6 月至 2007 年 6 月，以及 2007 年 6 月至 2008 年 6 月这两个时间作为分析时段，前一年度年回报率居行业第一梯队的 13 只基金，一年后，只有不到四分之一（3 只）的基金仍然居于行业领先组别。

为此，建议广大投资者，不要一直盯着“后视镜”，不要过于眷恋过去。

何为“眷恋过去”？它是指人们倾向于将过去的类似投资结果作为评估一项风险决策的考虑因素，甚至是最重要的因素。

可实际上，稍具投资经验的投资人都知道，投资的风险和收益与过去该项投资的业绩没有直接的关系，甚至过去的高收益一般预示着透支其未来的收益，从而导致高收益的保持更加困难。

把“眷恋过去”作为一种投资心理误区，并不是全盘否定总结投资经验的重要性。资本市场背后有近乎“天然”的规律，而规律性的东西又是稳定而极少变化的，但它的运行却又受到各种因素的影响。所以说，以往数据、行情、业绩等可作为个人投资的参考之一，但也不能全盘照搬。

还有一点与“过去时”有关的是：很多人过分看重过去的投资。比如2008年发生股灾，给很多投资者带来了损失，有人因此“一朝被蛇咬，三年怕井绳”，对投资理财充满戒心。其实，不管你想不想得开，损失已经不可逆转地发生了，天天沉浸在亏损的苦恼中也无济于事，而应该重新思考，如何在未来的投资上盈利。

**投资学点睛**

在股票、期货等投资上，投资者关注以往的经验数据及走势，借助类似于汽车后视镜那样的“回顾”作用没什么错，但也不能沉溺在历史数据里，因为投资没有绝对的规律可循。

## 不熟的东西不做

### ——不了解权证交易特点，小心“赔了夫人又折兵”

俗话说，做生不如做熟，既然做投资，不论投资值大小，一定要投在自己熟悉的领域上，这样容易走得顺些；对不太了解的品种，就不能盲目投资。

很多人在投资前对所投资产品的特点根本不了解，在功课未做足的情况下就盲目进行投资，最终导致投资失败。

2007年4月，炒股仅“一个月龄”的蒋女士误将首创权证当做普通股票，在行权期过后还全然不知，价值20万元的5.7万份首创权证化为乌有。

“我这真是初生牛犊不怕股，赔光了一生的积蓄。”事后，蒋女士痛心疾首地说道。

其实，蒋女士不过是许许多多权证投资不利者中的一个。

有人不知道权证有“到期日”，最后一个交易日仍在买入。2007 年 6 月 22 日，在“钾肥认沽权证”最后交易日收盘集合竞价期间，该权证以 0.107 元成交了 1166 万份，期间有 488 个账户参与买入。这批人还被“沽民”推崇为“侠客”。事后据调查，其中买入量最大的 10 个账户，在集合竞价期间买入的原因主要是不清楚当日是“钾肥认沽权证”的最后交易日。

有人本应该对权证行权而没有行权，最后导致损失。2007 年 3 月 30 包钢 JTB1 认购权证到期时，仍有 1661 万份认购权证未行权，投资者为此损失了 5735 万元。

与之相反，还有人不应该行权却去行权，最后导致损失。2007 年 2 月 12 日，原水 CTP1 认沽权证到期时，共计 65328 份原水认沽权证成功行权，行权价为 4.9 元，按照原水股份当日的收盘价 7.11 元计算，投资者因行权而产生的损失约 14 余万元。

其实，对不少参与权证交易的中小投资者而言，因为他们对权证缺乏正确的认识，在并不十分了解认购权证、认沽权证等品种的特性情况下，盲目追求“T+0”交易方式的“刺激”，甚至抱有搏一把的心态，最终令自己的资产缩水甚至化为泡影。

实际上，权证作为一个金融衍生性商品，与股票有着明显的差别，它有自身独特的收益及风险特征。

首先，权证有着自己有限的“生存周期”。股票是可以长期持有的，只要公司不破产，就可以永远有效，甚至破产了，还可以通过重组起死回生。但是权证就不一样，每一个权证都有一个“生存周期”，短则几个月，长则几年，过了这个“生存周期”，权证就“死亡”了，就毫无价值了。很多投资者对此并不了解，把权证当做股票来投资，就存在非常大的风险，本文开头讲的那位蒋女士，就是在不了解权证交易特点的情况下，匆忙开战，结果正是“赔了夫人又折兵”！

一些权证投资者虽然知道权证是一个到期退市的交易品种，可还是不去理会权证的最后交易日到底是几号，导致在最后交易日接近收盘时大量买入价外权证，收盘后价值直接被归零。

其次，权证的高杠杆性质也是一把双刃剑。

在权证品种中，"认购权证"具有做多功能，"认沽权证"带来的是做空功能，两者的价值完全依赖于对于标的证券走势的判断是否正确。权证的魅力也就在于此，做多做空都可以，只要方向判断正确，涨跌都有盈利的机会。

因为权证产品具有较高的杠杆特性，它的涨跌幅度要高于标的正股的涨跌幅度。一般来说，当标的证券上涨（下跌）时，认购证的涨幅（跌幅）大于标的证券的涨幅（跌幅），认沽证的跌幅（涨幅）大于标的证券的涨幅（跌幅）。当对标的证券走势预测正确时，投资者有机会以有限的成本获取更大的收益；反之，一旦判断出现错误，投资者也有可能在短时间内蒙受较大的损失。从这个角度来看，权证的杠杆性无疑放大了投资的风险。

可以说，权证投资者最后的输赢，虽然有外部因素的影响，但还是能通过在投资前树立正确的投资理念、全面了解和掌握了权证的风险收益特点，进而避过蒋女士等人踩到的"地雷"。

俗话说，做生不如做熟，既然做投资，不论投资值大小，一定要投在自己熟悉的领域上，这样容易走得顺些；对不太了解的品种，就不能盲目投资。

**投资学点睛**

不仅仅是权证的投资要做好功课，其他的投资行为当然也要事先了解清楚再下单。比如，在不久前新推出的融资融券、股指期货等投资品种，个人投资者也可以通过一定的渠道去介入，但碰到这些新式的投资，在自己不专业又没经验的前提下，最好是能慢一拍，宁可降低自己的投资热情，也要摸清投资的门道和脉络。

# 第四章 投资必须掌握我国未来经济走势

2009年，我国经济发展的两难境地是既要保障经济增长，又要防止通胀。调整利率、存款准备金是一个很好的措施。2010年一季度经济仍然保持在高位，但是进入二季度以来经济增长的势头明显放缓，特别是，8月份的各主要经济指标表明，中国经济增速放缓已成定局。

# 通货膨胀在可控范围内

## ——中国经济增速放缓已成定局

2010 年 10 月以后经济政策指向日益明晰，那就是继续保持政策的稳定性和连续性，配合经济结构性调整而采取的结构性宏观政策取向趋松概率增大。

2011 年我国经济增长速度仍然会持续在 9－10%，但是增长方式会发生显著变化。主要表现在，固定资产投资增长由主力变为次要地位，内需增长开始逐步唱主角，在这个过程中人民币升值会成为我国经济结构加速转变的关键因素，这是因为：

（1）人民币升值的压力会加快我国经济由原来靠出口拉动增长的方式向内需驱动增长的方式转变；

（2）在走出去战略的促动下，中国企业会利用人民币升值带来的效益，逐步降低主要原材料、技术等资源或产品的成本；

（3）通过人民币升值带来的出口产品价格变相上涨的压力，促使外贸增长结构进一步调整，即通过技术含量逐步代替低成本劳动力，从而带动国内产业结构升级。人民币升值会促进投资高位回落，出口低位平稳，消费平衡增长，从而逐步实现产业结构的可升级，以及内需消费的真正启动。

从目前来看，美国失业率水平仍然居高不下，作为将失业率定为重要目标的美国政权而言，经济复苏的压力依然不小。欧元区经济步入慢速复苏轨道，但希腊政府信用危机提醒我们，新的挑战还会继续存在，金融危机的阴影尚存。全球经济复苏步伐缓慢，从而使得粮食等进口物资价格波动不会太大，不会对我国构成输入型通胀压力。

从国内来看，进口与走出去战略提速，会抑制通胀压力。而央行提升存款准备金率和加息预期增强，银行存款和债券资产会增大在资产配置中的比重，通胀应在可控范围内。

房地产支柱地位的作用在递减。对于严重偏离市场发展规律的房市，需要政府这支有形的大手采取措施来掌控。而土地收益对于地方政府来说是不可替代的财政收入方式，房地产又是政绩的重要标杆，这一切都会促使地方政府看重房地产作为支柱产业的重要地位。

在与中国整体经济结构调整相冲的情况下，目前中央政府也会采取一系列必要的措施进行管控，也会通过实行各种考核等手段，对地方政府施加压力。所以对房地产热也会有一定的抑制作用。相对应而言，科技水平较高的产业与低碳相关的产业各地均会增加投入，提升这些产业在经济中的地位，也会提升服务行业的比重。

这样一来，房地产独霸一方的局面会逐步改变。

**投资学点睛**

去年国家采取了很多促进经济发展、刺激股市的措施，但是今年转向收紧，抑制了股市的上扬，使得2011年不可能拥有依靠证券市场融资的最佳时机。





# 汇率变化，人民币升值
## ——分流外汇储备

2010年上半年，美国国债发生了变化，日本再度成为美国最大债权国，中国成为第二。这也是中国自2008年9月超越日本成为美最大债权国以来，首次退居第二。这从某种意义上讲，也意味着人民币升值压力剧增。

中国需要调整汇率结构，为人民币升值做准备。那我们来看一看目前我国是否具备了升值条件。

从企业基本面来看，经过2008年的金融危机，我国企业经历了优胜劣汰，存活下来的都是有一定实力的企业，利润水平能够在6%或以上。这些企业具备了应对人民币升值带来的压力的能力，同时也在采取一系列明智举措来面对可能的升值风险。

从经济结构调整角度看，正如前文所述，汇率调整将会成为影响我国经济结构调整的首要因素，人民币升值也因此而具备了条件。中国需要技术，也需要能源，更需要矿产资源，如果人民币升值，我们就会节省更多资金，就会降低这些行业的成本。

在资源、能源等领域扩大对外投资也有利于帮助解决制约国内经济持续发展的瓶颈问题。人民币升值也有助于国内产业结构的调整，更便于生产基地转移到海外，实现过剩产能的转移，为中国经济的可持续发展奠定基础。

中国要走出去，必须要进行经济结构大调整，要把已有的优势资源带出去，进行并购重组，更好地提升我们优秀企业的战斗力。

另外，从外汇占款压力考虑，随着外汇储备的激增，外汇占款也日益增加，意味着央行向国内投放的基础货币数量也日益增加。人民币升值，有助于分流外汇储备，缓解外储激增的压力。

税收政策会作为重要的财政手段加入到调整经济结构的大军中，环保、高科技、民生相关产业会得到更多税收实惠，个人所得税与财产税调整趋势是逐步扩大中产阶层，以利于维护社会安定与可持续发展。

信贷政策会有保有控，支持小企业、三农、低碳，扩大消费信贷。

**投资学点睛**

如果人民币升值，我们就会节省更多资金，就会降低行业的成本，也有助于国内产业结构的调整，更便于生产基地转移到海外，为中国经济的可持续发展奠定基础。

# 房地产、消费品市场形势预判

## ——中国房地产震荡调整

对于房市需求而言，其现状是需要住房的买不到房子，买得起房子的很大部分是在炒房。目前我国金融市场投资品单一，买房仍是抵御通胀的主要手段。这成为房价过高的一个重要原因。

1. **房地产市场**

土地的稀缺性使大家对房地产普遍看好，而房产开发商现在已经有了很大的抵抗观望心态，同时又对资金无甚敏感，所以房产还会盘旋在较高的价位上。

但是，房地产两年开发周期导致部分项目可降价空间大，因为2010年投放上市的项目基本是在2008年获得的土地，土地成本相对较低，所以一些资金紧张项目会有一定折扣来促销。基于以上原因，基本上可判断2010年的房地产市场特点为：中心城市中心地带有价无市，涨幅过猛的非核心区域的价值回归，政府出台一定抑制措施，消费者在一段观望后还会加入到买房大军中，针对有些畸形增长的房价保持冷静。2010年下半年到2011年中国房地产会是震荡调整过程。

2. **消费品市场**

现在我国拉动经济的方式就是向内需倾斜，也就是向消费品倾斜。2011年消费品市场将会持续繁荣。以作为2010年消费品市场主力军的汽车市场为例，吸引了众多国际汽车品牌的进入，伴随着产能扩大，价格将会成为汽车市场竞争的主要手段。同时汽车购买价格和买车后使用成本的平衡，是一个关注的要点。

**投资学点睛**

对房地产消费者可以观望后，针对有些畸形增长的房价保持冷静。明年年底买房是最佳时机。

# 看中国2011年可以走出危机

## ——外贸形势严峻

从整个宏观经济形势来看，我国经济在2011年应该可以走出危机，恢复正常的局面，世界经济则可能在明年有一定的恢复，即中国将比世界早一年实现复苏。

金融危机冲击中，世界经济衰退以及贸易、投资保护主义等因素形成的外需萎缩下，中国将通过何种形式达到扩内需、保就业、调结构，实现保证GDP8%的增长目标？

宏观形势无疑给寒风中挣扎的企业送来一丝温暖。很多人认为今年中国的经济是回暖了，中国经济发展发生了积极的变化，下滑速度减缓。从华东区外贸信息来看，国外的违约率上升了1.35倍，这因为金融危机产生以后，个人信用、商业信用、银行信用，甚至主权信用都受到了影响。

一季度的增长，主要是靠消费和第三产业拉动的，投资发挥的效益还不够明显，而外贸形势还相当严峻。

2008年我国GDP下降到9%，这里面有金融危机的因素，也有经济周期的因素。

国家统计局2010年四月公布的数据显示：2009年一季度中国经济继续下滑，当季增长6.1%，几乎创下了近20年来的新低。虽然近期披露的国内宏观经济数据预示经济运行出现了回暖迹象，但未来走势是“V”还是“W”，依然不明朗，企业该何去何从，仍徘徊在十字路口。

对于中国企业来说，目前最重要的一点就是要关注你的资金，就是现金流。现在有很多企业不是因为资不抵债，而是因为它的现金流断裂，使得整个流动性出现了危机。企业该如何应对危机？答案是苦练内功，加强管理和人员培训；科学创新，寻找市场新机遇；战略投资、实现企业发展新格局。

**投资学点睛**

对于下一阶段的经济形势走向，专家认为，经济是有周期的，不可能老是那么快速的增长。2010年年底，中国的经济可以实现投资效益的回收。

# 信贷投放整体趋紧
## ——年末加息可能性不大

政府更倾向于暗中政策变动。这是因为，2010年二季度政策仍在收紧，如果在下半年外部需求没有明显变化的情况下政府高调转变政策很难给出合理解释。

目前的形势是，政府调整利率政策立场将保持不变。

因为目前正在实行的紧缩措施多为行政调控手段，这种“暗性放松”非常容易实现。事实上政府需要不断反复重申和执行现有政策立场，才能保持当前紧缩立场不变，如人民银行和银监会反复重申对房地产相关的政策实施。

鉴于这些原因，预计今年年内法定准备金率和利率将保持不变。

目前为止，经济紧缩政策包括总体信贷控制和对具体行业的紧缩措施，具体包括：对地方政府融资平台清理和贷款限制，这些紧缩措施的目标是控制地方政府融资风险和违规行为，对基础建设投资造成下行压力；对钢铁和水泥等高污染、高能耗行业的全方面限制，这些措施旨在减少污染，但对制造业投资造成了下行压力；房地产相关措施。

数据表现将决定政策进一步调整的具体时间。具体来说，近期食品价格的上升是暂时现象。食品价格随着洪灾的消退将恢复正常。因此CPI的反弹可能只会将政策进一步调整的时间推迟一二个月。

鉴于当前的经济增长水平不会带来持续的通胀压力，但不排除某些决策部门持不同观点，从而影响实际决策变化时间。基于当前政策立场和外部经济状况，预计未来几个月经济数据将继续同比下滑，从而可能使政策基调和实际立场进一步向“保增长”的方向转变。

在上述措施中，房地产相关政策的放松空间十分有限。而控制高污染、高能耗则存在一定的调整空间。基建投资、地方政府融资平台方面是最有可能放松的领域。

中国应该加大基建项目建设力度，是因为2008年之前基建项目投资受到了长期压制，因此他对大多数此类在建项目的经济和社会效益都持乐观评价。在国际大宗商品价格处于相对低位时，中国作为最大的净进口国更加应该加大基建项目建设，原因是这些长期需要的项目需要进口大量大宗商品。

中国也完全有能力进行更多投资。虽然地方政府债务的绝对水平看起来似乎有些高，但总体经济体系面临的风险却是比较有限。从政府大力限制商业银行放贷的举措可知，商业银行愿意为这些项目提供贷款。政府在对这些投资工具和相关银行贷款进行审查之后，将会部分放松贷款限制，这将带动基建投资出现反弹。

今年人民币7.5万亿元的总体贷款额度限制或许会放松。年度信贷目标是政府根据年初时经济状况设定的目标，并不是必须严格执行的硬性指标。这一目标是可以随着经济情况发生变化灵活调整的。从历史来看，年初时设定的目标与实际放贷总量之间通常存在明显差异。今年的目标是否需要上调取决于一系列因素，例如出口增速和外汇流入情况的变化。

目前，在通胀压力依然存在、经济增速开始放缓的复杂情况之下，货币政策的运用更趋谨慎。

年内加息可能性不大。因为，加息与否不仅要关注国内通胀情况和CPI等经济数据，还要关注我国就业形势、未来经济走向等诸多因素，在全球乃至中国经济形势尚不明朗的情况下加息就可能造成负面结果。

中国今年不会加息，如果资本市场活动平淡，预计政府没必要通过加息来应对通胀。不过，就算央行今年不加息，也还是有可能用提高存款准备金率的手段来控制流动性。

2009年年底以来，央行提高存款准备金率、控制信贷投放等政策使得货币信贷增速快速下降；考虑到物价变动落后货币政策两个季度左右，下半年 CPI 将会有所回落。此外，国内粮食库存处于较高水平，这对于抑制粮价上涨，缓解通胀压力有很大的帮助。

2010 年 8 月 12 日银监会发布通知，要求今明两年内商业银行，将银信理财合作业务表外资产转入表内，并按照 150% 的拨备覆盖率要求计提拨备，同时大型银行应按照 11.5%、中小银行按照 10% 的资本充足率要求计提资本。通知还要求，对信托公司融资类银信理财合作业务实行余额比例管理，即融资类业务余额占银信理财合作业务余额的比例不得高于 30%。

这无疑是堵上了银行转移信贷的后门，对未来的资金面将有着极其深远的影响。

**投资学点睛**

银行会继续实施适度宽松的货币政策，按照年初确定的全年货币信贷预期目标，进一步加强和改善流动性管理，合理搭配公开市场操作、存款准备金率等工具，保持银行体系流动性处于合理水平。

# 房地产调控力度不减

## ——房价控制

目前房价一旦出现反弹，则未来市场的泡沫化程度无疑会进一步加剧，所以当前最重要的任务就控制房价，同时落实政策，维持房地产行业长期健康发展。

有专家认为：房价的大幅下降会给经济和社会稳定带来负面影响，因此国家宏观调控应将防止房价的大起大落作为目标。

把房价控制住，尤其是把控制的重点放在上涨幅度较大的一线城市。

国家统计局最新发布的数据显示，2010 年 7 月份 70 个大中城市房价环比持平，尽管并没有延续6月份房价环比下降的趋势，但从整体上看，目前房价基本处于盘整回落状态，调控已小有成效。据报道，为进一步控制房地产信贷风险和巩固房地产调控成效，国土资源部向银监会递交了1457宗闲置土地详细报告，住房和城乡建设部也向监管部门递交了一份维护市场交易秩序的开发商名单。

此时，还有另外一股不可忽视的声音。2010年7月份，京沪等地房屋成交量环比回升被称为“暴涨”，甚至预测房地产市场再次进入“上升拐点”。

中房协多次建议要暂缓出台新的紧缩的房地产政策，这一建议，立即引来一部分人的反对。

此轮房地产调控政策还并未达到预期效果。“少数重点城市”的房价仍在持高不下，部分二三线城市的房价也继续上涨。

戴德梁行最新发布的2010年7月份中国住宅市场月报显示：京、沪、深、穗四地前七个月月均成交量与2006年至2009年同时期月均成交量相比下滑程度比较大，四地平均下滑幅度超过五成，其中上海更是出现63.8%的下滑。

北京、上海7月份房屋成交量确实环比回升明显，但这一数据是建立在6月份成交量较低的基础上。

与此同时，一线城市房屋销售均价也出现环比2.9%的上升，天津、沈阳、成都、武汉、厦门、长沙六地，7月份房屋销售均价也环比上涨2%，比之前的最高峰房价相比还增长了两成有余。

抑制房价过快上涨是当前最重要的任务。

短期内出台更严厉的调控措施可能性不大，所以应当进一步落实已出台的政策。

尽管房价下降的呼声比较高，但专家学者都认为房价大幅下降对经济也有不利之处，房价的重点应该落在“控制”上，而不是“下降”。

下半年房地产还有更重要的任务要做。控制房价只是第一阶段的任务，下半年的重点是房地产的长期健康发展，包括进一步落实保障房的建设，争取保障房建设体系的形成，还有对土地市场治理的进一步加强。

国土资源部此前公布的上半年全国住宅用地数据显示，上半年实际供应5.6万公顷，同比增长135%。在全国住房用地供应量大幅增长的同时，住宅用地供应结构趋于合理。保障性住房、棚改房和中小套型商品房用地供应量为4.2万公顷。下半年，全国还需要完成将近13万公顷的土地供应计划。

**投资学点睛**

此轮房地产调控还应当与我国经济保增长、调结构的大背景相结合，同时推动税制改革，改变地方土地财政的现状，才可能从根本上推动房地产行业长期稳定的发展。

# 第五章 2012年前房价趋势

## ——好泡沫还是坏泡沫?

房地产泡沫是否会破灭已经成为几乎所有中国人热议的话题。从街头巷尾到茶余饭后，从纸质媒体到互联网络，这个国度的角角落落都被这个严肃而又令人稍感疲劳的话题充斥着。

# 房地产泡沫破灭之后

## ——中国式次贷危机的隐患

打开新浪、网易、搜狐、腾讯等门户网站，最显眼的位置往往都与房地产业有关，与房价有关的新闻到处都是。只要房地产业再次陷入深幅调整，被绑架的中国经济就不得不被拖下水。这是从房地产业成为支柱产业之后就注定了的悲惨结局。

房地产泡沫破灭是指房价的整体跌幅大于30%，而北京、上海、深圳等大城市的跌幅则远远超过这个数值。

这样的房地产泡沫破灭，应该是多数“蜗居”族们迫切希望的，但对多数地产商、地方政府、银行来说，这是残酷的噩梦。

当然，对普通老百姓而言房地产泡沫的破灭，也未必就是好事，因为房地产泡沫破灭之后，中国经济可能会经历极度低迷的短痛，会加速银行系统不良资产的上升，我们对改革深层次的经济增长模式将不得不反思，经济复苏新的增长周期会延长，开始变得缓慢。

房地产泡沫一旦破灭，中国式次贷危机必将爆发，这是银行系统与房地产业纠缠不清的历史必然。美国发生次货危机时，很多国人庆幸中国没有受到影响，甚至幸灾乐祸地嘲弄美国“愚蠢”。其实这样的错误我们也在犯。

次贷危机是由美国聪明绝顶的数学家、物理学家和金融家们捣鼓出来的高智商、高技术含量的金融游戏。中国没有次贷业务，要爆发如此级别的次贷危机的可能性很小，但是却有很大的爆发类似次贷危机的风险，尤其是在房价大跌的情况下。

当房价下跌10%，对银行不会产生影响；当房价下跌20%，负面影响将崭露头角；当下跌30%以上时，负面影响将加大。房价下跌，不是单个城市，更不是指具体的一两家房地产企业，是指全国70多个大中城市的房价集体下跌。

2009年的天量信贷，驱使银行不良资产率开始反弹，在未来2~5年将大幅度上升。一般而言，与信贷投放高峰的出现相比，不良贷款反弹会有2年左右的滞后期。但在2009年相当宽松的贷款冲击下，房地产价格极度上涨，迫使银行业坏账的隐患进一步加重。

以下三个方面是中国式次货危机的集中体现：

一是假按揭泛滥成灾。如果这一趋势继续恶性循环，将会大大提高银行不良资产率。现在，贷款者的收入证明造假是不争的事实，抵押资产的价值高估更是习以为常。在炒房团群体中，甚至连房主的名字都可以是假借的，花上数千元收购身份证办理购房，在民间更是见多不怪。

假按揭产业链条如此接近系统化运作，中国的银行系统怪事频出就不足为奇了。“没有贷不出的房贷，没有享受不了的优惠”，成为假按揭的最好口号。房价在2008年出现调整，就与信贷收紧和加强监管有密切联系，而在货币环境极度宽松的2009年，假按揭死灰复燃也就理所当然了。

在深圳，有人拿信用卡来付买房的首付款，用27张信用卡来刷首付，还办了按揭。原来那人家里就有一部刷卡机，信用卡就多了，自己在家就能刷卡。

截至2009年年末，中国工商银行银行卡发卡量已超过28亿张，其中信用卡发卡量超过了5200万张，一年增加了近1300万张，增幅高达33%，并在2009年一年内超越美国发现卡公司、美国运通公司和美国第一资本金融公司，成为仅次于摩根大通、美洲银行和花旗集团的全球第四大信用卡发卡行。

众所周知，假按揭是骗取银行贷款的一种犯罪行为，那为何银行系统、开发商、购房者对此却从不倦怠，甚至不少政府官员和一大批自住买家都被蒙住了？应该说，金融领域相关法规的不健全，提高了假按揭这种融资方式的“可行性”。

中国目前的法律环境，银行办理按揭贷款，对贷款人财务状况和还贷能力的考量凭证，几乎完全依靠收入证明。而收入证明极易造假，且几乎不用受任何法律条文的约束。

二是房地产质量引发的信贷危机。当还完贷款后，楼就没了，甚至楼没了还要还贷，这样的事件到达一定程度，超过社会民众的承受极限后，必将爆发信贷危机。

中国房地产市场发展尚未进入成熟阶段，开发商良莠不齐，职业道德不高的开发商占有很高的比例，官商勾结的现象更是严重，这就造成房屋的质量往往存在隐患。现在看来，在未来10年之内房屋质量隐患将集中爆发。

纵使有赔偿机制，可以想象在当前的法制环境下，其索赔的过程会是多么的艰难。此时，房奴的生活状态将彻底垮掉，更为糟糕的是却可能因为失去了抵押物的担保，不得不面临资不抵债的破产境地。中国式次贷危机的最大悲哀居然源自房屋质量问题。

三是大面积出现负资产者断供现象。有些业主拥有多套房产，由于是在高位时买入，当期的市场价还不及银行的按揭，而且买家又一时难以找到，将会面临很大的还贷压力。这时候，断供就成为持房人迫不得已的选择。

以2007年年底和2008年中国楼市出现的短暂调整为例。房价刚刚经过半年左右的调整，“负翁”便频频出现，深圳、北京、上海等地很多业主早已是负资产了。在深圳市的南山区、宝安区和龙岗区，负资产现象更是普遍。在2007年下半年开始的市场调整中，这三个区部分楼盘的跌幅甚至超过40%。与之对应的则是，银行信贷遭遇违约的风险急剧上升。一旦全国性断供潮出现，银行系统的危机也将随之出现。

中国银行业在2004年之前，经历了理论上破产的危机。但在大规模注资、改制以及持续数年经济高速发展之后，当前的不良资产率已较低，这是一个良好形势。

从年度资产负债表看银行系统的资产质量是很难的，信贷井喷的2009年同样如此。

我们回顾2004年之前中国银行资产巨额坏账形成的历史，就会发现今日正在重复当年的历史。

2011 年，如果处理不当，接下来的银行危机将超过上一轮，更大的资金黑洞正在形成之中。



**投资学点睛**

银行业监督管理部门以及个别地方政府，已经意识到了房地产信贷存在的巨大风险隐患，他们也在尽职地消除分内能防范的风险。

金融危机和大萧条或许已经渐行渐远，但是中国的危机还没远去，而是离我们更近了。

# 银行不会死
## ——房企将大量倒闭

一旦房地产泡沫破灭，房地产商和银行系统会最先遭到打击。正如前面所分析的，房地产商早就已经绑架了银行，所以就有了“银行和房地产商，究竟谁先死”的奇怪问题。这种说法虽然有房地产商要挟中央政府别捅破泡沫之意，但也说明银行与房地产商之间一荣俱荣、一损俱损的利害关系已经形成。



银行系统在中国房地产泡沫堆积的过程中扮演着并不十分光彩的角色，甚至有助纣为虐的嫌疑。

银行系统在房地产泡沫破灭的过程中，肯定不会死掉，更不会死在房地产商前。反而，房地产商将面临一轮新的洗牌，不少房地产企业将被淘汰掉。

几年后当商品房市场只剩下 30% 的时候，多数企业将被迫倒闭，这是一个非常残酷的现实。而 20 世纪 90 年代初的海南房地产泡沫破灭，最直接的后果是让海南的房地产企业从最多时的 15000 多家，减少到不足 5000 家。

其实，只要想明白一个简单的道理，就知道房地产商和银行不在一个级别上。就拿中国最大的房地产企业万科集团来说，它只有1000亿元资产的规模，相对于资产规模动辄以万亿计的银行来说，谁的抗风险能力更强不言自明。

但糟糕的是，中国的房地产开发商其实并不是真正意义上的房地产商，而仅仅是中间商、投机商而已。

事实证明，中国的房地产开发商已经变为一个基本上不具备生产和服务功能的行业，而只是凭借政府赋予的对城市房屋开发的垄断地位，居然获得了比包括建筑业在内的整个产业链高得多的利润，实在是令人吃惊。

的确，设计由设计单位做，住房由建筑企业建造，开发商扮演的只是“中间人”或“皮包商”的角色。

中国有1/3的房产商将囤地炒地作为“主营业务”，其投机性可见一斑。美国的大房地产企业，不仅拥有设计、施工单位，甚至还有抵押公司，是实实在在做事的企业。

看来，消失一些房地产商是有必要的事情，他们的所作所为远没有他们自己所标榜的那样高尚。市场经济讲究的是价格围绕价值上下波动，任何行业、企业都不可能永远赚钱，特别是价格居然是所谓的“只涨不跌”。

所以，倒闭一些房地产公司，才能让他们从骨子里明白这个简单的道理。



**投资学点睛**

这是优胜劣汰规律的必然要求，现在的房地产商参差不齐，不乏浑水摸鱼之辈，必须通过经济规律的作用，完成房地产企业领域的新陈代谢。

否则，这个行业面临的行业秩序极其混乱的局面就难以有明显改善。

# 中日地产经济何其相似
## ——资产泡沫

时光飞逝，距离日本泡沫经济覆灭已经过去了20年。

现如今，中国经济是否会重蹈日本覆辙，已成为学术界、传媒界和政界时常争论的议题。

中国经济已经保持了长达30年的高速成长，现在越来越多的人在谈起今日中国经济的时候，往往都会拿日本泡沫经济作对比。这的确是一个令人难以忘却而又不得不从中汲取教训的经典历史样本。

虽然从时代大背景来看，今日中国与20多年前的日本相比，已经发生了翻天覆地的变化，但是泡沫经济的形成原因和社会对此的反应，则是出乎意料的相似。特别是，中日的房地产泡沫存在如此多的相同属性。

日本经济数十年的一蹶不振始于房地产泡沫的破灭。现在归纳起来，日本泡沫经济的成形有很多方面的表象，中国经济已经出现了与之相似的因素。这亦是中日地产泡沫的共同点。二者的共同之处主要表现在以下几方面。

第一，金融机构积极投身到房地产泡沫的疯狂游戏之中。

当年的日本和今日的中国类似，土地价格不断飙升，土地作为抵押品的估价明显偏高。加上银行系统自身资金充裕，日本政府对金融机构的监管存在着严重的疏忽。银行系统放贷的欲望甚为强烈。由此，当房价暴跌，大量金融机构不良资产率迅速蹿升，很多机构深陷破产的边缘。这与目前中国银行机构纷纷将房地产业列为优质贷款客户，房地产信贷不断破纪录异曲同工。只不过中国故事的续集还没有发生。

第二，所谓的刚性需求论成为房价看涨论者的理论支持。日本国土面积狭小，且深受买房安居这种儒家文化的影响，加上当时土地价格不断上涨，这就使得“刚性需求支撑房价只涨不跌”的说法主导舆论界，购房者、投机者趋之若骛。这与今日中国房地产界言必谈刚性需求论何其相似。

第三，交易环节赋税过重，严重影响了土地的供给效率，市场交易费用过高，使得高地价支撑高房价，造成房价泡沫不断膨胀。这与目前中国极为相似，近期广受热议的开征物业税，目的之一亦是完善税制结构，改变持有环节税负不合理的问题。

第四，货币环境宽松异常。为应对1985年“广场协定”实施后，日元升值给经济带来的不利影响，日本央行从1986年开始将基准利率从5%拉低到25%，直到1989年5月底才开始升息。低利率环境使得日本的基础货币大幅增加，流动性过剩成为那个年代日本经济学界最时髦的经济词汇。这与中国目前极度宽松的货币环境、天量信贷、流动性泛滥等词成为专家学者之间的流行词汇极为相似。

第五，宏观调控目标定格在消费指数通胀，大量资金流入资本市场。日本央行使得资产价格泡沫不断被吹大。而当流动性过剩使得消费指数通胀明显之际，日本央行为了遏制通胀，开始收紧货币，这就成为日本资产泡沫破裂的导火线。现在看来，放任泡沫扩大所造成的损失，远比错误地采取紧缩政策，而给经济发展带来的负面效应严重。



**投资学点睛**

上面的五大中日资产泡沫共同点告诉我们，制订宏观调控政策必须充分认识到资产泡沫的潜在发展方向，要作出明智的能够“防患于未然”的决策，

至少可以亡羊补牢，未为迟也。

# “蜗居”一族更需未雨绸缪

## ——房地产泡沫破灭

*房价暴跌是“蜗居”一族的共同心声。毋庸置疑，一旦房价大幅度回落，对于已经长时间储蓄的阶层来说，购房的时机也就来临了。然而，“蜗居”一族却也有可能成为房地产泡沫破灭之后主要的受害群体之一。*

2008年年底，房价的短时间小幅度下跌，就造成了建材、钢铁、水泥等产业的日子不是很好过。

按照房地产泡沫破灭的逻辑，链条是“房价暴跌——银行危机——与之相关的数十个产业萎靡——实体经济萧条——失业增加——中低收入阶层收入下降甚至失业”，这样的恶性循环链条已经被历史证明过。

2001年互联网泡沫破灭导致的世界经济衰退，以及2007年次贷危机之后美国失业率蹿升至10%以上，实体经济增长乏力等都是泡沫经济破灭的后果。

从现在中国房地产业对国民经济绑架的程度来看，房地产业与数十个上下游产业之间已形成极为强烈的同生共荣关系，只要房地产业稍有风吹草动，这些产业势必会随之出现低迷。

与房地产业关系最为紧密的银行业更是不希望看到房地产价格暴跌。

一旦不良资产率再次大幅度攀升，中国的银行业极有可能重蹈上一轮银行改制前的覆辙，甚至不排除不少银行可能再次陷入“理论上破产”的尴尬境地。

2008年年底“4万亿元”方案启动之后，很多地方政府到发改委要钱要项目，再加上2009年全年10万亿元的新增贷款，任谁都难以想象，中国的行政效率和银行运营能力已经足以将如此庞大的资金在短短几个月内合理分配，实现资源的优化配置。

在未来四五年内，中国银行系统的不良资产率将急速上升。如果房地产泡沫破灭，那么这个比例的上涨速度或许将翻番。

这轮不良资产可能将在2012年之后大面积出现。

因此，可以说房地产泡沫破灭之后，中国经济将面临的首要问题就是国内生产总值增长的快速下滑，这是任由房地产业绑架中国经济所必须要承受的后果。

**投资学点睛**

“蜗居”一族的生存困境或许将在短时间内恶化，但对那些彼时已经有购房能力的群体来说，则喜大于忧。最惨的则是那些纵使房价跌幅超过50%，依旧无能力购房的群体。

故而，对“蜗居”一族来说，从现在开始，不管未来房价走势如何，都应将认真储蓄和理财当做第一要务。

# 第六章 我是如何生出钱的

## ——会储蓄就等于投资

储蓄是一种几乎每个家庭都在使用的、最普通和最常用的投资工具。但如何利用好储蓄以获得最好的收益，还是有许多策略和技巧可借鉴。当你下定决心有计划地理财时，首先要做的便是把已有资产盘点一下。因为，只有把自己目前的财务状况先认识清楚了，才能做出行之有效的理财计划来。同时，还要分析自己的收入和支出情况，并且要分清哪些是固定收入，如工资等，哪些是非固定收入。在分清收入的同时，还要把支出情况分清，哪些是固定支出，哪些是不必要支出，哪些是计划之外的支出等等。

# 存钱也是学问

## ——五大储蓄方案巧选择

良好的储蓄习惯对其他方面的投资理财很有帮助。然而有相当一部分人都不知道怎样合理有效地存钱，而且当前利率很低，单纯的活期或定期储蓄利息收益实际上是相当微薄的。

人们对储蓄概念的形成或许早在小时候接触存钱罐时就已经开始了。长大后开始对股票、基金、理财等概念了解时，却渐渐淡忘了储蓄的存在。实际上储蓄是所有投资理财的根基，良好的储蓄习惯对其他方面的投资理财很有帮助。然而，有相当一部分人都不知道怎样合理有效地存钱，而且当前利率很低，单纯的活期或定期储蓄利息收益实际上是相当微薄的。怎样才能既保证收益，又能把钱灵活运用？有关金融专家为此设计了五套方案。

**大小单储蓄：中等收入家庭首选**

方案：假定现在有 5 万元现金，把它平均分成两份，每份 2.5 万元，然后分别将其存成半年和一年的定期存款。半年后，将到期的半年期存款改存成一年期的存款，并将两张一年期的存单都设定成为自动转存。这样交替储蓄，以半年为循环周期，每半年就会有一张一年期的存款到期可取，这样也可以让自己以备不时之需。

专家点评：存款在中国许多中等收入家庭比较流行，会有一些小额资金闲置在家中，对于基金股市之类的投资他们不太感兴趣，所以此种方法比较适合这些家庭。

**利滚利储蓄：大额投资者驿站**

方案：如果手中的闲置资金数额较大，可以将这笔钱存成存本取息的储蓄，在一个月后，把这笔存款第一个月的利息取出来，然后再开设一个零存整取的储蓄账户把所取出来的利息存到里面，以后每个月把第一个账户中产生的利息固定取出存入零存整取账户，这样不仅得到了存本取息储的利息，而且其利息再参加零存整取储蓄后又可得到新的利息。此外，还有七天通知存款（利率为 1.35%）和一天通知存款（利率为 0.81%）都是存取灵活、收益相对较高的储蓄品种。如农业银行的“双利丰”个人通知存款，就是将个人通知存款自动转存，以及本外币活期存款与个人通知存款之间自动转存绑定起来。客户与银行签订协议后，即视为客户每笔“双利丰”个人通知存款自开户日起每七天向银行发出支取通知，银行按七天个人通知存款自动转存并计算复利。

专家点评：有许多投资者，由于某投资领域形势不好会暂时将手中大量资金搁置，存了起来。大额资金有较多的利息，所以此方法可以让“钱生钱”。

**切割储蓄：有支出计划人士偏爱**

方案：假定有 10 万元现金，可以将它分成不同额度的 4 份，分别是 1 万元、2 万元、3 万元、4 万元，然后将这 4 张存单都存成一年期的定期存款。在一年之内需要用钱的任何时候，都可以把那张和所需金数额接近的存单取出来，剩下的可以继续享受定期利息。这样用钱的需求能够得到满足，而且利息收入也会最高。

专家点评：这种方法对在一年之内有用钱预期，但不确定何时使用、一次用多少的小额度闲置资金比较适用。用分份储蓄法不仅利息高于存活期储蓄，而且在用钱的时候取出所需的资金损失也最小。

**循环储蓄：年轻白领阶层最爱**

方案：每月发工资以后，根据自己的情况把一部分钱整存整取一年期，这样一年下来就有 12 张单子，一年以后就会每个月都有一张单子到期，把那张到期单子的钱取出来再加上当月要存的钱一起再存起来，这样既不会在用钱的时候没有单子，同时到期享受的利息比活期高。比如每月节余 2000 元，如果放在工资卡里按活期利息 0.36% 算，一年后有 24126 元（税后），而按照上述方法存一年期整存整取利息 2.25%，就有 24540 元（税后），利息上就会多出来 414 元。

专家点评：年轻白领一族没有太多存款，收入主要是工资，却有结婚、买车、购房等随时会有大笔消费的情况要面对。大部分白领的工资都直接打在卡上，通常是随用随取，每月节余部分放在卡里吃活期利息。这样不仅对资本的积累没有好处，也损失了自己的利息。

**零存整取储蓄——“月光族”良药**

方案：零存整取是每月固定存额，一般5元起存，存期分一年、三年、五年，存款金额由储户自定，每月存入一次，到期支取本息。中途如有漏存，应在次月补齐，未补存者，到期支取时按实存金额和实际存期，以活期利率计算利息。

**投资学点睛**

零存整取的存款方法具有强制性，每月固定存入相同金额的钱，养成一种“节流”的好习惯，有利于严格地控制自己的消费。

# 储蓄投资的策略和技巧

## ——投资的“蓄水池”

储蓄是一种几乎每个家庭都在使用的、最普通和最常用的投资工具。但如何利用好储蓄以获得最好的收益，还是有许多策略和技巧可借鉴的。

储蓄是一种几乎每个家庭都在使用的、最普通和最常用的投资工具。但如何利用好储蓄以获得最好的收益，还是有许多策略和技巧可借鉴的。下面简单介绍一些。

### 一、储蓄作为投资的“蓄水池”

首先，除去家庭日常开支的现金外，尽可能把钱及时存入银行，因为在手上的现金是不能带来任何收益的。当“池水”中的金钱累积到一定的程度时，将它们转到有更高收益的投资工具上，在其他投资收益兑现后，又可转回来，等待下一个时机。由此可见，储蓄可作为资金的中转站。它不仅是投资理财的先导，同时又是投资理财的坚强后盾。

## 二、储蓄存款组合

储蓄存款组合的原则是兼顾收益和日常开支的需要。根据家庭预算表，可把以后每个月需要的现金支出和收支结余估算出来。这样，在处理结余资金时就可选择恰当的储蓄种类。如对每月的结余，可采用零存整取，到一定时期则转存为整存整取（假设其他投资项目还未启动）。这样一来，就可获得更多利息收入。

## 四、根据利率走势调整储蓄组合（长短期选择）

如果国家的经济形势趋于好转，则利率有可能进一步提升，则存期不应太长；如果经济快速发展到一个较高的水平，通货膨胀上升，利率也比较高，则可存入长期的定期。如果利率下降至低谷时，则选择短期存款，或者转向其他投资品种。这里的关键问题是家庭对利率的走势做出什么样的判断？其实国家权威的预测机构可提供这方面的资料。

## 五、充分利用免税储蓄

如果家庭有正上学的小孩，存款可采用教育储蓄的方式。这种储蓄的好处有许多：如免除利息税、享受整存整取的利率、可申请助学贷款优先权等。

## 六、提前支取的技巧

由于特殊原因需提前支取，则支取部分按活期计息，可有没有什么好办法尽可能把损失降低？以下办法可供参考：一是只把需用部分的金额取出来。例如，如果急需5千元，现手上有1万元的定期存单，则从其中只取5千元即可，不要全部取完，因为剩余的5千元还是按原利率计息。二是办理存单抵押贷款。对已存很长时间的存单，可采用以此存单抵押申请贷款的方式来解决急用资金问题，损失也可相应减少。

### 七、其他技巧

存单分储法：指一年12个月，每个月按一年期整存整取方式存入一定金额。一年后，每个月都有一张存单到期。与类似的零存整取相比，收益要高，且一年后每月都有到期存单，相对用款也较灵活。

**投资学点睛**

同样一笔金额，收益高于整存整取的方式是：将存本取息与零存整取相结合，即把存本取息中每月取出的利息转存入零存整取账户。同样一笔金额，这种方式的收益高于整存整取。

## 收入不稳定家庭

### ——先做好储蓄投资规划

如果想要发展得更好，将孩子送出国或者是到一些较贵的私立学校读书，定投计划可能要增加，因为要完成任务单纯依靠基金定投有很大的不确定性。因此，可以考虑额外搭配小孩教育储蓄保险，依靠保险的固定给付性质，来对小孩的教育金进行双重筹划。目前，教育储蓄保险还附加小孩医疗、意外等保障，比较划算。

刘先生今年30岁，在一家知名股份制银行销售部做客户经理，他税后月收入在3000元到1万元之间。刘太太在事业单位做文员，每月有5000元收入。夫妻两人都有五险一金。双方父母均已退休，有退休金。

刘先生没有负债，现有活期存款10万元，家庭每月支出4200元生活费，另外给双方老人每年5000元左右的费用。5年前父母出钱一次性付清

50 万元为他们购买的住房，目前市值约 100 万元。刘先生还对一套父母单位分的 70 平方米的房子进行了打理，每月能收到 2500 元的租金。

刘先生没有过多的投资，也没有购买商业保险，2006 年投入股市的 5 万元，如今全部持有股票市值约 15 万。

夫妻俩预备一年后生孩子，孩子的教育金需要准备，而且他们希望提前规划养老。刘先生还有一个换一套大房的计划，但由于父母的房子暂时没有出售的计划，而他又没有稳定的收入，因此对日后供房的压力比较担忧，对这一目标不知该如何规划。刘先生属于保守型的人，对高风险的投资不感兴趣。

刘先生有比较良好家庭的财务情况，一年下来有 10 万多净储蓄，自由储蓄率 65% 以上，可以进行比较充裕的资产配置或者满足生活消费需要。

结合刘先生的不足之处有以下建议：1. 投资品种集中于公司股票，有很大的风险，必须把资产进行分配，分散投资；2. 刘先生收入不稳定，安全风险问题和灵活性是其换房首先要考虑的。由于夫妻双方均有公积金，建议使用公积金贷款减轻债务；3. 家庭保障薄弱，夫妻双方没有足够的保障，建议通过商业保险增强抵御家庭风险的能力。

刘先生的理财目标主要有：1. 把小孩教育金准备好；2. 计划换房，把供房还款规划处理好；3. 把家庭保险保障能力增强；4. 提前规划夫妻双方的养老金；5. 安排合理的投资规划。

1. 教育规划

小孩教育费用是家庭开支中必不可少的部分，学费的增长速度较快，因此这是现在开始就要准备的第一理财目标。

为小孩专门做一份基金定投计划，按学费增长率 5%、基金投资回报率 8% 计算，从 1 岁开始到高一，每月期初定投 3000 元，可以满足小孩今后读书的需要，而从高中二年级开始，停止定投，剩余教育金净值足够保证之后读完博士的费用。

当然，如果想要发展得更好，将孩子送出国或者是到一些较贵的私立学校读书，定投计划可能要增加，因为要完成任务单纯依靠基金定投有很大的不确定性。因此，可以考虑额外搭配小孩教育储蓄保险，依靠保险的固定给付性质，来对小孩的教育金进行双重筹划。目前，教育储蓄保险还附加小孩医疗、意外等保障，比较划算。

2. 换房规划

假设刘先生将购置100至120平方的大房，约需120万元至150万元。为了方便，可按房价120万元来计算，新房装修费用暂不考虑。

方案一：现时买新房

首先，24万元准备首付款，80万元公积金贷款，16万元商业贷款，商业贷款利率4.15%（下浮30%）。每月4533元的还款压力，把月租金收入排除，占家庭月收入的39%，月储蓄将降至1767元，总储蓄率17%。

从刘先生目前的财务状况，有7万元存款可动用（扣除应急准备金3万元）。这样，首付款资还有17万元的缺口。假设将原住房出租，每月租金3500元，每月房贷压力为1033元，月储蓄为5267元。计划将借款三年内还清，平均每月需准备5949元，前三年月储蓄节余为0。

方案二：5年后再买新房

按广州房价升值每年5%的速度计算，5年后房价约150万元，首付款30万元，公积金贷款80万元，商业贷款40万元，每月还款5699元。若从现在开始刘先生进行投资积累，每月多储蓄2055元进行投资，按投资回报率8%计算，10万元存款和公积金账户余额在5年后足以应付首付房款。同样，买新房后将原住房出租，租金也以5%递增，租金收入4466元，实际还款1233元。因此，前5年月储蓄节余为4245元，5年后开始供房储蓄节余5067元。

通过对比，某业内人士认为方案二对李先生家庭更适合。因为刘先生夫妻计划一年后生孩子，孩子出生后家庭日常支出会大大增加。先储蓄投资再买房，不仅对孩子出生计划没有影响，而且刘先生家庭现金流较稳定，对购房不会带来压力。

3. 保障规划

若万一发生保险事故，保险给付金以可维持十年生活费用为基准，并且确保仍能支付子女教育金、房贷、日常支出和父母赡养（暂定30年），按遗嘱需求法测算，刘先生应有保额1084000元，太太应有保额

964000元。

●在寿险方面，刘先生夫妻的人寿保障各需要100万，满足保额的需求；建议用性价比较高的定期寿险，保险期限到70岁以上，预估保费2500元；另外，刘先生和妻子可以各自增加50万元意外保额，把家庭基本保障能力增强。

●在疾病方面，需要把重大疾病保险的额度增大。建议刘先生和妻子分别投保20万元最好带有保额增值能力的重大疾病保险，可以长期与因医疗费用增长所带来的保障能力的缩水相抗衡。一般说来，缴费期限可选20年，保障至70岁，月缴约500元，对家庭现金流没有太大影响。另外，作为社保医疗的补充，也可以考虑投保一些医疗费用类的保险。

●在养老保险方面，由于有昂贵保费，可等刘先生和妻子的工作收入稳定提高后再做打算。如果选择，建议选择延期支付，月领或年领的养老保险。

●小孩出生后，可以购买少儿类的健康险和意外险。

预估夫妻年缴保费共5000元左右，每月缴费约1000元，保费支出不超过年税后收入的10%。

4. 养老规划

若刘先生30年后退休，按目前50400元的年固定支出以通胀率5%计算，届时年支出为21万多元，往后30年共需约630万元退休金，相当于现在150万元。因此，养老计划可以通过投资、储蓄及年金险的形式提早进行。

基于刘先生规划了教育、换房及保障后的储蓄节余情况，仍有足够的资金多设立一份养老基金定投计划。从现在起，每月2000元定投混合型基金，期限30年（至退休），回报率8%，到期预计可获得约300万资金。按年通胀率5%计算，相当于现在70万左右资金可供退休时使用。同时，每年储蓄节余还有约14000元可用作养老投资计划，参与风险低收益稳定的理财产品或投保商业递延年金险，按年收益回报5%计算，退休时可获得90万左右，相当于现在将近20万元。

另外，基于刘先生的投资风险偏好，可把现有的股票15万进行调整，缩小股票比例，按基金10万、股票5万进行分配。基金组合按照债券型25%、平衡型25%、偏股型或混合型50%做配置，以获得长期收益。按预计年收益率

12%计，退休时可获得450万元，相当于现在100多万资金，也可作为养老金。

投资学点睛

通过规划养老金可以获得现值约190万元，加上夫妻双方社保养老金和重疾医疗商业保险的支持，可以满足退休时各项费用的支出。

# 贷款购房

## ——一定要量力而行

贷款购房不能不说是时下最热门的话题之一，随着银行贷款的门槛越来越低，人们的“胃口”也随之越来越高。但是，这借来的“银两”终究是要连本带息还给银行的，要品尝这份“大餐”还需考虑再三。

贷款购房不能不说是时下最热门的话题之一，随着银行贷款门槛的越来越低，人们的“胃口”也随之越来越高。但是，这借来的“银两”终究是要连本带息还给银行的，要品尝这份“大餐”还需考虑再三。有关人士对贷款购房者的一项摸底调查结果显示，由于举贷数额大、时间长，造成一些人还贷难甚至严重影响正常生活的尴尬局面已频频出现 。为此有识之士提醒买房者，购房贷款时切记：贷款有风险，举贷需量力而行。

出于某些诸如“攀比”、“一步到位”的心理，一些市民在购房时喜“大”好“贵”，使贷款额度相应放大或期限延长，而对自身的还贷能力和借贷给今后生活造成的影响没有进行相应的分析和预测，待到还款时才深感压力。

对于绝大多数特别是工薪人士来说，购房乃是人生中一件大事，为此可能付出一辈子的积蓄和心血，千万不能草率行事。那么，怎样的房价才是比较合理的呢？据业内人士测算，所购房价以控制在家庭年收入的6倍以下比较合适。如贷款成数为 80%，期限 20 年，以后每月的还款将不超过收入的 40%，其余 60% 以上的收入还能较好地维持生活支出。如果超过以上比例，就可能对日常生活质量产生影响。当然，这收入必须是稳定的、有保证的。举贷者要充分认识目前从事的职业前景、个人的就业能力等，最好留有一定的余地，以免到时进退两难。

随着人们投资意识的逐步加强，一部分人出于保值、增值的美好愿望，把眼光瞄向了房产这一新兴的投资领域。与其他商品相比，房产的价格存在相当大的变数。影响价格的因素各种各样，如地段、结构、层次、环境等。所以，若没有一定的眼光和判断力，你所购房产在若干年后是否依旧会得到预期的投资收益就不得而知了。

如果投资房产是靠举贷实现的，那另外一笔账更有必要算算——贷款风险。按目前的政策，每年都要调整住房按揭贷款的利率。据业内人士分析，眼下较低的贷款利率很有可能随行就市。如基础利率上升，贷款利率也会作相应调整。姑且设定利率不变，假定首付 10 万元购买一套价值 50 万元的住房，加上 5 年期 40 万元贷款本息，购房支出为 55.6 万元。如再加上约 1.4 万元的 10 万元自筹资金 5 年的利息损失，合计达 57 万元。这还未算上其他如登记费、保险费、交易契税等另需支付的各种费用。如贷款期限为 10 年或 20 年，利息支出的数额将更大。

根据自己的实际情况和还贷能力，合理确定贷款额度和贷款期限也是非常愁人的事，借款期限越长每月还款就越少，但总还款额必然上升。一般来说，人生有三大费用支出：婚嫁费用、购房费用、子女教育费用。借款年限的确定应有利于这三项费用的合理调度。如果贷款过长，甚至退休以后还有较高还款压力，这对普通百姓来说有很大的风险。此外，贷款也有小窍门。现在，各商业银行在住房贷款业务的营销中，也会采取一些便民利民手段和措施。如交通银行推出的“非指定楼盘按揭贷款业务”，购房人若自己落实按揭银行，而且不需要房产商提供任何担保，一般来说，可以享受房产商提供的一次性付款房价优惠措施。一套住房价值 50 万，一次性付款优惠 1%，就可节省 5000 元的购房费用支出，为什么不这么做呢？又如交行“组合贷款”品种，规定客户在申办住房贷款业务后，再向该行申请其他如装修贷款、耐用消费品贷款等时，每次可享受贷款利率下浮2%的优惠，最高可达10%。

2009年各家银行都纷纷出台了利率调整政策，实施新利率后，客户每月还款额将发生变化。银行人士对借款人进行提醒，今后应注意按时还款，来获得最优贷款利率，个人信用记录要保持良好。

2009年8月19日，央行再次上调了存贷款利率。调整后，五年期以上个人住房贷款基准利率为6.84%，下限利率为5.814%。对于8月17日以后办理按揭贷款的消费者按照新利率执行，而老客户则从2007年1月1日起执行。由于央行近两年来一直在不断调整房贷利率，因此很多老客户已经知晓房贷还款时间的变化。

中国农业银行最先出台对利率调整的政策。农行公布了《关于个人住房贷款利率调整的公告》，对2006年8月19日前发放的个人住房贷款利率做出调整：原执行利率为基准利率0.9倍的个人房贷，在2010年元旦调息时还本付息正常、未逾期的，或由于非恶意原因连续逾期两期（含）以内的，该行都将直接调整为新基准利率的0.85倍。

各大银行调整后的房贷利率均为央行基准利率的0.85倍，也就是说，只要没有不良还贷记录，房贷一族大多都能享受到下限利率的优惠，凭此计算，贷款人不会增加太多月供额。



相关人士表示，尽管2009年8月19日央行对利率的调整只是将人民币贷款基准利率上调了27个基点，对于期限在3年以内、可享受8.5折优惠利率的优质个人房贷客户来说，实际贷款利率反而下降了。因此，一些贷款期限较短，尤其是在5年以内的客户去提前还款就完全没有必要了。该人士表示，如果多数银行按8.5折放房贷的话，以中长期贷款的1至3年（含）为例，加息前的利率为6.03%，下浮10%为5.67%，加息后的利率为6.30%；下浮15%则为5.355%，比加息前负增0.315%。以此类推，3至5年（含）的贷款利率，在加息前后保持不变；5年以上的，加息后仅增0.063个百分点。

据悉，各分支行目前仍掌握着房贷利率定价的主动权，通常只要有良好的还款记录，房贷利率下浮幅度都可达15%。而个人商用房（写字楼、商铺等）贷款、个人消费贷款、助业贷款等其他个人类贷款利率下浮幅度最高则不超过10%。

该人士提醒，那些想提前还贷的客户，因为每个银行执行的利率档期不同，可能同一家银行的两个贷款人在提前还款的问题上都会有不同的问题发生。而银行之间就更难说了，因为各家银行执行新利率的时间并不一致，所以提前还贷也会出现差异。银行根据每个贷款者各自不同的情况，会量体裁衣计算适合的还款方式，所以该人士建议，贷款者应该亲自带上各种房贷资料，到贷款银行让专业人士为自己计算最适合的还贷方式。

实际上，市民也可以算出，如果银行按基准利率的八五折即下限利率发放房贷的话，月供在调整前后并没有太大变化，有些中长期的房贷利率在调整后甚至还是“负增”。

下面以三个例子来说明，其贷款时间都为2009年5月份，贷款额度为40万元。

例一：贷款期为3年的沈女士于2009年5月份贷款40万元购买了一套住房，贷款期限为3年，执行贷款基准利率的九折，其贷款利率为5.427%，按照等额本金还款法，2010年1月份她的月供将为12518.11元。利率调整后，按基准利率的八五折计算，贷款利率从2010年1月1日起为5.355%（6.30%×0.85），月供将变为12499.33元，比利率调整前反而要少付18.78元。

例二：贷款期为5年的潘先生于2009年5月份贷款40万元购买了一套住房，贷款期限为5年，执行贷款基准利率的九折，其贷款利率为5.508%，按照等额本金还款法，2010年1月份他的月供将为8258.44元。利率调整后，按基准利率的八五折计算，2010年1月1日的房贷利率仍为5.508%（6.48%×0.85），他的月供也是8258.44元，调整前后月供数额相同。

例三：贷款期为10年的张小姐于2009年5月份贷款40万购买了一套住房，贷款期限为10年，贷款利率为5.751%，按照等额本金还款法，2010年1月份她的月供将为5122.53元。利率调整后，按基准利率的八五折计算，贷款利率从2010年1月1日起为5.814%（6.84%×0.85），月供则为5142.13元，比利率调整前仅多付19.6元。

由此可见，贷款者并没有多出太多的还款额度，而银行专业人士也表示，由于央行从8月份就把利率上调了，加上绝大多数贷款人都是在8月19日以前就与银行签了合同的，因此月供的小幅调涨不会对百姓有太大影响。

**投资学点睛**

银行人士还是提醒贷款人，利率调整后，如果还按原来的数额存款还贷，就会有“欠款记录”，因此，贷款人最好提前弄明白该还多少并按时还款，以便获得最优房贷利率，同时个人信用记录要保持良好。

# 月入4000
## ——储蓄投资三步走

好的储蓄计划做出来了，就要努力把它实现，否则只会前功尽弃。有句话是这么说的：一个人的能力就好像一张支票，在它还没有兑换成现金之前，它的价值是零。所以，一个计划，在它还没有实施之前，它也是零，无论它制定得多么完美无瑕。所以，理财要踏踏实实，按部就班地实施计划。

对于正处于资金原始积累阶段的个人或家庭来说，保守型的储蓄投资是一个不可逾越的投资理财步骤。

可将储蓄投资分为三步：

第一步：把已有的资产盘点，分析并把自己的收入和支出情况理清

当你下定决心进行有计划的理财时，首先要做便是把已有财产进行盘点。因为只有先把自己目前的财务状况认识清楚了，才能做出行之有效的理财计划来。同时，还要分析自己的收入和支出情况，并且要分清哪些是

固定收入，如工资等，哪些是非固定收入。在分清收入的同时，还要把支出情况分清，哪些是固定支出，哪些是不必要支出，哪些是临时支出等等。建议各位自备一个账本，以便明确收支情况。这样，对做财务分析是很有利的。这个账本，用什么样的方式来做都可以，可以是手写，可以运用理财软件，方式不是关键，重要的是能达到理财的目的。

收入：每月工资收入4000元，年底双薪；

支出：每天伙食费8元，坐车2元，零食10元，这样的话，每月伙食费240元，坐车60元，零食300元，房租350元，衣服100元，生活日用品100元，其他娱乐支出50元，意外支出费用100元。这样每月共支出1300元，盈余2700元。这样算来，零食支出确实是一笔不小的开支了。若把零食戒掉，可省下一笔钱，那每月的盈余应该是3000元。

第二步：制定一个适合自己的储蓄计划

当盘点好了财务状况后，发现存款不多，而未来两年又有购房的打算，所以有计划地进行储蓄存款是非常有必要的！

所以，根据收支情况可做出如下储蓄安排：

一、先开一张活期的存折。每月开支后，往里存1000元，这一部分用于日常花销。

二、办一张零存整取的一年期存折，每期往里存3000元。

三、等到上面提到的一年期的零存整取的折子到期以后，便取出来，转存成一年期定期的。

储蓄计划可以年为单位，以此类推。

第三步：严格按照储蓄计划，付诸实际行动

好的储蓄计划做出来了，就要努力把它实现，否则只会前功尽弃。有句话是这么说的：一个人的能力就好像一张支票，在它还没有兑换成现金之前，它的价值是零。所以一个计划，在它还没有实施之前，它也是零，无论它制定得多么完美无瑕。所以理财要踏踏实实，按部就班地实施计划。

这样的投资计划对初级资金积累阶段的人来说，还是挺适用的。

投资学点睛

储蓄投资属于保守型投资，它需要耐心和恒心，对于期待一夜暴富的人是不适合的。储蓄投资讲究的是“持恒才能达经”！

# 充分发掘信用卡的使用技巧

## ——无本免息巧赚钱

一般消费者选择一张信用卡即可，并不是越多越好，至多再选一张作为备用。集中一张信用卡消费可以累积更多的积分，享受更多优惠；记账管理也方便；也不会发生因信用卡多而把每张信用卡应还款金额忘记的情况，同时也省了很多的年费。

信用卡于1915年起源于美国。据说有一天，美国商人弗兰克·麦克纳马拉在纽约一家饭店招待客人用餐，就餐后他发现钱包没有带在身边，因而难堪不已，不得不打电话叫妻子带现金来饭店结账。于是麦克纳马拉创建信用卡公司的想法就产生了。1950年春，麦克纳马拉与他的好友施奈德合作投资一万美元，在纽约创立了大莱俱乐部（DinersClub），即大莱信用卡公司的前身。

1952年，美国加利福尼亚州的富兰克林国民银行作为金融机构首先发行了银行信用卡。

1976年，花旗银行首开信用卡收年费之先河。

1985年3月，中国银行珠海分行第一张“中银卡”（BOC卡）问世。

1995年3月，广东发展银行发行了中国内地第一张真正意义上的国际标准信用卡。

信用卡相关名词一览：

1. 信用额度。信用额度是指持卡人可最高使用的金额，由银行根据申请人所提供的各项付款能力（如收入、资产、职业等）和信用记录综合评定决定。这一额度是一个贷款上限，持卡人刷卡消费一笔，就是向银行贷款一笔，信用额度会相应减少。只有当持卡人按期还清借款时，信用额度才会恢复最初值。

2. 免息期。也就是持卡人刷卡消费而无需支付利息的时间，它是从消费日当天至还款截止日之前的这段时间。

3. 还款截止日。信用卡持卡人收到的月结单上有一个账单日，也就是银行每月对持卡人结账的日期。账单大部分采用邮寄的方式送到持卡人手上。由于邮寄需要一定的时间，因此银行会规定一个“还款截止日”。只要持卡人在还款截止日之前把所有欠款全部还清，银行就会免收利息。

4. 最低还款额。一般情况下，银行不会要求持卡人在每月还款截止日之前必须百分之百还清所有欠款，而是设定一个最低还款额，即只要持卡人每月还足最低还款额，就被银行视为准时还款。需要注意的是，如果持卡人只是归还了最低还款额，那他就从这大起支付万分之五的日息；也就是说，只有百分之百还款的情况下，贷款才是免息的。

5. 循环信用利率。循环信用利率是由中国人民银行统一规定，日利率万分之五，按月计收复利。

6. 滞纳金。如果您在到期还款日实际还款额低于最低还款额，最低还款额未还部分要支付滞纳金。滞纳金的比例由中国人民银行统一规定，为最低还款额未还部分的5%。信用卡中心对人民币账户最低收取人民币10元，美元账户最低收取1美元。

由于有的消费者对信用卡的使用和管理规律没有掌握住，等拿到账单时才发现，有一笔费用或利息支出是意料之外的。为避免这个问题，消费者在使用信用卡时可注意以下几项。

一是卡不在多，额度不在大，够用就行。一般消费者选择一张信用卡即可，并不是越多越好，至多再选一张作为备用。集中一张信用卡消费可以累积更多的积分，享受更多优惠；记账管理也方便；也不会发生因信用卡多而把每张信用卡应还款金额忘记的情况，同时也省了很多的年费。而且，办理透支额度高的信用卡并不是一件很光荣的事，透支额度越大，所要承担的还款风险也越大。

二是警惕未还清额，以防因一分钱没还而要支付全部贷款利息。只有在全额按期还款的前提下，透支消费才是免息的，否则银行就会按透支的全部金额从消费之日起计算日息万分之五的罚息。目前，很多银行都采用这种“只要持卡人有一分钱在还款期内没有还，就全额不能享有免息待遇”的做法，所以很有必要了解自己信用卡的欠款金额，而采用借记卡自动划转方式则没有这一烦恼。

三是不要超额透支，以防支付额外利息。发卡行只给予信用额度及以内的用卡提供免息待遇，因此出于对成本的考虑，持卡人刷卡尽量不要超出信用额度。

四是信用卡不是存折。信用卡提取现金是有成本的，各银行对信用卡取现要收取几元到几十元不等的费用，而且从提现当天起按每天万分之五计息，不享受免息期待遇。所以，应尽量避免从 ATM 机上用信用卡取现。而且，在信用卡中存款是没有利息的，而一旦将自己的钱存入，再从 ATM 机取出时反而要支付手续费，所以不要将信用卡当“存折”使用。

1、领到信用卡后，立即把自己的名字签在背面的签署栏上。用卡过程中应该把自己的信用卡保管好，不要将信用卡、个人密码、身份证放在一起，避免丢失时轻易被人盗刷。在使用信用卡进行刷卡买单时要让它在自己的视线范围内，无论在餐厅还是其他场所，最好亲自到收款台刷卡。



2、用信用卡在网上购物时最好选择有信誉的网站，不要随意在网络上把自己的信用卡账户和密码等个人信息泄露出去。目前，现有安全保障的购物网站大概分为三类：第一类银行官方网站是最方便的；第二类则是与银行有合作关系的网络商户；还有一类就是有安全付款服务的大型知名购物网站，如淘宝网、易趣等。银行相关人员提醒，最好选择有交易短信提醒服务的信用卡，这样可多一份保障。

**灵活掌握使用技巧信用卡成理财好帮手：**

1. 轻松记账：信用卡充当理财簿。信用卡的一个最突出的特点就是，不仅可以把消费的金额记下，而且能够告诉你时间、地点以及用途。这样你可以根据银行的账目表，比较清楚地了解自己的消费，至少可以知道较大金额的支出都用在哪些方面。

2. 免异地取款手续费：出国留学省费用

不少人都知道，无论在国内国外，持信用卡消费，都是免手续费的。对于出国旅游、商务考察或者是经常出差的人而言，在异地日常消费应尽量选择刷卡，这样可以节省异地提取现金的手续费。

3. 一般来说信用卡都具有50～56天的最长免息期。合理利用这一点，可以让银行的钱为我们生钱。比如说，日常的消费尽量使用信用卡，而手头的现金可以购买一些比如货币基金等，低风险、流动性强的产品，获得的收益比活期利息高几倍。

### 信用卡消费三大误区

误区一：信用卡提现无免息期。通过信用卡提取现金，一般是每天要支付万分之五的利息，从提现当天起就开始计息，根本没有18天到56天的所谓免息期。

误区二：部分还款或将面临全额计息，按透支款全额计息。

误区三：存款日并不等于还款日，尽量提前两三天还款，并最好问清楚还款后到达账户的时间，做到心中有数。

### 理财专家对信用卡用户的建议：

1. 申请信用卡时应多注重用卡环境、还款便利、优惠举措以及收费情况等，对自己的经济实力和还款能力要有清楚的认识，最好把固定额度控制在2个月的收入总额内。

2. 为了防止顾此失彼，一个人最好不要有2张以上的信用卡，所以若手上已经持有五六张信用卡最好尽早把闲置的清理掉。

3. 卡片注销后千万不能乱扔，因为大多银行对于销卡有如下规定：从登记销卡当日起算1个月或45天后才能真正销卡，在3个月内用户如需用卡，还可重新激活。而信用卡登记注销后，卡上的磁条上还依然保留着个人信息，若卡片被不法分子获得并利用技术破解磁条上的个人信息，可能会把信用卡重新激活，从而借用你的身份来套取资金。在登记注销信用卡后最好将卡销毁。

4. 信用卡消费是为了给生活提供更多方便，积分、奖品都是刷卡消费额外得到的东西，没有必要为了这些费尽心机地刷卡，明智的理财方式不是因小失大，持卡人可以把有规划但不急着完成的购物计划集中到节假日，银行搞活动的时候集中消费，利用这种方式最大效率地获得积分。

5. 女性刷卡消费，感性往往比理性多，有时候消费的一时兴起，会让女性把商品的实用价值忽视掉。对此，理财专家建议，信用卡有其信用额度，持卡人也可以给自己设定一个个人消费额度，一般情况不要超过这个额度，同时经常查看账单，要特别关注可买可不买的东西。也可到银行主动降低信用额度，强制减少消费。

6. 不要因花明天的钱而毫无节制，对自己的收入和还款能力要考虑清楚，买单时可再看一下哪些是没有必要买的，必须适当克制欲望，理智刷卡。

7. 信用卡赠保险，赔付有条件，“饭后甜点”不能取代“正餐”，与保险公司销售的产品相比，随信用卡赠送的保险一般都有固定的保障期限、保障范围、保额，持卡人只能被动接受，而无法自主搭配组合。所以，信用卡保险只宜作为“饭后甜点”，起到补充的作用，而不能取代“正餐”。赔付条件大多与信用卡使用挂钩，有些信用卡保险期满后，如果续保则需要持卡人自己支付保费。持卡人最好还是到保险公司，找专业保险代理人，为自己量身制作一套完整的保障计划。

8. 一定记住信用卡跟现金是一样的，而循环利息会加重其资金成本；

9. 信用卡理财最重要的是理财观念要积极，花较少的钱办更多的事，不要单纯依赖投机的方式；

10. 弄清楚自己有几张卡，万一丢失该怎么办。现在应该打开钱包，记下所有卡的卡号和服务电话，当需要的时候，这些信息对我们会有很大帮助；

11. 不会花现金买的东西，那也不要刷卡去买，而且刷卡消费会比用现金消费高出你预计的15%以上。

12. 关于通过电话销售为信用卡用户提供的相关增值服务最好弄清了收费和利益后再同意，免得会有信用卡账户资金的不明损失。

近日全国某知名调查机构对信用卡使用者展开调查，结果发现青年人中近三成承认是每月薪水花到一分不剩的“月光族”。

**不要陷入循环信贷的恶性怪圈：**

不要自寻烦恼，借些不必要的钱，甚至让负债累积到无力负担的程度。

如果已经打破了上面的法则，一定要迅速行动，赶在负债对自己财务状况造成长期伤害前，让自己步入正轨。

摆脱信用卡债务的秘诀实际上一点也不复杂——你所要做的就是要让你的收入大于支出，然后用结余来逐步偿还你的债务。

**投资学点睛**

以卡养卡最终是要以现金全额还款的，国外曾出现持卡人在刷爆多张信用卡后破产的例子，但中国目前还没个人破产的相关法律，一旦出现信用卡刷爆，连每期最低还款额也不能支付的情况，就意味着个人信用的破产，银行会视此类情况为恶意透支，对相关当事人，银行会列入黑名单，限制其申办按揭贷款，或降低其最高贷款年限。对于所欠款项，银行也会通过法律途径进行追讨。





# 如何购买银行的理财产品

## ——资金的临时“避风港”

所谓站得高才能看得远，同样的道理，了解得越多才能把投资选择做得更好，先了解一下银行理财产品都有哪些投资渠道，从而更好地选择适合自己的理财产品。

在当下股市低迷、基金缩水、楼市扑朔迷离的投资环境下，众多投资者的目光再次回归到银行理财产品，银行理财产品是银行理财中的重头戏，该如何在名目繁多的银行理财产品中挑选出优质的理财产品？所谓站得高才能看得远，同样的道理，了解得越多才能把投资选择做得更好，先了解一下银行理财产品都有哪些投资渠道，从而更好地选择适合自己的理财产品。

任何产品都存在风险，例如国债存在着国家是否发债过多的问题，一个国家发债如果超过了国际上通行的警戒标准，就有可能发新债还旧债，甚至丧失信誉到期兑付不出，或用发行货币支付从而引发通货膨胀，这种情况曾经发生在一些拉美国家。

再说银行存款，1997 年金融风暴，日本、韩国、东南亚的一些银行倒闭也会引发银行存款无法兑付的风险。

通货膨胀也是风险，比如国家通货膨胀率超过 5%，而你的银行存款或国债利率低于 5%，实际上你也有损失本金的风险。

利率和汇率也有风险，对于外币存款或外币理财（相关：证券财经），如果你持有的货币持续贬值，比如美元汇率一年连续贬值超过 5%，即使银行给了你本金和利息，你的实际收益还是负数，甚至连本金都有损失。例如很多客户在某行购买了 5 年期的外币理财产品，到期后利息总收益不到 8%，而 5 年中该外币利率已经逐步上调，外币的汇率已经贬值了 10% 以上。



流动性也是风险，例如很多银行理财产品是无法提前支取的，也不能做质押贷款，一旦你购买后需要急用钱是无法获得的。

那么如何选择适合自己的理财产品呢？

一、了解你自己的底线。如果你是一个保守型的人，不愿意要不确定的收益或希望本金安全性高，就选择一些预期收益比较固定的理财产品，如预期收益 4.3% 的人民币理财产品或预期收益在 5.1% 的美元理财产品，无论别人怎么说，都不要心动，因为只有找到适合自己性格的产品晚上才能睡得香！一是不要做风险偏好上的两面派，一面强调不愿承担高风险，一面在做股票、单位集资、合伙做房地产生意等等高风险投资。

二、了解你购买的产品。购买前一定要看产品说明，先有一个判断，比如各家银行推出的打新股产品，产品说明上是委托谁运作的，是网上还是网下申购，历史上的经验本金是否会损失，收益大概多少，目前的银行打新股产品只要国家政策不发生大的变化，应该是收益比固定收益型的理财产品更高，高多少要看各家银行的运作水平！另外用一个平常的心态去判断理财产品也是必要的，如果有人夸口说这个世界上有稳赚不赔的事情，保证本金、保证收益，千万不要去相信，任何一个超过市场平均水平的收益率很多的产品，都要带着疑问想想，是以往历史业绩做到了，还是有更好的支撑理由！

债券类理财产品：

偏爱银行理财产品的市民都知道，相比2008年难得的债券牛市，2009年的债券市场低调得“一塌糊涂”。那么，在流动性收紧风声渐起的2010年，债券类理财产品有没有“咸鱼翻身”的机会呢？如果拼收益，债券类产品跟同属银行理财产品的其他品种，是难以竞争的，目前债券类产品7天期限的平均收益率为1.56%，1个月的为1.63%，3个月的为1.97%，6个月的为2.37%，这个跟银行其他理财产品比如信托类的收益差距还是较大的，但债券类理财产品有独特的优势：

1. 安全性好。因债券类理财产品投资的主要对象是短期国债、金融债、央行票据以及协议存款等期限短、风险低的金融工具，很适合投资风格较保守的客户。

2. 较好的流动性。债券类产品的最大优势不在于收益，而在于其较好的流动性，它所投资的对象的期限都较短，对于短期内有闲置资金的投资者，可以作为资金的临时“港湾”。

3. 能获得比定期储蓄更高的收益，对于喜好投资组合的投资者，债券类理财产品也是资产配置中不可或缺的一环。

专家提醒说，购买信贷类理财产品，等于将资金借给企业，必须对自己购买的贷款有清楚的认识。应尽量挑选产品信息公开的银行，因为每款产品一般都对应一家借款企业，投资者除了比照产品期限和收益率高低外，更应该对产品的担保方和借款方多加关注，做到胸有成竹。所以投资者要注意以下3点：

一是对产品的投资方向要了解清楚，即信贷资产的转让对象。投资者要尽量选择信用级别高的贷款项目；

二是要仔细阅读产品说明，尽量选择有担保或有保本条款的产品；

三是在加息预期下，不妨选择期限较短的产品。

结构性理财产品：

在众多银行理财产品中，结构性理财产品是值得投资者注意的，它与其他理财产品相比收益高，但也有相对较大的风险。在2008年到期的所有理财产品收益排行榜上，前20位中，结构性理财产品占据了19款，到期收益最高的甚至达到了46.5%的年化收益率，遥遥领先于各类理财产品，结构性理财产品受到全球经济回暖、通胀预期增强等因素影响，成为2009年理财市场中的“耀眼明珠”。

目前市场上推出的相当一部分结构性投资产品都是到期保本产品——这种优势是股票、基金之类投资产品所不能比的。同时，结构性投资产品提供了多样化投资组合，从而有效地把投资的整体风险降低了，同时又使投资者有机会获取比传统定期存款更高的收益率，在这样的形式下，结构性理财产品大有东山再起之势。但是高收益和高风险并存，要想在结构性理财产品获得最终收益，在选择时还应注意以下几点：

1. 要看好挂钩的资产类别，了解其风险性；

2. 要把产品的投资期限及投资币种的汇率看好；

3. 问清楚产品在什么情况下有收益。

资产管理类理财产品：

2009年，各家商业银行发行管理的资产管理类产品大都取得了很好的业绩。随着混业经营模式的推进、银行资产管理能力的成熟，银行资产管理类产品已羽翼渐丰，客户能够有机会以比较低的门槛进入优秀的投资项目，因此，资产管理类理财产品一经问世就受到了众多投资者的关注。但是，由于资产管理类理财产品风险由客户承担，银行不提供保本承诺。资产管理的核心要素，是资产管理人根据市场情况的变化，对委托资金进行灵活运作，以实现所委托资金投资效益最大化。从大范围理论上讲，股票型基金是资产管理类产品，而被动跟踪投资标的的指数型基金则不是。资产管理类理财产品是不承诺保本的，收益也不可能是固定的。购买时注意以下事项：

1. 了解项目本身、了解相关主体的信用情况；

2. 关注产品设计中的信用增级手段。

qdll 理财产品代客境外理财产品：

qdll 为个人投资者提供了一条实现全球范围内资产配置、分散风险、追求经济轮动投资回报的渠道，这不单意味着投资者有更多机会获得高收益，同时也意味着投资者将承受更高的风险。2009 年银行系 qdll 交出了一份出色的成绩单，国内 qdll 基金平均增长 56.46%，其中海富通中国海外股票基金增长率高达 87.57%，在中外资银行所发行的产品中，三分之一的产品涨幅超过 50%，扭转了以往的不利局面。

相对于目前投资于 a 股市场的基金和各家银行推出的各种打新股、信托投资类的理财产品，qdll 产品具有相对较大的风险。普通投资者可以把 qdII 产品作为投资组合的一部分，但是最好不要把大部分或者全部资产都投资于 qdll 产品。在投资 qdll 产品时，首先要把该产品投资的目标市场了解清楚；其次要看产品风险如何、是否保本；最后要看该产品的管理人水平怎么样，尽量挑选境外投资水平较高的管理人。

另类理财产品：

近期以来，内资银行和外资银行在理财产品的挂钩标的物上颇费心思，好不热闹地开发了各种令人瞩目的新型理财产品，一批另类理财产品吸引了大家的目光。红酒、小麦、贵金属、牛奶、气候……各种各样的投资对象看得人眼花缭乱，这就是另类产品。

顾名思义，所谓的另类理财产品，就是区别于银行理财产品传统投资对象而言的，如果该产品的投资对象不是以往的股票、基金、债券、票据等品种，都可以称为另类投资。而红酒、小麦以及实业公司股权都是目前较为典型的另类理财产品。另类产品的标的物的判断和产生主要依赖于银行对市场的判断和对投资热点的把握，也就是在最热门的主题下享受那些资产的价格上涨，为投资者带来投资收益。

投研实力。投研实力应成为投资者考察的重要指标，这将直接影响到投资标的物的选择进而影响投资收益。

投资期限。商品市场是比较敏感的，因此这类产品的投资期限不适合做长期，但是投资商品市场的这些理财产品在短期内还是有一定的投资趋势的，具体还要投资者根据个人的情况适时投资。

对新的一年我们充满期待，虽然理论上高收益是与高风险并存的，不过在银监局监管力度加大的情况下，如今各家银行设计理财产品时已经很好地控制了风险。但值得注意的是：理财产品的投资情况，银行和投资者都处于一个信息不完全对称的状态，投资者要获得所购买的理财产品的第一手信息是比较难的；再者现在的银行理财产品，客户均没有权利提前终止。



**投资学点睛**

中国经济目前仍没有结束预期加息阶段，若购买期限较长，随之带来的机会成本也较高。因此，在银行理财市场顾客没有提前终止权利的大环境下，选择短期理财产品是比较明智的。

# 第七章 万里滔滔涨跌永不休

## ——股票神话的崛起

中国股市作为一个新兴市场，在未来几年将呈现良好的发展势头，中国经济高速稳健的发展则是股市发展的保证。中国股市的总市值完全有可能走到世界前列去，不过，问题的关键是能够成为世界市值最大并不难，难的是能否成为世界最强的股市。正如世界 500 大企业中越来越多地出现中国大企业的名字，可是它们未必也能名列世界的 500 强企业一样，“大”和“强”仅一字之差，可反映的内涵却不甚相同。

# 细数中国股市的难与易

## ——中国股市三五年后面貌可能焕然一新

目前中国股市股票市值为3.2万亿美元，而美国则为11.2万亿美元。现在中国股市的开户数已经达到1.33亿户，基金账户已经达到1.78亿户，中国股市的总市值位列全球第三。

彭博社曾刊登了一篇名为《中国股市市值三年后赶超美国》的文章，预言三年后中国股市将代替美国成为全球老大。看了这样的报道，很多人一定会很兴奋。30年河东，30年河西，中国股市盼到做老大的一天了。

根据彭博社数据显示，目前中国股市股票市值为3.2万亿美元，而美国则为11.2万亿美元。现在中国股市的开户数已经达到1.33亿户，基金账户已经达到1.78亿户，中国股市的总市值位列全球第三。按照文章所阐述的观点，随着中国国有企业发售新股以及13亿多人口拿出更多的钱来投资股票，三年之后中国股票市场的市值将超过美国，成为世界最大。

凭什么说中国股市三年后能成为全球老大？如果光从市值这个角度而言，三年后做到完全没问题。而要达到这个目标，取决于三个因素：

一是中国股市需要扩容，包括主板、中小板、创业板、国际板，在市场承受得了的前提下，将现有的股票市值再扩充一倍以上。股市的扩容始终是在阵痛中波浪式前进的，市场的扩容，无论是股票的扩容还是资金的扩容都需要有一个动态平衡的过程。

二是需要依赖一个稳步向上的股市走势。市值所代表的股票数量基本上是稳定的，市值沉浮中最活跃的因素是股价。上证指数从6100多点跌到1600多点，股市市值缩水七成三，而从1600多点又涨到如今的将近3000

点，市值又升了将近一倍。如果三年后中国股市再涨到6000点，市值超过美国的可能性就很大。

三是取决于美国股市的发展。如果到时美国经济还没彻底恢复，甚至出现第二波金融危机蔓延，那么中国股市市值超过美国就是在情理之中了。如今中国工商银行（4.81，0.01，0.21%）已经成了世界上最大的商业银行和最会赚钱的银行。而在以前，工商银行的市值还不及花旗银行的零头。不过，这并非完全依赖我们自己做大做强的努力，而是别人的银行在这两年中自己趴下了。因此，在我国股市做大做强时，对于美国这个经济超级大国，仍然不可掉以轻心。

中国股市作为一个新兴市场，在未来几年将呈现良好的发展势头，中国经济高速稳健地发展则是股市发展的保证。中国股市的总市值完全有可能走到世界前列去，不过，问题的关键是能够成为世界市值最大并不难，难的是能否成为世界最强的股市，正如世界500大企业中越来越多地出现中国大企业的名字，可是它们未必也能名列于世界500强企业一样。“大”和“强”仅一字之差，可反映的内涵却不甚相同。

**投资学点睛**

中国股市三五年后面貌可能焕然一新，但除了有大规模的市值外，更重要的是这个市场的融资功能很强，有良好的法制保障和股市文化适合各类投资者选择的交易品种也会越来越多，当然，最重要的是要有投资者赚钱的财富效应。

# 中国股市未来五年走势的预测

## ——从振荡调整到大牛市形成

2010 年中国经济下滑，冲高回落。

2009 年中国应对国际金融危机实现经济企稳回升的主要力量是投资大增、货币超发、贷款猛增、房地产汽车拉动。而这些因素大多数是不可能长期持续的，如房地产因素，2009 年通过超量住房贷款实现房价暴涨、销售大增，拉动 GDP 增长 4.7 个百分点，房地产泡沫达到空前惊人程度，对股市的影响也渐渐加大。

中国股市前景分析如下：

2011 年，中国股市必然也将继续振荡调整过程。

1. 中国经济今年下滑。2009 年中国经济成功实现 V 型反转，企稳回升。但是，2010 年中国经济一定是下滑，冲高回落。

因为，2009 年中国应对国际金融危机实现经济企稳回升的主要力量是投资大增、货币超发、贷款猛增、房地产汽车拉动。而这些因素大多数是不可能长期持续的，如房地产因素，2009 年通过超额住房贷款实现房价暴涨、销售大增，拉动 GDP 增长 4.7 个百分点，2010 年 1 季度，中国新增贷款 2.6 万亿元中有 8457 亿元新增贷款是房地产，房地产新增贷款占全部新增贷款 32.5%。

房地产泡沫达到空前惊人程度。

为了防止房地产泡沫进一步扩大蔓延，国务院不得不出台《关于坚决遏制部分城市房价过快上涨的通知》，出台政策，一是二套房首付 50% 并且利率上浮 10%，停止三套房贷款，二是研究开征房产税或物业税，如果全面落实，则意味着投资投机性购房将被遏制，房地产市场价格下降和销售下降将在随后几个季度不可避免，房地产市场可能出现1—3年振荡调整期。

2. 创业板上市后发起人套现。2009年下半年启动的创业板发行和上市翻开了中国资本市场新的一页，同时也启动了中国股市新一轮一夜暴富的神话，如何将神话直接转变为现实则是创业板公司发起人随时要做的重要事情。

依据2010年4月12日前后的股票价格计算，几乎所有创业板发起人股东都获得了20—50倍的资产增值，其中神州岳泰48倍、青岛特锐德24倍，也就是说，神州岳泰和特锐德发起人股东原始资产10万元，就这么通过创业板上市，其资产变成了480万元和240万元。巨大的暴利是任何生产经营无法实现的，接下来这些发起人股东唯一朝思暮想的事情就是抛售这些获取暴利的股票。随着发起人股票解除禁售，发起人股票就会加入到兑现大军中，创业板市场股票价格不可避免进入不断下行的过程。主板股票市场股票价格也会进入一个下行过程。

3. 股指期货推出后初期效应。2010年4月16日，中国股市股指期货正式上市，翻开中国股票市场新的篇章。

这是在中国股票市场反弹近一年半时间，上证指数处在3200点的时候。这个点位说高不高，说低不低。然而，对于大股东投资机构来说，却为它们创造了做空中国股市的有利条件。

因为，原来没有股指期货，所有投资者只有在股市上涨过程才可能赚钱，对于已经持有大量股票的机构投资股东而言，只有推高中国股市，它们才能获利。

如今，股指期货推出，对于已经拥有大量股票的机构投资者而言，只要再购买一些做空中国股市的筹码，然后把自己手上股票一抛，就可以在期货市场上获得数倍的获利。再说，把中国股市往下打比住上推要容易得多，所需要花费的力量要轻松得多。

所以，股指期货推出初期，尤其是在目前不上不下的点位，做空中国股市将是机构投资者的必然选择。我们将在不久将来看到中国股市一路下行，甚至下到2000点、1500点的水平。

4. 第二波国际金融危机影响。2009年11月25日，迪拜危机暴发拉开了第二波国际金融危机的序幕，其后有若干个重大国际金融事件展开，如希腊债务危机暴发，接下来还有葡萄牙、西班牙、爱尔兰等国主权债务危机暴发，之后还有若干其他危机，最终，在今年下半年某个时候，第二波国际金融危机正式暴发。

第二波国际金融危机首先继续冲击欧元区国家的经济，同时冲击一些新兴市场国家经济，其主要表现将是：欧元兑美元继续大幅度下跌，全球股市在经历了一年半的反弹之后重新进入调整过程，国际资源和资产价格也会在经历一年半左右上涨之后出现下跌调整的过程。

第二波国际金融危机冲击中国经济主要在两个方面：一是人民币随美元兑欧元大幅度升值，中国出口欧元区国家受到抑制；二是中国房地产市场将出现调整过程。由此，中国经济出现典型的V型下滑，冲高回落，中国股市不可避免进入调整过程。

两年后是大牛市。具体分析如下：



1. 中国股市的市场周期规律。任何市场都呈现出周期性波动规律，中国股市也是如此。回顾中国股市，2004年前中国股市如果剔除人为因素的人造行情，基本是4年一个周期，其中1.5年牛市，2.5年熊市。而2004年后中国股市就由4年周期调整为6年周期，2005年下半年启动，2006年、2007年2年大牛市，4年大熊市，2008、2009、2010、2011年基本处在大熊市阶段，2012年、2013年才是下一轮大牛市阶段。所以，此轮大熊市的底部或下一轮大牛市的启动时间将在2011年下半年。

2. 中国经济增长的主要动力。伴随着中国房地产调控政策落实，未来2—3年中国房地产投机将得到有效控制，房地产作为中国经济增长的主要动力将大大减弱，中国必然要寻找新的替代房地产的拉动经济增长动力因素。

政府投资会导致政府债务负担加重，民间投资由于高利润行业都被国有企业控制而艰难选择，战略性新兴产业也很难在短期内出现引领经济的产业。

最终，政府会发现中国股市是下一个拉动中国经济增长的主要动力，因为，股市持续牛市一是可以使更多企业发行股票融资增加投资，二是股民获利可以扩大消费能力，于是持续牛市成为拉动中国经济增长的新动力。政府开始极力维护股市牛市状态，出现下跌政府立即救市，经过一定时间训练，就会吸引越来越多人进入股市，一轮大牛市最终形成。

3. 中国居民主要的投资渠道。中国房地产之所以能够最终形成投资投机狂潮，关键是中国居民缺少良好的投资渠道。目前中国的高利润行业几乎都被国有企业控制，而民间投资领域很少。房地产新的政策将有效遏制投资投机性购房。

中国居民必然要寻找新的投资渠道，中国居民会找到投资股市，再加上政府将来维护股市牛市政策，以及中国股市牛市周期到来，股市赚钱效应就会吸引越来越多的人进入股市，中国股市大牛市形成又将成为2012年和2013年中国居民主要的投资渠道。

**投资学点睛**

面对房地产拉动经济力量大幅度减弱和第二波国际金融危机来临，中国政府必然要寻找新的拉动经济增长的有效办法。目前来看，房地产新政不可能立即改变，新兴战略性产业是一种完全不确定的因素，政府投资将导致债务问题和次级投资问题，因此，启动中国股市大牛市将是最佳选择。2011年下半年中国股市将是牛熊市的交汇时间，2012年和2013年将出现一轮新的大牛市。

# 2011 年中国股市

## ——表面中规中矩，实则暗涌起伏

2010 年的资本市场平淡度日，然而诸多暗涌中最终能翻起巨浪的只有十年磨一板的创业板。其余如融资融券、股指期货、国际板等事件，再次出现在“资本市场未尽之事”列表页首，每年吊着股民们的胃口。

那么 2011 年还有哪些要点是我们久攻不下但依然要继续进攻的？还有哪些牵一发而动全身的命门是值得我们注意的？

**命门一：股指期货**

股指期货围城 16 年，终于等来一纸总攻令。2009 年只剩两个交易日的时候，人们以为创业板是 2009 年证券界唯一的“新面孔”，一个消息悄然流传在机构之间：股指期货已获国务院批文，据理财周报记者了解，该消息已获得证监会非官方渠道证实。

股指期货的拍板固然令人欣喜，但具体的上市时间表还是未知之数。一句话言之，楼已盖好，配套设施尚缺。

首先，股指期货的推出一般代表着市场步入机构时代。从国外经验来看，股指期货也只能在机构时代的市场中才能发挥对冲风险的作用。

但根据联合证券研究，现在全部机构投资市值占 A 股比重只有 30%，再加上新股上市全流通问题依然没有得到根治——市场上除了机构还有大小非，两者话语权不相伯仲，A 股是不是真的进入机构时代还言之尚早。

**命门二：融资融券**

股指期货既然已毫无悬念，那么经常同台出镜的融资融券肯定也理所当然地在管理层办公桌上占据一角。

目前，对融资融券具有实质性操作意义的文件要追溯至2006年的7月，证监会发布《证券公司融资融券业务试点管理办法》。

然而融资融券的格局也就停在了2006年7月这一天，迟迟没有全面开展的消息。融资融券全面开展主要考虑一个因素，就是手里要有钱有票。

以2009年来看，券商业绩普遍翻倍式增长，手中有粮自然心中不慌。几次解禁高峰下来，A股流通股本也急剧扩张，券的来源极度充裕。

专家们认为结合中国股市的特征，融资融券的引入类型将与邻国日本相似，采取集中信用模式。

该模式下，半官方背景的证券金融机构将成为中介机构，统筹整个融资融券流程，但2006年证监会提出设立相关机构的议案后，至今没有进一步的消息。

若融资融券也在2010年成功推出，那么资本市场下一个改革焦点也将浮出水面——A股何时迈向“T+0”?

**命门三：国际板**

热议的起源是2009年3月份开始的一系列文件、讲话、传闻。

其实想想也就明白了，上交所作为中国两大证券交易所之一，眼看着“兄弟”深交所又是中小板又是创业板，新鲜品种遭遇爆炒是肯定的，受企业青睐也是必然的。于是深交所上市费用收得不亦乐乎之余，还能以防范风险为名，频频耍威风玩特停。而自己除了每年捞几个大盘股上市外，一无好处。就连特停这种好歹也能出出气的行为，办起来也是内外掣肘：在内，央字头国企哪能随便就停？在外，大盘股首日上市涨幅越来越小，实际上谁能第一天就把几十亿的盘子搞个天翻地覆？想与深交所比拼“严加监管”也就无从谈起。

其实开国际板等同开了一个新的抽血机。因而2010市场流动资金和货币政策，也就是供血是否支撑用血，是国际板能否推出的关键。

**命门四：港股直通车**

2007 年，有人说了一句："港股直通车两年内不会推出。"现在不得不佩服谢大师的高瞻远瞩，2008、2009 两年过去了，果然没有推出港股直通车。

在 2009 年里，港股直通车的讨论越来越少，取而代之的是"人民币离岸中心"的设立。前不久特首曾荫权上京述职，专门提到并再次向中央表态：香港将助力人民币的国际化。

这里可以看出，香港西方式的做事风格与内地的中式风格有本质上的不一样，国内一个话题闹得沸沸扬扬十年甚至十几年，一旦获批后突然发现配套设施还没跟上，具体时间表也无从谈起。

而港股直通车的话题被中央压下后，香港不再刻意追求这种表面的批文，而是步步为营地将港股直通车周边事务一一解决。目前已实现香港内地证券公司相互参股、银行汇款直接到账、跨境贸易人民币结算等业务，只等港股直通车获批其余就可迅速联动。

**命门五：新股改革**

一边是解禁高峰（消灭限售股），一边是频发 IPO（创造限售股），中国股市又过一秋，大小非这种中国"特产"还是周而复始生生不息。

若不从新股发行制度上解决，且不论近期频频出现的破发风云，就是股指期货、融资融券这些活跃在机构时代的产物，也将深深打上"中国特色"的烙印。



机构历来就有分歧，解决这种分歧本来就给市场添加了不稳定的因素，大小非又来分一杯羹，加上股指期货这个放大器，预计市场的波动将越来越大。

在这方面，2009 年证监会已经发布《关于进一步改革和完善新股发行体制的指导意见》，但该文件仍然没有提出市场化上市询价制度和新股全流通的解决办法，为 2010 年留下悬念。

**命门六：加息、调高准备金**

2009 年 11 月份经济数据中一个较抢眼的变化是 CPI 由负变正，通胀如期到来，引发加息、调高准备金猜想。

毫无疑问，加息将拉大银行息差，有利银行改善业绩，也将吸引更多热钱进入中国，当然后者是把双刃剑。而债券和银行理财产品将成为加息政策里最无辜的“受害者”，相反信托产品与货币型基金则有一定的投资机会。

### 命门七：地产调控

一部反映现代人买房困局的电视剧——《蜗居》在牛年接近尾声的时候迅速走红，火热程度直接把广电总局的禁播令蒸发掉。再看看现实中充斥各大媒体头条的地王新闻，也就不难理解财政部、国土资源部联合五部委在牛尾巴时分，公布《关于进一步加强土地出让收支管理的通知》，将开发商拿地首付款比例提高到五成的用意了。

各地方政府更是喜开了锅，这下可以名正言顺地向房地产企业拿钱了，再把营业税一加，这就是个丰年。

一系列政策貌似对房企影响较大，但仔细品味起来，房企也就是筹钱拿地困难了点，资金链紧绷了点，而营业税直接由百姓承担，几乎没房企什么事，于是乎“地照圈，楼照卖，钱照赚”。

### 命门八：印花税回归双边

利空总是出现在大家感到快乐的时候。各位每天“T+0”的短线操盘手是否感到2009年快进快出得很惬意?

但国家手里有一种东西可以控制这种惬意程度，那就是印花税。按照设立的初衷，它是用来遏制股市泡沫的。

敏感的股民暗自打了预防针，但市场能否接受是另一个问题。一旦有相关政策推出，利空未消化的状态下，“5·30”一幕重演的几率极大。而至于会否复制“5·30”后走势，以目前的经济环境来看可能性不大。

### 命门九：经济刺激退出计划

欧美各国早就在讨论关于经济刺激计划的退出问题，但2009年11月底的迪拜危机将各国成功“震住”，加上索罗斯等人的“二次探底”论，短期内各国不敢再轻言退出。

所幸市场上专家一致认为中国不大可能出现二次探底，而中央经济工作会议也表示适度宽松的货币政策将延续到2010年年底，中国退出尚无时间表。

**命门十：央企整合**

中国经济成也央企，败也央企，2010央企重组大限将至，根据国资委的计划，年底央企数量将控制在80家至100家左右。于是2009年制造出山西煤炭行业重组，日照钢铁“国进民退”，山东钢铁、国药系、国电系、军工系、五矿系整合等出镜率较高的事件，一年下来央企只剩130个。

现在距离80－100家还需要减少30－50家央企，这也是2010年的央企重组数量。目前重组进度较慢的央企主要集中在石化、水泥、房地产等行业中。

**投资学点睛**

华尔街有个说法：“你如果能在股市熬十年，你应能不断赚到钱；你如果熬了二十年，你的经验将极有借鉴的价值；如果熬了三十年，那么你退休的时候，定然是极其富有的人。”要达到这些成就，必须有个前提，那就是你应当成为一位真正的炒股专家。

# 股价上涨的背后
## ——盈利及盈利增长

虽然引起股价增长的因素很多，但最重要的是盈利及盈利增长。这个理由是明显的，不赚钱的公司要来做什么？下面让我们看看三个最重要的影响股价的因素：

### 1. 盈利的增长

成本收益比率是很重要的概念，即股价/收益所得到的数额。但新手们常常过于注重成本收益比率，他们把它当成股价是否便宜的衡量标准。这种概念从根本上来说是对的，但在炒股上实用性不大。美国的微软公司上市初期，成本收益比率超过100，就是今天，它也超过50。十三年前你买了一万美元微软的股票，今天就是百万富翁。

一个健康、发展迅速的公司，其盈利必定逐年增长。这个增长的速度越快越好。一个公司的盈利若能以每个25%的速度增长，那么三年就能将盈利翻一倍。盈利增长的速度必须建立在合理的数字上。

去年每股赚了1分钱，今年2分钱，盈利增长了100%，但这个数字是没有意义的。如果公司的盈利从每股5角升到1元，这个100%的盈利增长定将使投资大众的眼睛发亮。盈利增长的前提是销售收入的增长。一个公司的销售收入如果无法增长，盈利增长通常是玩会计游戏的结果，对这一点读者们要留意。

另一必须留意的是销售收入增长的速度和盈利增长速度的关系。公司的营业额由1亿元升到2亿元，100%的增长率。但盈利只从5角升到6

角，20%的增长。这时要好好调查一下为什么。是不是同类产品多了竞争者，公司只好削价求售？虽然营业额不错，但收益率却降低了。如果是这样的话，这只股票的升幅也就有限了。一个每年盈利增长25%的公司突然将增长速度提高到40%，甚至50%，这通常铺好了股价成倍上翻的道路。

**2. 新产品**

如果有家公司发明了根治癌症的新药，你可以想象这家公司的前景。新产品提供了公司快速增长盈利的可能。这类例子很多，如：美国的新态公司在1963年发明了口服避孕药，结果其股价在六个月内翻了五倍。王安电脑因为其新型的文字处理机，在1978年至1980年间，公司股价升了十三倍。快餐店的概念成形初期，麦当劳公司的股价在1967年至1971年的四年间翻了十一倍。新产品并不局限于"实物"，可以是新的生意概念，新的推销手法，新的管理方式。

**3. 公司回购自身股票**

如果公司购回自身股票，这是好消息。公司购回自身股票是对本公司投信任票，通常来讲，公司只有在认为股票的股价水平不反映公司价值时才会这么做。同时，回购股票使流通的股票量减少，在相同的盈利总数下，每股的盈利数字就增加了。这就起到降低成本收益比率的作用。



**投资学点睛**

值得留意的是公司股票总流通量的数目，数目越大，股票上升的步伐就越难迈开，因为需要大的买压才能推动价格上升。

# 不拿养老的老本或子女的学费冒险
## ——股民切莫让人性盲点极化

以超高杠杆率为例，当人们不断靠借贷来做风险经营，用一元钱做四十元甚至两百元的生意，居然还自信能完全驾驭风险时，不能不说是傲慢在起关键作用。投资股市有如兵家之争，胜负难以确保，谦谨和敬畏之心不可丢。

股民的"原罪"是人类百万年进化的产物，并不是罪恶，只是要避免过度扩张，否则就可能造成过失。如能适度，相互制约，未必会是坏事。例如，贪婪和畏惧相克，盲从和傲慢对冲，怠惰缓解嫉妒等等，投资行为还能保持中庸。

嫉妒。嫉妒（个人根性）显然是盲从（群体行为）的根基。对别人成功的嫉妒往往会造成轻信流言或过度冒险的行为，明智的办法应是专注自己的投资，以及通过投资来实现自己设定的目标，避免与人攀比。

人的心理目标、努力程度、感受到的满足和幸福，是有很大差异的，个人的观感——产生于各自的目标、实力、直觉、风险承受能力、性格等等——差别也很大，本来就没有直接的可比性。即使要比，也须尽量平和，找"展望值"同自己相仿但略高一点的人来作为参照。

傲慢。适度高估自己是积极的人生态度，"自我肯定"和"自信心"毕竟是竞赛和博弈里必持的进取精神。然而对自己估计过高，扭曲而成傲慢，再加上贪婪的诱导，那事态就更严重了。

以超高杠杆率为例，当人们不断靠借贷来做风险经营，用一元钱做四十元甚至两百元的生意，居然还自信能完全驾驭风险时，不能不说是傲慢在起关键作用。投资股市有如兵家之争，胜负难以确保，谦谨和敬畏之心不可丢。

暴怒。证券博弈，得失也是很难预料的。然而由于天性，在失误发生时人们往往迁怒于他人。尤其证券投资，决策极具个性，因此最好能够由投资人独立做出。

美国就做过一项调查，搜索投资账户资金流进流出的记录，结果表明，美国家庭的证券投资，先生和太太分设户头的接近六成，在这次危机之前，就已高达48%。这说明即便是夫妻，家庭的理财思路也常不能一致，其分歧的程度在投资亏损时更会上升。约有43%的夫妇承认，2008年以来他们为投资发生了更多的争吵。

投资失误引起的暴怒，有损和谐，有害健康，于事无补。

防范之道：第一，不倾巢而出，不拿养老的老本或子女的学费冒险，以免影响从容进退；第二，记下当初投资的理由和动机，发生重大变化后，无论成败，拿出记录进行对照。人的记忆常会扭曲而偏向自己，成为指责别人的借口。研究表明，在投资失误时，不但夫妻、合伙人容易反目，更多的是迁怒责怪基金经理或理财顾问；第三，要认识到股市投资存在不确定因素，超出自己的控制和计算能力是非常正常的。机运不佳时要懂得忍认，不要过于责难自己，不可动辄迁怒他人。

怠惰。股市投资是大众的多元博弈，但其中存在着不平等的对局，部分精英，无论从组织、资金、经验、信息、关系、人才、技术支持等各个方面，都占有明显优势。比如高盛一类的公司，你不得不承认，在短线操作方面它们绝对是一流的。因此，要想把握胜出的机会，必须下大工夫。投资圣手巴菲特非常聪慧，也极为勤勉，然而他能够取胜，主要是有明晰理念的指引。

若是自己不是出类拔萃的，可以试试这种方法，定出规矩，定期（譬如每个月）投资若干指数股，不管市面怎么波动，都要严格遵守。长期下来，移动平均的股指回报率，一定会比市场平均值高，而且会胜过大多数专业基金经理。这种方法能跑赢大市，对通货膨胀有抵抗性，退休收入稳定，而且省事省心，情绪波动较少。

或许有人会提，假如全体投资人都被动地依赖指数来操作，这个方法就会失效：若没人主动冒险进取，去发掘和捕捉机遇，对市场偏误进行纠正，指数就是无源之水。若把人往往会过度推测的本性认识清楚了，就会明白，是不可能出现所有投资人都被动地依凭指数来投资股市的。

因此，时刻对盘细紧盯的人，业绩并不一定更好。重要的是要遵循投资中的纪律，在正确理念的指引下，努力把自己已经合理设定好的目标实现。

股民的“原罪”是人类百万年进化的产物，并不是罪恶，只是要避免过度扩张否则就可能造成过失。如能适度，相互制约，未必会是坏事。例如，贪婪和畏惧相克，盲从和傲慢对冲，怠惰缓解嫉妒等等，投资行为还能保持中庸，就像七彩汇成的白光。但是若受到强烈的折射过滤，白光被扭曲成单色激光，无论清一色的贪婪，还是清一色的畏惧，都会导致可怕的经济破坏。

投资学点睛

对于投资者个人，要理解人性存在盲点，如同铁原子有被磁化的本性，在磁场里就会齐刷刷被极化那样。投资者怎样避免被市场极化，避免狂奔到大牛极或大熊极，是非常值得琢磨的。

## 就算有足够的内幕消息和100万美元，你也可能在一年内破产

### ——投资股票应远离内幕消息的诱惑

真正的投资大师并不是因为成功预测走势和掌握内幕消息而获胜的。

“金融大鳄”索罗斯承认自己的成功与预测能力完全不相称；巴菲特更是公开表示对任何类型的预测都毫无兴趣。对待内部消息，投资大师们做到的是视而不见，置若罔闻。身为世界上最富有的投资者，巴菲特最喜欢的投资消息来源却偏偏是人人都可以免费获得的，那就是上市公司的年报。

投资股票靠什么赚大钱？当然是内幕消息！真是这样吗？由刘青云、古天乐、吴彦祖三大当红影星联袂出演的香港电影《窃听风云》，就演绎了一个与股市内幕消息有关的惊心动魄的炒股悲剧。

在电影中，任何一个自认为凭内幕消息就能预知股票走势，从而在股市赚大钱的人，最后的下场无不悲惨。有看过电影的投资者戏称，《窃听风云》的故事可用一句话概括“一则内幕消息引发的血案”。在现实生活中，每次牛市里接二连三出现内幕消息，诸如××股票即将连拉N个涨停板，都让投资者为之抓狂。实际上，由于存在追求暴富的心理，部分投资者总是倾向于去揣测市场走势特别是打听内幕消息，认为只有这样才能真正赚钱。

实际上，真正的投资大师并不是因为成功预测走势和掌握内幕消息而获胜的。

“金融大鳄”索罗斯承认自己的成功与预测能力完全不相称；巴菲特更是公开表示对任何类型的预测都毫无兴趣。对待内部消息，投资大师们做到的是视而不见，置若罔闻。身为世界上最富有的投资者，巴菲特最喜欢的投资消息来源却偏偏是人人都可以免费获得的，那就是上市公司的年报。巴菲特曾经这样告诫那些喜欢依靠探听各种所谓内幕消息来玩股票的投资者：“就算有足够的内幕消息和100万美元，你也可能在一年内破产。”

散户的通病是喜欢听消息，但投资者必须清楚意识到，企图靠内幕消息一夜暴富是根本不可能的，就算一时幸运得手，最后的安全收益也难以保证的。《窃听风云》中有这样一幕人间惨剧：一位跟着窃听精英们买股票的大妈，因为盲目听信消息大量买入，原本以为撞到了发财大运，不料股价暴跌，在万念俱灰下跳楼身亡。实际上，投资要有平常心，把快速发财致富的贪欲丢掉，通过长期持有基本面良好的优质股票，安心、明白地赚取收益，才是普通投资者的理性投资之道。

内幕消息不足取，长期投资是正道。正如巴菲特所言：“你只需要能够评估在你能力范围之内的几家公司就足够了。能力范围的大小并不重要，重要的是你要清楚自己的能力范围。”

**投资学点睛**

由于时间和精力限制，你可能无法通过自己分析研究寻找到优秀的上市公司股票，可以交给“专家理财”的优秀基金帮忙投资。你所需要做的，就是远离内幕消息的诱惑，安心长期持有基金。

# 股市就似羊群
## ——股票指数的运动

炒股高手利物莫是这样强调股票大市的重要性的：“炒股的诀窍便是在牛市中全力投入，在牛市结束或接近结束的时候卖掉你的所有股票。”股市就似羊群，单独股票就像羊群中的羊。当羊群朝某个方向前进的时候，大多数的羊跟随着同一方向。

股票也一样，在牛市的时候，大多数的股票升，熊市的时候，大多数的股票跌。就如做其他生意，顺势是成功的基本保证。做服装生意的要卖流行款式，不要进冷门的式样。炒股票的道理也一样。不管你选了多好的股票，在大市向下的时候，它跌的机会大过升的机会。

那么怎样确定股票的大市呢？要确定大市的走向，最重要的是每天要追踪股票指数的运动。如美国的道琼斯指数，日本的日经指数，香港的恒生指数，上海、深圳的综合指数等等。用技术分析的方法来判定大市的走向及走向的变动是最为有效的工具。研究股票指数图，把它看成一只股票，看看这只股票是处于什么运动阶段，它运动是否正常。

留意每天的交易总量。如果股市交易总量很大，但指数不升，或开市走高，收市低收盘，这就给你危险信号了。留意一下，周围发生了什么事？中央银行是否要调整利率？周边国家是否有动乱？大市的转变通常有一过程，它较单独股票转向来得慢。大市的转变可能需几天，也可能是几星期，重要的是感到危险的时候，你必须采取行动。

同样，你要留意股市跌到底时所提供的信号。当股市跌了很多，跌到大家都失去信心的时候，你会发现有一天股市狂升，可能升1%或2%，交易量很大，这往往是跌到底的信号，大户开始入场了。但这还不是进场的最佳时机，被下跌套牢的股民可能乘这个反弹卖股离场。如果在此之后，股票指数突破上一个波浪的最高点，你可以证实跌势基本结束，是进场的时机了。

股市的运动不断重复，你要仔细研究过去的规律。拿份长期的综合指数走势图，研究过去发生的一切，随着时间的推移，你就能培养起对股票大市的感觉。判断大市走向是极其重要的。

用很多心思研究单独股票的基础层面和技术层面，认为再好的市场也有股票跌，再坏的市场也有股票升，所以忽视大市的走向。炒股是概率的游戏，逆大潮流而动，你的获胜概率就被大打折扣了。将大市和单独股票结合起来考虑，是专业炒手们必须培养的心态。虽然这有一个学习过程，但一定要在心理上不断提醒自己：大市不好时，别买任何股票。判断股市大市还应注意下列几点：

1. 大的政治环境和经济环境有什么变动？今天的企业越来越具全球性，其他国家发生的政治经济危机将会影响本国的市场。近来东南亚发生的经济危机便是最好的例子。

2. 本国的经济大势怎么样？通货膨胀的情形如何？外汇兑换率有无变动的可能？中央银行会调整利率吗？

3. 所谓的股市龙头有什么表现？在股市到顶之前，你会发现股市的龙头股在大市到顶之前的一段时间开始疲软。

4. 垃圾股有什么表现？在股市到顶的前一段时间，一些平时少有人问津的小股票开始变得活跃且向上升。龙头股的价格已贵到买不下手的地步，社会游资便开始涌向三四线股票。

5. 每天收市的时候，有多少只升的股票？有多少只跌的股票？综合指数有时会被几只大股票糊弄。一只在综合指数占有大份额的股票偶尔会影响真正的方向。比如某天有1/4的股票跌，3/4的股票升，但1/4的下跌股票中可能有一只在综合指数占大份额的股票，如香港的汇丰银行，使得综合指数下跌。在这种情况下，综合指数不完全反映大市的真实走向。

6. 考虑股票的类别（板块）。如金融股、电子股、房地产股等等。虽然大市的综合指数走升势，其中某些类别可能在走跌势。研究大市走向时，应将类别综合考虑。特点是有时大市的走势并不明显，但金融股可能处在升势，电子股却走跌势。炒手们应根据各板块股票的运动形态来决定具体某只股票的买卖。

**投资学点睛**

当街头巷尾的民众都在谈论股市如何容易赚钱的时候，大市往往已经到顶或接近到顶。人人都已将资金投入股市，股市继续升高的推动力就枯竭了。而大众都恐惧的时候，则该卖的都已经卖了，股票的跌势也就差不多到头了。

## 炒股成功的基本要诀
### ——把“保本”这个概念牢牢地记在心里

炒股是用钱赚钱的行业。一旦你的本金没有了，你就失业了。无论你明天见到多么好的机会，手头没有本金，你只能干着急。几乎所有的行家，他们的炒股的建议便是尽量保住你的本金。

索罗斯在他的自传中提到他对应承担多大风险最感头痛。解决这个问题并无任何捷径，只有靠你自己在实践中摸索对风险的承受力，不要超出这个界限。然而什么是你对风险的承受力呢？把“保本”这个概念牢牢地记在心里，你在炒股时每次犯错，你的体会就会深一层，时间一久，你就知道该怎样做了。

做到保本的办法只有两个：一，快速止损；二，别一次下注太多。

炒过股票的朋友都有这样的经历：亏小钱时割点肉容易，亏大钱时割肉就十分困难。这是人性的自然反应。在一项投资上亏太多钱的话，对你的自信心会有极大的打击。你如果有一定的炒股经历，必然同时拥有赚钱和亏钱的经验。

在炒股这一行，没有什么是百分之百的。如果第一手进货太多，一旦股票下跌，噩梦就开始了。每天下跌，你希望这是最后一天；有时小小的反弹，你就把它看成大起的前兆；很快这只股票可能跌得更低，你的心又往下沉。

具体的做法就是分层下注。你如果预备买1000股某只股票，第一手别买1000股，先买200股试试，看看股票的运动是否符合你的预想，然后再决定下一步怎么做。如果不对，尽速止损。如果一切正常，再进400股，结果又理想的话，买足1000股。由于股票的运动没有定规，你不入场就不可能赚钱，而入场就有可能亏钱，所以承担多少风险便成为每位炒手头痛的事。

不断盈利。“盈利”二字前是什么？是“不断”。在股票市场偶尔赚点钱不难，只要你运气好就可以了。难的是“不断”二字。

股民说“我今年不错，大盘跌了20%，我只亏10%，我战胜了股市！”任何专业的炒手的问题应该是我今年挣了多少。

要想在股市不断赚钱，除了知识和经验之外，就是必须忍耐，等待赚钱的时机。

问问一般的股民，他们入市资金有多少买了股票？有多少是现金？你会很惊奇地发现，一般股民几乎把入市资金全部买了股票。不管是牛市还是熊市时，他们都是这样，这些人有一共同的想法：“我的钱是用来赚钱的。”

股票在大多时是有理性，有规律的。虽然每只股票的个性都不一样，但大同小异，你需要不断研究，不断观察，等你的经验积累到一定地步，就知道怎样顺势而行。

投资学点睛

等待、忍耐、观察，只有在股票的运动符合你的入场条件时才入场。只有这样，你才能够确定你入场的获胜概率大过50%。在这基础上，不断盈利才有可能。当然，千万别忘了保本。

# 资深的专业炒手
## ——赚大钱

只要股票运动正常，必须按兵不动。炒股高手利物莫特别指明，他炒股的秘诀不是他怎样思考，而是他在买对了的时候能够安坐不动。这是一件很难的事情，你要克服对脱手获利的冲动。

在你面前是两位炒手的交易记录。他们去年都翻了一倍，即100%的回报率。一位是常胜将军，他的交易全部赚钱，有买必赚，虽然每次赚的都不多，但他的交易记录密密麻麻的一大叠，积少成多，他赚了100%。另一位似乎运气不怎么样，交易中亏的次数多，赚的次数少。但他亏时亏的钱少，赚时赚的钱多，特别是有只股票卖出价较买入价升了四倍。算总账他也赚了100%。你怎么评价这两位股票炒手?

两人中的一位是运气很好的新手，另一位可是资深的专业炒手。

专业炒手的记录几乎都如上面所描述，他们明白股票买卖不可能每次都正确，那么在错误的时候为何要付大的代价? 但在他们正确的时候，他们试图从中得到最大的利润。可是新手们极少有前面所说的第二位这么好的运气，他们通常把赚钱的股票首先出手，满足于赚小钱，结果通常是手头有一大堆套牢的股票。

想象你手里有10000元，你告诉自己要分散风险，每只股票只投1/10，即1000元，一年下来，五升五跌，五只股票跌了10%，四只升了

10%，另外一只升了200%。那么一年下来，这10000元变成12900元，近30%的回报率，其中那只升了200%的股票是成功的决定性因素。炒过股的朋友，你赚过5元的股票升到15元吗？这样的机会多不多？但你抓到过多少？你是不是常常过早离场？使你过早离场的主要原因有两个：一、人好小便宜；二、不够经验判断股票运动是否正常。得到便宜是很愉快的，每次卖掉赚钱的股票你都觉得自己是炒股天才。所以我们看到新手赚钱时通常只赚小钱。

话又说回来，如果你知道5元的股票会升到15元，你也绝不会提早离场的。问题是你不能确定。这便涉及股票运动是否正常的判定问题。

**投资学点睛**

如果你确定股票运动正常，你的胜算很大，这时你应该在这只股票上适当加大下注的比重。如果以往你的制胜概率是60%，你下10%的注。但经验告诉你这次的制胜概率是80%，你就应当加注。从10%提高到30%甚至50%，从直觉上你能明白为什么应这么做。



## 入市前先自问“我亏得起吗？”

### ——胜犹可喜，败亦不足忧

一个人无论做什么投资，思考的第一个问题必须是：我亏得起吗？你如果有福气，在某单位有份待遇优厚的好差事，不用怕被炒鱿鱼，工资福利准时发，连手纸都会准时发到手里来，我恭喜你！你把用不完的钞票放进股市寻刺激，胜犹可喜，败亦不足忧，那么你不用考虑什么“败而不倒”之类的废话。但如果不幸你和我一样是位现挣现吃的穷小子，时时担忧下个月饭钱从哪里来的不幸人，假如败了，一家老小吃什么？那么，“我亏得起吗”这句话就是沉甸甸的。

炒股是亏钱容易赚钱难的行业。假设你手上有 10000 元资本，亏掉 50% 后剩下 5000 元。但是要回到 10000 元，你必须赚 100% 才行。任何有基本数学概念的人都知道 100% 的道路较 50% 来得漫长，股票当然更不例外。如果把找老婆也看做是一场赌博的话，多数人一生只赌一次，对那些赌两三回的人来说，通常是越赌越不如意，这超出本书的范围就不多讲了。对赌股票而言，赌的次数就更多了，对这类赌，久赌常胜的关键之一便是下好注。怎样下注是艺术，没有绝对的是非之分。但有门科学叫概率，它对怎样完善下注的艺术提供了科学的参考。

我们都知道抛硬币出现正面和反面的机会各是 50%，即有一半的概率出正面，一半的概率出反面。假设你今天和一位朋友赌钱抛硬币，出正面你赢一元，出反面你输一元，你们各拿一千元的本金来赌。这场赌博的结果很清楚，赌久了，谁也赢不了，谁都不会输。这是一场公平的游戏。突然你朋友建议说：从下一手起，出正面你赢 9 角 5 分，出反面你还是输他 1 元。你还干吗？你当然不干，因为你知道被剃光头是迟早的事。反过来，朋友建议说出正面你赢 1 元，出反面你输 9 角 5 分。

再假设这位朋友要提高赌注，每注 500 元，出正面你赢 500 元，出反面你输 475 元。概率没有改变，还是 1：0.95，但赌注变了，从你的本金的 1/1000 提高到 1/2。这时你有什么感觉？你还是知道赢的机会大过亏的机会，但你赢定的感觉没有了。你的本金只够赌两回，你的手开始冒汗，如果这 1000 元是你下个月的饭钱，你还敢赌吗？

上面的例子，你输赢的概率没有变化，但下注的数额变了，整个游戏的性质便发生了变化，你从赢定了变成了没有赢的把握。朋友，你炒了几年股票，觉得自己有经验了，你知道你的经验是干什么用的吗？你的经验提高了你每次进场赢钱的概率！

美国赌场的游戏，每种游戏（老虎机除外）的赌场盈利仅 1% –2% 之间。即从概率上说，你每次下注 100 美元，只能拿回 98 至 99 美元，和中国买卖股票的手续费差不多。但概率上你每次下注都输一点，久赌必输的古语就完全应验了。所以赌场不怕你赢钱，就怕你不来。一般的赌客带

2000 美元进场，通常不到半小时就剃光头回家。当时我觉得赌场真坑人，现在明白这些赌客其实太笨了。就算你不懂技巧乱下注，以通常最低额 5 美元的标准下注，2000 美元够耗上两天，赌场包你吃住，就算当一次度假也不错。这些赌客赚钱的心太急，恨不得立即就赚得十万八万的，每注下得太大，结果也就可想而知。

现在你应该明白在股市不断赚钱的秘诀了：通过你自己的观察和研究，不断累积经验，将自己每次入场获胜的概率从 50% 提高到 60%，甚至 70%；而且每次进场不要下注太大，应只是本金的小部分。这样长期下来，你就能久赌必赢，数学的道理是很明白的。每次下注应占本金总额的多少，决定于你的经验及对风险的承受能力，没有固定的百分比，你要记住财不入急门的道理。

这里给个建议：新手的话，把本金分成 6－8 份，每次下其中一份。有了经验，慢慢地把份数减少。

投资学点睛

你如果有 60% 的胜算，下注的数额比你有 80% 的胜算时应该为少。至于你怎么知道有 60% 或 80% 的胜算，完全决定于你自己的经验。



# 抓住正常运动中的股票
## ——路径运行

要完美地描述何时股票的运动正常是极其困难的。股票从来不按固定模式运动，就像你要完美地描述人的性格一样，你很难做到百分之百。

股票从来不是恒定不动的，它有时很活跃，有时很安静，要么上一下，要么下一点，在某一固定的区间波动，一旦股票开始一个新的走势，它通常循着一条比较固定的路径运行。华尔街将这条线称为“最少阻力线”。就是说股价在这条线上运行时受到的阻力最少。

如果股票开始一个上升的走势，比如说准备从20元升到50元。你将发现走势开始的前几天，交易量突然增加，股价开始攀升，几天以后，升势停止，开始下跌。这是正常的获利回吐，下跌时的交易量较上升时显著减少。读者朋友，这个下调是很正常的，属正常运动，千万不要在这个时候将股票卖掉。

如果这只股票具有上冲的潜力，你会发现在几天内股票又开始活跃，交易量又开始增加，上次自然调低所失去的“领土”应在短时间内收复，股价开始冲到新的高度。这次运动将持续一段时间，其间每日通常是收盘价高过开盘价，偶尔收盘价低过开盘价，其差额通常不大；交易量也不会有显著的变化，通常情况是减少。或迟或早，股票又会开始下跌，这是新一轮的获利回吐。这次获利回吐的股票运动和成交量的特点应该和第一次很相似。

以下用数字来描述一遍，因为掌握股票正常运动的特点对炒股成功是极其重要的。在股票20元的时候，交易量增加，可以是平时的一两倍，股价从20元升到21、22，甚至27元，这几天的交易量较前段时间显著增加是其特征。到27元时升势可能停顿，随之开始下调，股价走势为27－>26－>24元。这段时间的交易量应较从20升到27元时的平均交易量为少，即股票从20－>27元时买盘大过卖盘，从27－>24元时的卖盘大过买盘。但这如果是正常的升势，从20－>27－>24这段时间总的买盘大过卖盘。在24元徘徊几天后，股票应开始上升，交易量又开始增加，这次上冲应很快超过27元，股价走势为24－>25－>27－>35元。当股票冲到35元时，又开始停顿，随之下调，重复第一阶段的运动。这次下调同样应有交易量减少的特点。

一只正常运动的股票，每次上冲的强度通常较上一次更为猛烈。以我们这个例子，当股票再次冲破35元时，应很容易地直冲到45元或50元，其间不会感觉到有很大障碍。反调是正常的，一位专业炒手绝不能在正常回调的时候被吓出场。入场后开始有利润了，每次回调都意味着纸上利润的减少。常人的第一感觉就是赶快卖掉获利。这是新手的显著特点。这也是新手很难在股市赚到大钱的原因。

炒手的任务不仅仅在于确认何时股票运动正常，同样重要的是要能认识股票何时运动不正常。股票这种前进两步、退后一步的过程可能延续一段时间，有时可能是很长的一段时间。这段时间炒手或许在精神上会松懈下来，这是要不得的。因为往往在你松懈下来的时候，股票的运动发生变化。

股票缓缓地周期性上升，突然有一天，股票狂涨，从50元一下子升到55元，第二天升到62元，这两天交易量突然大增，但在第二天收市的前半小时股票从62元跌回58元收盘。第三天开市一样强劲，股票一下子升到64元，但第四天，股票似乎失去了冲劲，它跌回了61元。

**投资学点睛**

前述例子中，第四天股价跌回到61元，这是极其明确的危险信号，它告诉你：小心了，危险。在股票缓慢的上升过程中，它自然地升，自然地跌，突然某天大起大落，这是在正常上升过程中没有发生过的。一旦有不正常现象出现，炒手们必须特别留意。这时的正确做法，就是将这只股票脱手。

# 大雪之后为什么不收大白菜
## ——股市泡沫

泡沫会随每一次的市场复苏或基本面复苏自然演化出来，就像秋天过后必然是冬天一样，股市好转和恢复最终的归宿一定是泡沫。如果你能在泡沫破灭前及时离场，那么你将获得最大的利得。然而，如果泡沫破裂前未能及时离场，或者对泡沫的严重程度以及破灭的时点误判，就很可能会损失惨重。

企业只是一个进行买卖的依据，真正的投资机会既体现在企业的价值增长，又体现在股票市场非理性下跌制造的边际价值和非理性上涨制造的泡沫价值上。

很多价值投资人对研究泡沫不感兴趣，不愿意研究市场机制与特征。他们常常把牛市中后期的泡沫利益误认为是企业成长的利益。比如，在上一轮牛市中，泡沫化最严重的其实还是成长股、绩优股。换句话说，这些公司的泡沫程度与垃圾股相比是不相上下。

当时，很多价值投资者包括一些旗帜性的人物都犯了同样的错误，把泡沫利得与企业成长利得等同，沉浸在虚假的泡沫中还死不承认，声称那就是企业成长，结果都成了“套子里的人”。可以说，这是上一轮牛市留下的惨痛教训。

价值投资者也应正视泡沫，因为泡沫在股票市场中是正常的。正如专家所说，股市的泡沫犹如啤酒的泡沫，缺失泡沫就没有味道了。泡沫是市场的必然，客观存在，任何投资人都不能回避这个现实。即便是价值投资者，对泡沫与投资者利益之间的关系也应有所认识。在泡沫面前，价值投资者该接受的也不应躲避。

价值投资也要思考如何应对泡沫，如何把握泡沫利得。在上一轮牛市中，有人在3000点以上拒绝参与股市，其冷静程度非同一般，远比有些基金公司的做法更值得肯定。然而，拒绝泡沫这种做法可以被高度理性的投资人所采纳，但是，应对泡沫的唯一方法并非是拒绝。过分强调对企业利润的争取，把股市泡沫拒之门外，漠视泡沫对价值投资者扩大利得的作用，就有点保守了。

怎样才能正确应对泡沫？正如已经进入冬天的菜地，菜地大部分已经没有蔬菜和作物了。个别地方，零星地还长着一些大白菜，几位农民正在急急忙忙地抢收大白菜。

顺着有菜的地方走过去，可看到大白菜都枯萎得变了形，已经不成样子。十几天前，这片地的大白菜还都郁郁葱葱，粗壮得很。在经历了两场大雪之后，这些大白菜有效价值至少损失了30%。

而一位收菜的农民则无可奈何地说："没办法，没想到连续两场大雪把这批菜都毁了。本来以为，十一月初的那场大雪是个偶然，希望这些菜再长半个多月，就更加饱满了。没想到，又来了几场寒流和大雪。"

如今，他的菜差不多损失掉了三分之一。而且天气过于寒冷，收割回来的大白菜储存困难，还得给大白菜披上棉被。

第一场雪下来之前，菜地都没有收。

第一场雪下过之后，大部分农民都在次日抢收大白菜。一个老农说得很简单："不知道未来天气会怎么样，与其再等天气好转，不如接受微量损失，把白菜收割了事。虽说白菜再长十多天就更加饱满了，但是如果天气再变，大白菜就会冻死、冻伤，有绝收的风险。"所以，第一场雪下过之后就马上收割的农民损失并不大。

农民遭遇这个局面，主要是因为冬天到来已成定局，并且冬天早来的迹象已经出现了。这种情况下，希望再等十多天，白菜长得更饱满，还是可能的，但是这些相对较为乐观的菜农并没有着重关注已经出现的天气信号。

股市泡沫和抢收大白菜是一样的。

菜农知道恶劣天气终究会到来，只是有的农民，遇到天气不好就及时地把白菜收割了，而有的农民却在天气已经出现异常的情况下，仍旧等待回暖的机会，以便获得更多的收益，然而却事与愿违，遭遇重大损失。

与泡沫共舞一定是要提前收兵，不要妄想跟泡沫赛跑，更不要在最后一刻离场。泡沫的大小和持续时间都是不可预期的，唯一确定的是泡沫有“产生、发展到破灭”的过程。

**投资学点睛**

泡沫到最后终究会破灭，并产生巨大的破坏力。因此，更精确地把握泡沫是不可能的，只能尽可能早地离场。追求最后离场，应对泡沫是愚蠢的。投资者应该宁肯把部分泡沫利得丢失，也要确保已经得到的“落袋”，就像那几位提前收割的农民一样。总之，应对泡沫最根本的原则是尽可能提前离场，放弃对最后利得的追求，不跟泡沫较劲。

# 新股民入门

## ——五大核心要素帮助跨过“门槛”

股票投资是一种没有期限的长期投资。股票一经买入，只要股票发行公司存在，任何股票持有者都不能退股，即不能向股票发行公司要求抽回本金。同样，股票持有者的股东身份和股东权益就不能改变，但他可以通过股票交易市场将股票卖出，使股份转让给其他投资者，以把自己原来的投资收回。

**第一要素：股票的概念与内容**

股票是一种由股份有限公司签发的用以证明股东所持股份的凭证，它表明股票的持有者对股份公司的部分资本拥有所有权。由于股票包含经济利益，且可以上市流通转让，所以股票也是一种有价证券。

股票的用途有三点。其一是作为一种出资证明，当一个自然人或法人向股份有限公司参股投资时，便可获得股票作为出资的凭据；其二是股票的持有者可凭借股票来证明自己的股东身份，参加股份公司的股东大会，对股份公司的经营发表意见；其三是股票持有人凭借着股票可获得一定的经济利益，参加股份公司的利润分配，也就是通常所说的分红。

在现实的经济活动中，人们通常有四种途径获取股票。其一是作为股份有限公司的发起人而获得股票，如我国许多上市公司都由国有独资企业转为股份制企业，原企业的部分财产就转为股份公司的股本，相应地原有企业就成为股份公司的发起人股东。其二是在股份有限公司向社会募集资金而发行股票时，自然人或法人出资购买的股票，这种股票通常被称为原始股。其三是在二级流通市场上通过出资的方式购买他人手中持有的股票，这种股票一般称为二手股票，这种形式也是我国股民获取股票的最普遍形式。其四是他人赠与或依法继承而获得的股票。

不论股票的持有人是通过何种途径获得股票，只要他是股票的合法拥有者，就表明他是股票发行企业的股东，就享有相应的权利与义务。

**第二要素：股票的学习与交流**

现在网络时代，资讯阅读、经验交流都可以通过网络进行。作为新股民需要认清一些可依赖的股票类网站与交流场所，下面推荐一些，

股票导航类：

Vgu 股票导航（http：//www. vgu. com. cn），国内访问量最大的股票导航，垂直专业化的 HAO123，曾经数万媒体联手推荐。

财经网站导航（http：//www. caijing. in），又一重量级导航，同样专业、权威、财经类网站收集得很全面。

股库网（http：//www. gukuu. com）在财经、股票导航方面，收集的站点更为全面、细致，被誉为最多股民使用的股票网址大全。

股票资讯类：

财库股票网（http：//www. caikuu. com），原创类型的财经、股票资讯聚合，包括很多国内知识高手的点评直接汇集一体，确实值得推荐。

潜股网（http：//www. qgu. com. cn），股票推荐第一品牌，资讯权威同样免费，颇有收获。

优股票（http：//www. ugp. com. cn），资讯内容与个股讲解很有特色，域名也易记易懂，是个不错的品牌。

黑马中国（http：//www. heimacn. com），顾名思义，黑马类内幕介绍，

信息可信度较高，据传其中的资讯比机构还准，并且免费。

股票百科（http：//www. gpbaike. com），股票资料一一整理细分，比较专业独到。

财经网（http：//www. caijingz. com），财经网侧重财经资讯方面，信息更新及时、全面、权威。

股票工具类：

查股网（http：//www. chaguu. com），中国最大最专业的股票查询门户，是一套可在线使用的股票查询系统，功能强大。

股票查询（http：//www. gpcx. net），同样具备非常强大的股票在线查询功能，在页面设计与美观、用户体验方面更显强大。

股吧（http：//www. gubar. net），个股分析非常透彻，其在线工具号称是比软件还好用的查询系统，新股民可以特别关注下。

第三要素：股票作为一种重要的金融工具，其发行要经国家有关部门的核准，且在其票面必须具备一些基本的内容。在我国，现在所有股票的发行都必须征得中国证券监督管理委员会的审核批准。另外，股票在制作程序、记载的内容和记载方式上都必须规范化并符合有关的法律规定和公司章程的规定。一般情况下，股票上应具备以下内容：发行该股票的股份有限公司的全称，该公司依何处法律在何处注册登记及其注册的日期、注册地址，发行的股票总额、股数和每股金额，股票的类别。根据股票持有人权利及义务的不同，股票可分为多种类型。目前在我国上海证券交易所及深圳证券交易所流通和转让的股票都是普通股票，一般都不注明类型。但如果是特别股票，在票面上就应当标明其股票种类，股票的票面金额及其所代表的股份数，股票的发行日期及股票编号，如果是记名股票，则要写明股票持有者（股东）的姓名，股票发行公司的董事长或董事签章，主管机关或核定发行登记机构的签章，印有供转让股票时所用的表格，股票的发行公司认为应当载明的注意事项。

第四要素：股票的稳定性特点

股票投资是一种没有期限的长期投资。股票一经买入，只要股票发行公司存在，任何股票持有者都不能退股，即不能向股票发行公司要求抽回本金。同样，股票持有者的股东身份和股东权益就不能改变，但他可以通过股票交易市场将股票卖出，使股份转让给其他投资者，以把自己原来的投资收回。

第五要素：股票的风险性

任何一种投资都存在风险，股票投资也不例外。股票投资者能否获得预期的回报，首先取决于企业的盈利情况，利大多分，利小少分，公司破产时则可能血本无归；其次，股票作为交易对象，就如同商品一样，有着自己的价格。而股票的价格除了受制于企业的经营状况之外，还受经济、政治、社会甚至人为等诸多因素的影响，处于不断变化的状态中，大起大落的现象也时有发生。

投资学点睛

股票市场上股票价格的波动虽然对上市公司的经营业绩不会有影响，但股票的贬值还是会使投资者蒙受部分损失。因此，欲入市投资者，一定要谨慎从事。



# 慧眼看清 k 线图

k 线图这种图表源出于日本，是当时日本米市的商人用来记录米市的行情与价格波动的，后因其细腻独到的标画方式而被引入到股市及期货市场。目前，这种图表分析法流行于我国以至整个东南亚地区。由于用这种方法绘制出来的图表形状颇似一根根蜡烛，加上这些蜡烛有黑白之分，因而也叫阴阳线图表。

从 k 线图中，能够把市场的真正变化全面透彻地观察到。既可看到股价（或大市）的趋势，同时也可以了解到每日市况的波动情形。

k 线图形态可分为反转形态、整理形态及缺口和趋向线等，现逐一地对这些形态进行具体分析。

## 一、绘制方法

首先找到该日或某一周期的最高和最低价，垂直地连成一条直线；然后再找出当日或某一周期的开市和收市价，把这两个价位连接成一条狭长的长方柱体。假如当日或某一周期的收市价较开市价为高（即低开高收），便以红色来表示，或是在柱体上留白，这种柱体就称之为“阳线”。如果当日或某一周期的收市价较开市价为低（即高开低收），可以以蓝色表示，又或是在柱上涂黑色，这柱体就是“阴线”了。

## 二、优点

从 k 线图中，能够把市场的真正变化全面透彻地观察到。既可看到股价（或大市）的趋势，同时也可以了解到每日市况的波动情形。

## 三、缺点

（1）绘制方法十分繁复，是众多走势图中最难制作的一种。

（2）阴线与阳线的变化繁多，对初学者来说，在掌握分析方面会有很大的困难，没有柱线图那样简单易明。

## 四、分析意义

由于“阴阳线”变化繁多，“阴线”与“阳线”里有许多大小不同的变化蕴含其中，因此其分析的意义很重要。

在讨论“阴阳线”的分析意义之前，先介绍阳线每一个部分的名称。

以阳线为例，最高价与收市价之间的部分称之为“上影”，开市价与收市价之间称为“实体”，开市价与最低价之间就称作“下影”。

1. 长红线或大阳线

此种图表示最高价与收盘价相同，最低价与开盘价一样。上下没有影线。从一开盘，买方就积极进攻，中间也可能出现买方与卖方的斗争，但买方发挥最大力量，一直到收盘。买方始终占优势，使价格一路上扬，直至收盘。表示强烈的涨势，股市呈现高潮，买方疯狂涌进，不限价买进。握有股票者，因看到买气的旺盛，不愿抛售，出现供不应求的状况。

2. 长黑线或大阴线

此种图表示最高价与开盘价相同，最低价与收盘价一样。上下没有影线。从一开始，卖方就占优势。股市处于低潮。握有股票者不限价疯狂抛出，造成恐慌心理。市场呈一面倒，直到收盘，价格始终下跌，表示强烈的跌势。

3. 先跌后涨型

这是一种带下影线的红实体。最高价与收盘价相同，开盘后，卖气较足，价格下跌。但在低价位上得到买方的支撑，卖方受挫，价格向上推过开盘价，一路上扬，直至收盘，收在最高价上。总体来讲，出现先跌后涨型，买方力量较大，但实体部分与下影线长短不同，买方与卖方力量对比不同。

实体部分比下影线长。价位下跌不多，即受到买方支撑，价格上推。破了开盘价之后，还大幅度推进，买方有很大实力。

实体部分与下影线相等，买卖双方交战激烈，但大体上，买方占主导地位，对买方有利。

实体部分比下影线短。买卖双方在低价位上发生激战。遇买方支撑逐步将价位上推。但从图中可发现，上面实体部分较小，说明买方没有占据太大优势，如卖方次日全力反攻，则买方的实体很容易被攻占。

4. 下跌抵抗型

这是一种带下影线的黑实体，开盘价是最高价。一开盘卖方力量就特别大，价位一直下跌，但在低价位上遇到买方的支撑，后市可能会反弹。实体部分与下影线的长短不同也可分为三种情况：

（1）实体部分比影线长表示卖压比较大，一开盘，大幅度下压，在低点遇到买方抵抗，买方与卖方发生激战，影线部分较短，说明买方把价位上推不多，从总体上看，卖方占了比较大的优势。

（2）实体部分与影线同长表示卖方把价位下压后，买方的抵抗也在增加，但可以看出，卖方仍占优势。

（3）实体部分比影线短卖方把价位一路压低，在低价位上，遇到买方顽强抵抗并组织反击，逐渐把价位上推，最后虽以黑棒收盘，但可以看出卖方只占极少的优势。后市很可能买方会全力反攻，把小黑实体全部吃掉。

5. 上升阻力

这是一种带上影线的红实体。开盘价即最低价。一开盘买方强盛，价位一路上推，但在高价位遇卖方压力，使股价上升受阻。卖方与买方交战结果为买方略胜一筹。具体情况仍应观察实体与影线的长短。

红实体比影线长，表示买方在高价位时遇到阻力，部分多头获利回吐。但买方仍是市场的主导力量，后市继续看涨。

实体与影线同长，买方把价位上推，但卖方压力也在增加。二者交战结果，卖方把价位压回一半，买方虽占优势，但优势显然不如卖方。

实体比影线短。在高价位遇卖方的压力、卖方全面反击，买方受到严重考验。大多短线投资者纷纷获利回吐，在当日交战结束后，卖方已大部分失地收回。买方一块小小的堡垒（实体部分）将很快被消灭，这种 K 线如出现在高价区，则后市看跌。

6. 先涨后跌型

这是一种带上影线的黑实体。收盘价即是最低价。一开盘，买方与卖方进行交战。买方占上风，价格一路上升。但在高价位遇卖压阻力，卖方组织力量反攻，买方节节败退，最后在最低价收盘，卖方占优势，并充分发挥力量，使买方陷入“套牢”的困境。

具体情况仍有以下三种：

（1）黑实体比影线长表示买方没有把价位上推多少，立即遇到卖方强有力的反击，把价位压破开盘价后乘胜追击，再把价位下推很大的一段。卖方力量特别强大，局势有利于卖方。

（2）黑实体与影线相表示等买方把价位上推；但卖方力量更强，占据主动地位。卖方具有优势。

（3）黑实体比影线短表示卖方虽将价格下压，但优势较少，明日入市，买方力量可能再次反攻，黑实体很可能被攻占。

7. 反转试探型

这是一种上下都带影线的红实体。开盘后价位下跌，遇买方支撑，双方争斗之后，买方增强，价格一路上推，临收盘前，部分买者获利回吐，在最高价之下收盘。这是一种反转信号。如出现在大涨之后，表示高位震荡，如成交量大增，后市可能会下跌。如出现在大跌后，后市可能会反弹。这里上下影线及实体的不同又可分为多种情况：

(1) 上影线长于下影线之红实体：影线部分长于红实体表示买方力量受挫折；红实体长于影线部分表示买方虽受挫折，但仍占优势。

(2) 下影线长于上影线之红实体：红实体长于影线部分表示买方虽受挫折，仍居于主动地位；影线部分长于红实体表示买方尚需接受考验。

8. 弹升试探型

这种黑实体上下都带影线，在进行交易中，股价在开盘后，有时会力争上游，随着卖方力量的增加，买方不愿追逐高价，卖方渐居主动，股价逆转，在开盘价下交易，股价下跌。在低价位遇买方支撑，买气转强，不至于以最低价收盘。有时股价在上半场以低于开盘价成交，下半场买意增强，股价回至高于开盘价成交，临收盘前卖方又占优势，而以低于开盘价之价格收盘。这也是一种反转试探。如在大跌之后出现，表示低档承接，行情可能反弹。如大涨之后出现，后市可能下跌。



9. 十字线型

这种图形只有上下影线，没有实体。开盘价即是收盘价，表示在交易中，股价出现高于或低于开盘价成交，但收盘价与开盘价相等。买方与卖方几乎旗鼓相当。

其中，上影线越长，表示卖压越重；下影线越长，表示买方旺盛；上下影线看似等长的十字线，可称为转机线，在高价位或低价位，意味着出现反转。

10. “⊥”图形

又称空胜线，开盘价与收盘价相同。当日交易都在开盘价以上之价位成交，并以当日最低价（即开盘价）收盘，表示买方虽强，但卖方更强，买方无力再挺升，总体看卖方稍占优势，如在高价区，行情可能会下跌。

“T”图形又称多胜线，开盘价与收盘价相同，当日交易以开盘价以下之价位成交，又以当日最高价（即开盘价）收盘。卖方虽强，但买方实力更大，局势对买方有利，如在低价区，行情将会回升。

11. “一”图形

此形不常见，即开盘价、收盘价、最高价、最低价在同一价位。只出现于交易非常冷清时，全日交易只有一档价位成交。冷门股此类情形较易发生。

**投资学点睛**

通过k线图，可以完全记录下来每日或某一周期的市况表现，股价经过一段时间的盘档后，在图上即形成一种特殊区域或形态，不同的形态有不同的意义表示。

# 案例分析

## ——被套投资者如何解套/大跌之后如何自救/牛市七大陷阱

### 被套投资者如何解套：

可怕之处并不在于被套牢，懂得怎样“解套”是关键。虽然股价涨跌无法控制，但仍然可以通过操作技巧把亏损降低、摊低，甚至脱离“套牢”。

2010年春节前，小张在10元价位买入某股票1000股，之后该股出现大幅下跌，后来下跌幅度达到30%，股票市值下滑到7000元。尤其不幸的是，市场上还没有出现明显迹象，表明将不会再跌，也就是说该股有很大的可能性会继续下跌。

其实，可怕之处并不在于被套牢，懂得怎样“解套”是关键。虽然股价涨跌无法控制，但仍然可以通过操作技巧把亏损降低、摊低，甚至脱离“套牢”。

理财师给小张策划以下解套方案：

假设该股以7元开盘后一路下跌至6.5元，在7元处将1000股全部抛出，然后在跌至6.5元时，买入1000股，当天获利（7－6.5）×1000＝500元。

实际上，这是一种通常被称为盘中"T＋0"的超短线操作技巧，指利用手中原有的股票筹码进行盘中的买进卖出，其中又分顺向"T＋0"和逆向"T＋0"。顺向"T＋0"的具体操作方法是：当持有的套牢股票在盘中有明显的上升趋势时，可以乘机买入同等数量的同一股票，待其涨升到一定高度之后，将原来被套的同一品种股票全部卖出，从而在一个交易日内实现低买高卖，来获取差价利润，降低被套股票的成本。

逆向"T＋0"则是：当持有的套牢股票在盘中表现出明显的下跌趋势时，可先卖出手中被套的股票，然后在较低价位买入同等数量的同一股票，从而在一个交易日内实现高卖低买，来获取差价利润。需注意的一点是，做盘中"T＋0"是以对股票走势有比较准确的把握为前提的，否则反而会把自己的损失加大。

理财师还给小张另一个建议：

若对所持股票把握性很大，选择不对称操作也是可以的，即抛出后全仓买回，把成本摊低的同时增加持股数。如后市继续下跌，则按前一方案进行，这样做的好处是可以在投入不变的前提下，在下跌中不断把持股数量增加，同时平抑持仓成本。

但是，春节之后，出现了比小张严重很多的被套牢投资者，对此，理财师向《投资与理财》杂志介绍了非T＋0操作技巧。一是做空，当自己已被深度套牢而无法斩仓，又确认后市大盘或个股仍有进一步深跌的空间时，可采用做空的方式，先卖出套牢股，等到更低的位置再买回，从而有效把成本降低，并且把手中的持股数增加。二是半仓滚动操作，方法跟上面的一样，但并非全仓进出，而是半仓进出，这样可以避免出错。万一判断有误，则手中有半仓股票半仓现金，可以灵活处理，方便进退。

以上方式均为主动解套的方法，它的关键就是要千方百计把成本降低，补回损失，直至赚钱。

**大跌之后如何自救：**

老刘是一位自从2000年在30元的高位买入中视传媒后，便一直被深套，如今股价仅有七八元左右。期间，老刘也想过补仓，却又害怕陷得更深。另外，他手头类似的股票还有好几只，令其痛苦不堪。

【策略】

蚕食策略是不错的选择，即将扭亏操作分成多次交易完成，反复运用波段操作或者充分利用被套股票，进行顺向的超短线“T+0”操作和反向的趋势操作，逐渐降低持仓成本，直至实现扭亏为盈的目标。

【兵法】

1. 集中兵力，各个击破。如果手中被套的股票不止一只，就要注意各个击破而不是想着同时全线解套。尤其在补仓时不能摊平所有被套股票，否则成本价不会降低多少，反而会因为个股的良莠不齐，造成将来有的股票解套，有的股票可能会被套得更深。应该重点选择其中先启动的和股性比较活跃的个股，等解套后再对其他被套股进行逐个解救。

2. 面对深套，分段瓦解。以老刘的情况为例，他手中的股票从30元套到现在仅剩下七八元。如果他想一下子把当初所有的亏损都弥补，是不可能的。所以，他可假想自己只是被套在10元的位置，这样解套就会很容易了。每次在涨上2至3元时卖出。每次下跌2至3元时再买回来。连续多次的操作后，虽然不能确保全部扭亏，但至少可以减少不小的损失。

小沈是一位公司职员，平时上班，没有太多时间。他倾向于做短线，前不久买入某强势股，但该股次日即公布了重大利空消息，股价持续跳水，令其蒙受重大损失。

【策略】

炒股票难，炒短线的股票更难。追涨杀跌是短线高手必须懂得的策略，但如何以更小的风险博取更多的收益，同样是短线客首要考虑的问题。

【兵法】

1. 减少频率，精选个股。熊市氛围中，多动多错，少动少错。若非要买股票，需等到大级别的反弹时才出手，且追涨超强势股。比如2008年9月14行情时买入股票，亏损的几率相对于平时就小很多；假如，在当时行情启动早期，追涨买入率先涨停的天山纺织、海虹控股等超强势品种，那么短线斩获将非常可观。

2. 控制风险，适时出击。短线强势品种，涨跌都很快。如果更看重稳健性，将资金滚动用于购买货币基金与指数基金之间。近几年来，大盘跌多涨少，大部分时间内，可把手头闲置的资金用于购买货币基金。当股指一旦过度超跌时，必然会引发一波短线“井喷式”的反弹，往往会有3%以上的涨幅空间。届时，再将手头的货币基金，及时转换为指数基金，获得的收益比平时加倍。比如遇到2008年9月14行情的那种情况，若不敢进行对强势品种出击，可买一些指数基金，这样至少可以确保获取大盘平均涨幅的收益，也在一定程度上把追涨杀跌的风险规避了。

老陈可以说是我国最早的一批专业股民了。他的第一桶金是来自认购的，随后经历了1994年333点的骤起骤落，在2000年，他见好收兵，暂时告别股市。可以说，在上个世纪90年代，他依靠股市实现了资产的翻番。他看到股市又回到“5.19行情”的起点了，打算进场抄个大底。

【策略】

等了这么长时间，空仓的投资者是该有所行动，一展身手了。面对如此大面积价廉物美的股票，他们自然胸有成竹。不过，话说回来，“底部是跌出来的”，如果没有确定的把握认定目前点位便是“世纪大底”，那么可先抱着“买点股票试试盘”的想法，或许很快便能重温当年的感觉。



【兵法】

1. 择机而动，分批进场。老陈手头现有30万元。他估计本周一创出的1057点还不是底，真正的底部估计仍需猛砸一下。他设定了如下计划：等到股指快跌破千点时，就先将一半的资金杀进股市。一旦再跌到900点下方时，便把剩下的15万元投进去，一来平衡一下建仓成本，因为第一批建仓的股票此时可能浮亏近10%了；二来跌破900点后，大盘展开大级别反弹的概率将更大，抄个更大的底部是很有希望的。

2. 不选“热门”，剑走偏锋。老陈的选股也很有特色。他对“大众情人”的热门股票从不感兴趣，因为这些股票都被基金、社保拿着，股性不灵活，而且涨幅也太大；当然也不能选垃圾股，现在已经有了血本无归的股票。他会主要选择一些业绩处于中上水平、派现好于银行的股票。

小黄是海归人士。对内地股市，他的理解方式有自己的个性：尽管目前很难确定指数位置是否见底，但至少指数正在向底部区域靠近。于是，他打算采用定期定额的投资方法，一路买进 ETF 指数基金。

【策略】

他举例，美国 1871 年到 2001 年的平均市盈率是 14.5 倍，而如今上证 180 或者上证 50 这样的大盘股指数市盈率已经比这个数字低了，至少已经不能说内地证券市场的市盈率过高了。当然，即使上证 180 或者上证 50 在 12－13 倍的时候，也不意味着就必定是底部了。美国 100 多年间有 3 次市场的市盈率接近 5 倍，而最近的一次便是 1980 年前后，市盈率在 6－8 倍。因此，单论市盈率，内地股市还是有下跌空间的。但是，我国宏观经济状况截然不同于那几次大萧条中的美国。由此认定，目前股指已进入了可投资的区间。

【兵法】

1. 认同底部，选择 ETF。如果认同以上判断，那么选择一个好的指数作为跟踪对象，予以中长期投资。时下纯指数的投资产品没有多少，所幸有一个上证 50 可供选择。这个指数的成分股虽说没有多好，但在目前的沪深股市，的确也算是很好的了。投资上证 50，就个股风险来说，总是比较小的；而且从投资方便程度来说，上证 50 的 ETF 产品，也是很方便的。

2. 定期定额，摊薄成本。小黄的定期定额投资思路，是利用时间换空间，通过在低价位购入较多份额的单位来达到摊薄购买成本的目的。可以考虑用 1 年或者 2 年的时间，将手头准备投资 A 股的钱用来购买上证 50 的 ETF，这样做虽然成本一定不可能最低，但是与大多数投资者盲目的抄底相比，定期定额的方法获得成本优势则有很大的可能性。

## 牛市中七大陷阱：

一、古井贡酒：连拉 13 个涨停的大股东减持陷阱

股民金女士受北京某大报 2007 年 7 月 4 日发表的《古井贡酒：预计 2009 年中期纯利翻五番，已连续 9 个涨停》文章的影响，在第 13 个涨停被打开时以 33.45 元的价格追进去，买了 1 万股，当天就亏损 1 万元。至今连续跌停且不能抛出，遭受严重损失。股民反映，“古井贡酒价格疯涨确是一件非常奇怪的事情。”

据查实，6 月 21 日，古井贡酒公告称，亳州市决定把古井集团 100% 国有股权转让程序终止，集团改制未成功，公司股票复牌。这天起古井贡酒连拉 13 个涨停板，14 个交易日中，该股股价从 9.05 元大涨至 34.44 元，涨幅高达 280%。当天，古井贡酒公告称，截至 2007 年 7 月 10 日下午收盘，其控股股东古井集团已通过深圳证券交易所交易系统累计已把公司 A 股股票 3297989 股售出，占公司总股本的 1.4%，目前古井集团仍为公司第一大股东，持有公司总股本的 61.15%。

资料显示，7 月 10 日，该股振幅达 19.93%，换手率达 47.39%。根据其 2006 年年报，其净利润只有 1315 万元，每股收益也只有 0.056 元，其 2007 年一季报每股收益 0.02 元。即使中报利润将会增幅不少，但增加幅度也无法与时下股价的增长幅度相比。

另有股民买皇台酒业、ST 银广夏，也同样陷入“酒不醉人人自醉”的困境。

二、杭萧钢构：隔山买“牛”的大单合同陷阱

股民段先生在杭萧钢构屡查屡涨，尤其受“5.30”后反弹再创新高的诱惑，于 6 月 13 日终于以 29.70 的价格买了 14000 股，此后一路下跌，最低跌至 16.62 元。

中国国际基金公司（简称“中基公司”）在安哥拉遭遇信任危机，安哥拉国家重建委员会把其与中基公司的部分合同取消了，其他没被取消的合同也存在着重新签订的可能性，而中基公司与杭萧钢构所签订的 344 亿元安居工程总包合同就包括其中。此消息让杭萧钢构连续几天被停牌，上交所要求其确认合同一事。从杭萧钢构解释分析，该公司几乎丧失对合同的话语权，存在很大的不确定性。对于投资者来说，无疑是一个隔山买“牛”的陷阱。

三、鲁泰 A：10 送 10 的高派送陷阱

股民萧先生将房产贷款 30 万元押宝鲁泰 A，更是凄惨不堪。6 月 15 日星期五，鲁泰 A 离股权登记只剩下一天，股价连续涨停及 10 送 10 的诱惑使萧先生按捺不住，以 47 元的高价买入 6000 股。在还贷的压力和大跌的恐惧下，他终于在 7 月 6 日以几乎腰斩的价格出局。“我将长期背上沉重的债务包袱。”萧先生说。

据查实，鲁泰 A2006 年分配方案为每 10 股派 3.718 元（含税，税后 3.3462 元）转增 10 股。该股于 5 月 14 日 24 元启动，股价连续上涨，至 6 月 14 日涨幅 100% 达到 48 元，只用了 22 个交易日。相对应的该股一季报才 0.12 元，中报至今无预增，中期业绩摊薄后可想而知。相类似的还有柳钢股份、沙隆达等。许多股民醒悟道："以前只知道 ST 股害人，没想到 10 送 10 的股票也有陷阱。"

四、ST 星源：复牌补跌的定向增发陷阱

"由于受别人以往买复牌股大涨的惯例影响，我在 5 月 21 日买了 23000 股 ST 星源，一直庆幸自己'锁进去'躲过了'5.30'以来的大跌，甚至坚信复牌后还连续拉涨停，没想到天天无量跌停……"股民林先生不停地抱怨 ST 星源的重组陷阱。他连续三天以跌停价参与集合竞价都没成交，非常担心跌停是否有尽头。

据查实，ST 星源 7 月 11 日发布终止定向增发公告称，因 ST 星源就拟向特定对象增发股票事宜进行论证，公司股票于 2007 年 5 月 22 日起停牌，现根据公司对外投资经营情况的重大变化，原拟订方案不适应公司的发展需要，公司决定终止本次拟向特定对象增发股票事宜。公司股票将于 7 月 11 日上午 10 时 30 分恢复交易。该股开盘即百万大单封跌停。不少股民反映，类似的经历还有大龙地产的定向增发，而普洛康裕也是"高价增发 + 派送"的陷阱。

五、航天机电：新能源的热点陷阱

市场上的热点不管是在弱市还是强市都会存在的。热点的陷阱对人更有迷惑性。股民郑先生有这样一段话："别人说牛市也存在风险，原来并不相信，现在才知道自己碰到了最大的风险！对我来说，航天机电是牛市中最大的陷阱！"出于对航空航天和新能源概念的景仰，郑先生在 5 月 20 日追涨买入，6 月 5 日上午杀跌卖出；6 月 12 日又追涨买入，7 月 5 日在绝望中割肉卖出。经过两进两出，他的 10 万块钱只剩下 3 万多元。

郑先生打开 k 线图，恍然醒悟：庄家在牛市启动前大幅疯狂拉升 10 倍，从 2.42 元涨至 22.00 元，接着利用整个牛市边拉边出筹码，既能把筹码轻松卖出，又能把获利水平提高，真是一箭双雕！凭借媒体和公司的消息面让散户迷惑，就他们这些傻股民还痴心盼望它获利，把一波行情白白浪费了不说，还把血本亏了！

据查实，航天机电2009年一季度每股收益0.0195元，净利润1457.14万元，同比下降26.47%；主营收入2.07亿元，同比下降54.08%。应该说，该股具有航空航天和太阳能产业的双料热点，但一季度业绩才两分钱。股价的再度回落，给投资者一个警示牛市也要防范“成长性陷阱”。

六、拓邦电子：高调上市的新股陷阱

拓邦电子现象很值得注意。这个股票刚刚上市，以71块钱的最高价位上市，周三最低达到31.97元，价格几乎下跌一半。这是一种在大盘波动市场下一直备受资金追捧的新股。但是，对这个个股而言，如果谁再对这个股票进行投资，就等于是往陷阱里跳。老股民马大姐就是其中之一。

“真没想到我这老手竟在新股上栽了跟头。”蔡大姐说。她凭经验判断，整个六月大盘震荡频繁，波段操作赢利空间比较小。按常理说在这个时期，最佳选择是炒作新股。6月29日，拓邦电子上市，她果断以64.72元的价格追涨买30000股，打算在第二天再涨3－5%时套利卖出。没料到当日收盘价仅60元，刚进就被套住了。第二天开始连续4个跌停且无法卖出。7月6日，跌停板被打开，她果断逢高减磅，终于在收市前全部割肉卖完，几乎亏损一半。她遗憾地说：“这轮牛市的利润全部被吞噬掉了。”

七、首创权证：废纸一张的超级陷阱

从宝安权证——中国股市中的第一只权证开始。权证就犹如定时炸弹般一直存在股市中，它一直是股市中的一个极大陷阱。刚涉股仅一个月的何女士误将首创权证当做普通股票，在行权交易日过期之后还浑然不知，待行权那天才发现，可30万元5.7万股首创权证已化为灰烬。

**投资学点睛**

我们到股市进行投资，首先要有保本意识，就是千方百计地保证不赔，即使不盈利也不能赔，靠股市被动的盈利模式是10%的人赚了90%的钱。

# 第八章 养“基”赚钱容易吗

## ——基金也不是包赚不赔的

一般情况下，基金理财不是一夜暴富。对于绝大部分人来说，应更着眼于长期增值、抵御生活风险、保护和改善未来的生活水平，达成多年后养老、子女教育等长期财务目标，所以要保持平常心。

投资基金前，应留出足够的现金资产，以备不时之需，一般至少能应付 4 至 6 个月的家庭必要支出，还可以做必要的保险。

# 新基民投基技巧必读

## ——买基金毕竟不是买白菜

一般说来，基金理财不是一夜暴富。对于大多数人来说，应更加从长期增值、对生活风险的抵御、保护和改善未来的生活水平着眼，达成多年后养老、子女教育等长期财务目标，所以要有平和的心态。

投资基金前，应把现金资产留足，以备不时之需，一般至少能应付4至6个月家庭的必要支出，必要的保险也能做一些。

如果没把握好技巧，申购失败或者多花点钱倒还在其次，若打击了投资热情、动摇了投资信念，损失就大了。

在此，为蠢蠢欲动的新基民总结了基金认购、申购时的一些注意事项。

### 一、查验账户，确认购买成功



前不久，有媒体报道，市民杨女士到银行领取基金分红时被告知，自己一年前提交的基金购买申请没有被确认，还在银行账户里躺着，一气之下她把银行告上了法庭。

从基金公司得知，其实这样的事件并非仅此一例，出现基金无效申购或认购的情况，一般可能由以下三种情况造成：

1．按比例配售

新发基金的认购费比日常申购费低，募集的规模很可能会超过发售的上限规模，这种情况下，基金公司会在认购末日按比例配售，投资者未确认比例的资金会被打回到银行账户上。

提醒：认购新基金的基民，为了确定认购是否成功，在认购期结束后应及时查询基金公司的公告和银行账户。

2. 暂停申购或封闭

目前，大约有40支的开放式基金处于暂停申购或者封闭状态，这期间基金公司不接受投资者的申购申请。值得注意的是，不少处于暂停申购期的基金还同时暂停了基金定投业务，即使投资者每月仍往银行账户中存钱，基金公司也不会扣款。

提醒：基金定投的基民要及时关注基金公司公告，如遇暂停申购，可改投其他接受申购的基金，或投资货币基金短期替代。

3. 多渠道申购

如果在同一天内通过网上交易和其他渠道进行开户并且申购基金，最终只能有一笔确认成功。

提醒：网银用户不要在一天内通过多种渠道开户并申购基金。

## 二、对号入座，选择购买渠道

在基金销售主流渠道上，大致有银行、基金公司网上直销、证券公司营业部等几种。由于它们都有各自的优势，不同需求的基民最好选择合适的销售渠道。

1. 普通基民：银行

目前，京城的各大银行几乎都在代销基金，投资者只要到银行办理一个借记卡账户，并开通基金购买功能，就可以通过银行柜台或者网上银行购买基金。

通过柜台买基金，一般没有费率上的优惠；而通过网上银行买基金，可以享受到6－8折不等的费率优惠。

在选择银行开户前，先弄清楚各家银行销售的基金品种及网银费率情况，尽量选择代销数量多的银行，并通过网银方式购买。

2. 股民：证券公司

目前多家证券公司与基金公司合作，代销基金产品，交易费率最低可到4折，大多数为6折，这种投资方式较适合股民。

3. 大客户：基金公司

有规模的基金公司一般都会在自己的网站上做直销。这种方式的基金申购费率最为优惠，但投资起点较高，普遍在百万元以上。

## 三、对比费率，选择后端收费

目前各基金认购费率为1.2%－1.5%，申购费率为1.5%－2.0%，赎回费率一般为0.5%－0.8%。不少基金设有前端和后端两种不同的收费模式，而一经选择确认，就不能修改，所以投资者在提交认（申）购申请时要选最省钱的方式。

前端收费是在买基金时就付申购费，后端收费则是等到卖出时才付费。理财专家多建议，申购基金时应尽量选择后端收费。后端收费的费率一般随着持有基金时间的增长而递减，最低可以为零。另外，还能抑制频繁买卖的冲动，敦促投资者坚持长期投资。

## 四、预测走势，选择分红方式

另外，基民申、认购时还应把基金的分红方式选择好。基金分红有两种方式，一是现金分红，二是红利再投资。各家基金公司都默认为现金分红，如果想要红利再投资，投资者应及时通过购买渠道向基金公司提交修改申请。



**投资学点睛**

现金分红是单利增值，如果预测未来市场存在很大风险，选择它为好；红利再投资是复利增值，收益着眼于未来，可以免申购费，如果资金在短期内没有用途，并看好市场，可选择红利再投资。

# 如何进行基金理财

## ——基金理财不是一夜暴富

一般说来，基金理财不是一夜暴富。对于大多数人来说，应更加从长期增值、抵御生活风险、保护和改善未来的生活水平着眼，达成多年后养老、子女教育等长期财务目标。

贷款买基金要把投资成本的上升考虑进去，而且，2011 年基金收益能否像 2008 一样动辄翻倍，还不得而知。

一般说来，基金理财不是一夜暴富。对于大多数人来说，应更加从长期增值、抵御生活风险、保护和改善未来的生活水平着眼，达成多年后养老、子女教育等长期财务目标，因此应进行合理的基金理财，所以要有平和的心态。

投资基金前，应把现金资产留足，以备不时之需，一般至少能应付 4 至 6 个月的家庭必要支出，必要的保险也可以买一些。

基金理财的步骤：首先，根据年龄、收支、家庭负担、性格等，估计自己的风险承受能力和变现需求。其次，根据风险承受能力和变现需求，挑选适当基金类型，确定各类型基金的投资比例。第三，在各类型基金中，精选长期业绩稳定良好的基金。

人们风险承受能力一般随着年龄增长，逐步降低，需调整激进型理财工具（如：股票基金）和稳健型理财工具（如：债券基金、超短债基金、货币市场基金）的投资比例。

- 对于 55 岁以内的工薪族来说，100 减自己的年龄，是投资股票基金的参考比例，其余资金可投资货币基金或债券基金；
- 对于 55 岁以上、接近或已经退休的年长人士，不妨以货币基金、债券基金为主进行投资，投资股票基金的比例最好不要长期超过 20%。

在此基础上，个人可根据家庭负担、收支、性格等具体情况，调整自己基金组合比例，如短期支出较多的，家庭负担重的性格非常谨慎、难以承受压力的，可适当增大债券基金、超短债基金、货币市场基金投资比例，以降低风险，增强变现安全性；反之，盈余资金持有时间长的，或家庭负担轻的、或收入高的，可适当增大股票基金投资比例，以增强长期增值。

在各类别内挑选基金时，一是优选品牌基金公司，因为一般说来，这类投研团队人员充足，经过长期磨合、经验丰富，比较忠诚稳定、并有严谨的流程保证，有利于创造长期稳定良好的业绩；二是优选品牌基金经理，因为过往基金的长期良好业绩记录，常能体现出稳定优良的投资运作能力；三是选择适当的细分产品，例如：选择股票基金时，可适当搭配指数型股票基金；如果利用定期定额长期投资指数型股票基金，均摊成本的效果也更明显。

## 避险增收三原则

对于大部分追求长期增值的投资人来说，长期保持投资、基金组合投资、充分投资，既是增收的法宝，也是控制风险最基本、最简便易行的方法。



（1）长期保持投资

基金投资是一种新的生活方式，长期坚持，能持续分享理财硕果、规避风险。

例如：某先生于2005年8月购买了一只指数型股票基金600万元，在其后的几个月内，因市场波动出现10%左右的浮亏。由于这笔资金是他在较长时间内用不着的，于是他就长期持有此基金。2006年12月，他获得了超过70%的回报，即增值400多万元。可惜的是，不少投资人因缺乏长期持有理念，早早了结，有的甚至“割肉”出局，白白错失了增值的机会，甚至还造成了损失。尤其是那些刚刚熬过几年熊市，当基金刚重返面值，就匆匆退出，而没有享受到随后翻番收益的投资人，可能更需要调整理财方法。

另外，保持投资也很有必要。不少人在实战中持有低买高卖心态，但这种“择时”策略在专业人士看来，存在很大的不确定性。一般人尤其会受到“贪婪恐惧”的人性弱点及股市的不确定性影响，对所谓的“低点”或“高点”把握不准。实证表明，2006 年 4 月 26 日至 5 月 15 日的 9 个交易日内，上证指数的涨幅达到 2006 年上半年总涨幅的 1/3，可见保持投资反而简便有效。

再有，为了人们能够更好地长期投资、保持投资，很多销售机构推出了定期定额的投资方式。定期定额是指与银行等销售机构事先签好协议，每月某一时间自动扣款，用一个固定金额投资基金，类似零存整取那样，力争长期较高回报。比如：对于一般家庭，每月投资基金 1000 元，假设平均年回报率稳健居中为 10%，20 年后可增值 200% 以上，拥有大约 76 万元的资产，能在很大程度上保护和提高未来的生活水平。

定期定额的好处有：平均成本、均摊风险；积沙聚塔、复利效果显著；把“贪婪恐惧”的人性弱点克服掉，保持投资；省时省力，省去了去网点排队的麻烦。

（2）基金组合投资

既然大多数情况下，基金理财需要很长的时间，就需要从长计议。牛市时，把很多钱投资于股票类资产或股票基金，确实能在较短时间内获得高回报，但风险也较高，那么长期增值的本钱和赢利空间反而减少了。

组合投资能让不同类型基金互相补充，基金组合能让投资人多样化的财务需求得到更好的满足，有助于投资人以时间换空间，稳定地获得长期增值。如股票基金能带来长期较高收益，债券基金、超短债基金、货币基金能把股市风险有效分散，努力争取获得比存款高的收益，使变现和分红能够更好地保持。

（3）充分投资

假设有 100 万元可投资，如果只拿出 10%，即使承担较大风险，投资股票类资产，获得 10% 的收益率，总体收益率也只有 1%，获利 1 万元；相反，如果全部投资，通盘布局，即使将较大比例的资金投资低风险的固定收益类资产，获得 5% 的收益率，总体收益也可以达到 5 万元。

投资学点睛

很多人都在追寻"低风险、高收益"的投资方法。实际上只要进行充分、合理的投资，就可以在控制适当风险的情况下，带来较高长期收益。

# 选择基金投资的几个必要功课

## ——"基金"是最能分散风险并降低成本的投资工具

诺贝尔经济学奖得主 Sharpe 认为，"基金"是最能分散风险并降低成本的投资工具。对于不具备专业投资知识和充足时间的普通投资者，在众多投资品种中，基金是最适宜的。

随着对"对抗通货膨胀、子女教育经费、提供生活保障、改善生活品质、老年退休准备等"问题的关注，投资理财的作用与日俱增。而在眼花缭乱的投资工具面前，投资者又怎样才能选对投资品种呢?

人的一生在不同生命阶段收入与经济压力是不同的，投资理财前的重要的"功课"就是针对自己的风险偏好（风险承受度）、资产状况（资产负债、未来现金流）以及理财目标（税赋、养老、子女教育、购屋、买车、旅行、其他）等，把投资规划做好。

投资规划通常要注意四个基本原则：一是把时间复利效果好好利用，也就是充分发挥金钱的时间价值；二是注重不同投资工具的获利性、流动性和风险性；三是建立投资组合，分散投资风险；四是持续投资。

诺贝尔经济学奖得主 Sharpe 认为，"基金"是最能分散风险并降低成本的投资工具。对于不具备专业投资知识和充足时间的普通投资者来说，在众多投资品种中，基金是最适宜的。而同样是基金，基金种类又有很多，仅证券投资基金，根据投资对象的不同就可分为股票基金、债券基金、混合基金（配置基金）、货币基金等等。

那么，投资者又该如何对基金进行选择呢？

不少研究表明，资产配置是决定投资者中长期投资盈亏的关键因素。盲目或跟风投资是很不明智的。投资者须依据自身的各项财务目标、目标投资报酬率以及风险属性来进行资产配置。

然后，在不同的时间周期或时点上，将资产依比例投资在主要的三大类基金产品：货币基金、股票基金、债券基金上（实际上是替代所对应的大类金融性资产，即货币、股票与债券），以达成目标投资报酬率，降低投资风险，并保持适当的流动性。在对大类基金产品进行区分时，有一个简单而又至关重要的指标值得投资者重视。这就是基金的“业绩比较基准”，即所谓的“benchmark”。“业绩比较基准”就是一个标杆，基金产品的风险与收益是与其对应的，通过业绩比较基准，既可以简单识别该基金的收益与风险，又可以通过业绩比较基准与基金实际投资业绩的比较，对这只基金的管理绩效进行判断。

例如，一只基金的业绩比较基准是“一年期定期存款利率（税后）”，那么就可以大致判断这只基金的目标收益率和风险是不高的，这实际上是一只货币基金；又如，一只基金的业绩比较基准是“95%×中信标普300指数收益率+5%×金融同业存款利率”，那么就可以大致判断这只基金产品的风险比较高，因为其很大程度上是对股票指数的追踪，当然，在承担较高风险的同时较高收益也可能随之而来，但这实际上是一只股票基金。

需要注意的是，在制定目标投资报酬率的时候，投资期望不要过高，在幸福理财的方程式里，投资期望值与理财“幸福度”成反比，幸福快乐是成功理财的因子，而不是结果。

基金产品本身是没有高低优劣之分的，在确定了所要投资的大类基金品种后，投资者接下来就是对发行或管理基金公司的选择，换句话说就是选择将自己的资金托付给哪家信誉好的公司管理。一个简单的方法就是对第三方评级机构的借助利用。

国内市场已出现了一些评级机构，它们为基金投资者提供定期评级服务，国内也有一些券商基金评价中心推出了这种服务。从第三方评级机构的评级方法，诸如“更关心基金长远表现、以基金实际组合情况对基金进行分类、根据基金净值的历史数据和基金组合构成作为基金评级的基础、风险调整后的收益作为评级依据”等来看，其评价结果相对具有科学性，与实际比较贴近，投资者可以将其作为选择基金的重要参考。需要注意的是，因为评价方法或基金分类的差别，不同评级机构对于同一只基金的评价结果可能是有差异的。

更深一点的“功课”就是，在基金评级的基础上，投资者还需把一些其他因素也综合考虑进来。这些因素包括基金管理公司的市场声誉（包括公司品牌、公司治理情况等）、基金管理公司旗下基金总规模、基金管理公司的整体投资研究实力、投资特长以及旗下基金的整体表现等。以这些因素为参考来考察基金管理公司的规模效益、发展潜力、业绩的可持续性和均衡性以及是否值得信任等。

财富（价值）创造能力是基金管理公司的核心要素，实现利益相容和“多赢”是其运作成功的关键。公司治理实质上也是一种态度，一种理念，一种文化，一种价值观，一种思维方式。选择公司治理好的公司，实际上也就是选择将基金持有人利益放在首位的基金管理公司。在基金评级的基础上综合考虑这些因素能够使投资更加放心。

接下来，就是选择进行投资的方式了。

投资基金既可单笔申购，也可每月定期投资固定金额。后者即为定期定额法，通过银行自动扣款系统，由投资者决定定时从银行账户扣除一定固定的金额（定额）到指定的基金上。单笔投资法通常一次性投资金额较大，在多头（上升）市场较易获利，投资时间不固定，可长可短，视预期利润或目标收益率而定；定期定额法适宜长期投资，每次投资金额较少、数量固定，在上升市场、下跌市场以及景气循环周期内均可以。

两种方法的优劣，还是由投资者的自身情况决定的。另外，投资者还应了解一些基金投资中的基本操作知识或技巧，因为不同的交易方式之间交易成本有差别。例如，网上交易大多省钱省时，交易时既可通过基金公司网站也可通过代销机构如银行或券商等机构的网站。

**投资学点睛**

在购买基金以后，投资者不要放弃关注。如果投资规划中的一些重要因子发生了改变，投资者还应随之做出相应的调整。

# 基民的健康理财观
## ——基金投资是理财不是发财

发财有很大风险系数，理财首先要把风险规避开，将风险控制在一定范围的前提下，获得超额收益。基金投资是理财不是发财，要对基金投资的收益水平有个合理预期。

2006 年大多数股票型基金翻倍赚钱的财富效应，使基民大军获得了超常规的增长，股民转基民、储户转基民，存款变成基金份额，更有甚者贷款买基金的现象也出现了。一方面感到欣慰的是，基金作为大众理财产品，被越来越多投资者关注，但另一方面却是更多的担忧，担忧基民是怀着翻倍赚钱的发财梦来买基金、担忧基民是盲从买基金，因为一旦净值出现下跌，或收益没有达到预期目标，这部分基民就会备受打击，要么是恐慌性赎回，要么是悲痛地继续持有，既对投资者的财富增值没有好处，对基金业持续健康发展也不利。

因而在成为基民前，很有必要对自己和基金有一个足够的了解，树立健康理财的观念，以便能够简单、轻松、快乐的理财。

健康理财观之一：基金投资是理财不是发财

发财有很大风险系数，理财首先要把风险规避开，将风险控制在一定范围的前提下，获得超额收益。基金投资是理财不是发财，要对基金投资的收益水平有个合理预期。

基金的投资对象主要是股票和债券，因而随着股票、债券的价格变动，基金的收益水平也会随之起伏。但是，基金投资制度严格、受纪律约束，有专业的投研团队进行预见性地、独立客观地研究分析，有精细的风险管理流程把关，并且组合管理很讲究，因而基金收益水平总体上要比市场水平高。如运作满一年的开放式股票型基金其年度平均收益水平与市场平均水平（上证综指代表）的数据也说明了这一点：2006 年上证综指上涨 128.7%，基金收益 118.52%；2005 年上证综指下跌 8.84%，基金收益 3.55%；2004 年上证综指下跌 16.52%，基金收益 -0.17%；2003 年上证综指上涨 13.42%，基金收益 18.94%。

基金类型不同，其预期的收益水平也是不相同的。预期收益率水平从高到低依次为股票型基金、混合型基金、债券型基金、保本基金、货币市场基金。在股票型基金中，不同的投资管理方式的采用，也会使预期收益率水平有差别。如对于按指数复制法投资的指数型基金，和精选个股的积极管理型基金来说，前者的期望收益率水平是市场平均收益，而后者的期望收益率要高于前者。但千万记住，期望收益率越高，与之相对应的承担风险的可能性也越大。

那么，基金投资的收益水平预期多少是合理的呢？可参考下面几组数据。我国开放式基金成立时间已满 5 年，以股票型基金为例，期间有完整运作年度的基金年平均收益为 26.85%，上证综指平均年收益率 12.51%。在美国，以 S&P500 指数为例，自 1976 年以来的 30 年间，其平均每年的收益率为 12.23%。

健康理财观之二：基金投资要选择适合自己的

选基金犹如选对象，最好的是适合自己的。

首先就是把自己的风险收益偏好弄清楚。综合考虑个人、家庭的收入与负担水平，评估风险承受能力的大小，来选择与之相对应的基金类型。如偏好短期定存的投资者，较适宜于选择货币市场基金；偏好中长定期存款的投资者，较适宜于选择保本基金或纯债券基金；年龄较轻或较激进的投资者，较适宜于选择股票型、混合型基金。如美国投资协会调查，49% 的基民表示希望在承担市场平均风险水平下获取市场平均收益；35% 的基民表示可承担高于平均水平的风险来获得高于平均水平的收益。

其次是选择合适的基金产品。合适的基金产品，既要考察经风险调整后的收益，以及收益的连续性，同时也要注重基金公司提供的服务质量。随着基金产品数量的增加，选择合适基金的难度也在上升，规避业绩蜕变的基金产品是基民将要面对的一个挑战，进行基金组合投资是一个好的应对策略。如不同基金公司旗下不同基金类型的组合；或核心—卫星配置基金组合，即大部分资金选择指数基金作为核心资产，少部分投资于其他各类型基金作为卫星资产；或者选择三类基金，简单按三三三比例进行配置。

健康理财观之三：基金投资要长期

美国的基民持有共同基金的时间非常长。最新的统计数据表明，70%的持有人首次买基金的时间是在1995年前，93%的持有人在首次购买后仍继续持有，虽然持有的基金可能已不是当初的那只，69%的基民持有共同基金的时间在5年以上。

以美国S&P500指数为例，如投资期为1年，则出现亏损的概率为80%，如投资期为10年，则不会出现亏损。我国的基民如果投资期也是1年，且恰巧选择了2003年或2004年，则是亏损的，如果投资期是5年，非但不会亏损，还会稳获134.25%的收益。

**投资学点睛**

为什么要长期进行基金投资呢？因为长期投资不仅可回避风险，而且还能全额获得增值收益。我国的股票市场和美国的股票市场数据，都说明了长期投资能降低可能的风险负担。

# 基金投资的二三四法则

## ——不同人生阶段，应有不同的投资组合

开始选择通过投资基金等方式间接入市的投资者越来越多，他们让专业的投资机构为其理财。这种变化趋势反映了居民理财意识的日益增强，同时也与海外成熟的证券市场的发展轨迹相吻合，在美国这样一个资本市场高度发达的国家，投资者也更多地选择购买共同基金进行理财。

基金理财规划不仅是经济规划，同时也是人生规划。如果通过科学的基金投资，能够实现人生理想，理顺家庭生活，那基金理财就给我们带来了巨大收获。

2006 年深沪股市的大幅上扬，使不少投资者获得了较高的投资收益。良好的收益提高了更多投资者的参与热情。据统计，2006 年全年新增 A 股投资者开户数达 513 万，而新增基金开户数突破了 700 万户，创下了历年之最。

一个明显的事实是，开始选择通过投资基金等方式间接入市的投资者越来越多，他们让专业的投资机构为其理财。这种变化趋势反映了居民理财意识的日益增强，同时也与海外成熟的证券市场的发展轨迹相吻合，在美国这样一个资本市场高度发达的国家，投资者也更多地选择购买共同基金进行理财。

不过，不管进行什么方式的投资活动，风险总是与收益分不开的。基金投资人怎样把投资做得更理性、更成功呢？适合中国国情的基金投资经验，概括起来就是：两大问题、三个步骤和四大金律。

### 两大问题

在投资基金前，任何一个投资人必须要进行这样一个测试：您的风险承受能力有多大？这个命题的内涵有两个方面：

一是您自己可以投资的财富有多少？您能有多少资产去投资取决于家庭闲散资金的多少。根据个人收入状况，合理地按比例进行投资是理性成熟的投资方式，即先把日常生活所需解决，并把未来几个月乃至一年内所需求资金储备好，然后将闲散的资金用于投资。千万不能将急需使用的资金转投于股票基金等高风险类的基金，通过借贷等"寅吃卯粮"的方式进行投资也是不可取的。

二是您能承担的亏损能力有多大？不同的人群，风险承受能力是不同的。年轻人赚钱的机会和翻本的精力还有很多，风险承受能力较强；而年纪大的人，因收入来源受限制，时间和机会成本都相当高，风险承受能力较弱。因此，选择与自己风险承受能力相对应的基金类型，才是聪明的选择。

### 三个步骤

在正确地认识了自己的风险承受能力之后，就可以开始进入基金理财三部曲了。

步骤一：确定投资目标

首先要把您或您家庭的理财愿望进行了解。可以把现阶段您或您的家人最想干的事列出来，并按重要性的程度进行排列。在此过程中要对不切实际或互相矛盾的期望进行调整。

其次，确定投资目标，并把握您或您家庭的风险收益偏好。每个人的目标是不相同的，有的人想 5 年之后买房；有的人要确保 10 年后孩子上大学时有足够完成学业的钱；有的人可能在 15 年后退休，希望到时候有一笔可观的养老金。目标不同，投资基金的品种和组合也要随之不同。如果组合中某项投资目标不能实现，应考虑及时调整。

步骤二：选好投资品种，开始行动

在对您或您家庭有多少财务资产可以进行投资有了了解之后，要把投资方案列出来，选择投资品种，然后开始行动。开放式基金种类很多，按照投资目标、投资对象以及投资策略的不同大致可以分为以下几种：（1）股票基金，主要投资于股票，风险高收益高；（2）混合基金，分散投资于股票、债券和货币市场，风险和收益水平都适中；（3）债券基金，主要投资于债券，其目的是为获取固定收益，风险和收益与股票型基金相比小得多；（4）货币市场基金，只投资于货币市场工具，有稳定收益，风险极低。对于没有风险承受能力且希望获得稳定收益的人来说，应选择货币市场基金或债券型基金；有一定风险承受能力和较高收益偏好，但又不想冒过多风险的人来说，则选择混合基金较合适；而对有风险承受能力、希望博取高收益的人来说，选择股票基金则比较理想。

步骤三：监督计划，根据经济周期、生活情况变化等因素对投资组合进行调整。

投资是门科学，做精明投资人就要不断定期对组合的收益情况进行检查。要根据经济周期、市场波动及生活情况变化的因素对基金投资组合情况做适当调整，但千万不要短线频繁操作。需要强调的一点是，制定合理的收益目标对于投资组合的调整至关重要。由于去年证券市场相当火爆，基金投资出现了非常少见的高收益水平，股票型基金的平均收益达到了114.95%。实际上按照历史分析，投资基金的年收益水平要达到这一标准是很难的。比如说美国，其近15年以来的年平均收益率为13.57%。由此可以看出基金正常的年收益水平应该稳定在15%左右。因此，投资者在进行基金投资时，收益目标制定要合理，这样才能确保投资心态的良好。



## 四大金律

在开展基金理财的过程中，认真总结理财的基本规律是很有必要的，理想的投资回报可以通过运作理财规律来获得。在此总结了“四大金律”，以便投资人更好地对基金投资的真谛进行了解。

金律一：长期投资，及早投资。目前在基金投资过程中，仍然有一些投资者像投资股票一样钟情于“短、平、快”，经常选择时机操作高抛低吸，实际上这在基金投资中很忌讳的。一来基金投资需要较高的手续费，一年进行四回买卖，就需要支出8%的投资成本，与基金正常的投资收益水平已很接近了；二来短线操作对市场判断能力和择时能力的要求较高，不要说普通投资者，就连专业的基金经理也不一定每次都能够准确地判断出每一个市场买卖时点；三来投资者对基金进行投资，很大程度上是因为普通投资者既缺乏专业的投资能力又没有足够的时间去进行分析和研究，因此选择基金进行投资可省时省力省心。如果投资基金仍然像投资股票一样操作频繁，就违背了当初的投资愿望。

金律二：养成定期投资的习惯。定期定投可以形成良好的理财习惯，还可以对基金申购成本进行摊平，对于领固定薪水的上班族、未来某一时点有特殊资金需求者、不想承担过大投资风险者来说，采取定期定额方式来投资开放式基金不失为一个好的选择。

金律三：适度分散是对投资的最好保护。投资者要以自己的年龄和收入、所能承担的风险和期待的收益等方面为出发点，对产品进行权衡选择。

金律四：不同人生阶段，应有不同的投资组合。

**投资学点睛**

要注意在所有理财产品中进行分散投资，在银行、保险、资本市场中合理配置资产；其次对投资基金产品也要适度分散，通过构建股票基金、混合型基金、债券基金和货币基金等不同类型基金的组合，把投资风险降低。

# 赚钱效应带来基金市场火爆

## ——基金成功投资八法

投资者没有专门的时间、专业的知识研究宏观经济、政策走向、市场资金供求、企业盈利等影响股指走向的因素，也不可能较准确地预测股指的涨跌。

2006 年中国股市大涨，股票型基金平均净值增长率高达 115.7%，基金的赚钱效应带来了火爆的基金市场，基金已成为家庭投资的主要品种。

刚涉足基金市场的投资者急不可待地想了解：怎么买基金？买什么基金？如何在尽可能避免风险的前提下赚更多的钱？根据投资经验以及对客户行为的分析，归纳了以下四大基金投资的误区和四种制胜法宝。

基金投资四大误区

误区一：买新基金，不买老基金。

很多投资者只购买银行推出的新基金，有些人甚至将涨得多的基金卖了去买新基金。新基金发售时，银行门口火爆的排队场面似乎也是这种行为正确性的一个证明。但这一种投资是盲目的行为。

因为开放式基金每个交易日都开放申购，没有稀缺性，在基金新发之后仍可以买到。新基金之前没有业绩，投资策略可能缺乏实践证明，而且基本上由新基金经理管理，投资者对其管理能力的优劣无从判断。此外，新基金建仓时间较长，如果市场在建仓期间上涨，基金净值涨幅将比同类基金低。另一方面，投资者可以对老基金的过往业绩进行研究，分析其业绩表现的优劣、是否具有持续性，以此作为投资依据。

因此，“新基金”不应该构成投资者选择基金的理由，投资者应把老基金作为选择的重点。

误区二：高净值恐惧症。

以基金份额净值的高低为依据进行投资是基金投资的另一误区。

在情况相同时，基金份额净值高体现了基金业绩表现优异以及基金经理管理能力较强。股票市场的总体表现和基金公司的管理能力决定了基金并不与基金份额净值绝对值的高低相关联，净值的上限和上涨空间的问题也是不存在的。

中国基金业相对来说较年轻，中国开放式基金业经历的第一个大牛市是在2006年，目前净值最高的基金份额净值才刚超过3元。而美国富达基金管理公司旗下的麦哲伦基金于1963年成立，已运作了约44年，2005年4月底的净值曾达到114.96美元，约合900多元人民币。随着时间的推移，国内表现优异的基金会不断创出基金净值的新高。投资者对基金净值枉自估计上限的做法，事实证明是行不通的。

例如，2004年到2005年大多数基金的净值都在1.2元以下，熊市的长期持续使投资者觉得1.2元是无法达到的上限。但2006年年初，就轻易击破了1.2元，部分优秀基金的净值一直涨到接近2元才回调。2元又被许多投资者当成了净值上限，基金净值接近或突破2元时被大量赎回。又会有投资者提出疑问，2元多的基金能涨到哪去呢？但是截至2007年1月22日，已出现了净值达到3.087元、累计净值达到3.4169元的基金。事实证明，基金净值不存在上限问题，高净值基金上涨空间有限的问题也不存在。相反，在情况相同时净值高的基金大多是具有较强管理能力的好基金。因为基金净值高，就放弃购买，投资者会错过十分宝贵的投资机会。

误区三：长期资金，短线买卖；根据股指涨跌进行基金的波段操作。

情景一：这只基金涨了好多，又回到前期的高点了，马上赎回，否则就来不及了。

许多投资者购买基金的钱用于长期投资是可以的，如果基金净值涨得多了就赎回来，那么这些钱又投资什么品种呢？什么时候再进入市场呢？事实证明进行波段操作的投资策略是不可取的。

以某基金为例，当2006年年初，基金净值突破1.2元后，大量投资者赎回基金，短线实现利润。但赎回并未阻挡净值快速上涨的步伐，也迫使投资者认识到，不投资的风险更大。当基金净值超过1.5元时，投资者才大量申购，中间已损失了0.3元的涨幅。该基金净值在2006年六、七月间达到阶段性高点，接近1.9元，后来的回调又让短线操作的基金投资者心惊胆战，当基金净值再次反弹到2元附近过程中，大量资金撤离了该基金。但基金后来的表现必将让这些投资者追悔莫及，在不到两个月的时间内，基金又涨了50%。2006年初到2007年1月19日，该基金净值已涨了两倍多，但如果进行以上的波段操作，收益率可能只有60%左右。

情景二：看起来股指要调整了，还是赎回一些，等到股指见底了再买回来。

这种基金投资策略表面上看合理，但是投资者有能力预测股指走势吗？股指下跌多少，才能判断出股指要调整了，而非短期的波动？

投资者没有专门的时间、专业的知识研究宏观经济、政策走向、市场资金供求、企业盈利等影响股指走向的因素，也不可能较准确地预测股指的涨跌。往往在股市已出现明显下跌的情况下，投资者才能判断出股指可能要进行调整，这时再去赎回，很可能卖了个低点。

根据对股指的判断，波段操作基金，取得成功是不可能的。

误区四：缺乏风险意识，全仓投入，仓促赎回。

情景一：据说基金很赚钱，股票指数涨了好多，赶快去买基金，将定期存款全拿出来买基金吧！

情景二：哎呀，基金跌了，原来买基金也会亏本的，还是赎回吧。

基金投资于股票，股票价格波动较大，虽有带来高额收益的可能性，但风险也可能较高。如果道听途说，盲目投资，尤其是为了追求高收益，将原来不能进行风险投资的资金投资于基金，肯定会带来较大风险。

以2004年上半年为例，当时股市出现了久违的大幅上涨行情，从2003年11月到2004年4月间，股指上涨了约30%，许多基金净值涨幅较大，跌破面值的基金也纷纷实现了正收益。基金销售出现了相当火爆的局面，很多人在银行门口排队买基金。听说基金赚钱多，原来对投资、对基金不了解的人们也纷纷将存款转买基金，诞生了多只百亿基金。结果后来市场深幅下跌，投资者损失惨重，大部分投资者直到2006年年初才解套。

所以投资者在投资前，必须清楚投资存在风险，决策要谨慎。

在避免以上投资误区的同时，以下基金投资四种制胜的法宝也可借鉴。

制胜法宝一：投资品种的比例安排要根据自己的风险承受力和投资目的。

若资金能长期使用，该笔资金的盈亏不会对自己生活水平有影响，而且主要用于资产增值最大化的追求，则可以将该笔资金全部投入股票型或混合型基金，以期获得高回报。

同一类基金，也可以分散投资于一到三家公司管理的基金品种，最好所投资的基金在投资策略和品种上有较大差异，这样就有分散风险的作用。如果有些资金在近1－2年会动用，不希望资产盈亏波动太大，资产稳步增值就可以了，不一定追求涨幅最大，则可以将该笔资金主要投资混合型基金、偏债基金及债券基金或它们的组合，同时少量配置股票型基金。如果希望有一些钱保持较好的流动性，可方便支取，另一些希望追求稳健的增值，则可以投资货币市场基金、短债基金、债券基金，股票基金的比例要控制在较低水平。

投资者要建立起按风险承受力和投资目的进行资产比例配置的观念，具体的比例安排，可咨询银行、证券公司和基金管理公司的投资顾问人员。

制胜法宝二：选择投资管理能力较强的基金管理人管理的业绩较优的基金。

前面提到过，不能因为是新基金、低净值的基金就买，不应道听途说，那么应该买什么基金呢？怎么去分析呢？关键有两点：一是投资者自己对基金关注、了解，因为投资者要对自己的钱负责。二是选择基金主要看基金管理公司和基金经理的投资管理能力，即能不能帮你赚到钱。

虽然投资者不可能都去基金管理公司亲自了解，但仍有较多方法可帮助判断。了解基金和基金管理公司的信息有以下几种渠道：一是基金评级机构，证券报、晨星、银河证券、理柏公司都进行基金评级，可在报纸和各机构的网站上找到评级结果；二是基金管理公司的网站；三是用互联网搜索引擎搜索关于基金、基金公司、投资管理人员的新闻报道、信息等；四是留意并参加银行、证券公司和基金管理公司组织的基金报告会和见面会。

首先，可看基金管理公司整体的管理能力，该公司旗下基金获得四五星级的基金数量有多少，公司是否获得权威机构评选的基金投资管理方面的奖项，中介机构、媒体对该公司的评价，是否出现违约行为等。其次，在选出管理能力较强、得奖多、公众评价高、合规运作的基金管理公司后，在其旗下基金中选取星级较高、净值增长率高而且可以持续保持领先业绩的基金。这里需注意，基金类型有很多种，只能将同类基金进行比较。最后，再了解一下基金经理的背景、经历、过往的业绩等，判断其是否具备较高的素质和丰富的经验。

初步选出几个备选品种后，可观察一段时间，比较一下在市场涨跌的情况下，这些基金表现与股票指数涨跌幅以及和其他基金的比较。

经过以上几步，基本可选出投资管理能力强的管理公司管理的业绩好的基金，就可以投资了。

制胜法宝三：长期投资，不进行波段操作。

可以长期投资的资金，应进行基金的长期投资，不进行波段操作。不要天天关心基金净值的涨跌，最多每个月或每季度看一次。半年或一年按制胜法宝二判断一下自己投资的是不是“好基金”。

基金管理公司是专业的机构，将会根据市场判断调整仓位以及品种结构。既然购买了基金，就将专业的事交给专业机构来做，会比自己做得更好。

制胜法宝四：定期定额，积少成多。

定期定额投资法既有助于养成良好的储蓄习惯，而且巨大的复力力量，可以累积大量的财富。例如，每个月买 2000 元基金坚持 20 年，基金投资的本金就累积到 48 万元，如果选择的基金在 20 年间平均年回报率达到 5%，则 20 年后基金净值总额将增加到 81.94 万元；如果选择基金的水平较高，可获得年均 8% 的回报，则 20 年后基金净值将增加到 114.53 万元。

**投资学点睛**

普通投资者几乎不可能准确地判断市场的涨跌，因此也无法判断出正确的购买基金的时机。采取定期定额法可把基金投资时机的选择风险大大降低，而且可以把投资成本平摊，获取更好的投资结果。

# 告诉你赎回基金
## ——五大原则，投资“十戒”

与定期投资一样，定期定额赎回，可以既做了日常的现金管理，又可以平抑市场的波动。定期定额赎回是配合定期定额投资的一种赎回方法。

### 原则1 剔除赎回成本

基金不但在认购、申购时需要付手续费，而且在基金赎回时同样需要付手续费。目前，基民在赎回股票基金时一般要支付0.5%左右的赎回费，而在再投资时通常又要支付0.8%至1.5%不等的申购费用，一来一去2%左右的盈利就丢失了，所以在基金净值处于亏损时赎回，损失的幅度就更加大了。

### 原则2 关注基金近期业绩

基金投资策略、基金规模、分红方式、费率结构等重大变化都对基金的“基本面”变数有影响。因此，投资者要时常关注一下自己基金近期的“基本面”是否发生了变化，比如，每隔一段时间就要观察一下基金的净值变化情况，其中，要重点关注一下基金业绩评价指标中的6个月、1年，乃至2年以上的指标。通过测算，如果投资者发现所持的基金回报率变化波动较大，应果断下单赎回。

### 原则3 灵活变动基金

其实，如果不满意自己持有的基金，不一定非要赎回，选择基金转换或定期定额赎回也是一种不错的思路。要知道，把高风险的基金产品转换成低风险的基金产品，也是一种赎回，比如，把股票型基金转换成货币基金。这样做可以降低成本，转换费一般比赎回费低，而货币基金风险低，相当于现金，收益又比活期利息高。

另外，与定期投资一样，定期定额赎回，可以既做了日常的现金管理，又可以平抑市场的波动。定期定额赎回是配合定期定额投资的一种赎回方法。

### 原则 4　不错过赎回的最佳时点

有经验的投资者都知道基金赎回有一个基本规则，叫做“未知价格原则”。它是指投资者在当天交易日 15：00 前提交基金赎回申请，即以当天的基金净值作为成交价格；如在交易日 15：00 后或为非交易日提交，则以下一个工作日的基金净值作为成交价格。比如，A 股市场每日收盘时间为下午 3 时，但往往到下午 2：30 左右就基本大局已定了，市场是大涨还是大跌一目了然。如果投资者拟在近期要赎回某只基金，最好在近几日下午 2 时 30 分左右看盘，及时地了解、观察和把握市场行情变化，审时度势后即可发出赎回申请。

### 原则 5　注意赎回到账时间

投资者发出赎回指令后，该指令就会到达基金公司的数据库。基金公司每天都会把当日基金赎回情况进行汇总，并留出相应的现金以备支付投资人的赎回款项。对于不同的基金品种，基金公司赎回结算的处理时间并不一致，如货币型基金和债券型基金，交易日与结算日的间隔较小，一般是交易日的次日；如是股票型基金，一般是交易日的次三日或次五日，具体时间以基金公司公告为准。结算后的款项由银行接收，银行也要经历 1 至 2 天的结算，最终能把赎回的金额划到投资者的专用账户上。由此可见，一只基金的赎回快慢与基金公司、代销渠道的结算速度是紧密相连的。所以即使是同一只基金，在不同的代销渠道，赎回时间也会有所差异。因此，投资人赎回基金时也要注意资金的到账时间，以免影响资金投资的使用效率。

为投资者更好地理财，对于基金投资中的注意事项，提出基金投资“十戒”。



## 一戒喜低厌高

详解：开放式基金没有贵贱之分，在某个时间点上，所有的基金不问净值高低，都是站在同一起跑线上的。

## 二戒喜新厌旧

详解：须知，新基金在相当长的发行期、封闭期和建仓期内不会产生效益，由此增加了机会成本，而经过市场考验的老基金早已长缨在手，只要选择得当，就能迅速分享投资收益。

## 三戒炒股思路

详解：把基金等同于股票，以为净值高了风险也高，用高抛低吸、波段操作、追涨杀跌、逢高减磅、短线进出、见好就收、买跌不买涨等股票炒作的思路来对待基金，常常既赔了手续费，又降低了收益率。



## 四戒组合不当

详解：把大笔资金全投在一只基金上，虽然基金本身的投资组合具有分散风险的功能，但对因管理人失误造成的风险难以规避。应以同类基金不重复选择，核心与非核心基金配置比例适当为原则进行组合。

## 五戒跟风赎回

详解：没有主见，唯恐自己的那份资产会受损失，看到别人赎回，也跟着赎回。要知道基金管理公司的基本面、投资收益率和你对后市的判断才是你真正决定进退的依据。

## 六戒分红即走

详解：判断一只基金是否具有投资价值，应以其一贯表现为参照依据和累计净值。对运作良好的基金，往往只能在更高的价位上才能补回。

**七戒束之高阁**

详解：管理人变动、投资理念更替、操作策略变化等因素都会对基金产生直接影响，业绩会有很大的波动。持有人应依据投资目标、收益预期以及风险承受能力，适时调整投资组合，以实现自身最优化收益。

**八戒不设止损**

详解：以为基金不是股票，可以不设止损点的观点是不正确的，虽然基金从风险上来说，要低于股票，但是毕竟它也存在一定的风险性，因此设立上损点还是很有必要的。

**九戒唯数据论**

详解：挑选基金远不像比数目大小那么简单，而且业绩好的基金往往是风险较大的股票型基金，因此数据不应成为评判一只基金好坏的唯一标准。

**十戒不问费率**

详解：费率的高低直接影响到基金的绩效，运作费率不同，基金收益会有很大的差别，具有较强理财能力的往往是那些费率低、绩效好的基金。因此，费率因素应该是基金投资者们首先要考虑的因素，以期获取更好的投资回报。



**投资学点睛**

基金的“长期持有”会让投资者一成不变，一般来说，投资者在以下几种情况下，可以考虑赎回基金：

基金报酬率达到一定程度；投资者有资金周转要求；基金的基本条件发生剧烈变化；基金排名长期靠后。

# 第九章 稳坐钓鱼台

## ——债券的风险为投资最低

在经济复苏前后，不少投资者关注的焦点是——如何通过市场分析，合理构建或调整自己的投资组合，降低投资风险，获取稳定收益。

稍有投资经验的人都知道，在不同的时间段里，根据债券收益率曲线的形状，投资策略的判断也要相应地作些调整。经济稳步向前，债券收益率曲线趋向陡峭化。投资于长期债券，虽然票息较高，但投资所承担的风险也比较大。

# 经济复苏背景下，如何选择债券投资品种

## ——短期投资享受较高收益和高流动性

由于紧缩预期逐步增强，资金将会在短期投资品种上集中，从而导致短期收益率下跌，中长期收益率上升，收益率曲线陡峭化。此外，由于债券收益率曲线近端的弯曲程度可能出现明显下降，因此，陀螺形的组合收益将高于久期相同的纺锤形。

根据2009年以来各种未来宏观经济统计的数据显示，我国宏观经济正在稳步回升，我国经济积极因素较多，内外需均有望继续回升，经济增长预期乐观。不少投资者关注的焦点是——在经济复苏前后如何合理构建或调整自己的投资组合，降低投资风险、获取稳定收益。

稍有投资经验的人都知道，在不同的时间段里，债券收益率曲线的形状，投资策略的判断也要相应地调整。经济稳步向前，债券收益率曲线趋向陡峭化。由于紧缩预期逐步增强，资金将会在短期投资品种上集中，从而导致短期收益率下跌，中长期收益率上升，收益率曲线陡峭化。此外，由于债券收益率曲线近端的弯曲程度可能出现明显下降，因此，陀螺形的组合收益将高于久期相同的纺锤形。

在升息前或连续性升息周期内投资于短期证券，如果一味压低久期，将资金主要用于1年期短期债券或者央行票据的投资，虽然市场风险较小，但收益也有可能下降了。相反，投资于长期债券，虽然票息较高，但投资承受的风险也较大；利率进入上升通道前或连续性上升周期内，陀螺形投资模式是比较合适的选择。只有陀螺形投资模式，即投资于中期债券如3~5年期国债金融债、1年期央行票据等，收益较高，风险较小。

债券市场除了受宏观经济走势的影响外，另一个影响市场走势的重要因素就是资金面，对于资金推动型市场的投资策略主要有以下三种情况：

一是资金供不应求。在资金供给紧张，金融机构备付率很低的市场环境下，许多机构面临的首要问题是流动性管理。债券投资业务应把未来现金流的预测、安排和管理作为首要问题来考虑，债券资产必须在期限和久期上与融资性资产负债及其他资产负债项目大致匹配，不能将债券资产的流动性在回购融资或现券买卖交易上倾注全部希望，购入债券资产或融出资金必须从到期日角度妥善安排，保证其均衡、有序到期，以获得重新安排资产流动性的主动权。应当认识到，债券回购业务只能作为临时调剂的工具使用。

二是资金供求基本平衡。在资金供求基本平衡的条件下，流动性管理可能取代资金运营效益的首要地位而成为各机构面临的主要问题。投资策略包括：抓住一切时机调整债券资产结构，全力缩短债券组合久期和减少持债总量；抓住资金紧张时债券定价混乱的机会，采用无风险或低风险套利技术，规避风险，获取收益。操作中将债券市场是资金推动型市场的特点充分利用起来。

三是资金供大于求。在资金供大于求条件下，资金短缺机构的首要问题不再是流动性，且此时获得的资金成本也相当低廉。因此，金融机构容易采用投机性较强的债券回购放大投资运作模式，即无节制地通过债券市场的回购放大机制进行债券交易，获取杠杆效应带来的利差和价差收益。但是，忽视了债券资产和机构自身的流动性管理是这种通过回购放大操作模式的最大缺点；债券投资因片面追求当期高收益率，而忽视了久期和信用差带来的巨大风险。

具体在投资策略方面，投资者可以考虑以下几种投资方式：一是适当控制组合久期。维持短久期策略（3~5年以内），保持谨慎的投资理念，回避利率风险，找机会减少流动性较差的企业债和中长期金融债；保持良好的资金流动性。期限在3~5年以内的如国债、央债、金融债等短期债券是较好的投资避险工具。短久期优于长久期。二是增配中短期信用债。中短期债券，在宏观经济逐渐复苏、债券市场整体面临收益率上升压力的情况下，利率风险不大。三是关注Shibor债。目前浮息债在未来通胀预期下有一定的避险含义，届时可积极关注，择机增配。四是利用低成本融资工具获取利差。目前，回购利率水平相对较低，可通过合理运用这一低成本融资工具融入资金，买入一些风险可控、收益率相对较高的短期融资券，获取利差收益。

投资学点睛

经济稳步运行时债券价格波动幅度较小，债券收益率曲线一般会趋向平坦化。如果紧缩预期持续升温，短期收益率会出现较快上升，会因为已经提前消化一部分预期，中长期收益率虽然有一定上升空间，但是上升空间却不大，即短期上升、中长期稳定。市场利率回升后，纺锤形投资模式突显优势，即短期投资享受较高收益和高流动性，长期投资享受高票息和溢价收益。

# 个人投资者如何投资
## ——债市投资品

2010 年 4 月 3 日，新疆地方债的上市交易，拉开了地方债登场的序幕。而随着这一债市投资新品的登场，债市投资品更加让投资者眼花缭乱起来。国债、地方债、公司债、城投债、债券基金……对于普通投资者而言，谁是最适合的选择呢？

### 凭证式国债

风险等级：无

适合人群：资金基本不动的老年人

投资门槛：最低 1000 元

交易渠道：银行柜台

收益情况：高于银行定期存款利率

凭证式国债类似银行定期存单，利率通常比同期银行存款利率高，是一种纸质凭证形式的储蓄国债。

凭证式国债的发售和兑付是通过各大银行的储蓄网点、邮政储蓄部门的网点以及财政部门的国债服务部办理。办理手续和银行定期存款办理手续类似，但只有在规定的发行期内方可买到。

凭证式国债不可以上市流通，但可以随时到原购买点兑取现金，提前兑取按持有期限长短、取相应档次利率计息，各档次利率均接近银行同期存款利率。此外，凭证式国债的提前兑取是一次性的，不能部分兑取，流动性相对较差。

与其他投资品种相比，凭证式国债发售网点多，购买和兑取方便，手续简便；可以记名挂失，持有的安全性较好。

### 记账式国债

风险等级：无

适合人群：有流动性需求的年轻人

投资门槛：最低 1000 元

交易渠道：银行柜台、证券交易所

收益情况：略低于同期存款利率

记账式国债主要面向机构投资者，是由财政部通过无纸化方式发行，以电脑记账方式记录债权，并可以上市交易的债券。它可随时买卖，流动性强，每年付息一次，实际收入比票面利率高。比较专业的投资者如果对市场和个券走势有较强的预测能力，可以在对市场和个券做出判断和预测后，采取“低买高卖”的手法进行国债的买卖。

认购记账式国债不收手续费。但不能提前兑取，只能进行买卖。在买卖时，券商要收取相应的手续费。记账式国债的价格是上下浮动的，高买低卖便会造成亏损；反之，低买高卖可以赚取差价；记账式国债期限一般较长，利率普遍没有新发行的凭证式国债高。

### 电子储蓄国债

风险等级：无

适合人群：对资金流动性要求不高的人

投资门槛：100 元起

交易渠道：银行柜台

收益情况：高于银行定期存款利率

电子式储蓄国债是财政部面向境内中国公民发行的，以电子方式记录债权的一种不可上市流通的人民币债券。与凭证式储蓄国债相比，电子式储蓄国债有专门的计算机系统用于记录和管理投资人的债权，免去了投资者保管纸质债权凭证的麻烦，债权查询方便。电子式储蓄国债没有信用风险与价格波动风险。按年付息，存续期间利息收入可用于日常开支或再投资。

电子储蓄式国债的投资门槛较低，一般 100 元为起，按 100 元的整数倍发售、兑付和办理各项业务，每个账户购买当期国债最高限额为 300 万元，实行实名制，不可以流通转让，但可以按照相关规定提前兑取、质押贷款和非交易过户。与凭证式国债不同的是，电子储蓄国债在提前兑取时，可以只兑取一部分，满足临时部分资金需求。投资者如需提前兑取，须按本金的 1% 收取手续费。另外需要注意，电子式国债的质押需要系统支持，不是每个行都能办理。并且，电子式国债在付息前 15 个交易日不能提取。

### 地方债

风险等级：无

适合人群：稳健型投资者

投资门槛：最低 1000 元

交易渠道：证券交易所

收益情况：低于定期存款利率（1．6% –1．65%）

地方政府债，主要是一个国家的地方政府为了本地的大型公用设施建设而发行的债券，一般以当地政府的财政收入作为还本付息的保证，风险较低，能够保障投资者本金安全。

但是就 1．6% 左右票面利率来看，地方债对普通投资者的吸引力不强。目前认购地方债的多是银行等投资机构。部分专业机构认为地方债上市后，收益率不会有明显变化，因此，二级市场利差不会很大，如果中小投资者想做利差收益的话，可能获利不大。

不过也有分析人士表示，从2009年市场的供给结构来看，3年期左右的地方债券性价比较高，既能避免长债上移的风险，又能避免短债绝对收益率偏低的缺点。另外，地方债流动性与国债相似且免税。因此，地方债比较适合不能或不愿承担过高风险的稳健型客户，也是激进型客户在考虑资产组合时，进行稳健型投资产品配置的一个选择。



**投资学点睛**

日常生活中，我们都说“心宽体胖”。在理财中，有时少花一点心思，也可以让你获得不少的收益。对于普通投资者来说，投资债券基金比直接投资债券，还是有着很大的优势，但是在购买债券基金之前，一定要向有关机构咨询一下相关费用，以及豁免条例，这样可以大大降低节约成本。

# 债券投资最新攻略

## ——转债在牛市发行时，往往被机构抢购一空



大力发展国内债券市场已经列入管理层的工作计划，相信今后国内债券市场在高速发展的同时也将会为普通投资者提供更多机会。

债券的特点是按一定利率定期支付利息和到期偿还本金，适合长期、稳健、偏于保守的投资者。对于普通投资者来说，国内目前可供投资的主要有国债、企业债和可转换债券等品种。

债券具有流动性、偿还性、安全性、收益性四个特征，这也是投资债券所必须考虑的四大方面。债券的价格受存款利率影响较大。当利率上升时，债券价格下跌；利率下跌时，债券价格上涨。掌握了债券的特点后，

明智的投资者就可以利用市场的谬误，结合自身对宏观经济的研判进行套利。

国债常常被定位为无风险收益的“标杆”。因此，很多投资者对国债的印象是无风险投资。其实，这是一大误区。国债首先面临的最大风险是利率风险，并且债券期限和利率成正比例变化。如投资者购买利率为3%的长期国债，而持有不久后利率上升至5%，扣除利息税之后，每年收入都要亏损不少。复利计算下来，损失的数目将非常可观。因此，投资者在购买国债时对于未来利率的走势一定要考虑，防范价格下跌的风险。

其次国债还存在通货膨胀导致货币购买力下降的风险。通货膨胀期间，投资者的实际利率应该是票面利率扣除通货膨胀率。此时，即便名义利率没有升高，债券也依然躲不掉贬值风险。因此，保守的投资者也不宜把资金全部投资于债券，而应该将部分资金投资于收益较高的投资品种上，如股票、基金等。

另外，债券还存在变现能力的风险。尤其是长期债券，如果急需用钱或发现更好投资渠道时，投资者如果想在短期内变现而一时又找不到愿意出合理价格的买主，就不得不压低价格才能出售。因此，投资者购买债券之前一定要考虑所购债券的持有期限是否能贴合自己的投资计划，为了分散风险，增加流动性，投资者可采取长短期债结合的方式投资。



企业债有政府作为信用保障，从总体上来讲，其风险要高于国债。除了利率风险和通货膨胀风险，企业债还要承担起企业的经营风险。尽管在企业破产时，债券持有者享有优先于股票持有者对企业剩余资产的索取权，但是如果企业的经营管理不规范，就有可能影响企业的偿付能力出现问题，投资者的资产由此蒙受损失。因此，投资者首先要透彻地了解发债的企业，跟踪并分析其盈利能力和偿债能力、信誉等，在收益和风险之间作出权衡。

目前，国内企业债券市场还很不发达，只有一些资信较好的企业经审批获准后方能发行，利率水平也普遍较低。投资者可以通过证券交易系统在二级市场购买的只有数十只，而且债券的定价不够市场化。而在美国，债券市场的融资规模远远超过了股票的融资。由专业机构依据企业的偿付能力对债券作出评级看来，评级差、风险更大的“垃圾债券”需要支付更高的利率。也有一些原本评级高的公司因经营方面的问题暴露，导致公司的债券利率暴跌。

大力发展国内债券市场已经列入管理层的工作计划，相信今后国内债券市场在高速发展的同时也将会为普通投资者提供更多机会。

转债是横跨股债二市的衍生性金融商品。除了付息、到期还本外，投资者还可以选择在一定期限内按照约定价格将债券转换为公司股票。由于这种特殊的可转换选择权，在股价下跌时，转债投资者可以持有债券获取稳定回报；当股票价格上涨时，转债价格也必然会水涨船高，投资者可以赚取差价；当转债券价格和股票的价格上涨不同步时，投资者也可以行使转换权，然后再卖出股票进行套利操作。

转债这种“双保险”的特征使其备受稳健型投资者的青睐。转债在牛市发行时，往往被机构抢购一空。因此，对于普通投资者来说，转债最好的投资机会往往是在市场即将由熊转牛，然而又不十分明朗的时期。这时，转债的价格也往往接近面值，甚至低于面值。此时买入不仅可以回避股票继续下跌的风险，也可以防止股票突然上涨而踏空。需要注意的是，转债的“双保险”作用也是有限的。比如，当前由于股市暴涨，转债价格也居高不下，有的甚至涨到了面值的两三倍。若以眼下的价格买入，就无法体现其作为“债券”的避险功能。

**投资学点睛**

一般来说，转债的票面利率要低于其他债券和银行利率，且一般也不是固定不变的。可转债的募集说明书中也可能包含赎回条款、回售条款及强制转股规定。赎回条款和强制转股规定是对债券发行人有利的，而回售条款才对债券持有人有利，投资者应特别注意各个条款中所包含的具体内容。

# 债券案例分析

## ——城市家庭理财买哪种债券最好/转债为股为何还会赔钱/国债可抵御加息风险吗

理财需要的是投资而不是投机。债券市场投资品种的收益与资本市场投资品种的收益率是负相关的。也就是说，当股票市场行情好时，国债的收益率一般较低。投资者应该适当长线投资。

### 城市家庭理财买哪种债券最好

高女士今年32岁，在一私企工作，每月工资1600元左右。高女士的丈夫今年36岁，在街道办事处工作，每月收入约1000元，缴存公积金300元，高女士都按照工资标准购买了每月均为200多元的社保。他们的孩子今年7岁，上小学一年级。除开每月的1700左右家庭开支，还要每年为小孩缴纳3000多元的保费。现在住在单位宿舍，居住权为50年，已住20年。

现在的高女士家的资产是：丈夫公积金账户3000元左右，刚买的股票型基金7万元，混合型基金2万元，另外还有1.5万元的人民币存款和9000元美金存款。

高女士的理财目标：一是积累孩子的教育基金，二是积累养老金。

（一）财务状况分析

高女士家是比较典型的双职工低收入家庭。虽然经济状况比较紧张，但同样是可以进行理财规划。从家庭财务情况报表可以看出，高女士的家庭处于零负债，每月支出后还有一些结余。

从高女士的家庭财务状况来看，高女士家庭最优的投资策略选择是风险中等偏低、收益中等偏高的投资组合。因此，高女士把主要财产投资到基金上是明智的选择。

但是，从高女士的理财档案可知，高女士买入基金的点位可能有些偏高。的确，对普通投资者而言，很难精确选择进出时机。因此，投资者不妨尝试一下长线投资。

鉴于此，以及结合高女士的理财目标，理财规划如下：

（二）理财建议

第一，由于高女士缺乏选时能力，建议高女士将每月家庭节余1000元投到一只股票型基金上。要选择一些历史比较悠久，规模和实力较强，业绩稳健的基金管理公司旗下的基金品种。

第二，B股是历史遗留产物，同股同权而不同价，这给广大投资者提供了一个非常好的投资机会。同时，随着人民币不断升值，目前美元资产面临贬值风险，因此，建议高女士用9000元美金去购买。

第三，在1.5万元人民币存款中，留6000元作为家庭备用金，剩余的9000元用于债券投资，可以买一些收益率可达到4%～6%的大型企业的企业债。

第四，由于市场环境存在种种的不确定因素，建议高女士至少3个月或半年与专业理财师做一次交流，以便作出相应调整。

## 将转债转为股为何还会赔钱

问：我把80张每张面值138元的110078转债转为了600078股票，可是我为什么只得到756股600078股票？这相当于按每张100元转的股，我赔大了。要是这样的话，110078就不需要涨呀，在100元横着就好了。我怎么也想不明白，是券商的问题么？

可转债是一种具有股票和债券双重特性的金融工具，转股价一般由上市公司确定。澄星转债的转股价是10.58元，所以以上这位客户的操作是没错的。而且正是由于可转债和正股价格都存在波动，所以要确定转股是否值得，投资者自己就必须事先进行计算。一般而言，可转债的转股价值等于其正股价格除以其转股价。例如，澄星转债的转股价为10.58元，其正股澄星股份2008年1月3日收盘价为11.90元，其转股价值即为11.90/

10.58×100=112.476（元），低于澄星转债的收盘价137.21元，说明澄星转债出现了溢价，投资者在这时进行转股就会出现亏损。另外，110078在100元横着也是不行的，它的价值也跟着正股价格的波动在变化，否则对转债持有者就不公平。而且，由于可转债是可以转股的，如果可转债价格这样长期折价，也会引发投资者自发的转股行为。例如上面的例子，可转债价格当日应该在112.476元，如果只有100元，那么投资者可以100元买入可转债，并在转股后抛出。假如第二天开盘价与前日收盘价一样，那么客户可以获益（100/10.58×11.90－100）/100=12.476%（不考虑手续费），可转债将不复存在。

另外需要说明的是，由于转股套利要冒隔夜风险，因此进入转股期的可转债价格往往要高于其转股价值，高出的部分为转股权利的期权价值。不过，澄星转债高得太多，所以投资者转股就会出现亏损。

### 国债可抵御加息风险吗

问：中国人民银行宣布同时上调存款准备金率和存贷款基准利率。有人说，购买国债最稳妥，因为可以抵御风险。请问，果真如此吗？

答：举个例子。2005年9月，路女士用手中60万元买入的股票缩水后还不到19万元。2006年年初，路女士将手中股票以20万元价格抛出。同年6月，路女士买了3年期的2006年二期凭证式国债，国债票面利率3.14%。然而到了2009年3月，央行加息，路女士粗略计算了一下，以往购买的凭证式国债收益才3.14%，不及同期的定期存款收益。路女士又想将国债提前兑付，可了解后才知道，如果提前兑付未满1年的国债产品，不仅只能按活期计息，还得收千分之一的手续费。

其实，导致路女士投资失利的原因主要有三方面。

1. 资产配置不合理。一个合理的投资组合是由具有高、中、低三种不同风险程度的投资品种共同配置而成。路女士的投资组合可以说是孤注一掷。如果路女士一开始就将60万元资产按照适合的比例分别选择股票、国债、基金等进行配置，就会大大增强组合抗风险能力。

2. 投机心理不可取。理财需要的是投资而不是投机。债券市场投资品种的收益与资本市场投资品种的收益率是负相关的。也就是说，当股票市场行情好时，国债的收益率一般较低。投资者应该适当长线投资。

3．过分激进或保守皆不可取。过分激进冒险不可取，一味保守的投资方式也不足取。路女士 2005 年以前投资股票的资产比重太大、风险高，之后采用了自以为最为安全的投资方式，殊不知，投资国债也存在一定的风险。

**投资学点睛**

金融债券将引入更多的不同类型的发行主体，从而大大丰富了市场信用层次，增加投资产品种类，还有得与投资者选择不同投资组合，完善债券市场投资功能，并进一步失去债券市场发展。

# 第十章 你的世界金碧辉煌

## ——金生金，钱生钱，美元、欧元谁最值钱

全世界都在炒黄金，全球统一价格，透明度高，黄金交易量巨大，日交易量约为 20 万亿美元。如此巨大的市场没有任何财团和机构能够人为操控，完全靠市场自发调节。黄金市场没有庄家，具有市场规范、自律性强、法规健全的优点。

外汇投资俱乐部已经不再被避险基金、专业经理人和机构投资者所垄断，普通投资者也可一窥门径。投资大众有很多的管道可以获得外汇投资的机会，而且他们也有很多的理由选择这种投资。

# 黄金的概念属性

## ——可以触摸的太阳

在阳光照耀下黄金可发出高贵的灿烂的黄色光泽，黄金在拉丁文的意思是“曙光”，在古埃及文字中的意思是“可以触摸的太阳”。

黄金成为人类的物质财富，成为人类储藏财富的重要手段。马克思在《资本论》里写道：“货币天然不是金银，但金银天然就是货币。”

金，又称为黄金，化学元素符号为 Au，是一种带有黄色光泽的金属。黄金的物理属性良好，化学性质稳定、延展性高、数量稀少，不仅是用于储备和投资的特殊通货，同时又是首饰业、电子业、现代通讯、航天航空业等部门的重要材料。在 20 世纪 70 年代前黄金已是世界货币，目前在各国的国际储备中依然占有一席之地，是一种同时具有货币属性、商品属性和金融属性的特殊商品。

黄金的用途有：国家货币的储备金，个人资产投资和保值的工具，美化生活的特殊材料，工业、医疗领域的原材料。

黄金也有衍生工具。随着收藏的逐步成熟，黄金市场有望逐步推出黄金远期、黄金期货乃至黄金期权等。

黄金是人类发现最早并利用的金属，这种反射着耀眼黄色光彩的单质金属，人类很早就能从自然界拣拾到。人类早在一万年以前就发现并利用了黄金，人类发现并利用黄金的历史，要早于我们现在所熟悉的铜、铁、铝等众多常见金属几千年。黄金之所以被人类最早认识，是由于黄金的特殊物理性质所决定的，在自然界，黄金可以以单质形态存在，而区别于其他以化合物的形态存在的金属。

在阳光照耀下黄金可发出高贵、灿烂的黄色光泽，黄金在拉丁文的意思是“曙光”，在古埃及文字中的意思是“可以触摸的太阳”。

黄金因为极其稀少而非常珍贵，其开采成本很高，诸多物理特性相当好，具有便于长期保存的极强稳定性，正因为这些特点，人类社会对黄金格外青睐，黄金已经成为人类社会复杂机理的一个不可或缺的组成部分。

由于黄金具有的这些特殊自然属性，它被人类赋予了社会属性，因此具备了流通货币功能。黄金成为人类的物质财富，成为人类储藏财富的重要手段。马克思在《资本论》里写道：“货币天然不是金银，但金银天然就是货币。”

在人类历史过去的几千年里，黄金基本上属于帝王贵族才能拥有的财富，拥有黄金就意味着拥有权势，是黄金使得古埃及和古罗马的文明显得格外的辉煌。

**投资学点睛**

在世界上的几大古代文明中，黄金都在当时的社会中有着极高的地位；黄金除了为帝王贵族所拥有外，还被人类社会普遍认为是神灵才能拥有的神物，人们将黄金进献给崇拜的神灵，黄金成为供奉器具和修饰保护神灵形象的特殊材料。

# 黄金投资的特点
## ——拿1万做10万的生意才叫生意

*在黄金市场上不存在牛市或熊市。不论金价是大起还是大落，对投资者而言都是机会。黄金市场最讲究行情。行情就是每日大盘的落差，或波幅，即大盘最高价与最低价之间的差价。有差价就有行情，差价越大，行情越好。*

一、全世界都在炒这种黄金，全球统一价格，透明度高，黄金交易量巨大，日交易量约为20万亿美元。如此巨大的市场没有任何财团和机构能够人为操控，完全靠市场自发调节。黄金市场没有庄家，具有市场规范、自律性强、法规健全的优点。

二、不用选股，操作简单：有没有经验都没关系，易懂易学。

三、交易服务时间长：黄金交易时间是从早上8点到次日凌晨的2点半。早上9点至下午4点是亚洲盘交易时间，下午4点至晚上8点半是欧洲盘交易时间，晚上8点半至次日凌晨2点半为美洲盘交易时间。一般来说，黄金交易最活跃的是美洲盘，时间大致在晚上8点至次日凌晨1点之间。

四、金价波动大：根据国际黄金市场行情，按照国际惯例进行报价。因受国际上各种政治、经济因素，以及各种突发事件的影响，金价经常处于剧烈的波动之中。在黄金市场上不存在牛市或熊市。不论金价是大起还是大落，对投资者而言都是机会。黄金市场最讲究行情。行情就是每日大盘的落差，或波幅，即大盘最高价与最低价之间的差价。有差价就有行情，差价越大，行情越好。具体说，差价低于0.4%时，行情较差。达到1%时行情就已经不错了，达到2%已时相当不错。现在已经达到3%，因此是投资黄金的大好时机。

五、资金结算时间短：当日可进行累积交易，提高投资基金比率，加大投资回报概率。

六、交易方便：可通过网上交易，电话交易等。

七、资金安全：只在银行与银行之间转换。

八、犹太人曾经说过拿1万做1万的生意不叫生意，拿1万做10万的生意才叫生意。在嘉伦投资公司开户做黄金，您只需要拿一手黄金和约单位为10万美金的1%的保证金，也就是1千美金。您就能做交易量为10万美金相当于3公斤的黄金交易。其获利所得都归投资者本人。而你需要承受的风险只是在1%之内，而您的获利空间却是100%、200%、300%……



**投资学点睛**

现货黄金交易是利用资金杠杆原理进行的一种合约式买卖。现货黄金交易根据国际黄金保证金合约的交易标准，利用每手1000美元的保证金买100盎司黄金的交易权。通过使用这100盎司的黄金交易权进行买涨买跌，赚取中间的差额利润。



# 黄金投资八大优势和价格因素
## ——双向赢利

黄金根据国际市场行情，按照国际惯例报价。因受国际上各种政治、经济因素，以及各种突发事件的影响，金价经常处于剧烈的波动之中，每天平均波动15美元以上，可以利用这差价进行黄金交易。

### 一、保值性强

黄金从古以来都是最佳保值、增值的产品之一，具有很大的升值潜力，现在国际通货膨胀加剧，将更加推进黄金的增值。

## 二、交易规则灵活

T+0交易规则，允许当日平仓，并允许投资者进行多次交易，提供多次投资机遇。

## 三、资金利用率高

通过保证金模式下单，100倍的资金杠杆提高资金利用率，降低交易门槛。一手只需保证金1000美元。

## 四、双向做单，利润高

黄金涨，可以做多（买入单）：黄金跌，可以做空（卖出单），双向赢利。

## 五、金价波动大，获利概率大

黄金根据国际市场行情，按照国际惯例报价。因受国际上各种政治、经济因素，以及各种突发事件的影响，金价经常处于剧烈的波动之中，每天平均波动15美元以上，可以利用这差价进行黄金交易。

## 六、风险可控性强

黄金交易没有庄家控盘，比炒股容易控制，而且有限价、止损保障。

## 七、交易时间长

20小时交易时段，涵盖了交易量最大的欧洲盘时段和美洲盘时段，增加获利机会。有宽松的交易时间，便利的交易方式，不与工作时间、地点相冲突，对上班一族尤其适合。

## 八、交易方便，操作简单

主要采用网上交易系统下单委托，也可以电话委托下单，交易软件简单易学，公司另外提供行情分析系统，短信报价平台。

黄金价格的变动，绝大部分是由于受到黄金本身供求关系的影响。因此，作为一个具有自己投资原则的投资者，就应该尽可能地对任何能够影响黄金供给因素进行了解，从而进一步把握场内其他投资者的动态，预测黄金价格的走势，以达到合理进行投资的目的。其主要的因素包括以下几个方面：

（1）美元走势

美元的稳定性虽没有黄金强，但是它的流动性要比黄金好得多。因此，美元被看做是第一类的钱，黄金是第二类。当国际政局处于紧张不明朗时，人们都会因预期金价会上涨而购入黄金。但是更多的人保留在自己手中的货币实际上是美元。假如国家在战乱时期需要从他国购买武器或者其他用品，也会沽空手中的黄金，来换取美元。因此，在政局不稳定时期美元不一定会升，还要依据其他的走势。简而言之，美元强黄金就弱；黄金强美元就弱。

一般投资人士在储蓄保本时，取黄金就会把美元舍去，取美元就会把黄金舍去。黄金虽然本身不是法定货币，但始终有其价值，不会贬值成废铁。若美元有强劲走势，投资美元会有很大升值机会，人们自然会对美元进行追逐。相反，当美元在外汇市场上越弱时，黄金价格就会越强。

（2）战乱及政局震荡时期

战争和政局震荡时期，经济的发展会受到很大的限制。任何当地的货币，都可能会由于通货膨胀而贬值。这时，黄金的重要性就会发挥得淋漓尽致。由于黄金具有公认的特性，为国际公认的交易媒介，在这种时刻，黄金就成为人们的目标。对黄金的抢购，也必然会造成金价的上升。

但是黄金价格也受其他因素的共同制约。比如，在1989至1992年间，世界上出现了很多的政治动荡和零星战乱，但金价却没有因此而上升。原因在于当时人人持有美金，舍弃黄金。故投资者不可机械地套用战乱因素来预测金价，还要考虑美元等其他因素。

（3）世界金融危机

假如出现了世界级银行的倒闭，金价会有什么反应呢？

其实，这种情况的出现是源于危机的出现。人们自然都会把金钱保留在自己的手上，银行会出现大量的挤兑或破产倒闭的现象。情况就像阿根廷经济危机一样，全国的人民都要从银行兑换美元，而国家为了把最后的投资机会保留住，会把美元的兑换禁止，从而骚乱不断地发生，全国陷入了一片恐慌。

当美国等西方大国的金融体系有不稳定的现象出现时，世界资金便会投向黄金，黄金需求增加，金价即会上涨。黄金资金避难所的功能在这时就发挥了。唯有当金融体系的情况稳定时，投资人士对黄金的信心就会大打折扣，将黄金沽出，使金价下跌。

(4) 通货膨胀

一个国家货币的购买能力，决定于物价指数。当一国的物价稳定时，其货币的购买能力就越稳定。相反，通货率越高，货币的购买力就越弱，这种货币的吸引力就愈缺乏。如果美国和世界主要地区的物价指数保持平稳，持有现金也不会贬值，又有利息收入，必然成为投资者的首选。

相反，如果通胀剧烈，持有现金根本没有保障，收取利息也赶不上物价的暴升。人们就会采购黄金，因为此时黄金的理论价格会随通胀而上升。西方主要国家的通胀越高，以黄金作保值的要求也就越大，世界金价亦会越高。其中，黄金的变动最容易受到美国通胀率左右。而一些较小国家，如智利、乌拉圭等，每年的通胀最高能达到400倍，却对金价一点影响也没有。



(5) 石油价格

黄金本身是通胀之下的保值品，与美国通胀如影相随。石油价格上涨意味着通胀会随之而来，金价也会随之上涨。

(6) 本地利率

投资黄金不会有利息可获得，其投资的获利全凭价格上升。在利率偏低时，权衡之下，投资黄金会有一定的好处；但是利率升高时，收取利息对人更有吸引力，无利息黄金的投资价值就会下降，既然投资黄金的机会成本较大，那就不如放在银行收取利息更加稳定可靠。尤其是美国的利息升高时，美元会被大量地吸纳，金价一定会受挫。

利率与黄金联系密切，如果本国利息较高，就要考虑一下是否值得丧失利息收入去买黄金。

（7）经济状况

经济一片繁荣，人们安居乐业，投资的欲望自然也会增加，民间购买黄金进行保值或装饰的能力会大为增加，金价也会得到一定的支持。相反之下，民不聊生，经济萧条时期，人们连吃饭穿衣的基本保障都不能满足，又哪里会有兴致对黄金投资呢？金价必然会下跌。经济状况也是构成黄金价格波动的一个因素。

（8）黄金供需关系

金价是建立在供求关系的基础之上的。如果黄金的产量大幅增加，金价会受其影响而回落。但若由于旷工、长时间的罢工使产量停止增加，金价就会在求过于供的情况下升值。此外，新采金技术的应用、新矿的发现，均会增加黄金的供给，表现在价格上就是金价下跌。

**投资学点睛**

对于黄金走势的基本分析有很多方面，当在利用这些因素时，就应当考虑到它们各自作用的强度。找到每个因素的主次地位和影响时间段，来进行最佳的投资决策。

黄金的基本分析在时间段上分为短期（通常是三个月）因素和长期因素。对于其影响作用要区别对待。

# 个人投资黄金的三大途径

## ——发挥出其“天然货币”的作用

“纸黄金”为单向获利产品，对于投资者来说，只有在金价上涨的过程中才可以通过高抛低吸的方式来获利。在过去几年内，都曾出现过黄金价格的大幅阶段性拉升，也为不少黄金投资者带来过较大的盈利。但是不少“纸黄金”的投资者对此也深有体会，就是在黄金价格下跌或是波动平缓的市场环境下，“纸黄金”的操作就难于进行。

### 途径之一：纸上谈金

代表产品 1：“纸黄金”

“纸黄金”又叫账面黄金，通过账面系统进行黄金的买入、卖出，从黄金价格的上涨中获得收益。一般来说，“纸黄金”对初涉黄金投资的人较为合适。因为，“纸黄金”投资的起始门槛较低，如商业银行自有品牌的“纸黄金”业务，最低 10 克就可以进行投资，以目前的黄金价格来计算，不到 2500 元就可以进行“纸黄金”投资。而上海黄金交易所的“账面实物黄金”最少 100 克就可进行投资，需要的资金在 25000 元左右。

“纸黄金”为单向获利产品，对于投资者来说，只有在金价上涨的过程中才可以通过高抛低吸的方式来获利。在过去几年内，都曾出现过黄金价格的大幅阶段性拉升，也为不少黄金投资者带来过较大的盈利。但是不少“纸黄金”的投资者对此也深有体会，就是在黄金价格下跌或是波动平缓的市场环境下，“纸黄金”的操作就难于进行。

至于“纸黄金”产品的选择，一种是商业银行自有品牌“纸黄金”——较为典型的代表有中国银行［4.170.72%］的“黄金宝”、工行的“金行家”和建行的“龙鼎金”账户金。开设这些“纸黄金”业务，一般不需要开户费，直接到银行柜台开通账户功能，就可以通过网上银行、电话银行等渠道进行交易。商业银行自有品牌“纸黄金”是以点差的方式来收取的，单边点差为 0.4 元/克左右。

另外一种则是各家银行所代理的上海黄金交易所账面“实物黄金”系统，越来越多的商业银行都把发展贵重金属业务作为了一项新的业务重点，而成熟的金交所产品自然是理所当然的选择。像工行、兴业、招行、民生、华夏、深发展、光大等都与金交所建立合作，为投资者提供账面“实物黄金”的投资。而兴业更是首家推出了集合金交所多个产品在内的“金交所交易金”产品，据悉这也将是今后金交所发展个人黄金投资产品的模式之一。进行账面“实物黄金”投资，需要到代理银行开设专用的黄金账户，需要60元手续费，但很多股份制银行都推出开户免费的优惠活动。在进行交易的过程中，最低交易量为 100 克，高于商业银行自有品牌“纸黄金”产品。交易的手续费以交易金额的固定比例来收取，按照客户级别和交易量规模的不同，手续费率大约为交易金额的 0.08% ~0.21% 。

代表产品 2：黄金 ETF

国际黄金 ETF 持仓量的变化，成为人们判断黄金价格趋势的一个越来越重要的因素。尽管相对于全球的黄金交易量来说，黄金 ETF 交易量占据的比例并不大，但显而易见的是，黄金 ETF 的交易规模有不断增长的趋势。这是因为越来越多的全球投资者热衷于把黄金 ETF 的选项加入他们的投资篮子中。

黄金 ETF 最大的优势在于其交易便捷，黄金 ETF 基金在证券交易所上市，投资者可以像买卖股票一样方便地进行黄金 ETF 的交易。对于投资者来说，购买了 ETF 份额，就等于持有了黄金现货，黄金 ETF 持有的黄金是以标准交割物的形式储存在基金保管人的金库中，安全性很高。在满足一定条件下，黄金 ETF 的持有人可以进行黄金现货的交割。此外，黄金 ETF 的手续费较低、流动性较强、价格机制也非常透明，同时，黄金 ETF 基金买卖黄金时机取决于专业的基金经理，对普通投资者来说操作起来更加简单。正是由于具备这些优势，黄金 ETF 的投资热潮也不断升温。在一些黄金 ETF 产品中，还引入了看多、看空双向投资以及杠杆机制，也给投资者增加了更多选择与操作的可能。

可惜的是，目前内地并没有推出黄金 ETF 产品，正式推出产品的条件也有待成熟。在我国的香港地区，去年引入了香港首只也是目前唯一一只黄金 ETF 产品——SPDR 金 ETF [800.500.69%]，在香港证券交易所上市。SPDR 金 ETF 采用了追踪伦敦金现货价的机制，每股的发行价为 1/10 盎司的金价。以目前的伦敦金报价折合港币来计算，每股价格为 805.50 港元。按照该 ETF 的交易原理，最低投资额为 10 股，也就是说，至少需要 8055 港币就可进行黄金 ETF 的投资。

不过，在港上市的 SPDR 金 ETF 没有杠杆成分，而是看涨式投资产品，因此投资获利方式相对简单。投资黄金 ETF 除了交易时的佣金、印花税、相关费用外，最主要的成本为 ETF 的管理费用，相当于净资产的 0.4%。这只 ETF 也可支持提取现货黄金，但门槛设置较高，1 万盎司以上的黄金提现要求才可以得到该基金公司的允许，从黄金指定账户中提取。此外，SPDR 金 ETF 以港币报价，交易时使用美元。

### 途径之二：实物金

很多投资者把实物黄金产品作为投资的标的，其中包括金条、金币、黄金饰品等等，这在我国的黄金消费投资需求中也占了很大的比例，“藏金于民”便是来源于此。

黄金的避危功能是实物黄金的最大优势，在通胀剧烈或是发生危机时，实物黄金能够发挥出其“天然货币”的作用，体现出回避风险的功能。而更多人乐于收藏实物黄金，是出于黄金制品的收藏价值和乐趣。

实物黄金产品的形式多种多样，由此产生的投资成本和额外收益也会有所不同。

代表产品 1：投资金条

在各式各样的实物黄金产品中，金条所推出的实物黄金投资成本是最低的。金交所的实物黄金在提交时，价格以实时的交易所报价为基准，只需要收取一笔 2 元/千克的提金费用。目前金交所可供提交的金条制品有

Au100g 小金条和 Au99.99、Au99.95 两种金锭，最小的提金单位为 100 克。附加费用低是金交所金条最大的优势，对于有藏金需要的投资者来说，这一类型的金条是成本最低的选择。

相对来说，招行和农行所代理销售的高赛尔金条，也是附加费用较低的金条产品。高赛尔金条在提取时，需要收取 109 元/盎司的加工费，折算下来，每克黄金需要 3.5 元左右的加工费，与大部分金条产品相比，溢价较低。在银行代理的产品之外，一些黄金公司的产品也可以考虑。如上海黄金公司的"中国黄金"投资金条，该投资金条纯度 99.99%，规格分别为 1000 克、500 克、200 克、100 克，交易价格参照上海黄金交易所实时金价，以每克加 8 元发售。另外据悉，老庙黄金等大型黄金零售商也会在年底时推出投资性金条业务。

代表产品 2：熊猫金币

"熊猫"金币也被视为实物黄金投资的最佳选择对象之一。一方面，中国发行的"熊猫"是世界上公认的五大投资金币之一，保证了其含量、成色、规格的稳定性，也提高了"熊猫"金币的认可度。另一方面，"熊猫"金币也是国内金银币产品中升水最低的品种，在集藏市场中升水最小的是 1 盎司"熊猫"金币，其价格比同规格 1 盎司黄金材质高 100 ~ 400 元左右，大约折合几元/克 ~ 十几元/克。与此同时，熊猫金币收藏特性较强，早期发行的"熊猫"金币产品具有很高的市场价值。

对于投资纪念金币的人来说，除了需要具备黄金的投资技能外，更重要的是拥有一双"慧眼"，善于发掘金币的收藏价值。

代表产品 3：饰品金

黄金饰品，包括各种饰品金条是普通大众最广泛的黄金消费品。尽管从严格意义上说，黄金饰品的售价形成机制中，在黄金的市场报价基础上，有较高的升水，因此黄金饰品并不适合作为投资的对象。举个例子来说，目前 AU99.99 的金交所报价为 230 元/克左右，但是各家金店的千足金制品的售价大约为 280 元/克 ~ 290 元/克，对于部分金饰品还将收取一笔加工费。而黄金饰品在回收时，无论其工艺精美程度如何，都是按照统一的价格回收，通常是在即时的金交所报价基础上减去几元进行回收。对于想通过黄金饰品投资黄金的个人来说，只有在金价的大幅上涨中才有可能获利。因此，黄金饰品起到更多的是美化生活的作用。

代表产品4：艺术金块

也有一些黄金零售商会专门推出一些兼具纪念和投资功能的黄金产品，这也符合了当今时尚消费的趋势。比如，为配合海派清口演员周立波新一季演出《2009我为财狂》的上演，上海老庙黄金为其量身设计制作了“我为财狂”千足金金块。该投资艺术金块，成色999.9，生产工艺标准Q/TEU01－2005。现有规格分为20克、30克、50克、100克，每种规格金重正负误差不超过万分三，金块正面为“我为财狂”图案，镂空设计别具一格，雕刻精美，时尚感十足。金块背面标有成色标记、金块重量（克重）以及“上海老庙黄金有限公司铸”字样。

## 途径之三：黄金杠杆产品

无论是纸黄金还是实物黄金，都只能够通过金价的单边上涨获得投资收益。实际上，看空市场时也可以获利，如黄金期货和金交所的T+D延期交易产品。同时，这两款产品使用保证金交易的模式，杠杆的设计加大了产品的风险，适合偏好高风险的、且具备一定黄金投资的投资者。

代表产品1：黄金T+D交易品种

近期，上海黄金交易所正在着手将原有综合类会员代理个人业务的试点转移到商业银行，重点便是黄金T+D业务。目前，已经有兴业银行[40.470.95%]和民生银行[8.211.36%]都可以代理个人客户推出金交所黄金现货延期交收产品，深圳发展银行目前只针对法人客户开展此项品种。

作为一种具备保证金模式、可使用杠杆的双向交易品种，目前在兴业的T+D业务中，设置的保证金比例为投资金额的15%。其中，金交所制定的保证金比例为10%，5%为银行额外收取的保证金。目前民生银行的黄金延期交易保证金比率最低为10.5%。

在操作设置上，T+D产品有其自身的特点。如观察T+D产品的交易价格，很显著的一个特征是交易价格与现货价格紧密相连，事实上，在T

+D 交易中，交易价格与现货价格之差为“升水”，升水反映着投资者对于未来交易对象价格的预期，而交易价格与现货价格之间的差异很小，表明了这一产品的波动率并不大。出现连续三天涨停或是三天跌停的可能性比较小，T+D 为现货延期交易，从分类上说，仍然是属于现货交易的一种，在交易的过程中，随时可以交割的特性也降低了产品的风险。如在期货交易中，标准期货合约要么在交割日进行交割，要么采用平仓的方式进行对冲交易。而在 T+D 交易中，投资者可以选择对自己更有利的时点进行交割，如尽早交割以降低投资风险，或者持续持仓。同时，T+D 交易可进行夜市交易，目前的交易时段为 09:00~11:30、13:30~15:30、20:50~2:30，而夜间正是黄金交易最为活跃的时段。

代表产品 2：黄金期货

黄金期货则是另外一种杠杆化黄金投资产品，个人可以通过在具备资质的期货公司进行开户，进行黄金期货的交易。

黄金期货虽然也具备“保证金交易”和“双向操作”的两大特点，但是与黄金 T+D 交易还是存在着不少区别。

首先在于，黄金期货是标准化合约，需在指定的交易期限内交割或是进行平仓操作。而在 T+D 交易中，则以缴纳“延期交易费”的方式延长持仓时间。

另外，黄金期货的保证金比例并不是固定的，黄金期货合约中规定，在上市运行不同阶段的交易保证金有不同的收取标准：合约挂牌之日起的保证金比例是 7%；交割月前第 2 月的第 10 个交易日起，保证金比例提高到 8%；交割月前第 1 月的第 1 个交易日起，保证金比例提高到 10%；交割月前第 1 月的第 10 个交易日起，保证金比例提高到 15%；交割月份的第 1 个交易日起，保证金比例提高到 20%。也就是说，保证金比例的高低取决于入市的时点。

在实物黄金的交割上，两个产品也有较大的差异。黄金 T+D 交易中，投资者可以进行实物黄金的交割，交割物为 3 千克的 99.95% 金锭或是 1 千克的 99.99% 金锭。而在黄金期货业务中，个人投资者是无法进行实物交割的。

投资学点睛

以前个人投资者只能通过上海等大城市的几家试点银行进行黄金投资，而现在投资者参与到黄金市场中可以通过各式各样的方式。当然，不同的黄金投资产品的风险和收益特性各不相同，个人投资者在选择新产品时需要根据产品的特点与自己的投资风格，理性地选择。

# 外汇投资入门知识
## ——欧元对美元汇率还将进一步上扬

全球汇市的走势主要是由各国利率政策的变化和国民经济的具体状况来决定的。近些年来，与欧元和日元等其他全球重要货币相比，美元的汇率一直在持续下滑。

人们一提及外汇投资，想到的总是那些堪称世界顶尖级别的高水平投资人，但是现在，局面与以前已经不同。

今天，外汇投资俱乐部已经不再被避险基金、专业经理人和机构投资者所垄断，普通投资者也得到了一窥门径的机会。投资大众可以获得外汇投资机会的渠道越来越多，而且他们选择这种投资也有很多的理由。

全球汇市的走势主要是由各国利率政策的变化和国民经济的具体状况来决定的。近些年来，与欧元和日圆等其他全球重要货币相比，美元的汇率一直在持续下滑。

许多经济学家都作出了预言：伴随美国经济成长速度的逐渐减缓，美元汇率还将进一步走低。

标准普尔公司股票策略师表示，“根据我们经济学家的预期，欧元对美元汇率还将进一步上扬。”

与此同时，美国联储最近一轮的加息周期很可能已经接近或者到达尾声，但是欧洲和日本的利率还在上涨通道之中。全球利率的成长反映了全球经济的强势，同时将对美元汇率保持持续的压力。

事实上，过去几年当中，不少海外共同基金的回报率都因为美元的贬值而得到了提升。即便那些美国股票基金，只要它们大量持有可口可乐（KO）或者微软（MSFT）等全球性大公司的股票，其表现也会水涨船高。

作为投资组合的一个组成部分，外汇可以把股票、债券和其他门类投资的风险抵消。基金数据公司理柏的资深研究分析师托内霍伊指出，普通投资者可以透过海外债券基金及ETF，甚至专门的外汇基金来获得海外投资的机会。相比之下，那些直接买卖外汇期货之类衍生产品的做法则有较高风险。

在进行外汇投资时，投资者必须注意以下事项：

### 通货避险

海外股票基金可以为投资者提供一定的从外汇波动当中获益的机会。不过首先，必须了解基金的经理人是否采取了针对美元汇率波动的避险措施。

如果经理人采取了避险措施，那么这只基金相对于外汇波动的立场就是中立的，这就意味着一旦美元汇率走高，基金的收益不会因为汇率而缩水受到威胁。不过与此同时，如果美元汇率疲软，基金的利润也不会因此被放大。

托内霍伊介绍道，目前，很多海外股票基金都没有采取避险措施。不过他同时也强调，仅仅出于汇率方面的考虑就投资海外股票基金未免过于鲁莽，因为股票的价格取决于诸多因素。

投资者还必须明白，在海外基金当中，那些名称中有“国际”字样者和有“全球”字样者并不是一回事，后者同样有投资美国国内企业的可能性，对于那些希望从非美资产中获得多元化好处的投资者而言，后者显然不是最合适的选择。

## 过高风险

在考虑买进海外基金或者干脆买进外汇基金时，投资者必须了解一下投资组合的品质。

如果投资组合对于波动猛烈的货币——比如巴西里尔或者土耳其里拉——投资力度过大，或者大量持有低品质的新兴市场债券，投资者的负担会大大增大。

目前，人们有众多的外汇投资方法可以选择，因此普通投资者很容易就会陷入各种迷惑之中。理柏公司的托内霍伊指出，这些投资者对于各种新兴市场货币往往缺乏必要的了解——比如墨西哥比索。

“对于普通投资者而言，这种投资其实更像是赌博。”托内霍伊评论道，“如果你是基于某种特定的理念预计比索汇率将会上涨，那么我们可以说你作出的是一个有根据的决定。相反，如果你只是因为从媒体上看到某些图表或者从旁人那里听到某种说法就相信比索汇率必然会上涨，但是却不知道所以然，那么你的决定就只能说是幼稚的。”

如果普通投资者对外汇投资有意，则他们听取一下专业经理人的意见是很有必要的。他表示，对于投资组合而言，外汇部分确实是有益的多元化补充，但必须以这部分的比重控制在一定的限度之内为前提。



## 经济稳定性

巴特勒的建议是，在对那些你将进行外汇投资的具体国家经济情况进行研究时，你必须先对以下问题的答案有所了解：

——是否值得买进该国货币？

——该国当前状况是否理想？

——该国当前的贸易差额情况怎么样？

——该国的政府是否稳定？

——该国的通胀情况怎样？

巴特勒还强调，投资者对最高值利率的追逐不能盲目。“我们必须从整体角度着眼。”他指出，“许多时候，一国的利率水平较高往往是意味着该国的通胀率较高，或者是国家经济遇到了麻烦，使得他们唯有诉诸提升利率来吸引外国投资解决问题。”

有时候连许多资深的炒家都看不懂市场的波动。准备涉足炒汇大军的新手们，虽然在理论可能上已经做好了准备，但是当真正进入了实际的市场，会发现风险这两个字，似乎并没有书上说的那么简单。在此收集了一些相关的外汇投资小知识，以供炒汇大军的新手们参考。

一招：善用理财预算，千万不要用生活必需资金为资本。若要成为成功的外汇交易者，首先要投资资本充足，如有亏损产生，生活也不至于受到影响，也不要把生活资金作为交易的资本。资金压力过大，会对你的投资策略有误导，徒增交易风险。

二招：善用停损单降低风险。当你做交易的同时，应先把可容忍的亏损范围确立，善用停损交易，才不至于出现巨额亏损。依账户资金情形设定亏损范围，最好设定在账户总额的3%－10%，当亏损金额已达你的容忍限度，不要找寻理由试图孤注一掷，应立即平仓。

三招：学会彻底执行交易策略，勿找理由把原有的决定推翻。交易最大致命伤，是当你（在损失已扩大的时候）开始找理由不认赔平仓，存在行情可能一下子就会回转的侥幸心理。当你在持续这个念头时，就不会考虑去把这个损失继续扩大的仓位结束，而只会失去理智地等待行情回转。请记住一个简单的规则：要把风险控制在原已设定的可容忍范围内，一旦损失已达到原设定的限度，不要踌躇，立即平仓。

四招：记录决定交易的因素。每日把决定交易的因素记录下来，看看当时是什么原因，让你做了交易决定，做了交易后再加以分析，并记录盈亏结果。如果交易结果是获利的，表示你的分析是正确的，当再次出现相似或同样的因素时，你所做的交易记录，将对你迅速做出正确的交易决定很有帮助。

五招：顺势操作，勿逆势而行。要把市场古老通则记住：亏损部位，要尽快终止；获利部位，能持有多久，就放多久。另一重要守则是，不要让亏损发生在原已获利的部位上，面对市场突如其来的反转走势，宁平仓于没有获利的情形，也不要让原已获利的仓位变成亏损的情形。

投资学点睛

对于持有欧洲股票或者海外其他市场股票的投资者而言，美元汇率的损失就意味着他们利润的减小。对于那些大量营收来自海外市场的美国企业股东而言，情况也是这样。当那些非美投资或者跨国公司的海外利润回到美国国内时，美元贬值的放大作用将会发挥。

# 外汇投资指南

## ——外汇市场好比是一座金山

积小胜为大胜是长久立足的一个制胜法宝。古人云：不以善小而不为，不以恶小而为之。运用到炒汇上，可以这样理解：不要因为利润太小就不去做，积小胜为大胜，才是常胜。

在外汇市场中，贪婪与恐惧的人性弱点被诠释得淋漓尽致。在此不是说贪婪有错，而是说贪婪要分行情分时机，不是任何时候、任何行情都可以。

有不少人做不了大行情，又不把小行情放到眼里。他们喜欢做白日梦，往往梦想一夜暴富。一定要把人性的弱点克服，不要让它阻挡成功的步伐。

可以换一个角度来考虑愚公移山的故事，若愚公所移的山不是普通的山而是金山，要想在朝夕之间把整座金山搬回家是不可能的，如果你想用一天时间就把金山搬回家，非但没有可能，反而会把你累死，这又何必呢。

外汇市场好比是一座金山，里面蕴藏着数不尽的财富。要想把它的财富在一朝一夕都收入囊中非但没必要也是不可能的。我们应该把急于发财的心态放下，踏踏实实、一个点一个点地去赚取财富。一个重要的投资理念：炒汇最重要的并不在于你一次能够赚取多少，而是你能不能稳定地获利，长久地立足生存。

积小胜为大胜是长久立足的一个制胜法宝。古人云：不以善小而不为，不以恶小而为之。运用到炒汇上，可以这样理解：不要因为利润太小就不去做，积小胜为大胜，才是常胜。总想一开始就遇上大行情，发大财，反而可能会因为没及时离场使到手的利润又损失了。像这样贪婪的例子有很多，或许每个人都碰到过。

对于上升行情，你还有可能大胜。但面对震荡行情和下跌行情，你只能在震荡过程中赚差价或者做超跌反弹，原本就不能赚大钱，如果再不把小胜的机会抓住，那么只能观望等待。

可以算一笔账。假如一个投资者每天在外汇市场赚20个点，那么一个星期就是100点，1个月就是400点，一年按50个星期来算，就是5,000点。当然，这样算账可能过于理想化，实际上还有做错的时候，还有亏损的时候。不管怎么说若平均每天赚10个点，每星期就是50个点，一年下来也有2,500点，如果投资者能做到这样的成绩，恭喜您，您理所当然地属于投资高手的行列。

**投资学点睛**

大海的浩瀚，也是由无数个小水滴组成的。华尔街的投资高手中，不管是索罗斯还是巴菲特，他们的财富也是从每一单的交易中一点一点积累的，几十年的积累使他们获得了今天的成就。

# 炒汇公司的十大陷阱

## ——70% 以上的炒汇散客都是亏损的

“这个市场很乱。”专家表示，1992 年前后由于我国政府禁止非法炒汇而离开内地市场的这批人，现在又回来了。操作的手法与之前如出一辙，有了网上交易的“高科技”后，给顾客加重“药量”。仅在上海，这样的机构就至少超过 100 家。

业内人士把那些“害群之马”的种种猫腻揭露了，他们提醒市民要对不规范炒汇公司的种种陷阱多加留意。据保守估计，上海 70% 以上的炒汇散客都是亏损的。

### 陷阱一：移花接木，暗度陈仓

境外一些所谓“金融机构”在国内开设的代表处，经常宣称自己受国外的各种监管机构约束，背景似乎光鲜得很。事实上，他们列数的监管机构“商品市场”、“期货交易所”对“外汇保证金交易”根本不管用。即便真的把管事的机构列举了出来，又有几个客户会特地去调查呢？

有些境外来客躲在幕后不以外资公司的面目出现，找个亲戚或者朋友担当法人，10 万元就注册一个内资咨询公司。一旦有什么闪失，幕后主使早就卷款而逃，留下来的法人两手一摊：没钱。

### 陷阱二：狂招代理，圈钱就跑

越不正规的公司给代理的回报越高。已经被取缔的日本 CTI 公司就是一个典型。该公司当时甚至宣称，只要代理拉到一个客户，就奖励代理一台笔记本电脑或者等值的现金。拉到足够多的客户后，这家公司就卷款而逃了。有的公司进入内地，早就把这样的后路预留好了，钱收够了立即跑路，这属于“主动潜逃型”。有的则是挪用客户保证金挥霍无度，再加上人力和房租成本，很快就入不敷出，于是月夜卷铺盖走人，这属于“被动潜逃型”。



### 陷阱三：点差回扣，利益输送

有些境外公司宣称自己点差很小，只有3点、4点，以此吸引客户入“瓮”。实际上，他们还会跟代理秘密签订一个合同，承诺给代理一定点差的时候，也索取最高10个点的回扣。而这些都出在客户的账户里。当客户发现有问题时，回头再看合同，发现上面说“公司与代理‘may’分享‘必要’的点差”。在英文里，“may”既可做“可能”理解，又可做“可以”理解。文字游戏让客户追偿更加困难。

### 陷阱四：签“卖身契”，主客易位

代理往往会通过各种渠道鼓动客户“委托理财”，一旦在那个《委托代理书》上签字，客户就相当于签了“卖身契”。因为合同上必定写着“客户将账户全权委托给代理人操作，客户将为此承担一切责任”。客户的钱亏得只剩几分几厘，也只是有苦说不出。

### 陷阱五：频繁进出，赚手续费

沈小姐遭遇的代理很可能就是这样的。刘海为了赚取每手一定的提成，经常是一天几次短线操作。看错走势自不待说，即便是对小有盈余看对了，把一定的手续费和利息扣除之后，也所剩无几，甚至“反胜为败”。



### 陷阱六：伪造合同，出境洗钱

市民想要购汇一般是有限制的。有些公司所谓的人民币炒汇，实际上是伪造一个购销合同，假装从国外进口商品，实际上是在境外把汇出去的钱进行兑换，再把钱从外汇国打进相应的账户。

### 陷阱七：同谋对敲，掏空账户

外汇买卖本就是一个对冲市场，有买单就有卖单。有的客户发现代理总是给自己“高位吃进，低位卖出”，方向做反了却迟迟不止损。实际上，表象的背后很有可能是代理找其他同谋对敲。客户的单子正好“喂”给同谋“低位吃进，高位卖出”。那些公司招徕客户本来就是为了与客户对赌。

### 陷阱八：点差滑落，名不属实

外汇操作，一两秒间都会有很大差别。但很多炒汇公司都宣称“由于系统原因”，会延迟几秒到十几秒不等。当你在自认绝好的价位下单时，实际点位却“谬以千里”。更有甚者，公司提供给你的对账单点位与当时的操作点位可能会稍许不同，除非每一次操作你都记录下来，再逐一与对账单相比较。

### 陷阱九：当天清盘，赚取差价

外汇买卖由于存在卖空操作，因此隔夜利息的支出或者收入是很有可能的，于是有公司会用“利息全免”的幌子招徕客户。当客户拿到对账单时，却发现每一天收盘时，公司会把所有的单子全部平仓，第二天再重新建仓。第一天收盘价与第二天开盘价的差值有正有负，时间一长出入应该不会太大。可奥妙在于，汇市与股市不同，不是每天15：00：00准时收市，而是24小时全天候的市场。因此，公司总是会选择在一个“恰当”的时机平仓，是15：01：01，还是15：03：21，其中玄机只有公司知道。



### 陷阱十：虚拟账单，全无操作外汇高手

这一招是最阴险的。公司或者代理发展客户时，根本就没打算操作，他们提供一个平台，只是为了给客户看打印伪造的对账单。不管行情上涨还是下跌，他们的判断总是错的。再加上佣金、利息什么的，然后告诉客户：“对不起，你的账户亏完了。”实际上，那笔保证金依然躺在公司的账户上，分文都没动过。

**投资学点睛**

“股市不跌，加急战汇市”“以一搏百，一夜暴富”“白天炒股，晚上炒汇”……类似的宣传语在一些传单和网站上出现的频率越来越多。

其实，外汇保证金交易是一种高收益高风险的投资方式。

# 第十一章 火眼金睛看收藏

## ——爱好、投资两不误

鉴于“很多人总想把艺术品当成股票一样来炒作，这种做法一定归于失败，真正的收藏家不完全把艺术品当做投资，更多的还是兴趣，完全把艺术当投资的人是投机”的现象，从去年到今年，市场显示好的、来源翔实的作品价格还在持续走高。这就提醒人们“不要把艺术品当做股票来炒作”，金融危机只是个导火线，即使没有金融危机，艺术品该倒的还倒，该涨的还涨。

# 收藏有风险　投资需谨慎

## ——现在的文物鉴定界不但赝品泛滥，而且“伪专家”也很多

有一些鉴宝节目内容存在很多问题：拙劣的假画在节目中被滥竽充数，估价上百万元；鉴定专家把自己收藏的假画拿到节目中估出高价，欺骗观众；只片面强调藏品能够升值，却从来不说明收藏市场的交易风险等等。

近几年来，收藏鉴定类节目在很多电视台相继推出，以其丰富的知识性和趣味性吸引了大批观众。但是也有一些鉴宝节目内容存在很多问题：拙劣的假画在节目中被滥竽充数，估价上百万元；鉴定专家把自己收藏的假画拿到节目中估出高价，欺骗观众；只片面强调藏品能够升值，却从来不说明收藏市场的交易风险等等。专家在此提醒广大收藏爱好者，收藏有风险，投资需谨慎。

著名书画鉴定家张蔚星表示，把赝品当成真品的情况，确实会常常出现在一些收藏鉴宝类电视节目之中。

以某电视台2006年的一期鉴宝节目为例，专家为一套齐白石的通景屏的赝品估价上百万元，画的笔法、款识都与齐白石的真迹存在明显差别。书画行内一般认为，在市场中往往可以以假乱真的常是那些达到七成像的“高仿”赝品。这套通景屏只有四成像，仿造水平仅比北京潘家园的地摊货略强，在电视上被当做真迹公布出来，会让广大观众以为这个水平的作品就是齐白石的真迹，会带来极其恶劣的社会影响。

2005年5月，在该鉴宝节目中还曾出现过一幅吴作人《牧牛图》，被专家现场鉴定为真迹，估价25万元。后来，吴作人的妻子、著名书画家萧淑芳，萧淑芳的关门弟子、画家曲赫东，吴作人国际美术基金会法人代表、吴作人的女婿商玉生均认为该画是伪作。此事轰动了整个收藏界。

另一位不愿透露姓名的书画鉴定家透露，在去年的一期该电视台的另一档艺术品投资类节目，担当评委的是一批南京著名书画专家。节目中，有一幅署名郑板桥的竹子画约有8平方尺，可谓尺幅巨大，专家团给该画估价500万元。但实际上这幅画属于高仿级别赝品，而且，非专业鉴定人士是难以分辨出来的。

这位书画鉴定家还透露，其实，担当现场评委的某位书画专家就是这幅赝品的主人，他买时就知道是赝品并以极低的价钱买下，也不知道怎么回事他就把这幅画搞到自己当评委的节目中，而且当着亿万电视观众的面把赝品鉴定为真迹。事实上，即便是郑板桥的真迹，如此尺幅的作品目前的市场价格也仅在300万元上下。

央视《艺术品投资》栏目负责人方书华介绍说，现在的文物鉴定界不但赝品泛滥，而且“伪专家”也很多。“伪专家”大概可分为几种：不论碰到什么藏品，一律说是假货；一类是不论什么藏品，一律说是真货；还有一类专家声誉卓越、著作不少，但完全是纸上谈兵，明明不懂鉴定，还要去搞鉴定；更有的专家以开证书为荣，以赚钱为目的。如果收藏鉴定类节目上请的是这些专家，就容易出问题。

在外行人看来，文物艺术品买卖只存在真伪的风险，但事实上即便投资的都是真迹，也存在巨大的交易风险，因为每个画家作品的价格都是有涨有跌的，瓷器、青铜器等其他品种也一样，这一点与股市十分类似。比如很多当代画家和书法家，其作品去年以来就一路下跌，即使是现在按2005年年底或2006年年初买入的价格卖出，也不会有人理路。

现在的股票类电视节目主持人都在反复强调“股市有风险，投资需谨慎”，甚至连浙江义乌小商品批发城的电视广告都在屏幕下方打出“做生意有风险”的提示，而收藏鉴宝类电视节目却从来没有此类提示。张蔚星说，其实现在的收藏市场并没有人们想象中的那么火，很多画家的作品2005年年底是15万元/平方尺，可现在5万元/平方尺都难以出手。可是在这种情况下各电视台的收藏鉴定节目不是在反映市场如何走低，而是和以前一样在宣传如何“捡漏”。

投资学点睛

在节目中亮相的不少藏品，价格比收藏市场上高估了二至三倍，这种高估价增加了节目现场的娱乐气氛，但却让很多收藏爱好者误以为市场的标准就是电视节目中的高估价。此类鉴宝节目过高估计藏品价格的做法，干扰了市场经济的正常秩序，贻害无穷。

# 艺术品的风险与股市的风险不能混为一谈

## ——没有金融危机，艺术品该倒的还倒，该涨的还涨

提出“不要把艺术品市场当做股票来炒作”的说法，是无可厚非的。但是，艺市与股市虽有一个共同的属性——以投资作为手段来求得回报，但金融股市不可能会有“在金融危机中依然翻倍上涨”的“吴冠中、潘天寿、李可染等艺术家”的“个股”。

鉴于“很多人总想把艺术品当成股票一样来炒作，这种做法一定归于失败，真正的收藏家不完全把艺术品当做投资，更多的还是兴趣，完全把艺术当投资的人是投机”的现象，从2008年到2009年，市场显示好的、来源翔实的作品价格还在持续走高，这就提醒人们“不要把艺术品市场当做股票来炒作”。在金融危机中，吴冠中、潘天寿、李可染等艺术家的作品依然翻倍上涨，这证明起码还有一部分市场是健康的，而金融危机对于另外一部分虚高的市场来说只是个导线，即使没有金融危机，艺术品该倒的还倒，该涨的还涨。

诚然，提出“不要把艺术品市场当做股票来即炒作”的说法，是无可厚非的。但是，艺市与股市虽有一个共同的属性——以投资作为手段来求得回报，但金融股市不可能会有“在金融危机中依然翻倍上涨”的“吴冠中、潘天寿、李可染等艺术家”的“个股”。因为画家作品的价值定位是

画家的历史地位所决定的，而且还会随着时间的推移越发显示其无限的升值空间。

而中国上市公司的跌涨起伏，即便没有遏止金融危机，在很大程度上会因政局因素以及全球资本市场的起伏而引发不可预测的风险，甚至倒闭下市。

可以这样说，任何上市公司都不可能成为经过历史淘汰而形成的稳固的历史价值、学术价值、艺术价值的书画家作品。如果某几家上市公司的股指始终如同吴冠中、潘天寿、李可染等艺术家的作品，股市就不会有“股市有风险，入市须谨慎”的警示了。

即使吴冠中、傅抱石、李可染等艺术家的作品在金融危机中总体上是上涨的，也并不表示艺术品市场没有风险。2007 年至 2008 年的金融危机时期这些艺术家作品也并不是只涨不跌的。

2008 年秋拍，吴冠中的《长江万里图》（横 5.3 米，纵 35.5 厘米）以接近高出估价 800 万港元 2 倍的 1578 万港元成交。虽然该作品成为目前吴冠中的中国画作品拍卖的第三高价，但较之 2007 年 5 月 31 日在北京保利以 4070 万元拍出的吴冠中 1981 年作的《交河故城》（横 102 厘米，纵 111 厘米），无论在尺寸上，还是在艺术水平上，这件巨制力作的价位比之《交河故城》都显得极为寒碜。

近几年在拍场上不断演绎千万元乃至数千万元“神话”的傅抱石作品，在 2008 年秋的拍场中，他的《水阁围棋》也只是以 254 万港元成交。2008 年 11 月 10 日在内地大牌拍卖公司中国嘉德秋季拍卖会上，傅抱石 1946 年作的《渊明沽酒》成交价 161.28 万元、1964 年作的《双瀑图》成交价 196 万元、1960 年作的《松阁观瀑图》成交价 224 万元、1943 年作的《东坡诗意图》成交价 358.4 万元、1946 年作的《溪上清话图》成交价 548.8 万元。而在 2007 年北京匡时秋拍卖时，傅抱石的《东山丝竹》、《听瀑图》分别以 2240 万元、1624 万元成交；2007 年 6 月 7 日，在浙江皓翰夏季书画艺术品拍卖会上，傅抱石的《青枫欲赤》以 1100 万元成交；2007 年 11 月 9 日，在北京永乐秋拍卖时，傅抱石 1945 年作《兰亭修禊图》以 2016 万元成交。面对傅抱石昔日 1050165 元/平方尺的最高价位，眼下最高成交价548.8万元的《溪上清话图》值得圈点吗?

2008年秋的拍场中，李可染的两件作品《白毛女》和《孺子牛图》皆以201.6万元拍出，这价格可能也是属于“羞于言表”的范畴，因为在2007年，李可染1982年作的《千岩万壑》(镜心)在中贸圣佳以900多万元成交。2007年10月6日，在香港苏富比，李可染1964年作的《娄山关词意》(镜心)以1163.3万元成交;其中尤以2007年5月28日在香港佳士得举行的中国近代画拍卖会上，李可染的《万山红遍》以逾3500万港元的高价成交最为辉煌，打破了李可染作品最高成交价的世界纪录，同时也成就了他的750891元/平方尺的最高价位。

诚然，艺市自有其风险在，如虚高、赝品等因素。但其风险与股市的风险概念殊异。

有人说，近年随着我国经济的发展，一些买家将艺术品拍卖作为投资手段，但只要是投资就会有风险，因此，买家的心态要平和，就像投资股票，赚了你不会和证券公司平分利益，输了也不会想到要证券公司赔付。

这种将艺术品买卖等同于股票买卖的观点，显然是混淆了一个概念。金融股市，每一个公司的上市，都是经过证券会和证监会严格审批、审核的，在实际运作中始终接受证监会的稽查，对守法者护持，对违规者处罚，对触犯法律者亦即涉嫌经济犯罪者要移交司法机关追究刑事责任。证监会的职责，不仅是监督“证券”的合法性、规范性，更重要的是在严格管理的过程中，引导和制约证券公司的依法运行，同时也使广大股民在股票投资的过程中把主要精力用来思考和判断手中股票运行的跌涨(风险)，而无须花费精力去探究这只股票的真与假或合法不合法。因为分析和考量股票的真实性和合法性是证券会、证监会的事，股民没有这个责任和义务。



**投资学点睛**

艺市没有“拍监会”——也就是说，拍卖市场尚未建立一个严格审查拍品来源、真假的机构。投资者只有自己来判断某些拍品的真伪。因此，不能把艺市的风险与股市的风险混为一谈。

# 写给艺术收藏爱好者的九条箴言

## ——要逐渐学会判断哪些是真成交，哪些是假成交

艺术品从来都是奢侈品，买卖双方都要有一定的经济实力。对于很小的经营者，如果手里经常有高价货品出售的话，那就要引起警惕了——不是货有问题，就是价格有问题。因为古玩字画行中，经营者的财力决定了收货进货的渠道，小本经营者却总是可以拿到高价极品的情况几乎不存在。

一、刚刚加入艺术品收藏的人，不要买看不懂或欣赏不了的作品。

这样做可能会错失一些创新之作，比如凡·高就是例子，有些艺术家的艺术品需要一个长期认可的过程。但是在现实中，这样的事情并不多见，让一般人看不懂或欣赏不了的，很可能便是蒙世之作。如果你拿不定主意到底买不买看不懂或欣赏不了的作品，那么有一条可以增加保险系数的方法，那就是看看作者有没有传统技法的成功之作。另外，作为外行在艺术品上花钱，一定要因为喜欢才去买，千万别抱着从中获利的思想。靠艺术品获利的人，不会是外行。

二、不要买没文化、没知识的人的作品。

书法绘画与篆刻是中国传统艺术，至今为止传下来有价值的作品，除了极个别例外，基本都是文人学者读书人的，匠人之作罕有值钱。艺术是人的延伸，除了工艺装饰品以外，没有文化与知识的人所创作的东西，都不会有生命力。因为见物思人，艺术品的成功是让人心情更好。没文化、没知识的人所创造的东西，极少能做到这一点。

三、不要买新出的报刊著录过的古书画作品。

中国艺术品特别是古典作品价值与坚定的重要依据是是否发表过、有无著录，但是由于市场无序，自上世纪90年代中后期以来，不少利欲熏心

之徒，把出手的作品先找报刊或出版社发表，或者专门出一本书，这样就能以假充真了。鉴于此，如果碰到卖家用著录来说事，千万小心。

四、不要买声誉不佳的评论家或鉴定家推荐、题跋的作品。

有一些评论家与鉴定家为了赚钱，与作假者里应外合，蒙骗外行。评论家写的文章，并不都是以学术为目的的，也有出于市场需要的。如果评论家在文章或著作中发表并推荐了某些作品，而这些作品刚好又在市场上出现，那么，想买的人就要十二分地谨慎。卖家在宣传后把真作高价出手的可能性当然也是存在的，但是也有可能会是明知是假故意作秀。因此，明智的策略是要提防那些声誉不佳的评论家，他们推荐的作品或许是真品，但鱼目混珠者肯定也存在。

五、不要轻信作品行情要上涨的传言而作出购买决策。

中国目前的书画市场是由个体户主宰的，因此他们可以随心所欲地不断提交价格形成机制。一些书画家每隔一段时间就要宣布涨价，其目的是为了维护自己的利益或名声。在价格总是在向上浮动的市场中，行情变化的信息最容易干扰购买者的决定，常常会犯下仅仅因为其预期涨价而付出现金的错误。虽然艺术品市场有投资与保值功能，但是这个市场有其特殊性，除了极个别名家以外，大部分艺术品的成交买卖，换手率是很低的。即使是你拥有的某件作品真的升值了，也未必在你想出手的时候就会有人来买。因此，仅仅因为行情而花钱，待到你想变现时，会发现有价无市也是空欢喜。



六、不要买笔会或应酬场合的现场创作。

在中国历史上笔会文人雅集，一些极有价值的艺术精品都是笔会催生的，比如《兰亭序》就是脍炙人口的笔会作品。然而，现在国内的书画界笔会变了质，成了商业化“走穴”，组织书画家巡回现场生产销售。书画家在笔会中也难保都是以早已不知创作过几百幅的主题或构图来对付交差。这些作品恐怕连他本人也不想拿来收藏。真正值得投资的精品是你想买，而他舍不得卖的作品。

七、不要只冲着艺术家的名头、职位而购买其作品。

目前在国内有个怪现象，很多收藏者花钱买在世的艺术家字画，都是以其名头或职位为主要依据。比如在美术学院、画院、美协、书协是否任职，有些收藏者还把这些领导名单当成秘籍用于参考指导自己购买行为，只要名单上有的人的作品都当做精品，至于其他人的，无论其作品是好是坏一概不予过问。正因如此，一些搞艺术但是名气不响的人，便千方百计往艺术机构里钻，以为一登龙门身价百倍，哪怕是聘用制、合同制甚至不拿工资只帮忙也在所不惜。著名文化学术机构中的人士无非分为两类，一类是为所在机构增添光彩，都是才学实力造诣都名副其实的真正的艺术家；一类是不学无术，欺世盗名之辈。所以不要仅仅依靠艺术家的职位和头衔来决定是否购买其艺术品。

八、不要在小店花大钱。

艺术品从来都是奢侈品，买卖双方都要有一定的经济实力。对于很小的经营者，如果手里经常有高价货品出售的话，那就要引起警惕了——不是货有问题，就是价格有问题。因为古玩字画行中，经营者的财力决定了收货进货的渠道，小本经营者却总是可以拿到高价极品的情况几乎不存在。

九、不要过分轻信当代画家在某些艺术网的拍卖业绩。

近几年来，伴随书画市场的火爆，带来的是画家画价的不断飙升，无论知名的还是不知名的画家通过非正常渠道挤进一些国内知名拍卖行委托拍卖其作品，他们在一些知名艺术网站上刊登一些拍卖行的画作为拍卖资讯。一等到拍卖，这些画家便找些托，开始哄抬价格，并把拍卖业绩上传到网上。对这种恶性炒作要高度提防，千万不要过分轻信这些艺术网站的拍卖业绩。

**投资学点睛**

从事收藏正像从事艺术创作，你无从知道如何取得成功，但是也许你能知道如何避免失败。找到正路要靠自己的不断摸索，你可以自己选择，但是别人的提醒能帮你避开邪路。对于该如何收藏、该收藏什么，有必要听听内行人的意见。

# 案例分析

## ——投资生肖邮票让我几年换了大房

通过这些年来对邮票市场走势的分析后，钱阿姨发现，邮票市场尽管一直处于非常低迷的状态，但是某些新品种上市仍可赚钱，极个别品种甚至还有暴利。

2002 年 6 月底，钱阿姨家从平房搬进了一套 80 平方米的两居室商品房里，银行贷款 30 万元。但是，与钱阿姨经济状况基本相当的邻居刘阿姨家却一次性付清了购房款。刘阿姨向钱阿姨道出了其中的缘由：进行邮票投资。刘阿姨告诉钱阿姨，她丈夫曾在 1980 年花 12. 8 元购买了两个整版的“庚申年”（猴年）邮票，在 1997 年邮票市场最高潮时，将这两个整版“庚申年”（猴年）邮票全部转手，从中获利 30 万元。

刘阿姨丈夫在邮票投资上的成功经历，让钱阿姨羡慕不已，开始留意起生肖邮票来，并上网查了许多相关资料。

机会终于等到了。2004 年 1 月 5 日，“甲申年”（猴）邮票发行。在摸清了行情后，钱阿姨和丈夫商量后，决定拿出 1 万元现金全部购买了数量为 10 包（每包为 500 枚）的“甲申年”（猴）邮资片。当时钱阿姨和其丈夫当时看到了邮资片价格低，风险相对要小，发行量低，今后升值的潜力很大。

自从购买了“甲申年”（猴）邮资片之后，钱阿姨老两口每天必做的一件事情就是上网时刻关注该邮资片的价格变化情况，做到心中有数。2004 年 3 月下旬，钱阿姨将手中的“甲申年”（猴）邮资片以 30 ~ 40 元的价格全部卖掉，获利超过 18 万元。

看到投资邮票果然赚了不少钱，钱阿姨欣喜不已，决定再接再厉，为了提高自己的水平，钱阿姨又订阅了各种相关报纸，以此来更广泛地了解邮票市场。通过这些年来对邮票市场走势的分析，钱阿姨发现，邮票市场尽管一直处于非常低迷的状态，但并不表示新品种上市就赚不了钱，极个别品种甚至还有暴利。钱阿姨为自己立下了这样的买卖原则：只交易新品种，不考虑老品种，买卖一到三次；一旦出现亏损，一定要毫不犹豫地全部卖出手中的品种；坚决不追高。

2004 年 1 月 5 日，“乙酉年”（鸡）邮票上市当天，在绝大多数投资者都在观望时，钱阿姨果断地以 38 元的价格买进 2000 版“乙酉年”（鸡）大版张。2005 年 2 月下旬，钱阿姨就以 65 ~ 80 元的价格将“乙酉年”（鸡）大版张全部转手，获利达 6 万元以上。

2005 年 11 月 12 日，为北京 2008 年奥运会特别发行的“会徽”与“吉祥物”邮票正式发行。上市当天，钱阿姨毫不迟疑地买进“会徽”小版张 2000 版，成交价格为 45 元。11 月 17 日，“会徽”小版张的价格竟然最高涨到了 145 元；钱阿姨就以 105 ~ 135 元的价格将手中的 2000 版“会徽”小版张全部卖出，就在几天之内，获利就超过 12 万元。

经过这几年的邮票投资，钱阿姨如今住上了 120 平方米大房子。几年下来，钱阿姨之所以屡战屡胜，主要有以下因素：首先是选对了突破口。生肖邮票的资金关注度要远远超过其他品种，资金充备了自然会有行情。其次是选对了切入点。在上市之初以低价买进，从不在高位追进，从而降低了风险，这就使得利润空间在无形中扩大了。

**投资学点睛**

在进行邮票投资时，每次有利润时，要选择及时获利了结，切忌观望等候，很多人都是在期待获得更多利润时，而被套住的。

# 160万“赌”来超2亿稀世羊脂玉

## ——一块外表看似普通的石头，一刀切下去有可能让拥有者瞬间暴富，也有可能让拥有者损失全部家财

对于羊脂白玉和普通白玉最简单的区别方法，是将它们分别放在日光灯下观察。羊脂白玉对着日光灯，所呈现的是纯白半透明状，而且带有粉粉的雾感。而一般的白玉，对着日光灯虽也呈半透明状，但没有粉雾感。

一块外表看似普通的石头，一刀切下去有可能让拥有者瞬间暴富，也有可能让拥有者损失全部家财。安徽凤凰矿业科技发展有限公司董事长王世年就用160万“赌”到一块上好的和田。

2004年，从朋友那里王世年得到一个好消息，河南一卖家手里有一块枣红皮，羊脂玉籽料，约重100多公斤。“羊脂玉堪称是和田玉中的极品，10余公斤就已经算国宝级了，100多公斤的羊脂玉，简直世间罕有！”王世年在朋友的催促下，就直奔河南而去。

“卖主把一块长约1米，重约100多公斤的毛料搁在一个麻袋里，在他们家的床底下藏着。但是谁也吃不准毛料里到底有没有玉。”王世年说。里面有没有玉，对买家来说，凭的是眼力和运气，因此，人们常管这叫“赌石”。蚌埠的一个玉雕师傅就因为“赌石”而赔光了钱，他买的那块三面切开的玉石，有玉的三个面只有薄薄一层，而其他的三个面切开后全是石头。

当时，为了这块玉，王世年将自家的房子抵押了出去，又从朋友那里借来了一些钱，才凑齐了卖主开价的160万元，如果赌石失败，那就意味着他将倾家荡产。而有着丰富经验的王世年在看了几个断口后，毫不犹豫地答应了卖主所开的价。“同去的人没有一个同意我那么做，都说我疯了，

毕竟那赔上的是我的身家性命”。为了弄清楚这块玉矿石是否真是上好的和田玉，王世年立刻找来人切开了玉矿石。“一刀切在了浆皮上，没见到一丁点儿玉的影子。第二刀，浆比较不好，只能再切一刀。”在玉石业流传着一句千年行话：一刀穷，一刀富，一刀穿麻布。在两刀之后，王世年思量了一下，让切石师傅换个角度后，再往深里切一点。“第三刀切出来是雪白的羊脂玉籽料，那种感觉就让我一下子从地狱回到了天堂。”

这块长近 1 米，重达 90.2 公斤的和田玉籽料被陈放在了王世年的公司里，通体包裹一层天然沁色的枣红皮，天窗之外露出羊脂白玉，泛着油脂光泽，质地细腻缜密。“自从消息传出去之后，东南亚、日本、韩国等地的买家上门就接踵而来，前几天还有一对上海夫妇特地赶来，出价 3000 万。”王世年说。新疆的一块 24 公斤的羊脂玉，已经价达 6000 万，如果按照那个标准计算，他手上的这块玉身价至少得有 2 亿。“我不想把它转手出去，只想拿来收藏，以后开一个玉石博物馆，就拿它作镇馆之宝。”

**投资学点睛**

对于羊脂白玉和普通白玉最简单的区别方法，是将它们分别放在日光灯下观察。羊脂白玉对着日光灯，所呈现的是纯白半透明状，而且带有粉粉的雾感。而一般的白玉，对着日光灯虽也呈半透明状，但没有粉雾感。两者最大的区别是，以肉眼看均很白，但在白色日光灯下必定带有深浅不一的微黄色，因此在日光灯下若有一丝丝微黄色，就不能称之为羊脂白玉了。

# 600万黄花梨木门成无价之宝

## ——我国70%的黄花梨家具流往国外

我们将把这儿发展成福建省收藏界交流“宝贝”、尤其是海南黄花梨藏品的平台。

福州大明会典古典畅园艺术中心的成立，吸引很多北京及福建的上百名收藏玩家特地赶来。主人林家毅说，我们将把这儿发展成福建省收藏界交流“宝贝”、尤其是海南黄花梨藏品的平台。林家毅这次拿出了他所有的黄花梨藏品，有安在墙上的牛铃、镶在大厅中央的木门、靠在墙角的房梁，以及一套斑驳的八仙桌……

这叫所有的玩家都爱不释手。一位来自北京的行家对那两扇简朴粗犷的木门情有独钟。这两扇厚度分别为3百米，宽度分别为是36百米的黄花梨木门，是林家毅三年前从海南一家黎族人那儿花了相当于一档别墅的价钱买下的。它的主人是一百多年前当地最穷的人家，因买不起市面的木料，就到深山老林里把这近千年的黄花梨采伐来，制成这两扇简陋木门。

林家毅回绝了很多想买这两扇木门的人。他说，询问了北京的几位收藏界大师，得知国内已经发现的成型的由黄花梨老料做成的木门仅他手上这一套。“我不希望有人买走后，再加工成其他家具，这是文化的象征，要一代代传下去，不能被糟蹋。”

说起墙角处倚着的四根房梁，林家毅回忆道，说起来，这背后还有一段故事。三年前，他到海南寻找散落在民间的黄花梨家具时，就听说当地有一户进士祖宅正在拆，这里有名的黄花梨料吸引了很多老外前来。“我一听急了，国内的老料已经所剩无几，怎能让它流出国门?"

但是，他们已经拆完了那已有三百多年历史的老宅，房东四兄弟已经和老外谈妥了。林家毅说：“我就留下来，和房东彻夜深谈，如果他们愿意把木头留在国内，我愿意出更高价格。”第二天他就以600万元的现金买下了四根房梁，连夜运回福州，“这四根国内少见的大料终于留在了国内。”

他挂在墙上的牛铃、秤杆、锅盖、算珠、锄头柄、切菜板、米舀等无不引起参观的玩家们的注意。“收集得这么齐全，难得得很。”福州的一位行家说，“现在到海南，想再找这样的宝贝，都很难了。”

**投资学点睛**

据资料显示，海南黄花梨木种早在明末清初就濒临灭绝，此后的数百年里，我国70%的黄花梨家具逐渐流往国外，而剩下的30%的黄花梨纷纷散落民间，被用于建房、制成锅盖甚至锄把，面临损毁的问题。

# 第十二章

## 一块钱变成几万元

### ——敢问保险未来路在何方

如今空气污染、食品污染、环境污染、就业压力太大等众多问题已成重大疾病年轻化的诱因。风险无所不在，所以，每个人在年轻时就要对万一罹患大病医药费从哪里来做一个准备。如果等风险到来时再想起保险已经晚了，保险是未雨绸缪的一种科学规划。

因此，作为年轻人或者他们的父母，应该及早地树立起这种风险意识。

# 保险投资需遵循三大原则

## ——先意外医疗后养老分红

人生三大风险——意外、疾病和养老中，意外和疾病是最难预知和控制的，而保险的保障意义，在很大程度上就是在这两类保险上体现的。

对进行家庭保险投资进行规划，是否有章可循?

保险业内人士对此明确表示，任何家庭进行保险投资时最好能遵循三个大原则，这样才会更科学合理。而首要原则就是先意外医疗后养老分红。

重保障：先意外医疗后分红养老

这是三大原则中，最重要的。因为保障是保险最原始的功能。对于消费者来说，最具保障作用、最值得购买的是健康型保险和寿险、意外险。一旦出险，它们对帮助客户渡过经济难关最有帮助。

人生三大风险——意外、疾病和养老中，意外和疾病是最难预知和控制的，而保险的保障意义，在很大程度上就是在这两类保险上体现的。但是不少人觉得这两种保险的保费很多时候是有去无回，或者回来得很少，认为“很不划算”，所以一直以来对它们重视不够。

相反，不少人把“投资”当成购买保险的重点，将“好的保险”跟“投资型保险（如投连险、万能险、分红险等）”相等同，并对这种“新”的投资理财方式抱有很大的希望。

实际上，当真正的风险到来时，很多投资型保险却不能派上用场，真正能体现“保险保障”作用、帮助投保人或受益人渡过经济难关的恰恰是被投资者扔到脑后的健康型保险和寿险、意外险。

防万一：

买房前先买寿险，贷款额即保额

新时代我们生活的“三大件”已变成了房、车、保险，其中保险是至关重要的。科学地理财，保险应该在买房子和车子之前买，买房之前一定要先把保险买了，这对你和你的家庭有保障。

“如果在贷款买房后还没有保险，是一件很不科学、很危险的事。”某股份制寿险公司福建分公司资深营销员说。

那为什么一定要在买房之前或买房后马上买寿险呢？理由很简单——

或许现在很多刚买房一族对其中的压力已有深深的体会。在买房之前过的是一种无拘无束的生活，但在买房后压力明显上升。20年的房贷，意味着这20年你不能中断工作，一旦由于意外、疾病中断了收入，压力将会随之增大。而没有谁能保证你在20年期间不生病、不出任何意外。如果出现如身故或残疾等重大的人身意外，收入将永远停止，那时如果没有其他的解决方法，房子是要被收回的，此时你的家庭也会受到很大伤害。

一般来说，你还贷期间的寿险额要与你的房贷相同。比如你的房贷是30万元，那么你需要至少30万元的定期或终身寿险，以此来防范还贷期间的人身风险。如果同时能买上健康险将健康保障做好就更完美了。

早消费：

年轻更要买保险是责任和规划

年轻人普遍认为，自己年轻身体好，不会得什么病，感觉意外离自己很遥远，所以买保险是没有必要的。可是现在重大疾病已年轻化，以防突发重病给家里带来的巨大经济压力，作为年轻人或者他们的父母，应该及早树立起这种风险意识

如今空气污染、食品污染、环境污染、就业压力太大等众多问题已成重大疾病年轻化的诱因。风险无所不在，所以，每个人在年轻时就要对万一罹患大病医药费从哪里来做一个准备。如果等风险到来时再想起保险就已经来不及了，保险是未雨绸缪的一种科学规划。

因此，作为年轻人或者他们的父母，应该及早地树立起这种风险意识，综合起来，年轻人买保险有这样几条理由：

1. 意外。万一子女意外身故了，年迈的父母由谁来养老？靠意外险。

2. 疾病。重大疾病险能化解关键时的大额医疗费风险。

3. 科学规划。那么既然将来要买保险，在经济条件允许的情况下不如现在买保险。因为随着年龄增长，保费会增长，年轻时买保险更“划算”。

**投资学点睛**

科学的保险规划，应该把意外、健康险放在首位，有了这些最基本的保障，再去考虑其他的险种，也就是说如果没有任何的商业保险，买保险一般应按下面的顺序：意外险（寿险）→健康险（含重大疾病、医疗险）→教育险→养老险→分红险、投连险、万能险。

# 社会保险三个认识误区

## ——用最合理的投入获得家庭财产最大的安全保障

法律规定“社会保险是通过依法设立基金，使劳动者在年老、患病、工伤、失业、生育等情况下获得帮助和补偿。”所以，“生育险”和“工伤险”也应在其列，住房公积金不属于社会保险。

社会保险制度是社会保障的主要组成部分，然而许多人在认识上都存在误区。

黄先生是2009年刚毕业到上海来工作的，由于条件限制没有取得上海市户口，在单位的帮助下他办好了上海市居住证。但黄先生老家在山东，作为一个土生土长的北方人，在上海这样的大城市打拼磨砺之后回到家乡创业是他的宿愿。然而他在办理城镇职工社会保险享受一个“准上海人”的待遇还是免费享受单位提供的外来人员“综合保险”之间不知该如何选择。

黄先生的迷惘归根到底在于他对社保存在以下误区：

## 误区一：社会保险被误解为“三险一金”

社会保险一般被认为是“三险一金”，即住房公积金、养老保险、医疗保险和失业保险。实际上这是理解中的一个盲点，法律规定“社会保险是通过依法设立基金，使劳动者在年老、患病、工伤、失业、生育等情况下获得帮助和补偿”。所以，“生育险”和“工伤险”也应在其列，住房公积金不属于社会保险。

## 误区二：社保资金不能转移或提现

黄先生认为今后的去向难以预测，万一各地社会保险的地方规定有较大差异而导致保险金不能转移，那以后几年内所交的保险金岂不是白交了？

由于各地经济发展水平在客观上存在差异，地方法规对于社保的规定必然要“量体裁衣”，在办理社会保险的时候应多留心一下。以上海的规定为标准给黄先生做个小分析：

如果黄先生要从上海迁往户口所在地 A 处，其社保资金归属最终取决于“迁出地”和“迁入地”双向的政策。首先，上海的城镇社会保险相关条例规定允许在上海具有社保账户的非上海户籍人员办理养老保险金的迁出，但是以必须在其户口所在地具有社保账户为条件。其次，就要看 A 地的劳动和社会保障相关规定是否允许养老保险金的迁入。目前大部分城市是对迁入没有什么实质性的限制，所以他的相关担忧是没有必要的。

再来看医疗保险。上海市规定外来人员在离沪时可以将医疗保险中的个人部分结现，但是必须在养老保险账户已经终止之后。所以黄先生以前个人缴纳的那部分是可以取现的，并且可以获得相应的利息。而单位部分处于地方统筹，是不能带走的。

## 误区三：综合保险不用自己掏腰包比社保划算

养老保险作为社保中的重要组成部分，由单位和个人各支付 22% 和 8%，最后均可随着个人的户口而转移，黄先生是完全能够享受以保晚年的。然而综合保险虽然由单位全额支付，但却只能享受“老年补贴”，这种补贴的特点是一次性和基数较小，对于将来可能迁出上海的黄先生来说没有什么实质意义。

再说医保。平日门诊、医药和住院都可以利用医保账户进行消费，具体规定是：门诊和医药1542元起付，超出部分个人承担15%；住院费用61680元起付，超出部分个人承担20%。

对比综合保险就只有“住院医疗待遇”一项，据专业人士介绍其特点是起付标准较高、使用范围窄和难以预测。根据《上海市外来从业人员综合保险暂行办法》的规定，只有在住院时发生的费用才能予以报销。同时第15条规定：“住院医疗费用的起付标准为上年度全市职工年平均工资的10%。”按现行的标准2900元为起付线，这是明显高于社保1542元的标准的。所以对于没有长期待在上海意愿的黄先生来说意义是很大的。

至于失业、工伤和生育保险，社保部分个人只支出1%，几乎可以忽略不计；综合保险不用个人支付，所以二者基本持平。但很明显的是，城镇社会保险在这些方面的保障功能要大于综合保险。

所以，甄别两种保险的前提是对于自身情况和社保政策的全面了解，只有积极了解相关规定才能更好地开源节流，润泽一生。

家庭生活看似平常，事实上也有很多的风险暗藏其中。特别是即将进入夏季，门窗通风容易给入室行窃带来可趁之机，而用电量的激增也会带来火灾隐患，其他诸如自然灾害、水浸损失、火灾爆炸、室内财产被窃损失、家用电器遭遇雷电造成损失等等，往往令人防不胜防。日常生活中要想完全避免各种风险是不可能的，因此家财险为转移这部分风险提供了一种好的方式。

据了解，目前，在市场上家财险有以下三种类型：保障型、投资型、组合型。三种不同的家财险种功能各有侧重。

“买任何保险的第一步其实不是说选哪种保险好，而是要选最适合你的险种。”资深保险理财师郑耀介绍，“对于大多数家庭来说，保障型家财险是主要选择，一年消费百十来元，一般的保障都有了。”

据悉，保费低廉是保障型家庭财产保险，最大特点，保险期满后，不退还所缴纳的保险费。这种险种一般都会按照保额或保费高低，会给客户提供多档次的定额保险方案，家庭财产可能发生的各种财产损失几乎都在其保障范围之内。

投资型家财险则兼顾投资和保障双重功能，保险期满时，无论在保险期内是否发生赔付，保险公司都会按约定利率在期末返还本息；组合型的家财险就是既能保财产又保人身的组合家财险。

投资学点睛

每个家庭都有各自的财产特点，每个家庭的财务计划也不同，因此需要根据家庭自身财产的特点、投资偏好，结合房屋周围的环境和保险支出，用最合理的投入获得家庭财产最大的安全保障。

## 正确估值投保
### ——超额投保和投保不足额都不划算

根据保险合同要求，投保人应遵守消防、安全等方面的规定，采取合理的预防措施，防止保险事故的发生。如果发生盗窃，应立即通知当地公安局。如果被保险人对这些义务不履行，保险公司有权拒绝赔偿，或解除保险合同。

“要买家财险的话，一定要正确地估算家庭财产的保险价值，超额投保和投保不足额都不划算。”一位保险公司的工作人员介绍。

举个简单的例子，比如说投保家财险时一台家电投保金额6000元，而当时市场上同一型号的新的家电价格为3000元，后因保险事故使这台家电发生全损失时，那么保险公司会只负责赔偿3000元，而不会赔偿6000元。

同样的，如果你投保的房屋实际价值为200万元，但投保人只投保了100万元。如果发生事故，造成了50万元的损失，许多投保人认为应该赔偿50万元。但实际上保险公司赔偿仅仅是50万元乘以二分之一。因为保险公司认为投保人没有按足额投保，只投保了财产总价值的二分之一，所以也只能按照二分之一这个相应的比例赔偿。

和寿险不同的是，家财险重复投保并不会带来额外的赔付。

单位为刘先生在A公司投保了一份保额为5万元的家财险产品（附加盗抢责任），刘先生觉得5万元保额较少，半个月后又在B公司投保了10万元的家财险附加盗抢险，两份保单的保险期限均为一年。三个月后很不幸家中被盗，丢失财物、现金首饰等合人民币9000元。刘先生分别向两家保险公司报案，但刘先生并不会获得每家保险公司各赔9000元，总共获赔1.8万元，而是按照保额比例，由A公司赔偿金额为9000元的1/3，即3000元；B公司赔偿金额为9000元的2/3，即6000元。

“投保人一定要注意，保险公司不会重复赔付，需按照投保人在两家保险公司的投保比例进行理赔。同一保险标的向两家保险公司投保家财险，属于重复投保。”资深保险理财师郑耀介绍。

家财险是从国外传来的“舶来品”。在对国外的家财险产品复制后，目前保险公司销售的家财险产品，一般情况下，只需要几百元的“低廉”保费，然而却造成保额过低。此外，各家保险公司的家财险产品同质化严重，产品特色不鲜明，多数家庭认为可有可无，因而放弃投保。

个人和家庭投保的最主要险种是家财险。其保险责任包括火灾保险的四项基本风险，而且还包括龙卷风、洪水、海啸、地面突然塌陷等自然灾害。在国外，家财险的投保率多在70%以上，是仅次于机动车第三者责任险的第二大普及险种。

投保家财险后，并非就高枕无忧了，因为在保险合同的有效期内，居民对必要的义务还应当履行，否则会有在家庭财产发生保险损失时得不到赔偿的可能性。

根据保险合同要求，投保人应遵守消防、安全等方面的规定，采取合理的预防措施，防止保险事故的发生。如果发生盗窃，应立即通知当地公安局。如果被保险人对这些义务不履行，保险公司有权拒绝赔偿，或解除保险合同。

中国人保向保监会申报的车险电话投保专用产品“直通车”已经全面获批，这意味着中国人保可以在全国范围内通过电话直销渠道销售该产品。

**投资学点睛**

业内人士表示，财险业的“大哥大”中国人保进军电话车险市场乃是大势所趋。目前电话车险在经济发达国家已经成为主流。在我国，中国平安2007年8月拿到第一张电话车险牌照，目前占据了国内电话车险市场份额的80%。截至2008年年底，其电话车险业务已经占到平安个人车险业务10%的份额，2008年实现保费近10亿元。

# 买医疗保险

## ——留心五大注意事项

消费者在购买保险时，一定要把险种的责任范围仔细弄清，因为只有在保险责任范围内发生保险事故，保险公司才会履行赔付义务。

消费者在挑选医疗保险时，需注意五个方面的问题。

◆细读保险责任条款

消费者在购买保险时，一定要把险种的责任范围仔细弄清，因为只有在保险责任范围内发生保险事故，保险公司才会履行赔付义务。例如，保险公司对住院医疗保险都规定了一个观望期，观望期一般是在自合同生效日90天或180天内，在观望期内发生的医疗费支出，保险公司不负责赔付。

◆如实陈述身体状况

在签订保险合同时，要如实陈述自己目前的身体健康状况及以往病史，以便保险公司判断是否接受承保或是以什么样的条件承保。若投保人对疾病事实故意隐瞒，不履行忠实告知义务，保险事故发生后，保险公司可以不承担赔付责任，也不退还保费，最后受损失的是被保险人。

◆文件齐备才能签字

收到保单时应查验是否附有下列文件：保单正本、保险条款、保险费正式收据、变更申请书、现金价值表。上述文件齐备，才可在保单送达书上签字并填写收单日期。

◆犹豫期规定要清楚

为了充分保障投保人的利益，各家保险公司在保险合同中都有“犹豫期”的规定。一般来说，客户收到保单后10日内为“犹豫期”时间，保户可以充分利用这一段时间对自己所投的险种做进一步的深入考虑或作出重新选择。在“犹豫期”内，保户有向保险公司提出撤销保险合同的权利，而且在“犹豫期”内退保，保险公司应无条件退还保户所缴纳的全部保费。

◆注意免赔条款内容

作为附加险的住院医疗险，属于一种补偿性保险。补偿性保险的特点，是根据被保险人的实际支出进行补偿，但又不可能超过实际花费的费用，因此，各家保险公司都规定了一个免赔额。如果你的医疗费低于免赔额，则不能获得赔偿。当你的医疗费超过免赔额后，对医疗费用的赔付也是有档次划分的。



**投资学点睛**

商业医疗险不仅对求医者的经济负担有所缓解，而且解除了的家庭健康后顾之忧，成为许多消费者买保险时的首选险种。

# 投保什么最重要

## ——尽量考虑系统的保障方案，而不是一个产品

保障是保险的核心功能，从它的定价原则以及诞生初期的定位一直都是风险分散和转嫁，其他的储蓄、投资功能是附带的，是发展过程中的衍生品。

如果您准备买保险，什么最重要？

美国次贷危机引发的金融海啸席卷全球，也给国内保险行业带来了严重的影响。银行一年期存款利率下调，不但对分红保险的分红率有严重冲击，对保险公司的定价策略也会形成压力；平安对富通的投资几乎全军覆没，公众对保险公司寻求海外发展的信心也受到了影响；A 股从 6000 多点到 1800 点左右，导致了投连产品最高 50% 多的跌幅，也让很多当初以为买投连险就没有风险的客户很是心痛等等。

如果说 2007 年的 A 股牛熊大逆转，帮助很多人萌生了理财意识，使得基金火爆了起来，那么 2008 年的雪灾、火车相撞、地震等事故，也催生了公众的保险意识，越来越多人开始主动去了解保险，反而从业人员的压力大大增加，因为他们的专业知识要满足这个市场的需要还远远不够。

从国内主导的保险思路上来看，这次危机带来的主要问题是：收益降低了，回报降低了，保险应该怎么买？保险不赚钱为什么还要买？

其实，这不是个问题，因为这个观点本身就是错误的。保险本身不是用来赚钱的，也不是因为投资才诞生的保险。

那什么问题才是应该解决的呢？

最近，很多媒体都在写关于“保险行业回归保障主业”的文章。对于中国的保险行业来说，这是一个很可悲的题目。这个题目的内在含义是：保险行业似乎从来没有做过主业，或者很少做自己该做的事情，而是一直

在为将自己打扮成储蓄、基金，甚至房产等等在努力。

更令人悲哀的是，现在只是媒体在说而已。

所以，问题就是问题本身，为什么会有这样的问题？因为对待保险我们一直都存在错误的看法。

什么是攻略？应如何买保险？

多了解案例背后的东西，也许对大家更有帮助。

保障是保险的核心功能，从它的定价原则以及诞生初期的定位一直都是风险分散和转嫁，其他的储蓄、投资功能是附带的，是发展过程中的衍生品。若冲储蓄和投资去买保险，就如买椟还珠，得不偿失。

那么，什么是保险的核心攻略？其实就是去买保障，这个和金融海啸不相关，和资本市场是否火爆也没有联系，这是商业保险的本质，适用于任何时候。

永久性的投保攻略是怎样的呢？一下子挣钱不太容易，而短期的投资前景又不乐观，此时，买保险更应该物尽其用，最好考虑系统的保障方案，而不是一个产品。

需求是一个系统的概念，因为一个人或者一个家庭，要承担多方面的责任，比如家人的生活、孩子教育、房贷、车贷、疾病、养老等，而且在不同时间段，实际情况也不同，一份保单，需要把这些问题系统地照顾到，再用系统性的方案来处理，才能真正帮助家庭。



**投资学点睛**

如果您以后有购买保险打算，最好有专业人士的协助，可把自己的风险缺口进行系统性审视，然后再提出综合解决措施。这是一条永久性的攻略，不管什么时候都能用得上。

尊重专业也是很重要的。只有如此，这个市场才会良性循环，才会正向发展。

# 第十三章 安得广厦千万间

## ——房产是个下蛋的鸡

眼下正是银根紧缩时期，央行三令五申重整“二套房贷政策”让地方商业银行难有放贷“漏洞”可钻。而今年的楼市也不及往年红火，上半年新楼盘、二手房市场交易量萎缩已是不争事实，购房者们大都抱着“看热闹”的心态等待观望着楼市减价，好杀个“回马枪”。

# 三类人群购房选房贷有技巧

## ——多选择以租养房的形式来投资房地产

招行的“入住还款法”可以帮助这些贷款人解决短期内资金不足的问题。就是说，贷款人可以在办理住房贷款时，与银行约定半年到1年的宽限期，在此期间，客户只需还利息，不用还本金，可以按月或按季付息，期满后再恢复正常的按揭贷款的还本付息。

2009年楼市，或许用“卖疯了”来形容最为贴切。据中国房地产指数系统对全国30个重点城市的监测数据显示，4月份30个城市的总成交面积环比上月增长11.42%，有22个城市住宅的成交面积环比上升。

楼市迎来“小阳春”，大部分购房者在选中心仪的物业后，都面临如何选择房贷品种的“问题”。下面以三种不同的人群为例，具体分析不同的人该如何选择房贷品种，为购房贷款人出谋划策。

第一类人：新婚首购房——基本产品最适合

小魏2010年下半年准备结婚，购买婚房成为当前的大事，因此也成为市场上的“刚需”。不过最近小魏选好房子后，却发现市场上琳琅满目的房贷产品让他不知如何下手：像小魏这样的情况，到底选择什么样的房贷产品比较好呢?

据工商银行上海分行理财师丘尚分析，目前楼市中的主力军之一正是像小魏这样的年轻人，他们正处于事业的上升期，只是因为工作不久，手头积蓄不多，因此虽然预期收入在增加，目前却没有太多的用来供房资金。虽然银行目前提供的房贷产品五花八门，但是宗旨却万变不离其宗：相关产品的“优惠”不会使银行的利益受损，如果贷款人要减少每个月的月供压力，那么必然要多支付利息。相反假如贷款人想要少支付利息，那么则会相应增加每个月的还款压力。

丘尚建议，对于像小魏这样首次购房自住的年轻人来说，因为目前的贷款利息不高，5 年期以上的贷款利率为 5.94%，享受 7 折优惠后，则仅为 4.158%。因此建议大部分年轻人可以选择传统的“等额本金”或者“等额本息”方式进行贷款。两者的区别在于，如果贷款人每个月的资金压力不大，可以选择等额本金方式，这样可以在整个还贷期内节省不少利息支出，而且每个月的月供款也是逐月减少的。而如果资金相对不够宽裕，则可以选择等额本息，这样每个月的月供金额没有变化，且还款压力相对较小。

当然，如果有部分购房者在前期确实资金短缺，也可以尝试一下目前不少银行提供的新产品。招商银行上海分行个人消费信贷中心的房菲说，招行的“入住还款法”可以帮助这些贷款人解决短期内资金不足的问题。就是说，贷款人可以在办理住房贷款时，与银行约定半年到 1 年的宽限期，在此期间，客户只需还利息，不用还本金，可以按月或按季付息，期满后再恢复正常的按揭贷款的还本付息。

其他银行也推出了类似的贷款产品，如浦发银行的“多样性还款”、农行的“还款假日计划”等，都可以提供此类贷款产品。

第二类人：小房换大房——“置换宝”帮助解决旧房匆忙中被“贱卖”的问题。

2003 年，庞女士结婚的时候购入了一套二室的婚房，现在因为计划生孩子，这套房子就显得过于拥挤，因此她和丈夫就把换一个大一点的房子提上日程。目前他们的房子售价 240 万元，虽然夫妇俩目前稍有积蓄，但支付购房前期的各种费用还有些为难。因此庞女士动了把目前的住房卖掉的念头。但是在短期内把房子卖出去的最大问题就是房子容易被“贱卖”。这是他们目前最棘手的问题。

据中行个贷中心的有关工作人员介绍，中行推出的“置换宝”业务比较适合庞女士。该工作人员对此分析指出，庞女士和其丈夫可以用原住房向银行申请该业务，他们目前的房子，评估下来的现值大约为 140 万元，银行给他们的住房的抵押率为 7 折，那么最大可贷款的额度则为 98 万元。此外，由于庞女士此次购房属于改善性质，银行还将对 98 万元的贷款进行利率下浮 30% 的优惠，加上新购房加入在办理公积金组合贷款，如果他们所购买的楼盘恰好是中行合作并推荐的开发商，还可以申请“省息供”，以进一步降低利息支出。

如此一来，庞女士不仅可以不必担心房子被贱卖的问题，还可以利用这笔贷款付清购买新住房的前期所需费用，假如还有剩余资金的话，就可用于房子的装修等开支。

第三类人：投资客购房——尽量延长贷款时间

尚先生是个私营企业主，除了经营企业和投资资本市场外，也打算在近期再购置一套房产用于投资。尚太太的投资理念比较保守，希望多付首付款，以便减少利息支出，选择较短的贷款期限。然而尚先生却认为，自己经营企业，流动资金也很重要，因此希望多贷款。

对于尚先生来说，既然是用于做投资而非自住，因此不需要考虑省利息等因素。而着重考虑的是自己流动资金问题，因此“前提是如何利用较低的成本进行投资。”故尚先生可以在申请的贷款，选择那些尽量少付首付，并且还款时间较长的贷款种类，这么一来，尚先生就可减少首付款，以保证其企业的流动资金。目前市场上，大部分投资客由于房产的流动性不佳，进行投资房地产多选择以租养房的形式。

假如尚先生的房产到时租金可以覆盖其月供款的数额，就可以实现用“零月供”来投资房地产了。

**投资学点睛**

尚先生经营企业需要的流动资金较多，因此对于这部分资金，还可以利用银行提供的“存贷相抵”的房贷业务来增加资金收益。该业务可以在不影响资金流动性的前提下，用活期存款来冲抵按揭贷款。也就是说，它把客户的活期存款与住房贷款结合起来管理，只要活期存款超过5万元，银行就会把超出部分按一定比例将其视作提前还贷，节省的贷款利息作为理财收益返还到客户账上。但客户存折上的资金并没有真正动用，需要周转时可随时支取。因此这类贷款产品也比较适合那些贷款数额较大，且平时流动资金较多的贷款人。

# 人生三个年龄阶段如何进行贷款买房

从年龄上来说，青年时期的借款人因为年轻、接受过高等教育、有较多的预期收入，而优势独特，所以银行偏爱这部分贷款群体。

青年时期：23－28岁之间

这个年龄段的人主要是80后一代新新人类，这一时期消费处于相对随意的阶段，尚无家庭负担，职业生涯也尚未定型，对未来没有很强的危机感，他们买房的首付款尚需家里的帮忙。

贷款专家指导：

从年龄上来说，青年时期的借款人因为年轻、接受过高等教育、有较多的预期收入，而优势独特，所以银行偏爱这部分贷款群体。银行比较愿意为这部分人群做贷款，首先，银行对这部分人批货、放货更容易，因为他们大多属于首次置业不用受二套房贷政策困扰。其次，银行为借款人评估还款年限时以其年龄作为基础，年龄越小贷款年限越长，这一点青年时期的借款人比较占“便宜”，一般情况下都能贷到7成20年。第三，年轻人买房的特点是房屋要新、户型要小，最好紧临地铁，从银行评估上来讲，银行放贷的金额与借款人买房的房龄有关，银行在评估这样的房屋时，给出的评估价格也不会低，这样贷款的金额也就随之增高。

青年时期的借款人虽然优势较多但需要注意的是个人信用资质问题容易忽略，比如信用卡的使用。如果借款人稍有不甚不能及时还款而造成逾期，根据银行内部的不同规定，银行是不予以贷款给逾期次数较多者，所以青年时期的借款人需要重视个人信用资质问题。

壮年时期：30－40岁之间

壮年时期的这部分人群正值事业上升时期，部分人群也许早已有所作为。一般来说，他们事业家庭均稳定，有子女、有定期存款，按部就班地生活、创业，通过各有渠道投资积累财富以备后患之用。

贷款专家指导：

这个年龄段的人群大多拥有一套住房，最容易要面临的是置业升级的局面。根据央行下发的“二套房贷”政策要求，借款人如果之前贷款买过房不论贷款还清与否，再次贷款购房时都将按照二套房政策首付四成，贷款利率在基准利率上上浮10%。这样算下来这个年龄段的借款人在养家糊口的前提下贷款买房的压力着实不小，所以日常支出一定要合理安排好，按照日常生活开销、子女教育支出、存款、债券基金投资、买房、养老等比例分配妥当，才不会自乱阵脚影响生活。

从贷款买房角度来谈，银行的优质客户群体就是30－40岁之间的这部分人群，如果有住房无贷款的，借款人可以通过过户贷款或者抵押消费贷款进行置业升级，一般情况下贷款年限也能够贷到20年，银行放贷的额度也是随着借款人购买的房屋条件而相应变化的。

如果有住房贷款的，银行对这部分借款人的二次贷款虽然审核的严格些，但如果之前的贷款按时还清，那么银行还是比较愿意放贷给这部分借款人的。另外，这部分人群还可以根据自身财力调整贷款年限与成数，不必像年轻贷款人一样，手中存款多一些的人可以缩短贷款年限，10年、15年都可以。



中年晚期：45－55岁之间

步入不惑之年以后，家庭一般处于稳定期，工作和生活步入正轨。“上有老”，夫妻双方往往需要赡养四位老人，“下有小”，子女通常处于高等教育阶段，教育费用和生活费用猛增。同时，随着子女的长大开始张罗着为子女步入社会甚至未来结婚做打算，不少人买房也是如此。随之而来的是退休的压力，这部分人群投资会趋向谨慎。

贷款专家指导：

银行在受理这部分人群的贷款时会格外小心，因为商业贷款对借款人贷款年龄有严格限制，规定借款人的年龄不得超过65岁，才能为其办理相应贷款，以至于中年晚期的这部分借款人虽然年龄未过银行贷款标准但却也接近“底线”。

借款人申请房屋贷款的年限公式为“房龄+贷款年限<35年”，

根据这个计算，假设借款人2009年50岁，购买房屋年限为1990年，那么其商业贷款最高申请年限为17年。表面上看，这意味着缩短了借款人的贷款年限也就提高了首付比例，然而对于中年晚期的这部分人群来说手中资金比较充裕，有的人群买房时一次性付清全款购买也愿意。所以，贷款年限低一些也就不是什么问题了。

**投资学点睛**

目前借款人买房的观望情绪较浓，有可能不会马上消退，实际上，借款人大可不必这样守株待兔，可先结合银行个人房屋按揭贷款政策，根据自身收入条件，个人信用资质，提前弄清楚自己能贷多少钱、能贷多少年，也好在遇到合适房产时及时应对。一般而言，不同年龄段借款人应采取不同的贷款方式。





## 教你四招减少支出给房贷减负

### ——“点按揭”贷款，用“闲钱”抵贷款本金

新年刚刚开始，商业银行频频推出形式多样的房贷新品。其运作原理虽然都形态各异，但目的都是通过降低消费者购房成本，进而推动房地产市场整体复苏。

春寒料峭的天气还没过去，广州楼市复苏的步伐却很强劲。随着刚性需求的逐渐释放，楼市成交量也在不断地回升。新年刚刚开始，商业银行

频频推出形式多样的房贷新品。其运作原理虽然都形态各异，但目的都是通过降低消费者购房成本，进而推动房地产市场整体复苏。于是，情况各异的购房者，通过各种途径也都能找到一款适合自己的房贷产品，帮助自己减少房贷支出，减轻生活压力。

### “点按揭”贷款

黄先生和女朋友准备今年“十一”结婚，需要购置婚房。近期，两人看中了一套总价 180 万元的房子，向亲朋好友东筹西借后，还需要贷款 100 万元，黄先生想将贷款年限定为 30 年。听说深圳发展银行推出了“点按揭”房贷新品，黄先生便想去询问个明白。

在深圳发展银行营业大厅里，前来咨询房贷按揭业务的黄先生一头雾水。事实上，在深圳发展银行于 2009 年 3 月 16 日面向全国推出“点按揭”房贷产品之前，世界上除了美国外，没有一个国家使用点数。

“点”到底是什么意思呢？深发展个贷客户经理为黄先生解答：“点”表示借款人在贷款时预先付给银行的费用，以贷款总额的百分点来计算。例如 100 万元的贷款，1 个点表示需要支付 1 万元的费用。

其实，所谓“点按揭”，就是深发展为个人客户提供的一款通过预先支付一定费用，从而获得贷款利率进一步降低的房贷产品。1 个“点”即是贷款金额的 1%，客户通过支付一个或多个“点”的费用，可以使贷款利率降低，进而达到降低房贷支出、合理安排月供和省息的目的。其专门适用于 10 年期及以上住房按揭和房屋抵押贷款业务。

听完深发展个贷客户经理关于“点”的详细解说，开始感兴趣的黄先生提出了更为细致的问题。客户经理告诉黄先生，深发展“点按揭”房贷产品分别针对 10－20 年期和 20－30 年期的贷款，量身订制了购买 1.25 个点和 1.5 个点享受低利率的房贷产品。

客户经理还为黄先生算了一笔账，如果不办理点按揭，按照目前 30 年期 7 折房贷利率 4.158% 计算，黄先生一共需要支付 75 万元利息；而办理点按揭业务，黄先生只需花 1.5 万元购买贷款总额的 1.5 个点，就完全可以享受 3.78% 的超低利率，总共节省 7.8 万元，省息达到了 10%。经过不断地盘算和比较，黄先生还是选择了“点按揭”贷款。

“花1.5万元就能省7.8万元的房贷，对贷款人来说节减了支出，帮助我们实现买房计划，非常好！”黄先生激动地表示。

点评：与市面上各种通过还款方式节省利息的房贷产品相比，深发展的“点按揭”直接为客户降低了利率。就目标客户群体来说，这款产品对于长期贷款客户有着很现实的节约利息效果。如果客户准备只贷2或3年，则意义不大；买点平均成本大约在四五年左右，而且贷款时间越长，利息节省越多。

受全球经济危机的影响，国内房贷客户普遍对收支水平预期降低，该产品对面临房价高、供款压力大的新购房者具有非常现实的意义。

有关专家认为，“点按揭”对房地产市场的复苏，所起作用也是非常重大的；它可以成为房地产开发商、房产出售人帮助购房人支付“点按揭”费用来实现购房人降低利息支出，放大节省购房费用，从而提高交易成功率，实现买卖双方共赢的有力武器。

## 延迟还本减压力

经济危机已经影响到了一些人的生活品质，在外企担任中层职位的陈小姐就是其中之一。去年年底，陈小姐为父母在北京购买了一套住房，贷款100万元，期限20年。然而，贷款发放不久，陈小姐所在的单位便减薪，不但工资降低了20%，连年终奖也只有原来的一半了。

考虑到生活开支等因素，陈小姐希望能够有一款房贷产品实实在在为自己减轻还款压力，熬过这段“艰苦的岁月”。此时，朋友向她推荐了交通银行北京分行的“随薪供”产品。

兴业银行上海分行工作人员告诉陈小姐，对于她这笔金额100万元，期限20年的按揭贷款，如果贷款年利率基准下浮15%（即5.049%，假设该利率保持不变）：如果选择等额本金还款法，首月需归还贷款本金4166.67元，贷款利息4207.50元，本息合计8374.17元，次月需归还贷款本息8356.64元，之后每月还款金额逐月递减17.53元。如果选择“随薪供”，按三年固定期限，第四年起按照等额本金计算，客户前三年每月只需归还利息 4207.50 元，第四年起首月需归还贷款本金 4901.96 元，贷款利息 4207.50 元，之后每月还款金额逐月递减 20.63 元。

通过对比可以看到，选择前三年只还息不还本的“随薪供”，陈小姐前三年还款压力明显减轻，与选择单纯的等额本金还款法相比，每月还款金额平均减少约 3860 元。

如今，已经成功申请“随薪供”的陈小姐还款压力大大减轻，她更是认为该款产品简直就是为饱受减薪困扰的还贷人量身定做，并笑称：“三年后，经济危机总应该过去了吧！”

点评：经济危机发生之后，一些企业受国内外宏观经济形势所迫，生产受到一定影响，于是缩减经营成本，导致很多人面临减薪、失业风险，经济承受能力发生了很大变化。对于遭受这种情况的贷款人而言，原来明明是银行的优质客户，却因为收入突然减少而面临一段时间内无法还钱的窘境。在这种情况下，银行推出针对该人群的创新房贷产品，通过本金缓供的方式，给贷款人一个短暂修整的机会，帮助他们度过最困难的时期。今后，这部分人仍将成为银行的忠实客户。

### 用“闲钱”抵贷款本金

余小姐现年 25 岁，工作收入稳定，目前准备贷款 100 万元购买房屋，还款期为 30 年。在购买房屋后，余小姐基本没有银行存款了。但是除了每月还款额和基本生活开支外，余小姐每月还能节余大约 3000 元，存放在银行账户中。在摸清了近期新面市的所有房贷新品后，余小姐将目光锁定光大银行“活利贷”，确定这是最适合自己的一款房贷产品。



申请“活利贷”的客户，只需将自己的闲置资金存入还款账户，作为提前还款，直接抵扣贷款本金，从而有效节省贷款利息，并缩短还款期限。

该产品与普通房贷产品的区别之处在于：房贷客户存入“活利贷”还款账户中的闲置资金，即被视为提前偿还贷款本金，同时，当日即可从计息基数中抵消，从而最简便、最灵活地为房贷一族节省贷款利息。

最吸引余小姐的是，“活利贷”对还款账户内的资金没有任何限制，她可以在需要时随时支取或存入，且无需支付额外的提取费用。同时，存入还款账户的资金则是日日累计，贷款利息也是按日结算。

光大银行客户经理介绍说，以余小姐贷款金额100万元、期限30年为例，贷款利率按6%计算，在该行申请普通房屋贷款月还款（月等额还款方式）为5996元，贷款总利息达到1158379元。而若选取“活利贷”，余小姐30年总利息仅约55万元，相比普通房屋贷款节省将近60万元，节省幅度达到52%；在每月月供没有变化的情况下，“活利贷”还将有效缩短还款时间，余小姐若每月能往贷款账户存入3000元，还款期限将缩短近8年，仅22年就能还清所有贷款。

在评价自己选择的房贷产品时，余小姐认为：“活利贷”在省息的同时，更缩短了贷款期限，使消费者在提早偿还贷款的同时还能维护或提升个人的信用度。“房贷每月的月供款由本金和利息两部分组成，当‘活利贷’为我省下利息的同时，月供款中的更多比例将直接归还贷款本金，贷款自然越还越快，缩短了贷款期限，使我这样的房奴早早解脱还贷压力，维护良好信用记录。”余小姐如是说道。

点评：“活利贷”不仅仅是一款房贷产品，更是使资产得到合理规划与有效保障的精明之选。“活利贷”账户中的资金多数来自于普通家庭每月除去日常开支外的剩余资金，在目前市场情况下，相较于投资其他理财产品或闲置家中毫无收益，存入“活利贷”账户直接抵扣贷款利息，无疑是家中闲置资金稳健升值的最好选择。因此，类似余小姐这样每月能有不少节余，又找不到很好投资渠道的贷款人，不如通过此产品利用“闲钱”抵扣贷款本金，进而缩短还款时间。

### 装修也能借房贷

两年前，刚工作不久的小刚购置了一套120万元的住房，其中银行房贷授信提款90万元。两年间，小刚为了减轻压力，在高利率时代将自己的闲余资金全部用于归还贷款近50万元。最近，小刚打算装修婚房，可是囊空如洗，为此申请了中信银行“消费易”房贷产品，不仅方便快捷地获得了50万元消费贷款的余额，而且以很低的成本获得了资金。

原来，房贷“消费易”的优点在于，房贷客户还款后的空余额度，可转化为供刷卡消费或者网上支付的透支额度，透支金额可以在免息期内免费使用，超期后仍可以较低的成本选择不同期限分期归还。在授信额度内客户可以循环使用，从而让客户拥有一条方便快捷的融资渠道，既能满足自身日常生活开销，又能实现资金良性循环，获得更高理财回报，让财富更快增值。

在小刚看来，信用卡透支忘记还了，个人信用记录便有了污点，此外还要支付高额的利息，而使用房贷“消费易”则没有此担心：先花钱后还款，50天免息期结束后，客户还可将透支额度100%直接转化为1年、3年或10年的消费贷款，并且消费贷款执行利率远低于日息万分之五的信用卡罚息利息。如此一来，小刚便可以放心地靠这个房贷产品来装饰住房，为自己新婚做好准备。

点评：或许单就大额免息贷款来看，“消费易”产品对银行的收益十分有限；但是以长远的眼光来看，通过为客户提供优质的贷款理财产品，加深银行与客户之间的互信合作，在便利客户、优惠客户的同时推动消费、活跃市场，是一件国家、银行和客户三者共赢的明智之举。

**投资学点睛**

在房地产市场刚性需求释放的同时，也有许多“小刚”们需要一笔装修资金，却苦于囊空如洗。这时，银行将房贷客户还款后的空余额度转为再次透支额度，使客户更加优惠更加灵活便捷地获得资金，同时也能培养客户的房贷理财意识，具有非常现实的意义。

# 夫妻月收入5000元贷款买房如何省钱

## ——首选二手房月供不应超过收入的50%

值得注意的是在夫妻共同还款时，在银行住房贷款合同中，只把一方作为“贷款人”（常说的主贷款人）而无论房产证上是否写了双方的名字，另一方都可作为“共同贷款人”（要开双方的收入证明）。在确定主贷款人时，应当选择夫妻间收入较高较稳定者，同时注意年龄的限制，会影响到贷款期限。

小杨结婚刚一年，夫妻两个人月收入5000元左右，但对于五环内房子均价过万的北京来说，小杨这类人群想买到称心如意的房子太难了。据统计，这类人群是目前贷款购房团中的主力军，对他们而言，贷款买房如何才能更省钱？

首选二手房月供不应超过收入的50%。

首先在选择房子时，两个人月收入5000元，选二手房的优势更大一些，因为同一地带二手房价格相对较低，因为一个家庭不应把手中的全部资金都用于支付首付款，平日还有许多需要钱的地方，如老人的赡养、孩子的抚养、日常的开销、和应对突发问题的资金储备等，缺一不可。

对此，业内人士建议，最为合理的收入使用分配应该是：收入的30%－40%用于生活支出，其中有10%可用于投资或保险，30%用于月供，最多不能超过50%；剩下的20%用于储蓄。

在还贷上，专家建议夫妻双方可以申请共同还贷，而月供最多应该不超过2500元。如果采用商贷，贷款期限定为20年，通过推算可得总贷款额为35万左右，假设能贷到评估价的7成，那么总房价应在50万左右；如果夫妻双方有一方交纳公积金，并符合公积金贷款的申请要求，可以选择公积金贷款，这样不仅能享受优惠利率，节省利息，而且在还款方式上也较为自由，对于月薪不太丰厚的工薪阶层十分有利。每万元贷款20年，公积金要比商贷节省利息约1050元。

还款方式上，等额本金、等额本息、双周供这三种方式中，等额本金还款不太适合这种收入阶层的夫妻，因为等额本金最初几个月的还款金额较高，借款者的压力较大，而且对借款人收入水平的要求也高；等额本息是目前比较常用的，每月还款数额相同，便于资金的分配，但在利息的节省上却不占优势；相比较之下，双周供对于月收入在5000元左右的夫妻来说是这三种还款方式中比较适合的。

它在等额本息的基础上，将每月还款一次变为每两周还款一次，虽然选择双周供的借款人，除了每月固定的工资收入外，月中应该还有其他的收入来源，但如果借款者能够每月作好理财计划，事先留存，并将资金合理划分，那么双周供能够在不增加还款压力的同时，减少利息支出。一笔35万元，期限为20年的贷款，双周供比等额本息要节省利息约44637元。

另外，值得注意的是在夫妻共同还款时，在银行住房贷款合同中，只把一方作为“贷款人”（常说的主贷款人）而无论房产证上是否写了双方的名字，另一方都可作为“共同贷款人”（要开双方的收入证明）。在确定主贷款人时，应当选择夫妻间收入较高较稳定者，同时注意年龄的限制，会影响到贷款期限。



**投资学点睛**

夫妻共同申请贷款买房后，一旦婚姻出现裂痕造成离异，和婚后夫妻取得的财产属于共同财产一样，婚后他们的债务也是共同债务，由双方共同承担，除非，产权被判定由一方所有，此时另一方才有权要求不再继续履行偿债的义务。

# 30 万元还房贷钱如何理财

## ——20 万元买新股理财产品，5 万元买基金，5 万元存银行

手上有多余钱，同时还有银行房贷要还，依据传统思想，肯定是先把余钱用来还贷，但是目前股市行情火爆，不少人都计划先用余钱来理财，赚钱后再还贷，那么在这种情况下，投资者该怎么理财呢？光大银行南京鼓楼支行大堂经理、理财师柴芳设计了如下理财方案。

【基本情况】北京读者卢女士表示，她 2009 年买了两只股票型基金，收益还可以，现在她手上还有 30 万元余钱，加上欠银行的房贷，共计 43 万元，贷款利率为 6.6%，每月需还贷 3600 元。她表示，她希望买的理财产品收益率能超过房贷利率，如果股市好，这 30 万元都可以投进去，如果股市不好，就撤出资金来还房贷。

【理财建议】20 万元买打新股理财产品，5 万元买基金，5 万元存银行

光大银行南京鼓楼支行大堂经理柴芳表示，卢女士的 30 万元闲钱是用来还房贷的，因此不能承担太大的风险，不能损失本金，而且流动性要好，一旦需要资金，马上就能撤回来，因此在目前股市大盘步入调整的情况下，建议卢女士把 30 万元的资金分成三份，先拿出 20 万元购买银行新股申购理财产品，也就是“打新股”理财产品，因为目前国内打新股基本是无风险投资，这样不管股市是上涨、下跌还是平盘整理，卢女士都能获得收益，可以保证绝大部分资金的安全。柴芳表示，该行 2009 年 7 月发售的“同赢 7 号”打新股理财产品，目前年化收益率已达 16.88%，9 月刚推出的“同赢 9 号”打新股产品，年化收益率已达 30.07%，比银行存款利率要高很多。

除了 20 万元购买打新股理财产品外，柴经理建议卢女士可以再拿出 5 万元进行基金投资，在目前市场总体还处在牛市的情况下，这笔投资获得较高的投资回报有很大希望。

投资学点睛

目前市场上指数型基金、股票型基金等都有很高的收益，而且基金相对自己炒股来说，风险也比较小。剩下的5万元建议卢女士放在银行里，以备不时之需时动用。

# 上海女人的选房经
## ——钱袋和地段的较量

你买的配套房子是否满足你的各种需求，比如有人爱离菜场近，有人要买学区房，有人要附近有公园，有人要健身方便，也有人需要安静休闲的环境，能满足你需求的就是好地段。

“唐府邸离地铁太远”、“金爵公寓户型太小，离马路太近”……在谷梦看来，每套房子似乎都离她的期望有一定的距离。

两年时间看了无数的房，谷梦至今仍没买到自己中意的房子，但她却因此成了很有经验的看房专家。

**地段，地段，还是地段**

家住上海的谷梦在历经近两年的看房经历后，得出的最大的选房心得是：地段，地段，还是地段。但对于这句话，谷梦有着自己的理解。

“通常我们说地段好都在指房子的交通配套设置便利，但我觉得，每个人因自己的居住需求不同对好地段的理解也不同。你买的房子配套是否满足你的各种需求，比如有人爱离菜场近，有人要买学区房，有人要附近有公园，有人要健身方便，也有人需要安静休闲的环境，能满足你需求的就是好地段。此外，就是指你买的房子是否上班方便，毕竟人这一辈子有半辈子在工作，家和公司的距离对每天的幸福感还是有很大影响的，另外，投资人尤其看中的是房子是否在保值升值地段。”

对于谷梦来说，煮饭是她最大的嗜好，“菜场一定要近，不要那种只有个家乐福守在旁边的房子，毕竟家乐福里面的菜丰富程度和新鲜程度都和菜场没法比。”

谷梦早年在杭州生活惯了，喜欢休息的时候去有花花草草的地方玩。“我喜欢旁边有公园，以后有了小孩也可以经常带他去呼吸新鲜空气，守着公园确保了家附近的空气质量也不会差。”

对于是否处于学区范围，谷梦并不在意："差不多就行，因为我相信父母是小朋友最好的老师。我和老公都在张江上班，把房买在2号线沿线最方便，以后跳槽的话，2号线转其他线也很方便。最后保值升值的问题，大家都深有体会，从前年8月房价开始下滑，可以明显地看到外环的跌价速度比内环高很多。”在看过近百套房源后，谷梦基本划定了目标待选楼盘——只看2号线沿线的房子。

“首先吸引我眼球的是唐镇的盛唐府邸，每平方米只要8000元，便宜得难以置信，不顾一切地冲过去看了，也差点买了，当时是2008年的4月底，真正的房价最高点。开盘的时候，房子基本已经被内定完，我们没有买到。后面再去看保利的金爵公寓时，绕道去看了已经完工的房子，我们暗地庆幸自己没有去抢，小区非常小，楼间距离还不如旁边的拆迁还原房，又靠近喧嚣的马路。到了2008年8月份，金爵公寓要开盘的时候，已经远不是5月的行情，不仅靠近马路，而且楼间的距离还比不上旁边的拆迁还原房。唐镇虽然未来规划是配套张江高科技园区的生活区，发展起来也确实仍需时日，现在还没有形成很好的生活氛围，比较脏乱，而且开盘的楼大都离2号线有相当距离，走路大概15分钟。公交车，比如东川专线，实在是属于开得很猛的那种，没有位子，一路站到张江的话，估计上班的心情早都没有了。”

**量入为出，看清钱袋再看房**

在谷梦的故事里，其实他们把另一个重要的因素——自身的经济实力忽略了。“这是多数购房者容易忽略的因素，导致日后沉重的房贷负担严重影响了生活质量。”国家注册理财师汪晓辉说。

不仅是家庭收入考虑当前的状况，还包括家庭未来的收入增值空间，还有未来可能需要的大笔支出。举例来说，如果你计划2年后去国外镀镀金，需要准备40万的现金，那么宁可现在买房子多贷点钱，把现金留在身边，因为房产再抵押贷款的利息比购房贷款的利息高出很多，而且麻烦。

谷梦夫妻俩至今没能买到房也有这方面的原因。在衡量清楚自己的家庭能承受的购房总价后，在你所喜欢的区域内，很容易就可以明确自己能够买的盘了。"如果只是小夫妻住，短期内又不要孩子，那就可以买得小点、新点。如果打算要孩子，那就一定要买得大点，至少保证妻子在怀孕的时候，父母过来照顾，可以有个房间睡觉。"已经购房的瞿德其切身体会就是孩子要得早了，房子不够住了，"建议要买房的在考虑首付时也考虑下是否需要预留装修款。"汪晓辉说。

"晚上看房有很多好处。我喜欢在下午七点以后看房。天黑之后看房，这样可以观察到小区保安有无定时巡逻以确定该楼盘的居住安全性，路灯、楼道灯是否正常工作等，在白天这些情况都是无法看到的。"

**秘诀 1：雨天看房**

一个重要武器是雨水检测房子质量，这时房屋墙壁、墙角、天花板是否有裂痕，是否漏水、渗水就能一览无余，特别要对阳台、卫生间附近的地板留意一下，看看灯饰的路线，以及看看是否有潮湿发霉的现象，看一下天花板是否有水渍，或是漆色不均匀等现象，因为漆色不均很可能是由于经水浸湿过。若有问题，修缮起来是很费事的，看房时发现这些问题都是日后和业主讨价还价的重要筹码。



**秘诀 2：空房子更有看头**

房子格局比什么都重要，特别是购买二手房更需要看空房。没有家具、家电等物遮挡，可以把整个房子的格局清晰地看到，房子本身的缺陷也会更加明显地暴露出来，诸如，如果客厅的门直接面对卧室，则私密性较差。

**秘诀 3：选择一个好楼盘**

一个宜居、健康、绿色的环境之中，应该容积率小，绿化率高，使用率适中：容积率度不高于 3.0，绿地率要大于 30%，房子使用率应该在 80% 以上。

**二手房大型中介埋"眼线"，猎取抢手房源**

在买房者大致锁定几个小区之后，就可以找各路中介集中看房。建议购房者尽量找大中介，因为卖方也大都会先选择知名的中介挂牌，知名大中介的房源通常会比较全。

**警惕“硬伤房”**

按中介行内长期形成的行业规律，在刚开始看的时候，可能会看到比较多有缺陷的“硬伤房”。

什么是硬伤房?

比如1楼或顶楼，靠街，或者户型很差，而最后一种在房龄很久的房里普遍存在，户型好的是极少数，常看到诸如暗厅、洗手间没有窗户等奇怪的户型。

好的房源永远都是稀缺资源，是市场上的抢手货、好房源，常常需要等上一段时间才会看到，所以看房前要做好长久战的准备。

**混熟中介**

等你和各大中介都相处下了几个熟人，并愿意随时为你充当“眼线”之后，你就会最早知道那些没有硬伤的物美价廉的房子“出没”的信息，记住，这时候要快点做决定，除非你对某些硬伤有很好的包容性，否则一定要抓住稀少的好房子。

**亲自会房东**

一般看了这样的房子之后，会有1周的时间和房东磨价，开始先让中介代表你去商量，谈到差不多时候，亲自去和房东摊牌。建议在周六之前和房东谈，如果约在周六周日，有那么多人看房，且是抢手货，房东不一定有心思跟你谈降价。吃过此亏的买房人对于后来买房者最大的谏言就是：看准了就一定要快、准、狠。

**投资学点睛**

虽然2010年房地产均向上的趋势不会改变，但由于受到各种因素的影响，市场将会出现不少新的特点，不论是屡次加息还是提高第二套房首付，都印证了这一观点。